THE COLLECTED TRANSLATIONS
OF WESTERN CLASSICS ON LEGAL LOGIC

西方法律逻辑经典译丛

熊明辉 丁 利 主编

〔荷〕伊芙琳·T. 菲特丽丝 著 *Eveline T. Feteris*

武宏志 武晓蓓 译

Fundamentals of Legal Argumentation:
A Survey of Theories on the Justification
of Judicial Decisions

法律论辩导论
——司法裁决辩护理论之概览（原书第二版）

中国政法大学出版社

2018·北京

法律论辩导论
——司法裁决辩护理论之概览

First published in English under the title
Fundamentals of Legal Argumentation: A Survey of Theories on the
Justification of Judicial Decisions （2nd Ed.）
by Eveline T. Feteris
Copyright © 1999, 2017 Springer Science+Business Media B.V.
This edition has been translated and published under licence from
Springer Nature B.V.

Springer Nature B.V. takes no responsibility and shall not be made
liable for the accuracy of the translation.

版权登记号: 图字01-2018-5375号

出 版 说 明

　　"西方法律逻辑经典译丛"是由教育部普通高校人文社会科学重点研究基地中山大学逻辑与认知研究所、中山大学法学院以及广东省普通高校人文社会科学重点研究基地中山大学法学理论与法律实践研究中心共同策划，由中国政法大学出版社出版的系列图书翻译项目。"译丛"所选书目均为能够体现西方法律逻辑的经典著作，并以最高水平为标准，计划书目为开放式，既包括当代西方经典法律逻辑教科书，又包括经典法律逻辑专著。第一批由广东省"法治化进程中的制度设计与冲突解决理论：理论、实践与广东经验"项目资助出版，到目前为止已出版：《法律与逻辑：法律论证的批判性说明》《法律逻辑研究》《法律推理方法》《论法律与理性》《前提与结论：法律分析的符号逻辑》《建模法律论证的逻辑工具》《虚拟论证：论律师及其他论证者的论证设计助手》《对话法律：法律证成和论证的对话模型》《平等的逻辑：非歧视法律的形式分析》《法律谈判简论》《诉答博弈——程序性公正的人工智能模型》等。他山之石，可以攻玉，相信本译丛之出版不仅有助于推动我国法律逻辑教学和研究与国际接轨，而且为法治中国建设提供一种通达法律理性和实现公正司法的逻辑理性工具。

熊明辉　丁　利

2014 年 5 月 31 日第一版

2018 年 1 月 1 日修订

总 序

　　法律逻辑有时指称一组用来评价法律论证的原则或规则，其目的是为法律理性和法律公正提供一种分析与评价工具；有时意指一门研究法律逻辑原则或规则的学科，即一门研究如何把好的法律论证与不好的法律论证相区别开来的学科。

　　自古希腊开始，法律与逻辑就有着密不可分的联系，甚至可以说，逻辑学实际上就是应法庭辩论的需要而产生的，因为亚里士多德（Aristotle）《前分析篇》中的"分析方法"后来演变成"逻辑方法"，它实际上是针对当时的智者们的论证技巧而提出来的，这些智者视教人打官司为基本使命之一。亚里士多德把逻辑学推向了对普遍有效性的追求，这导致了这样的结果：论证的好坏与内容无关，而只与形式有关。19 世纪末，亦即在弗雷格（Frege）发展出了数理逻辑之后，"形式逻辑"一度成为"逻辑"的代名词。法律与逻辑的关系似乎渐行渐远。因此，有人说逻辑就是形式逻辑，根本不存在特殊的法律逻辑，故法律逻辑至多是形式逻辑在法律领域中的应用。事实上，法律推理确实有自己的逻辑，并且这种逻辑指向的是与内容相关的实践推理。正因如此，如佩雷尔曼（Perelman）所说，在处理传统上什么是法律逻辑的问题时，有人宁愿在其著作中使用"法律推理"或"法律论证"之类的术语，而避免使用"逻辑"一词。

20世纪50年代，以图尔敏（Toulmin）和佩雷尔曼为代表的逻辑学家们开始把注意力转向实践推理，特别是法律推理领域，开辟了法律逻辑研究的新领域。特别是非形式逻辑学家与论证理论家们把语境因素引入到日常生活中真实论证的分析与评价上来，这为法律逻辑研究找到了一个很好的路径。如今，法律逻辑研究需要面对"两个大脑"：一是"人脑"，即法官、律师、检察官等法律人是如何进行法律论证的；二是"电脑"，即为计算机法律专家系统中法律论证的人工智能逻辑建模。前者的逻辑基础是非形式逻辑，而后者的逻辑基础是形式逻辑。如果说形式逻辑对论证的分析与评价仅仅是建立在语义和句法维度之上的话，那么，非形式逻辑显然在形式逻辑框架基础之上引入了一个语用维度，因此，我们不再需要回避"法律逻辑"这一术语了。

熊明辉　丁　利

2014年5月31日

译 者 序

众人翘首以待的《法律论辩导论》修订版 (2017) 终于面世了。作者对第 1 版的补充和修订幅度之大出乎我们的预料。新版除了对初版各章修订而外，更增添了全新的两章，全面反映了 1999 年以来法律论辩研究的新发展和新趋向。因此，所有对法律论辩感兴趣的人都可以借此新版鸟瞰全球法律论辩理论和研究的概貌，了解法律论辩理论的相关概念、术语、模型、方法及其重大意义，并在法律实践过程中应用、检验和完善法律论辩理论。

鉴于这本书评介了法律论辩各派各家的基本思想，是法律论辩理论地地道道的一个"导论"，而且作者本人也宣称，"本书的基本思路是要对逻辑学、修辞学、论辩理论、法哲学和法理论等不同学科背景下有影响的、主导的法律论辩理论予以导引式概览"，故取中文书名为《法律论辩导论》。

菲特丽丝 (Feteris) 的这本名著涉及的许多术

语在国内学界有不同译法。例如，仅就她的原著书名 *Fundamentals of Legal Argumentation: A Survey of Theories on the Justification of Judicial Decisions* 来说，其中 Argumentation 和 Justification 的翻译就可能有所不同。我们对一些术语的斟酌和翻译，绝非为了标新立异，而是考虑汉语表达式与"中国规范术语"、已有译法和现代汉语词汇的关系，经过比较、权衡得出的更好译法。在此，我们对若干关键术语的译法问题做些说明，以期获得读者和同行的理解和认同。

Argumentation 一词学界主要有"论辩"和"论证"两种译法。全国科学技术名词审定委员会审定的名词是"论证"，不过，Argument 并不在审定的名词清单中。众所周知，英语中与 Argumentation 关联的 Argument 也常被译为"论证"（尤其在逻辑学领域），因而有些译者在将 Argumentation 译为"论证"的情况下，无奈将 Argument 译成"论述"。但这一译法逻辑学界万难苟同。其实，根据 Argumentation 反映对话、交际、活动、说服等元素而 Argument 强调命题集或形式结构（特别在逻辑学中）的特点，把 Argumentation 译为"论辩"，Argument 译为"论证"即可。当然，在"语用–辩证"的论辩理论中，Argument 也常指"论据"。

Justification 一词法律逻辑学学者倾向于译为"证立"，但全国科学技术名词审定委员会审定的名词是"辩护"，科学哲学（自然辩证法）学者一般也译为"辩护"，常有"科学辩护""辩护的语境"（与"发现的语境"相对比）等相关说法。其实，"证立"并不是现代汉语语词，而"辩护"则是。Justification 的核心意思是提供理由、做出解释或说明。因而也有学者直接译为"证明"，即日常意义上的证明。在法律领域，由于证明的最高标准是排除合理怀疑，所以不存在混淆普通证明与数学或逻辑证明之虞。而生造"证立"这个词原本也不过就是要避免这种混淆。由此看来，"证立"

这个词就没有必要。在"证明"和"辩护"这两个译法之间做出定夺颇费踌躇。不过，就菲特丽丝这本书而言，Justification 常常与 Defending 和 Defends 关联使用。例如，她指出，对决策的辩护（justification）来说，唯一相干的问题是在防卫（defending）该决定时可以引用哪些考量，而非法官的实际决策过程是如何进行的（第2版第132页）。尤其是，On the first level, a legal decision is defended by means of a legal rule and the facts which satisfy the conditions for applying it（第2版第99页）. In an external justification, the acceptability of these premises is defended（第2版第128页）. The first mode of justification shows that the decision can be sufficiently defended within the context of the legal tradition（第2版175页）. To defend the use of these legal starting points in the justification, the choice of the starting points must be defended in the *deep justification*（第2版第190页）. 而且，《法律论辩导论》（第1版第5页，第2版第132页）提到了 context of discovery（发现的语境）和 context of justification（辩护的语境）。同时，汉语"辩护"一词意为"为了保护别人或自己，提出理由、事实来说明某种见解或行为是正确合理的，或是错误的程度不如别人所说的严重"，既涉及证明，也暗含对付受到的攻击，尤其能反映司法过程中的"对抗"意味。鉴于这一点，我们选择把 Justification 译成"辩护"。

Argument Schemes 国内学者的主要译法有"论证图式""论证计策""论证型式"。从实际使用情况来看，Argument Schemes 是与逻辑传统中的 Argument Form 相对照的。它们都指称论证的结构，不过前者指的不是纯形式结构，牵涉一些语用元素，因此看作是语用形式；后者是纯形式结构，或者说语形结构。从评估角度看，对于前者，除了考虑其一般的结构而外，还要考虑制约其合理性的若干语用条件;而对于后者,只需考虑其纯形式结构即可。因而,逻辑传统中的肯定前件式这个 Argument Form,仅需考虑其是否符合有效论证形式的结构;但对于证人证言论证,要考虑诸如"感觉器官是否正常起作用""观察的条件是否正常""多个证人之间的证言是否一致"等语用条件。可见,"论证图式""论证计策"的译法没有反映 Argument Schemes 的"形式"或结构的特征,况且"图式"主要是个心理学概念,因而选择"论证型式"更妥:既能表示结构的含义又能与"论证形式"相区别。

Pragma-Dialectical Theory of Argumentation 其中 Dialectical 的翻译会牵涉大量相关词组,比如 pragma-dialectical research,pragma-dialectical approach of argumentation,pragma-dialectical perspective,pragma-dialectical rules,pragma-dialectical discussion rules,pragma-dialectical reconstruction,pragma-dialectical evaluation,pragma-dialectical terms,pragma-dialectical insights,pragmatic and dialectical dimension of argumentation,dialectical models,dialectical interaction,dialectical exchange,dialectical logic,dialectical argument,dialectical argumentation,dialectical goal,dialectical obligations,dialectical position of the judge,dialectical role of the judge,computational dialectics,dialectical procedure,等等。国内对 Dialectical 及同词根语词 Dialectic,Dialectics,Dialectification 主要有两种译法,一种是"论辩(术)的""论辩术",另一种是"辩证的""辩证法"。第一,菲特丽丝的著作和阿姆斯特丹学派的其他论著同时使用 3 个词:Dialectic(Dialectics,Dialectical),Argumentation 和 Argument,那些把 Dialectic 等译为"论辩(术)的"的人,只能把 Argumentation 译为"论证",这样一来,只能把 Argument 译为"论述"或者"论证"。这并不可取。但是,将 Dialectic 等译为"辩证(法)的",

Argumentation 译为"论辩"，Argument 保持"论证"的译法，上述难题就迎刃而解。而且，以上所列大量词组均可有说得通的译法。第二，Pragma-Dialectical Theory of Argumentation 有两个特征，一是Pragmatic，二是 Dialectical，将 Dialectical 译为"论辩（术）的"，抹杀了该理论的一个重要特征。第三，虽然阿姆斯特丹学派的 Dialectics 并不是黑格尔（Hegel）和马克思（Marx）意义上的，但它毕竟是 Dialectics 的一种形式，将它译为"论辩术"割裂了 Dialectics 的发展史。第四，菲特丽丝的原著新版的一些论述表明，Dialectic 等译为"辩证（法）的"符合原作的意思。她指出，"哈贝马斯（1990：87 页及以后）区分了论辩预设的三个层次：产品的逻辑层次、程序的辩证层次和过程的修辞层次。"（第 2 版第 81 页）"该理论的辩证元素意味着，论辩被认为是讨论行为的批判性交流的组成部分，旨在让观点经受讨论以进行批判性检验。"（第 205 页）"从 Pragma-Dialectical 视角分析论辩性话语，始于批判性讨论的理想模型，按照一种分析性概观，综述与解决意见分歧相关的话语元素。这种分析是'语用的'，因为它把该话语基本上看作是一种言语行为交流；它是'Dialectical'，因为它将这种交流视为解决意见分歧的有条不紊的尝试。"（第 209 页）"在 R. D. 里克（R. D. Rieke）看来，法律判决过程是法官和其他人一起，通过使用辩证的和修辞的结构，设法建构他们的规范性确信的一种对话。"（第 297 页）"在法律论辩研究中，传统上逻辑路向、修辞路向和辩证路向之间存在严格的区分。在 1970 年至 2015 年这个时期，有一种发展显示了某种观念的聚合，结果是逻辑的、修辞的和辩证的诸方面被看作是互补的。当然，每一种理论都有自己表征和阐述正确性标准的不同方式。"（第344 页）"有一种共识，即逻辑的、修辞的和辩证的洞察对于这种正确性标准和讨论规则的发展都是重要的。"（第 351 页）这些论述表明，只有"辩证的"能与"逻辑的"和"修辞的"视角并列和对比。所以，我们采用"辩证的""辩证法"的译法，这样，Pragma-Dialectical Theory of Argumentation 就翻译为"语用-辩证的论辩理论"或"论辩的语用-辩证理论"，而其余相关词组相应译为"辩证（的）……"。

Decision 和 legal Decision 在法律领域，人们往往倾向于将这两个词译为"裁决""法律判决（裁决）"。可是，仔细阅读菲特丽丝的原文就会发现，这两个词在很多情况下并不是指司法过程的最终结果——裁决、判决或裁定，而就是指一般意义的决定和法律决定。在法律辩护过程中，除了对最终裁决的辩护而外，实际上有很多在此之前发生的辩护，因为法官在做出最终裁决之前要不可避免地做出很多相关决定，比如决定是否认定案件事实、决定选择使用哪个法律规则、决定选择对规则的哪种解释、决定诉求哪个法律原则等等，而所有这些决定都是法律决定，都要求理性辩护。如果说，最后的法律裁决是一种最终的法律决定的话，那么这种最终决定是以在先的一系列其他法律决定为基础的。当然，从更广泛的意义上说，法律裁决过程是一般决策过程的特例。对于菲特丽丝的许多论述，尤其是谈论规则解释中的 decisions，译为"决定"要比译为"裁决"更顺畅。例如：When interpreting and applying the law, judges make various decisions that have to be justified. （第 2 版第 1 页）The From the perspective of the role of argumentation in legal justification, central questions concern the types of argumentation that are to be used in the justification of the various decisions that are taken in the process of interpretation. （第 2 版第 2 页）…how do they have to account for the decisions they make in the justification of their decision? （第 2 版第 2 页）In the conclusion of their book on statutory interpretation, MacCormick and Summers (1991) develop a "universalist" thesis that all systems share these types of arguments as a "common core of good reasons for interpretative decisions". (第2版第12页) Such reconstruction is based on a number of decisions. (第2版第28页) To decide about the conflict of these inferences, it is necessary to decide which inference is stronger. Such decisions can be based on further inferences that may lead to complex inference chains. (第2版第35页)

　　Discourse 全国科学技术名词审定委员会推荐使用的规范名词是"话语"。计算机科学技术或中文信息处理以及自然辩证法或科学哲学领域也翻译为"话语"。不过，在涉及尤尔根·哈贝马斯（Jürgen Habermas）的理论时，有"商谈"一译。在当代用法中，Discourse 越来越多地承载对话、交往、商讨甚至斗争之过程的涵义。有学者曾提出"论诘"的译法，我们觉得可以参考。具体到菲特丽丝的著作，有些句子中的 Discourse 译为"话语"时整句的表述不符汉语习惯，比如"从事或参与话语"这样的表达就略显别扭。解决的办法是在特定情况下将 discourse 译为"论说"或"论诘"。

　　我们相信，对这些关键术语译法的斟酌和筛选，有助于读者更好地领会《法律论辩导论》（第2版）的思想，也有助于中国法律论辩研究者借鉴世界先进理论成果。

　　另外，我们对翻译过程中所发现的英文版的多处讹误，顺便做了订正，并在【】内作了注释。

武宏志　武晓蓓
2017 年 11 月 20 日
于延安大学 21 世纪新逻辑研究院

中文版前言

  自 1999 年《法律论辩导论》第 1 版问世以来，法律论辩研究已在许多方面获得了发展。为了给法律论辩研究"发展现状"提供一幅系统、完整的全貌，有必要将这些发展加以整合。为此，对本书第 1 版进行彻底修订，将那些新发展吸纳于其中，不失为一个好主意。

  1999 年写作《法律论辩导论》的动因是，在 1970—1990 年这个时期，不同的研究传统内都涌现了对法律论辩理论的地位及其基础之性质的生气勃勃的讨论。本书的基本思路是要对逻辑学、修辞学、论辩理论、法哲学和法理论等不同学科背景下有影响的、主导的法律论辩理论予以导引式概览。

  20 世纪 90 年代以来，关于法律论辩理论的地位和基础的分歧意见出现在这样的背景之下：其时法律论辩理论的必要性和地位已被普遍承认。在各种学科，比如法哲学、法理论、论辩理论以及人工智能和法的会议上，论辩总是会议的常见主题，甚至有法律论辩的专门会议。学术期刊出版了与法律论辩话题相关的特刊。在大学法律教育和为法律从业者开设的课程中，法律论辩常常是课程体系的一部分。关于法律论辩理论的基础与理论洞见对法律教育和法律实践的相关性，在不同学科和不同理论方向的研究者之间达成了共识。最近几年，讨论更多地集中在现有理论特定部分的详述和精炼以及在特定领域的进一步应用。

如上所述，自 1999 年以来法律论辩研究取得了多方面的发展。在《法律论辩导论》第 1 版里所讨论的阿列克西（Alexy）、哈贝马斯和麦考密克（MacCormick）等这些有影响的作者，已经扩展了他们自己早先的思想，详述了其理论的某些部分。为了让第 1 版中所论及作者的工作为更广大的读者所了解，他们的许多著作已被翻译成各种语言。著名学者的工作鼓舞新一代研究者从新（学科）视角精心阐述这些理论的特定方面，开拓新的研究路线。而且，其他学科，比如论辩理论、非形式逻辑与人工智能和法，把法律论辩研究囊括在自己的重要研究课题之中。最后，把法律论辩理论的洞察应用到宪法、欧盟法、国际法和人权等专门法律领域的兴趣日益增长。

这个彻底修订的版本在许多方面扩充了《法律论辩导论》第 1 版。不过，中心焦点依然是对司法裁决辩护语境中法律论辩的研究。除了基于最近发表的作品和辩论来讨论诸位学者的工作所体现的新发展而对各章进行更新而外，我还添加了新的两章。其中一章（第 1 章）论述法律论辩和解释，作为讨论法律论辩理论的一个引子。另一章（第 11 章）则是概览不同法律体系和不同国家的法律论辩研究。

在新的第 1 章"法律论辩和法律解释"里，我介绍了法律解释理论中的关键概念和区别，这些概念和区别事关重大，是本书所讨论的法律辩护的不同理论和研究的基础。在新的第 11 章"不同法律体系和不同国家法律辩护语境中法律论辩的路向和研究之概览"中，主要思想是对法律论辩的相关研究提供一个系统综述。本章所做的研究概览，不仅涉及先前各章所论及的有影响学者的研究工作，也包括对法律论辩（诸方面）和法律辩护之讨论做出贡献的其他学者。

没有荷兰及国外许多同仁的帮助，这个新版的作业是不可能的。幸赖他们给我提供信息，给予我批判性评论，我才能够完成对早先著作的修订。

首先，我要感谢我的研究团队"阿姆斯特丹论辩和修辞学研究组"（ARGA）的同事，他们的评论和批判援助了我。

其次，我要感谢该领域的各位同事，他们在我完成本书各章的过程中给我提供了他们的评论和批判，这是对我很大的帮助。

第 1 章：Maarten Feteris（马尔腾·菲特利斯，荷兰最高法院、伊拉斯谟大学，荷兰鹿特丹），Janneke Gerards（杰尼克·杰勒德，乌得勒支大学，荷兰），Harm Kloosterhuis（哈姆·克鲁斯特威斯，伊拉斯谟大学，荷兰鹿特丹）和 Franziskus Weissbarth（弗朗西斯库斯·韦思巴斯，伯尔尼大学，瑞士）。

第 2 章：Henry Prakken（亨利·普拉肯，乌得勒支大学、格罗宁根大学，荷兰）。

第 3 章：Bart Verheij（巴特·维尔希基，格罗宁根大学，荷兰）。

第 5 章：William Rehg（威廉·雷吉，圣路易斯大学，美国）。

第 7 章：Matthias Klatt（马提亚·克拉特，格拉茨大学，奥地利）和 Georgios Pavlakos（乔治思·帕夫拉科斯，格拉斯哥大学，英国）。

第 9 章：Christian Dahlman（克里斯蒂安·达尔曼，伦德大学，瑞典）。

第 10 章：Frans van Eemeren（弗兰斯·范爱默伦，阿姆斯特丹大学、莱顿大学，荷兰；江苏大学、浙江大学，中国），Harm Kloosterhuis（哈姆·克鲁斯特威斯，伊拉斯谟大学，荷兰鹿特丹）和 José Plug（乔斯·普拉格，阿姆斯特丹大学，荷兰）。

第 12 章：Harm Kloosterhuis（哈姆·克鲁斯特威斯，伊拉斯谟大学，荷兰鹿特丹）和 Willem Melching（威廉·默尔岑，阿姆斯特丹大学，荷兰）。

最后，我要感谢那些给我提供他们自己国家的法律论辩研究相关信息的诸多学者，这些信息构成概览各国法律论辩研究的第 11 章的基础。

第 11 章：德国和讲德语地区，Hanna Maria Kreuzbauer（汉娜·玛丽亚·克鲁兹鲍尔，萨尔斯堡大学，奥地利）；斯堪的纳维亚，Christian Dahlman（克里斯蒂安·达尔曼，伦德大学，瑞典）；波兰，Bartosz Brozek（巴尔托什·布罗泽克，加格罗林大学，波兰克拉科夫）；斯洛文尼亚，Marko Novak（马尔科·诺瓦克，欧洲法学院，斯洛文尼亚新戈里察）和 Marijan Pavčnik（马里詹·帕夫克尼克，卢布尔雅那大学，斯洛文尼亚卢布尔雅那）；意大利，Stefano Bertea（斯托凡诺·贝尔泰亚，莱斯特大学，英国）和 Giovanni Tuzet（乔瓦尼·退均特，博科尼大学，意大利米兰）；西班牙，Manuel Atienza（曼纽尔·阿蒂恩扎，阿里坎特大学，西班牙）；拉丁美洲，Virgilio Afonso da Silva（维尔吉利奥·达席尔瓦，圣保罗大学，巴西），Manuel Atienza（曼纽尔·阿蒂恩扎，阿里坎特大学，西班牙），Thomas Bustamante（托马斯·布斯塔曼特，米纳斯吉拉斯大学，巴西）和 Flavia Carbonell（弗莱维亚·卡博内尔，阿尔伯托乌尔塔多大学,智利圣地亚哥);中国,熊明辉(中山大学,中国广州)和王春穗(广东开放大学、中山大学,中国广州)。

我很高兴武宏志和武晓蓓完成了本书的中文翻译,这个中译本能让中国读者便利阅读拙作。我希望该中译本将激励中国学者投身于法律论辩领域,并由此能够对法律论辩理论的进一步发展做出贡献。

伊芙琳·T. 菲特丽丝

2017 年 11 月 25 日于阿姆斯特丹

目 录

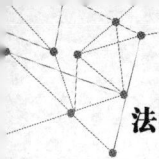

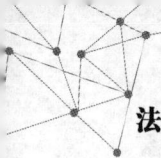

导 论 xv

论辩和法律辩护

论辩（argumentation）在法律中发挥着重要作用。人们期待提出某一法律论点的人提供支持该论点的论证（arguments）。向法庭提交案件的律师必须用论证来辩护其案件。做出裁决的法官被期待用论证支持该裁决。立法者在议会介绍一个法案时，人们寄望他用理由支持其提案。甚至法律学者向同仁表达自己的看法时，人们也希冀他辩护该看法。每个提出法律论点并希望别人接受它的人，都必须提供辩护性论证。

一个法律论点的可接受性取决于这种辩护的品质。法官在其裁决中表达自己的论点，这个裁决必须予以充分地辩护，以使当事人、其他法官和整个法律共同体予以接受。一个重要问题是：论辩应该满足哪些法律正确性（soundness）的标准？法官提及案件事实和法律规则就足够了吗？或者，他还必须说明为什么那些法律规则适用于该具体案件？一个法律规则的解释如何能够得到可接受的辩护？在法律辩护语境中，法律规则、法律原则、一般道德规范和价值之间有怎样的关系？与其他法律立场的辩护相比，法官的裁决有任何特殊规范吗？

本书将描述论辩理论家、哲学家、法理论家和法律哲学家如何应对这些问题,考察法律论辩领域最有影响的学者所发展的关于法律论辩正确性标准的思想。中心问题是,在司法裁决辩护的语境下,一直以来所发展的法律论辩分析和评估的方法是什么?

为了评价法律论辩的优劣,人们预设了某些合理性规范,以此为基础,人们可以确定一个论证是不是正确的(sound)。为确定这一点,理论家必须有一种分析这种论证的充分工具。论辩理论和法律理论都十分关注这些议题。

论辩理论的一般目标是建立充分地分析和评估论证的方法,也关注理论洞察的恰当实践应用。为了决定何时一个论证可以既是正确的又是合理的,论辩理论发展了相关准则(criteria)。理论焦点在于正确论证的"理想的"规范与在法律实践中应用的可接受性准则。论辩理论家把法律当作一种制度语境,并设法辨别调节法律运行的普遍法律准则和特殊法律准则。

法理论的一个中心问题是:何时一个法律判断可被看作是合理的?这个问题也关涉一个法律判断应该满足的普遍法律准则和特殊法律准则。法理论家认为,法律论证是一般论辩的特殊形式。因此,他们往往使用得自逻辑学、语言哲学和论辩理论等其他学科所探究的合理论证之标准的原则。因此,在某种程度上,法理论家和论辩理论家对一些相同的问题感兴趣。

本书的目的是审视论辩理论和法理论的主要发现,因为它们影响法律论辩的分析和评估,也考察为这种评估提供担保的合理性准则。

本书的结构

在概览那些研究法律论证的学者的主要思想时,我按如下顺序进行。首先,本书研究从逻辑学、论辩理论或哲学的视角处理法律论证的那些作者的见解。然后评论从法理论视角研究法律论证的那些学者的工作，以及发展了司法裁决辩护和法律讨论合理性之理论的那些作者的工作。

导论之后，第 1 章讨论研究法律解释和法律规则适用之文献的中心话题，它与更好地理解法律论辩研究中的核心问题相关。焦点既在于解释和适用法律时法院拥有的自由裁量空间，也在于法院必须在其辩护中对这个自由裁量空间做出解释的方式。

第 2 章讨论那些可以看作是采取法律论证的逻辑路向的学者。逻辑路向是法律论证分析和评估的最古老的理论框架，其中形式有效性的准则被当成是基本原则。本章集中于传统的逻辑方法与人工智能和法领域的现代逻辑方法。第 3 章考察英国哲学家和论辩理论家图尔敏（Toulmin）。他把法律当作一个出发点，发展了一个模型，其中领域依赖的（field-dependent）和领域独立的（field-independent）准则在论辩评估中发挥重要作用。第 4 章考察比利时（法律）哲学家佩雷尔曼（Perelman）的新修辞学。受法律的启发，佩雷尔曼描述了在使听众确信（convincing）一个规范性主张的可接受性过程中发挥作用的那些因素。第 5 章处理德国哲学家和社会学家哈贝马斯（Habermas）所发展的交往合理性理论。哈贝马斯细致地说明了一场讨论要达成一种合理的共识（reasonable consensus）应该满足的条件。

在对那些从逻辑的、论辩理论的或哲学的视角处理法律论证的学者进行评论之后，我转向那些从法理论视角研究法律论证的理论家。第 6 章讨论苏格兰法理论家麦考密克（MacCormick）所发展的法律判决的辩护理论。麦考密克细致地说明了辩护法律判决时必定在不同层次上援用的论证形式。他区分了需要形式逻辑准则的层次和需要实质性准则的层次。第 7 章论述德国法理论家阿列克西（Alexy）阐述的法律话语理论。阿列克西运用从逻辑学、分析的道德哲学和语言哲学汲取的洞察以及图尔敏、佩雷尔曼和哈贝马斯的提议，建

xvii

立了一个理性论证规则的系统，然后将这个规则系统应用于法律论辩。第 8 章考察芬兰法理论家阿尔尼奥（Aarnio）创立的法律解释理论。阿尔尼奥提出了法律解释的辩护要成为理性的应满足的条件。他吸收了阿列克西、维特根斯坦（Wittgenstein）和佩雷尔曼有关论辩正确性的洞见。第 9 章讨论瑞典法理论家佩策尼克（Peczenik）对法律和法律辩护之转化（transformations）的说明。佩策尼克描述了法律判决辩护中各种层次的转化以及对这些层次起作用的合理性准则。

第 10 章致力于法律论辩的语用-辩证路向，该理论建立在荷兰论辩理论家范爱默伦（van Eemeren）和荷罗顿道斯特（Grootendorst）所创立的论辩性话语（argumentative discourse）理论的基础之上。按照这种路向，在诸如菲特丽丝（Feteris）、克鲁斯特威斯（Kloosterhuis）和普拉格（Plug）等各位学者的工作中，通过把得自法理论的洞察整合进一般的论辩理论，语用-辩证的理论被应用于法律辩护的语境。按照这种路向，法律辩护被认为是旨在解决争议的批判性讨论的一部分。本章讨论适合于法律辩护语境的一般的语用-辩证的理论之发展与实施的诸方面。

除了有影响的法律论辩和法律辩护的理论，在法律论辩领域还有一些学者探索了法律论辩的特定方面，或者进行了案例研究。为了提供对法律辩护研究的更全面的概览，第 11 章对不同法律体系和不同国家的法律论辩和法律辩护的路向及研究作一鸟瞰。

前 11 章集中于各种各样的理论和法律论证研究之核心的解释性概念，这些概念直接应用于或可能适合于法律论证分析和评估，它们以被假定为评估之基础的合理性准则为基础。末章即第 12 章是结语，专论法律论辩研究的主要趋向，专注于这些理论和研究所展现的异同点以及相互间的关联。

第 **1** 章　法律论辩和法律解释 [1]

摘　要　作为讨论法律辩护理论后续各章的一个引子，本章讨论研究一般法律解释和适用，尤其是法律规则解释和适用之文献的核心论题。这个引子的核心焦点是：法官在解释和适用法律时拥有的自由裁量空间，以及他们必须用论辩的手段对裁决过程中所获得的决定做出说明的方式。第 2 节首先探讨法律规则的解释和适用的核心难题。第 3 节集中讨论法律解释的方法和法律推理的类型。第 4 节特别关注法律解释和法律论辩在欧盟法和国际法语境中的作用，以及在多层次的法律系统中法院使用其自由裁量空间的方式。第 5 节根据法官的自由裁量空间以及在解释过程中所获得决定的正确性取决于辩护这些决定时所提出的论辩的质量这一事实，形成关注法律的论辩性品质的结论。

关键词　根据相反的推理；归谬法；自主解释；简单案件；冲突规则；冲突背景的论证模式；共识解释；累积性论证模式；可废止性；自由裁量权；排他性理由；欧盟法；疑难案件；解释方法的层级；国际法；解释方法；法律论辩；法律解释；法律规则；法律原则；法律渊源；语言论证；元目的

论解释；判例；类比推理；强自由裁量权；体系论证；目的-评估性论证；弱自由裁量权；估量和平衡

1.1 导 言

在解释和适用法律时，法官做出必须予以辩护的各种各样的决定。法律解释理论和法律论辩理论的中心问题涉及法官在解释和适用法律时的自由裁量空间。他们有自由裁量空间吗？如果有的话，准确地讲，这个空间的构成如何？他们可能会怎样利用这个空间，必须怎样对他们在辩护自己决定的过程中所形成的那种决定加以说明？有关辩护模式的更具体的问题涉及形形色色的法律语境与法律文化中法律解释的方法和推理的类型。从论辩在法律辩护中的角色的视角看，核心问题关涉解释过程中对所采取的各种决定的辩护将要使用的论辩的类型。

作为讨论法律论辩各种理论的随后各章的一个引子，本章讨论研究一般法律解释和适用，尤其是法律规则的解释和适用之文献的核心论题。这个引子的核心焦点是：法官在解释和适用法律时拥有的自由裁量空间，以及他们必须用论辩的手段对裁决过程中所获得的决定做出说明的方式。

第2节首先讨论法律规则的解释和适用的核心难题。第3节集中讨论法律解释的方法和法律推理的类型。第4节特别关注法律解释和法律论辩在欧盟法和国际法语境中的作用，以及在多层次的法律系统中法院使用其自由裁量空间的方式。第5节根据法官的自由裁量空间以及在解释过程中所获得的决定的正确性取决于辩护这些决定时所提出的论辩的质量这一事实，形成关注法律的论辩性品质的结论。

1.2　法律规则的适用和解释的主要难题

20 世纪的法哲学和法理论对法律论辩日渐增长的兴趣与对法官之任务的观念变化有关。在 19 世纪的法哲学中，按照孟德斯鸠（Montesquieu）的分权观念，法官的任务是按照立法者所阐述的那样适用法律。他必须把具体案件的事实纳入一般法律规则之下。

以现代视野来看，法官在解释法律规则和阐述要在具体案件中适用的规范方面有一定的自由度。依此看来，法官不再被当作是机械地从一般规则推断出裁决的"法律的传声筒"（mouth of the law），他要确立具体案件语境中法律规则的意义。按照这样的观念，法律规则并没有语境独立的意义，法官必须决定个案中的法律规则的准确意义是什么。在这个决定过程中，法官有一定的自由裁量权，同时必须用他们的辩护对这个自由裁量权予以说明。在他们辩护自己的决定时，法官必须详细说明作为选择一个特殊解释和表述适用于具体案件的法律规则之基础的那些考虑。

研究法律论辩和解释的现代文献中所讨论的核心难题与这个自由裁量空间有关。焦点在于，法院在解释过程中必须做出的那种选择，以及它们必须用自己的辩护对这些选择进行说明的方式。在决定一个具体案件中某个特殊法律规则的可接受性时，法官可能面临各种各样的难题。他们必须决定该规则的意义是否清晰，进一步的解释是否必要；他们必须决定是否要生成一个例外；在冲突情况下，他们必须决定相关的规则和原则如何予以平衡。在法理论中存在对简单案件和疑难案件的区别、生成某个法律规则的例外的必要性以及规则和原则之冲突的解决等这些难题的讨论。本部分将讨论法律解释和论辩文献中所处理的这些难题，以及使用的关键术语、概念和区别。

1.2.1 简单案件和疑难案件

在将法律适用于具体案件时，法官有决定可适用法律的自由裁量权。依据法官在这个决定过程中必须解决的难题，这种决定的辩护可以是"简单的"或越来越"复杂的"。有时，一个法律规则的意义对具体案件语境是清晰的，对该规则的进一步解释并无必要。在所谓的**简单**（例行的或容易的）案件中，根据该规则的明确表达和立法者的意图，案件事实明显无疑地被归到该规则的适用范围内，法官仅仅提及该事实和这个法律规则就可以简单地辩护他的裁决。[1] 可以把规则分析为一种形如"若 p，则 q"的条件句（比如，"若某人不合法地行动且该不合法行动引起对别人的损害 [p]，则他有义务补救由该法律行为引起的损害 [q]"）。在简单案件中，诸如"A 必须赔偿 B 的损失"这样的裁决，可以通过提及规则和该案件的事实来辩护。

在所谓的**疑难案件**中，具体案件是否被归入法律规则的适用范围并不一清二楚，所需要的辩护更为复杂。首先，一个案件可能是疑难的，是因为根据该规则的表达式里的用语，该规则是否可适用并不清楚。在这种情况下，法官就必须基于法律解释方法给出该规则的意义的一种解释。在这个解释过程中，各种考量，比如该规则的措辞、立法者的意图、该规则在法律体系中的地位、该规则的目的等，要予以综合考虑。其次，法律规则可能包含"开放的"或"含混的"一般规范，比如"公平合理""合理注意"等。由于立法者不可能预见到所有可能情况，他们常常使用一般的、开放的或含混的词语，至于该规范准确意味着什么的问题，留给法官在具体案件中去确定。一个案件成为疑难案件也可能因为有重要理由不适

---

〔1〕 对简单案件和疑难案件的介绍和讨论参见德沃金（Dworkin，1986），哈特（Hart，1958，1961），富勒（Fuller，1958）和麦考密克（1978：195-228）。

用一个规则，因为在某具体案件中的适用将是"不合理的""不公平的"或"荒谬的"。在这种情况下，法官也许因为合理、公平和限制该规则适用范围的缘故而决定不适用该规则。他将论证：立法者假如预见到当前案件的话，他本该会表述一个例外。反之，尽管适用该规则的条件并不满足，法官也许决定类推地适用一个法律规则（比如在该法律存在一个"漏洞"的情况下），论证假如立法者预见到该案件的话，他将会扩大该规则的适用范围。在所有这些构成**疑难案件**的情形下，在法官能给出其适用性的决定之前，该规则的某种解释是必需的。当法官基于一种解释确定了规则的意义时，他还必须给出进一步的辩护：按照给出的解释，该规则适用于该具体案件或者不适用。

在法理论中，人们对法官在疑难案件中拥有的自由裁量空间有不同看法。像哈特（Hart, 1958, 1961）这样的作者认为，决定哪个法律解释将是给定案件的最佳解决是法官拥有的自由裁量空间。在哈特（1961：132）看来，法院在法律规则有空缺结构的案件中拥有"强自由裁量权"，而且判例论给法院在履行规则的执行功能的边缘地带留下了空间。哈特（1961：143）主张，法律规则被认为是限制，但并不排除法官的自由裁量权。法官自由裁量权的限制是由所谓的主要规则（primary rules）的阐述与所谓的次要规则（secondary rules）形成的，前者定义社会中的权利和义务，后者则是主要规则的认可、应用和变化的规范和标准。这种次要规则也涉及法律解释的标准。

像德沃金（Dworkin, 1986）等其他人认为，在疑难案件中法官只有"弱自由裁量权"。法官的任务是要找到"一个正确答案"，这是以法律为基础找到的答案。[2] 法官的自由裁量权在于决定是

〔2〕　对哈特和德沃金关于法官自由裁量权与"一个正确答案"的可能性的观点的讨论，可见贝勒斯（Bayles, 1992：165-190），科尔曼（Coleman, 1988），菲什（Fish, 1987），格里纳沃尔特（Greenawalt, 1987），麦考密克（1978：229及以后），佩策尼克（1989：302-312）。

否适用该法律规则的条件已被满足。法官并没有为具体案件"发明"该法律的正确表述,而是寻找提供最佳答案的那个法律的正确解释。按照德沃金(1986:255)的观点,在法律争议中,最佳解释是从整体的法律视角表述一个正确答案,从而使该法律更加融贯的解释。在疑难案件中,这意味着,法官基于把法律重构为可适用于特殊案件以及类似案件的关于权利和义务之原则的融贯集合,设法寻找最佳建构性解释。在德沃金(1986:95-96)看来,这些权利和义务从过往的裁决推断而来,仅当它们明确表示在这些裁决之中,而且从个人和政治道德的原则推断出来,这些原则才是被当作某个裁决的辩护而提出来的。

从法律辩护和法律论辩的视角看,哈特和德沃金都持这样的观点:疑难案件是存在的。在疑难案件中,法官必须辩护他们关于手头案件的法律规则的正确表达的决定。他们必须具体说明对该法律的解释、特定法律原则的存在、这些原则的估量等各种各样的考虑。区别在于,哈特承认疑难案件中的各种解决方案都是可防卫的,法官必须从法律的视角来辩护所首选的决定。但是,德沃金否认能够从一种法律的视角防卫各种解决方案的可能性,因为只存在唯一的正确答案,它是在把法律当作一个融贯整体的基础上重构出来的。以下将讨论在这种疑难案件的法律适用的辩护中发挥作用的各种考量。

1.2.2 法律规则的例外:可废止性和排他性理由

在司法裁决的辩护中,对于一个法律规则的适用性,通常只要表明适用规则的条件被满足就足够了。假如适用法律规则的条件被满足,法律后果就初步(*prima facie*)得出。一般情况下不必说明不存在形成例外的理由。

但是,也可能有这样一种情形,此时法官面临如此的难题:适用该规则的条件被满足，但有不去适用一个特殊法律规则的理由。也许，不去适用该规则的理由要比适用该规则的理由有更重的分量。[3] 在这种情况下，不去适用该规则需要进一步辩护。以下将根据"可废止性"和"排他性理由"讨论对不去适用这种规则的不同考虑。[4]

如哈特（1951：152）曾指出的，可以把法律规则当成是"可废止的"，意指虽然适用一个法律规则的条件被满足，但该规则不该被适用的主张可能依然是可防卫的。法律规则有一种可废止的性质：它们适用，除非存在某些意外情况（contingencies）。[5]

法律规则总是有可能被一个包含作为例外的颠覆性因素的"除非"从句所改述。[6] 人工智能和法领域的学者认为，要根据可废止性详细说明例外之辩护的内容和结构，需要各种各样辩护的形式（对可废止性的进一步讨论见本书第 2 章第 6 节）。[7]

法院在其辩护中必须详细说明为形成一个初步适用规则的例外而建立一种辩护的相关考虑。根据那些理由的性质，运用各种正确性标准。以下对若干这些考虑进行讨论，比如法律原则、法律原则的估量、基于合理性（reasonableness）或荒谬性的论证的角色。

6

---

〔3〕 对于按照规则的例外论证可能被击败的那种情形的推论，可见哈格（Hage, 1997：107-115）和维尔希基等（Verheij, 1996：5-9，57-97）。正如维尔希基指出的，可能也有一个原则的例外。亦见肖尔（Schauer, 1991：112 及以后）。

〔4〕 比如，见哈格（1997：107 及以后）。他区分了一个规则适用的常规进程可能根据可废止性和排他性理由被中断的两种方式。对法律的可废止性的讨论见贝尔特兰和拉蒂（Beltrán & Ratti, 2012）。

〔5〕 对于作为决定性理由的法律规则的另一种看法，见德沃金（1978：22-28，78-80）。亦见肖尔（1991：115-118）。

〔6〕 哈格（1997：123）把可废止性定义为"一个有效规则或原则的条件被满足，但结论却得不出的情形"。

〔7〕 可能形成不去适用一个法律规则的理由的其他考虑是所谓的排他性理由（或先发制人的理由）。对排他性理由的讨论见拉兹（Raz, 1975，1978）。

1.2.3 法律规则和法律原则的区别

在法律决策和法律辩护中，法律规则与法律原则都发挥重要作用。法律原则构成法律或法律特殊领域之基础的基本出发点，比如平等原则、公平合理原则、诚实信用原则、公平竞争原则等。法律规则和法律原则都被当作是司法裁决的理由，它们相互作用的方式是现代法律论辩理论的关键问题之一。

在有关这个区别的讨论中，德沃金（1978：22-28，72-80）是持有某种立场的有影响的学者之一，他认为规则和原则提供不同类型的理由。规则和原则都指向关于特定环境下一个法律义务的特殊决定，但在它们所给出方向的类别方面，二者却有所不同。规则被看作是以非全即无的样式适用的终局性理由。假如一个规则是有效的，那么它就是该裁决的一个终局性理由。原则构成一种不同类型的理由，它们指向某个方向，但并不需要一个特殊的裁决。原则形成初步的（*prima facie*）、可改写的理由。它们有"分量之维"（dimension of weight），而且可能与其他并非无效的原则相冲突。在具体案件中，不同的原则可能指向不同的方向，法官必须通过说明每一原则的相对分量来解决该冲突。可是，规则并无这个维度。假如两个规则相冲突，那么只有一个规则可以适用。

阿列克西（2002，2003）反对德沃金的看法，他说规则和原则提供不同类型的理由是因为它们以不同的方式运作。依阿列克西之见，规则和原则都总是初步的（*prima facie*）适用，因为破例总是可能的。不过，它们有不同的初显（*prima facie*）特性，这是一种类别的而非程度的差异。法律规则是要么可适用要么不可适用的确定性命令（definitive commands）。法律原则可被看作是最优化命令（optimization commands）。一个规则被拒绝的方式不同于一个原则被拒绝的方式，规范之间和原则之间冲突的解决办法也不同。[8] 这对辩护也有影响：与原则相比，规则在辩护中起着另一种作用。在认为一个规则不是适用的基础上的决定是以其他辩护形式为基础的，而不是以考虑一个特殊原则的分量盖过另一个原则为基础的决定。下一部分将讨论这种冲突及其解决办法的辩护。

1.2.4　规范冲突的解决：冲突的规则、估量和平衡

如上所述，像规则和原则这样的规范可能冲突。由于规则和原则存在差异，所以要解决此冲突，就应使用要求不同辩护形式的不同解决办法。

在一个特定法律体系之内规则冲突的大意是：在一个具体案件中，两个或更多规则指向相反方向，因而可能得出不相容的结论。规则之间的冲突可以引入如上所述的例外，或者基于一种关于冲突的规则来宣告其中一个规则是无效的而予以解决。法律中运用的一般冲突规则是，上位法优于下位法（*lex superior derogat legi inferiori*）、后法优于前法（*lex posterior derogat legi priori/anteriori*）、特别法优于一般法（*lex specialis derogat legi generali*）。[9]

在两个或更多原则相冲突，指向不同方向的情形下，出现一个类似的难题，因为以不同的原则为基础，不同的结论都是可防卫的。在原则相冲突的情况下，该冲突可以通过在这些原则之间建立一种优先的条件关系来估量适用的理由加以解决。[10] 不同学者探讨了不同法律领域中的法律原则的估量和平衡的问题。阿列克西（2002，2003）对法律原则的估量和平衡的讨论做出了重要贡献。在

---

〔8〕 对阿列克西规则和原则之区别以及规则和原则之冲突的解决办法的观点的进一步讨论，见本书 7.5.1 这一部分。

〔9〕 关于规则的冲突，亦见肖尔（1991：188-191）。

〔10〕 作为一种法律决策方法的平衡被应用于宪法语境中权益竞争的情形。对美国和欧洲的宪法权利之平衡的讨论，可见博霍夫（Bomhoff，2013）。

8

《碰撞法则》（*Collision Law*）中，阿列克西明确表达了对原则的估量和平衡进行辩护的要求，他的"平衡律"（law of Balancing）和"分量公式"（Weight formula）被应用于德国宪法中维持宪法原则的平衡。在他看来，法律辩护语境中平衡的合理性取决于对干扰强度判断的辩护、重要性程度判断的辩护和这些判断之间的关系。（对阿列克西关于估量和平衡的观点的讨论以及其他作者的进一步阐释，见本书 7.5.1 部分）。[11]

1.2.5 作为论据的法律规则、法律原则和判例在法律辩护中的地位

辩护一个法律裁决时，可能使用各种法律渊源。这些法律渊源的地位取决于法律体系和法律领域。比如，在大陆法系中，编纂在法条和条约中的法律规则是法律渊源，原则上在作为论据辩护法律裁决时具有权威地位。其他法律渊源是法律原则和司法裁决（判例）。不过，在大陆法系中，如果法律原则和判例没有结合成文的法律规则，或者没有因参照成文的法律规则而得到支持，它们不能构成对一个法律裁决的充分辩护。

在普通法系中，法律决策常常基于法律原则的运用，这些原则植根于先前法律裁决的系统，而这种系统形成判例，以后的法律裁决可以在辩护时诉诸它们。在这些系统中，判例作为一种论据有权威地位，可以不用依赖引用其他法律渊源而构成一种具有证明力的论据。

不过，正如肖尔（1991：175）等指出的，在大陆法系和普通法系中，法律规则形成法律决策的核心。在普通法系的不同法律领域，给出某类案件的一些辩护时，某些原则就变成了"固化的"。

---

〔11〕 如先前部分指出的，应用于特殊法律系统的解释方法和法律推理类型，用哈特的措辞来说，可以当作是关涉主要规则的解释、创造和应用的次要规则。

这样，一般规定就得以开发，起着"约束"法官活动之规则的作用，尽管它们没有像规则一样在大陆法系中拥有权威的地位。而在大陆法系中，法律原则变得像法律渊源那样更为重要，而且在必须估量互为对手的不同权益的疑难案件中的法律规则的解释和适用中发挥作用。

1.3　解释方法、法律推理类型和法律裁决的辩护

9

在法理论中，法官可用来确定一个法律规则意义的方式，比如解释的方法和法律推理的类型，是有所不同的。解释方法涉及法官在为具体案件确定规则的意义时所顾及的各种考量。法律推理的类型关涉法官在根据某一特定推理模式确定该意义时所做的推断。这两种确定意义的方式也构成辩护的基础：在其辩护过程中，法官必须通过具体说明其决定背后的考量和推理模式，来说明他们运用自己的自由裁量权的方式。这一部分将讨论法官在解释和使用法律时必须要考虑的解释方法、推理的类型和法律渊源。解释方法、推理的形式和法律渊源在一定程度上"约束"法官的自由裁量空间，因为他们必须从一种法律的视角详细说明"与确定一个法律规则的意义相关"的那些考虑。

1.3.1　法律解释的方法和法律推理的类型

虽然法律规则的解释可能涉及不同的法律渊源，如法定规则、判例、契约、条约等，但大多数法律解释的理论关注制定法解释的方法。[12] 解释的方法有时基于立法，意味着关于解释方法的规则可以被看作是制度化规则。在另一些情形中，解释的规则和原则是在某一特殊法律体系或某一特殊法律领域内被遵守的社会惯例。

---

〔12〕　见麦考密克和萨默斯（Summers，1991）。

在关于法律解释方法的理论中，予以区别的"经典的"解释方法是语法的或语言学方法（此时法官引用该词语在日常语言里的意义）、历史方法（法官引用表达在议会文档中的立法者的意义）、体系方法（法官引用该规则在法律体系中的位置和上下文以及与其他规则的关系）和目的论方法（法官引用该规则的目标或目的）。另一些加以区分的方法是：预期方法（此时法官预期未来的立法）和动态评估方法（法官引用在该规则引入之后的法律的发展）。特定的法律领域有时使用特定的解释方法。例如，在欧洲法中，包含像元目的论解释方法（meta-teleological interpretation）、自主性解释（autonomous interpretation）方法和共识解释方法（consensus interpretation）。[13]

除了解释的方法，在法律方法论和法理论中，也有其他决定一个法律规则（在一种特殊解释下）适用性的技术被区分出来。为了辩护一个具体案件中适用或不适用一个法律规则的某种选择，可能使用各种各样的法律推理类型。[14] 法官也许在决定一个法律规则应被适用于与该规则打算适用的某一案件相似的一个案件时，使用所谓的类比推理这样的推理类型，尽管适用一个法律规则的条件没有被满足。[15] 在辩护中，法官必须说明为什么当下案件相似于该规则打算适用的那个案件。另一种法律推理是根据相反的推理（a contrario reasoning），法官决定时，由于手头案件不同于该规则打算适用的那个案件，所以该规则不适用于手头的那个案件。法官辩护时

---

〔13〕 对这些方法的讨论见本章的 1.4 部分。

〔14〕 对作为法律论辩之形式的各类法律推理的更为详细的阐述，见本书各章，比如在"论阿列克西理论"的第 7 章，"论语用-辩证理论"的第 10 章，讨论了这些推理的形式。

〔15〕 对类比推理和类比论辩的讨论，见布鲁尔（Brewer，1996）、克鲁斯特威斯（2006，第 4 章）和孙斯坦（Sunstein，1996）。

必须解释为什么当下案件在相关方面不同于该规则打算适用的那个案件。当法官从一个法律规则适用于具体案件的预期后果开始，论证该适用不该发生，因为其后果的荒谬、不可接受或不合理时，就使用了归谬推理（*argumentum adabsurdum*），亦称根据合理性的论证。[16] 法官辩护时必须从法律的视角阐明为什么该后果是荒谬的、不可接受的或不合理的。在接下来讨论各种法律论辩理论的章节中，将更详细地讨论这些推理类型。

多样的法律推理类型可以看作是能以不同组合辩护一个法律决定之解释的解释方法的具体实施和应用。例如，类比论证可以看作是体系论证的一种具体形式：引用应该被类推适用的法律体系中的另一个法律规则。根据相反的论证也可以看作是体系论证的一个具体形式：援引法律体系中的相关规则和法条来辩护一个特殊规则不该适用于某个具体案件。[17] 提及荒谬或不合意后果的归谬推理可以看成是目的论论证的一种形式：引用规则的目的。基于这些目的，它论证某规则适用的可能后果可被认为是不合意的，因为它们将与这个目的不一致。[18]

解释的方法与论辩的整合也形成麦考密克和萨默斯实施的（1991）有关法条的法律解释和法律论辩的方法与模式的研究项目的出发点。[19] 在这个项目中，由代表不同法律体系的 22 国使用的解释方法和论辩组成一个详细清单，旨在提供对高级法院所发布的司法意见中的解释实践的洞察（1991：2-3）。该项目在将解释性论证归为 11 类的基础上，再将其划分为 4 组：语言论证、体系论证、

---

〔16〕　对法律论辩中归谬推理的讨论，见阿列克西（1989：345）、布斯塔曼特（Bustamante，2013）和克鲁斯特威斯（2006：73 及以后）。

〔17〕　对根据相反的推理和论辩的讨论，见詹森（Jansen，2002，2005）。

〔18〕　比如，见布斯塔曼特（2013）和菲特丽丝（2015）。

〔19〕　关于判例的一个类似研究项目，见麦考密克和萨默斯（1997）。

目的-评估性论证和跨范畴（意图的）论证（1991：512-516）：

A. 语言论证

1. 根据在被解释的法定文本的特定部分所使用的普通词语的标准日常意义的论证。

2. 根据法律的或非法律的普通语词或专业语词的标准专业意义的论证。

B. 体系论证

3. 语境和谐的论证。这些论证起自法规某章节中出现争议的语词，源自该章节的其他部分、同一法规的相关章节以及密切相关的法规里这些语词的用法。

4. 援引先前解释现有的法规的判例的论证。

5. 基于法规类比的论证。例如，一个案例在法规中没有规定时，就以该法规中处理极为类似案例的同样方式进行处理。

6. 逻辑概念型的论证，即从公认的一般法律概念推出某些含义。

7. 诉诸一般法律原则的论证，这些原则在出现解释问题的领域有可能或实际上发挥作用。

8. 根据法规的接受和演化的任何特殊历史的论证。

C. 目的-评估性论证

9. 根据法规目的的论证，大意是，该法规的一个特定的可能意义能最好地实现那个目的；该论证本质上是目的论的论证。

10. 由实质性理由组成的论证，这些理由的分量或力量本质上不依赖任何权威也可以具有权威性。这类论证充斥着道德的、政治的、经济的或其他社会考量的实质性理由的直接诉求。

12

D. 跨范畴（意图的）论证

11. 这种论证意为，该立法意欲那些语词具有某种特定的意义（跨范畴的）。

1.3.2　法律辩护中的解释策略和论辩模式

以上所讨论的不同解释方法能以不同的组合方式用于辩护一个法律规则的解释。不同解释性论证的方式被关联起来，取决于对必须予以处理的所用解释策略的各种考虑。如此一个策略导致论证的一个特殊群集，它可以用一种特殊的论辩模式（argumentative pattern）加以刻画。

在其关于法定解释的著作的结论中，麦考密克和萨默斯（1991）发挥了一个"普遍主义者"论点，即所有法律体系共享这些论证的类型，它们是"解释性决定之好理由的共同核心"。他们主张，有一种"根植于共享价值的共同合理性"，这允许他们构建一种广泛适用于法定解释语境的理想规范模型。这种规范地位蕴含着它可以被当成是法规的"有正当理由的解释"的模型（1991：3）。在不同国家使用不同解释方法这一结果的基础上，麦考密克和萨默斯（1991：530-532）明确阐述了一种解释策略，它形成辩护解释性决定之方式的基础。以不同解释性论证与这些论证相互作用方式之间的关系为基础，可以将法律辩护的不同结构区分开来。

在麦考密克和萨默斯创立的模型里，一个法定规范的解释从某种语言学的解释开始。倘若没有生成令人满意的结果，体系的论证必定开始发挥作用。假如这些论证没有一个产生可接受的结果，法院可能还要把目的-评估性论证纳入考虑。不同的论证形式应该以特定顺序予以考虑，决定的辩护应该详细说明，对解释性决定在决定过程不同层次上所起的作用是怎样考虑的：

（a）在解释一个法定条款时，按以下顺序考虑论证的类型：

（i）语言论证；

（ii）体系论证；

（iii）目的/评估性论证。

13　　（b）初步承认层次（i）上对一个清晰解释的辩护，除非有某种理由转到层次（ii）；在层次（ii）有充分理由可以援引，初步接受层次（ii）上对一个清晰解释的辩护，除非有某种理由移至层次（iii）；如果行进到层次（iii），就承认唯一得到辩护的解释获得可利用论证的全方位最佳支持。

（c）重视根据意图的论证和其他跨范畴论证（若有的话），它们可能是与背离上述初步顺序相关的基础。

这个解释策略也形成在疑难案件中辩护法律决定之原则的基础。这些原则基于各种解释方法之重要性的相对顺序。[20] 麦考密克和萨默斯（1991：525）指出，在疑难案件中，当不同论证可能承载不同分量时，常常使用不同解释方法和论证的组合。

为辩护一个法律解释而不得不提出的论辩可能越来越复杂。基于简单案件和疑难案件的区分，法理论区别了不同的辩护水平。在常规的简单案件中，关于事实或适用的规则没有意见分歧，可能使用单一的论证，亦称为**一阶论辩**（argumentation of the *first order*）。一阶论辩论证的是法律规则适用于案件事实，因而该规则里表述的法律后果就得出了。[21] 在疑难案件中，规则是有争议的，需要进一步的**二阶论辩**（argumentation of the *second order*），辩护该规则的解释和适用。[22]

---

〔20〕　见麦考密克和萨默斯（1991：100-128）。

〔21〕　在法理论中，这种一阶论辩也称为内部辩护〔阿尔尼奥 1977；阿列克西 1989；卢勃列夫斯基（Wróblewski）1974〕和演绎辩护（麦考密克 1978）。

〔22〕　二阶论辩的其他术语有，外部辩护（阿尔尼奥 1977，阿列克西 1989，卢勃列夫斯基 1974）和二阶辩护（麦考密克 1978）。

二阶论辩可能越来越复杂，取决于基于不同解释方法得以展开的论证的数量，并取决于这些论证之间的关系。麦考密克和萨默斯（1991：525 及以后）区分了各种论辩模式。[23] 首先，存在**累积性**（*cumulative*）论辩模式。麦考密克和萨默斯区分了此模式里的两种子模式。一个模式由相互独立的、同时发生的论证组成，它们都分别辩护同一结论。另一个模式由论证整体的分量强于其构成部分的分量的累积性论证构成。其次，有**冲突背景**（*conflict-setting*）的模式，此时辩护竞争解释的多元论证得以展开。麦考密克和萨默斯所讨论的这种背景冲突形式的子类是不适用性、取消、压倒和优先以及超过。[24] 在**不适用性**的情形下，如果已经表明相关解释条件并不存在，那么该论证就被驳倒。在**取消**的情况下，一个论证被取消，假如有另一个可应用的论证取消了那个论证的证明力，尽管解释的条件被满足。在**压倒和优先**的情形中，一个论证被压倒，当基于优先级规则另一论证优先于它。在**超过**情形下，一个论证被超过，当解释条件被满足，其证明力未被取消，基于优先级规则它也未被压倒，然而在此案件情况下有一个导向不同解释的、被认为更有分量的反论证（counter-argument）。[25]

14

---

〔23〕 在语用-辩证的论辩路向中，区分了类似的模式，尽管有某些细小的差异。比如见克鲁斯特威斯（2006：87 及以后）、普拉格（Plug, 2000）。语用-辩证的路向中对论辩模式的进一步讨论见本书第 10 章。对不同论辩结构的讨论也见本书 2.6 讨论人工智能和法的部分。

〔24〕 普拉格（2000：193 及以后）给出了论辩的冲突背景模式的两个形式的辩证描述。

〔25〕 对不同语境，比如宪法权利，进行估量和平衡，见阿列克西（2003）、博霍夫（2013）、克拉特和麦斯特（Klatt and Meister, 2012）、克拉特和施密特（Schmidt, 2012）。关于估量和平衡的内容和结构的讨论见本书第 7 章，其中讨论了阿列克西和其他人有关估量和平衡的理论。

1.4 欧盟法和国际法语境中的法律解释和法律论辩

如前面章节指出的，除了解释的一般方法外，法律的特殊领域使用特定的解释方法。开发这种特定的解释方法的重要法律领域是欧盟法和国际法。在法律解释和法律论辩的文献里，过去 20 年由欧盟法院对欧盟法的解释和适用，比如欧洲人权法院对国际法的解释和适用，已得到越来越多的关注。像基于 1969 年条约法的《维也纳条约法公约》，给法院留有解释和适用该法的某种自由度。由于这个自由裁量空间的利用，那些超国家的法院和国际法院开创了一种解决疑难案件的特定的解释文化。

比如，欧盟法院（ECJ）根据欧盟的原则和目标，已开发出欧盟法解释的某些方法。欧盟法院所发展的解释实践融入了被认为是一种具有它自己解释文化的"自主的法律秩序"。[26] 为此，这部分将特别关注欧盟法领域的自由裁量空间。我将讨论被用于欧盟法解释和辩护的特定解释方法的角色。

在欧盟语境下，自由裁量空间由成员国同意的惯例加以定义。当一个案件引起欧盟法院关注时，该法院必须检查成员国的法律适用是否符合该惯例和其他有关欧盟法。对于欧盟法，有关干涉的决定是欧盟法院（自 2009 年以来被正式称为"法院"）给出的。

关于条约法的《维也纳条约法公约》第 31～33 条所奠定的条约解释的一般准则，也适用于欧盟法规则的解释。根据这些一般准

---

〔26〕 与解释和论辩文化相对同质的欧盟法形成对比，在国际公法中，解释文化不太同质。不同的国际法院和法庭有它们自己的解释和适用相关法律的传统。对国际法院和法庭解释实践的一个最近研究的概观，可见魏贝尔（Waibel，2011）。国际公法中的法律解释和法律论辩的理论研究，见德·阿斯普雷蒙（d'Aspremont，2015）、比亚恩基（Bianchi，2010）、比亚恩基等（2015）、科斯肯涅米（Koskenniemi，2005）和文泽克（Venzke，2014）。

则和欧盟法的一般原则，欧盟法院创立了它自己的"解释文化"。
欧盟法院判决的一个特征是，引起其关注的案件往往是法院无法参
考清晰而明白确切的法定文本或在法律命令中有漏洞的疑难案件。
因而传统的解释方法，如文本的或文法的解释，就不能为确定意义
提供一种充分支持。[27] 由于这个原因，各种特定的"超国家的"
法律解释方法就被用于确立欧盟法条款的意义。这种超国家的方法
的实例如：**元目的论**解释、**自主**解释（*autonomous* interpretation）、**比较**
解释、**共识**解释（*consensus* interpretation）和**演化**解释（*evolutive* interpre-
tation），它们可被看成是"解释文化"的一部分（这些方法在下面
讨论）。[28]

　　欧盟法院从欧盟条约推演出一个欧盟法之解释的特别框架。[29]
可以把欧盟法院做出的解释看作是对作为自主的法律秩序的欧盟法
的一种理解，该法基于直接影响和至高无上的原则，采用诸如基本
权利、隐含能力、国家责任、有效性、分权的概念和法律共同体的
观念加以补充。因此，根据欧盟秩序和其宪法目标（*constiutional
telos*）所提供的更宽广的语境，传统的解释形式（如文法、体系和
目的论解释）被用来解释欧盟法条款。解释变成了对欧盟秩序的一 16
种特定的、系统的理解，这意味着，法律解释不只是关切确立一个
特殊法律规则的目的，也根据规则存在于其中的那种语境来关切法

---

〔27〕 见鲍尼欧和林德罗斯-霍文黑默（Paunio and Lindroos-Hovinheimo，2010）、鲍
尼欧（2013）对欧盟法院的法律推理和欧盟法院判例法（case law）中的语言学论证的
讨论，以及从法律的确定性和可预测性视角来看这些论证的疑难性质。在他们看来，在
使用多国语言的欧盟法语境中，要确保令人信服的、可接受的和清楚易懂的法律推理，
需要体系论证和目的论论证，亦见杰勒德（Gerards，2012：28，注释5）关于语言学解
释和体系解释的有限重要性的讨论。

〔28〕 对其他解释原则，如裁量余地原则、成比例原则等的讨论，见杰勒德
（2012）。

〔29〕 也见波利斯·马杜罗（Poiares Maduro，2007：4-5）。

律规则。[30] 因此，可以把目的论的解释看作是元目的论的推理的一个形式，它根据欧盟法的某些一般法律原则集成了目的论解释、文法解释和体系解释。

如前所述，在欧洲法语境下，确立一个条款之意义的最重要的技术是元目的论解释。在这种解释方法里提及欧盟条约的一般元目标。[31] 假如法律的文本和体系给不同解释留下了空间（作为多元语言和不同法律传统的一个结果），法院就使用这个方法。所选中的解释最佳适配欧盟秩序背后的某些欧洲的原则和观念的目标。为了让人们接受其决定，法院提及被成员国接受的目标和价值尤为重要，可以将这些目标和价值当成是必定促成实现欧盟条约之目标的共同出发点。

对欧盟法院而言，这些目标，也称为"元目标"，关系到国内市场与商品、人员和服务的自由流动。这些目标是至高无上的，是欧盟法原则、"法治"以及欧盟法的一致性、法律的确定性和效力的直接效应，欧盟法原则的构成要素对实现这些目标必不可少。[32]

欧洲语境中使用的许多术语和概念在各缔约国有不同的意义。在欧盟语境下解释或定义条款的术语和概念时，法院可能给出一种**自主解释**，并采纳一种独立的、欧洲人的定义。它们也可能选择一**种共识解释**，提及各国的国内法、民族传统和概念的意义。伴随共

---

[30] 波因提尔和布尔格（Pontier & Burg，2004：8-9）根据德沃金的法律整体基于某些原则的看法，论及欧盟法院用元目的论的方法解释法律，并辩护其决定。他们解释了该法院如何设法考虑欧盟条约整体背后的所有原则和目标，基于对该法院在布鲁塞尔公约之后2001—2004年期间的案例法的个案分析，他们得出这样的结论：同样在该公约的词语清晰指向一个解决的案件中，该法院仍然感到有义务考虑该公约背后的原则。

[31] 见波利斯·马杜罗（2007：8及以后）。"元目的论的解释"这个术语是拉瑟（Lasser，2004）引入的，这个解释形式特别被欧盟法院使用。对欧洲人权法院（ECtHR）使用元目的论的解释的讨论，见杰勒德（2009：428-430，2012：34）。

[32] 见拉瑟（2004：232-233），波利斯·马杜罗（2007：5）。

识的解释，它们选择尊重某些术语或概念的民族意义，常常基于一种对各国的术语和概念的比较性解释。

当法院选择一种**自主解释**时，这意味着法院给出了这样一个解释：它并不立足于不同国家的法律传统中发展起来的定义和解释。[33]法院可能以促进欧盟法的效力为目标，给出一个法律概念的自主的、统一的解释。这样，欧盟法的解释在欧盟之内得到同等水平上的保障，这促进该法适用的平等性。当把欧盟法的规则看作是构成一个自主系统的条款集时，这些条款应该尽可能用自主的方式予以解释，而且可能否决与其不相容的国内法条款。[34]

当法院选择**共识解释**时，它将对一个条款的解释置于比较成员国的法律时所发现的共同点的基础上。[35] 当一种比较使得假定成员国之间一定数量的共识或者至少某种明显的趋同倾向是可接受的，那么欧盟法院就可能选择反映这种共识的一个定义。正如杰勒德（2012：52-53）指出的，在将一个解决方案作为成员国之间的某种共识的一个结果提出时，共识的解释具有一种策略的和修辞的功能，因此显示了在国家层次上对成员国认为是可接受的事物的尊重。法院也可向成员国解释清楚，在某些环境下，它并未给出某一特殊规范的解释，因为在各国的法律传统中缺少一致性。法院以此方法表明，成员国之间的差异得到承认和尊重。

欧洲语境下裁判的一个特征是，法院必须以动态的方式解释权利和义务，以便能够让法律适应变化的环境。试图正确处理灵活性要求的一种解释方法是所谓的**演化解释**。由于在一个特别条款起草

---

〔33〕　对自主的解释方法及其风险的讨论，见杰勒德（2012：42-49）。

〔34〕　对欧洲人权法院所运用的自主解释方法的讨论，见杰勒德（2009）。

〔35〕　对共识的解释方法及其风险的讨论，见杰勒德（2012：50-59）。一个共识的解释也可以基于某一由（几乎）所有成员国签署和批准的国际条约中给出的一个定义。

之后发生了一些变化和发展，欧盟法条款的演化解释已变得很重要。法律要适应这些变化的环境，条款就必须根据现在的条件、道德观点、态度和技术的发展潜力予以解释。[36]

类似的问题也出现在国际法院，比如在欧洲人权法院（ECtHR）对欧洲人权公约（ECHR）的解释语境中，公约的起草者不会预知变化的社会规范造成的结果。在这种情况下，欧洲人权公约语境中对人权的动态演化的解释作为一种"活工具"（living instrument），就必须考虑不同国家之内的发展。同时还必须考虑，给出的某种解释应该基于大多数国家之间的一致意见。这种解释建立在各国的规则和原则相比较的基础上，也利用共识的解释方法。这样一种共识作为解释的一个标准运用在各种各样的权利的语境中，比如生命权、禁止酷刑、自由和安全权、公正审判、教育权和投票权等等。

如前，超国家的法院和国际法院的功能是要给出关于相关条款的正确解释和适用的决定，为此，它们必须凭借给出一种辩护对其所做的决定做出解释。正如许多作者陈述的，促进法律的发展也是这些法院的一个功能。波利斯·马杜罗（2007：9）就欧盟法指出，欧洲法院的功能是促进和保证欧盟法的统一适用。因此，欧盟法院必须不仅要为手头案件提供某种决定，还要给未来案件勾勒一幅宽广的规范性视角。这意味着，欧盟法院必须辩护其决定，以提供一种"超越了手头案件的决定，对法律的厚实的、规范性理解"，因而引导国家法院对那些从不到达欧盟法院的绝大多数欧盟法案件，解释和适用欧盟法。[37]

---

〔36〕 对欧洲人权法院所使用的演化的解释方法的讨论，见杰勒德（2009：428-430，2012：37）。

〔37〕 对欧盟法院的推理的讨论，见本格特伊（Bengoetxea）、麦考密克和莫拉尔·索里亚诺（Moral Soriano，2001）。

1.5　法律解释和法律辩护：作为论辩活动的法律

前文已经阐明了法院在解释和适用法律方面有某种自由度，表明了这个自由度如何被不同作者构想成一种由次要规则——关于特殊（国家的、超国家的或国际的）法律体系中的法律规则的辨识、适用、解释和创造的工作——约束的自由裁量空间。法律可以被看成是一种"解释性实践"（interpretative practice）这一事实，使得法院说明其裁量空间的使用必不可少。它们必须依据这些次要规则，提出论辩来辩护为什么所选择的决定是正确的，以便对这个空间做出解释。法院解释和适用法律的活动，意味着它们对法律是否允许某些决定而禁止其他决定的问题进行论证。为此，法律解释和论辩的一般理论方面的许多作者，如阿列克西（1989）、德沃金（1986）、麦考密克（2005）与从事欧盟法和国际法领域研究的作者，如杰勒德（Gerards，2009，2012）和文泽克（Venzke，2014），都把法律构想成一种"论辩活动"（argumentative activity）。法院为了表明自己的决定可以被看作是对某个具体案件的适用法律的正确的和可接受的表达，它们就必须让法律共同体的成员确信，按照该法律的适用和解释的规范和标准，它们的决定的是可接受的。 19

以下一些章节将讨论各种有影响的理论，它们把法律和法律辩护构想成一种论辩活动，在其中，法院必须对它们解释和适用法律时所使用的自己的自由裁量空间的方式做出说明。从不同学科和理论的角度看，众多作者讨论了作为论辩活动的法律的许多方面的具体特点。他们探究了这样一些论题，比如作为论辩活动的法律的制度特性，道德讨论的一般标准与根据法律合理性标准（比如法治）的特殊法律可接受标准之间的关系。他们描述了简单案件和疑难案件中的法律辩护的模式，详细说明了这些模式在不同类型的解释难题、不同的法律解释形式和法律推理之中的实施。他们明确表达了法律讨论的程序和规则，表明那些规则和程序如何可以被当成是道德领域内理性讨论的程序和规则的一种特殊的制度性执行。

参考文献

Aarnio, A. (1977). *On legal reasoning.* Turku：Turun Yliopisto.

Alexy, R. (1989). *A theory of legal argumentation. The theory of rational discourse as theory of legal justification.* Oxford：Clarendon press. (Translation of：*Theorie der juristischen Argumentation. Die Theorie des rationalen Diskurses als Theorie der juristischen Begründung.* Frankfurt a. M.：Suhrkamp, 1978).

Alexy, R. (2002). *A theory of constitutional rights.* (Translation by Julian Rivers of：*Theorie der Grundrechte. 1985).* Oxford：Oxford University Press.

Alexy, R. (2003). On Balancing and Subsumption. A structural comparison. *Ratio Juris* 16 (4)，pp. 433-449.

D'Aspremont, J. (2015). *Epistemic forces in international law. Foundational doctrines and techniques of international legal argumentation.* Cheltenham, UK/Northampton, MA：Edward Elgar Publishing.

Bayles, M. (1992). *Hart's legal philosophy. An examination.* Dordrecht etc.：Kluwer.

Beltrán, J. F. & Ratti, G. B. (2012). *The logic of legal requirements. Essays on defeasibility.* Oxford：Oxford University Press.

Bengoetxea, J., MacCormick, N. & Moral Soriano, L. (2001). Integration and integrity in the legal reasoning of the European Court of Justice. In：G. De Búrca, J. H. H. Weiler (Eds.)，*The European Court of Justice* pp. 225-238. Oxford：Oxford University Press.

Bianchi, A. (2010). Textual interpretation and (international) law reading：the myth of (in) determinacy and the genealogy of meaning. In：P. H. F. Bekker, R. Dolzer, M. Waibel (Eds.)，*Making transnational law work in the global economy. Essays in honour of Detlev Vagts* (pp. 34 - 55). Cambridge：Cambridge University Press.

Bianchi, A, Peat, D. & Windsor, M. (Eds.) (2015). *Interpretation in international law.* Oxford：Oxford University Press.

Bomhoff, J. (2013). *Balancing constitutional rights：The origins and meanings of postwar legal discourse.* Cambridge: Cambridge University Press.

Brewer, S. (1996). *Exemplary reasoning: Semantics, pragmatics, and the rational force of legal argument by analogy.* Harvard Law Review 109, 923-1028.

Bustamante, Th. (2013). On the *argumentum ad absurdum* in statutory interpretation: Its uses and normative significance. In: C. Dahlman & E. T. Feteris (Eds.), *Legal argumentation theory: Cross – disciplinary perspectives* (pp. 21 – 44). Dordrecht etc.: Springer.

Coleman, J. L. (1988). *Markets, morals and the law.* Cambridge: Cambridge University Press.

Dworkin, R. (1978). *Taking rights seriously.* Cambridge Mass.: Harvard University Press.

Dworkin, R. (1986). *Law's empire.* London: Fontana.

Feteris (2015). Argumentation from reasonableness in the justification of judicial decisions. In: T. Bustamante & C. Dahlman (Eds.), *Argument types and fallacies in legal argumentation* (pp. 179-203). Dordrecht etc.: Springer.

Fish, S. (1987). Still wrong after all these years. *Law and Philosophy*, 6 (3), 401-418.

Fuller, L. (1958). Positivism and fidelity to law: A reply to professor Hart, *Harvard Law Review* 71, 630-672.

Gerards, J. (2009). Judicial deliberations in the European Court of Human Rights. In: N. Huls, M. Adams & J. Bomhoff (Eds.), *The legitimacy of highest courts' rulings. Judicial deliberations and beyond* (pp. 407 – 436). The Hague: Asser Press.

Gerards, J. (2012). Judicial argumentation in fundamental rights cases. The EU courts' challenge. In: U. Neergaard, &, R. Nielsen (Eds.), European legal method in a multi-level legal order (pp. 27-69). Kopenhagen: Jurist-⊘konomforbundets Forlag.

Greenawalt, K. (1987). The rule of recognition and the Constitution. *Michigan Law Review*, 85, 621-671.

Hage, J. (1997). *Reasoning with rules. An essay on legal reasoning and its underlying logic.* Dordrecht etc.: Kluwer.

Hart, H. L. A. (1951). In: A. Flew (Ed.), *The ascription of responsibility and rights. Logic and language* (pp. 145-166). Oxford: Blackwell.

Hart, H. L. A. (1958). Positivism and the separation of law and morals. *Harvard Law Review*, 71 (4), 593-629.

Hart, H. L. A. (1961). *The concept of law*. Oxford: Clarendon Press.

Jansen, H. (2002). E contrario reasoning and it's legal consequences. In: F. H. van Eemeren et al. (Eds.), *Proceedings of the ISSA conference on argumentation*. Amsterdam: Rozenberg (CD-rom).

Jansen, H. (2005). E contrario reasoning: the dilemma of the silent legislator. *Argumentation*, 19, pp. 485-496.

Klatt, M. & Meister, M. (2012). Proportionality - A benefit to human rights? Remarks on the I. CON controversy. *Journal of Constitutional Law*, 10 (3), 687-708.

Klatt, M. & Schmidt, J. (2012). Epistemic discretion in constitutional Law. Journal of Constitutional Law, 10 (1), 69-105.

Kloosterhuis, H. (2006). *Reconstructing interpretative argumentation in legal decisions*. Amsterdam: Rozenberg Publishers.

Koskenniemi, M. (2005). *From apology to utopia. The structure of international legal argument*, *Reissue with a new Epilogue*. Cambridge: Cambridge University Press.

Lasser, M. (2004). *Judicial deliberations. A comparative analysis of judicial transparency and legitimacy*. Oxford: OUP.

MacCormick, D. N. (1978). *Legal reasoning and legal theory*. Oxford: Oxford University Press.

MacCormick, N. (2005). *Rhetoric and the rule of law. A theory of legal reasoning*. Oxford: Oxford University Press.

MacCormick, D. N. & Summers, R. S. (Eds.) (1991). *Interpreting statutes. A comparative study*. Aldershot etc. : Dartmouth.

MacCormick, D. N. & Summers, R. S. (Eds.) (1997). *Interpreting precedents. A comparative study*. Aldershot etc. : Dartmouth.

Paunio, E. (2013). *Legal certainty in multilingual EU law. Language, discourse and reasoning at the European Court of Justice*. Farnham: Ashgate.

21 Paunio, E. & Lindroos-Hovinheimo, S. (2010). Taking language seriously: An analysis of linguistic reasoning and its implications in EU law. European Law Journal, Vol. 16, No. 4, pp. 395-416.

Peczenik, A. (1989). *On law and reason*. Dordrecht: Reidel.

Plug, H. J. (2000). *In onderlinge samenhang bezien. De pragma-dialectische reconstructie van complexe argumentatie in rechterlijke uitspraken*. (In conjunction considered. The pragma-dialectical reconstruction of complex argumentation in judicial opinions) Amsterdam: Thela Thesis.

Poiares Maduro, M. (2007). Interpreting European Law: Judicial adjudication in a context of constitutional pluralism. *European Journal of Legal Studies* 2, 1–21.

Pontier, J. A. & Burg, E. (2004). *EU principles on jurisdiction and recognition and enforcement of judgments in civil and commercial matters according to the case law of the European Court of Justice.* The Hague: T. M. C. Asser Press.

Raz, J. (1975). *Practical reason and norms.* London: Hutchinson.

Raz, J. (1978). Reasons for actions, decisions and norms. In: J. Raz (Ed.), *Practical reasoning* (pp. 128–143). Oxford: Oxford University Press.

Schauer, F. (1991). *Playing by the rules. A philosophical examination of rule–based decision–making in law and in life.* Oxford: Clarendon Press.

Sunstein, C. R. (1996). *Legal reasoning and political conflict.* New York: Oxford University Press

Venzke, I. (2014). What makes for a valid legal argument? *Leiden Journal of International Law,* 27, 811–816.

Verheij, B. (1996). *Rules, reasons, arguments. Formal studies of argumentation and defeat.* Doctoral dissertation University of Maastricht.

Waibel, M. (2011). Demystifying the art of interpretation. *The European Journal of International Law.* Vol. 22 (2), 571–588.

Wróblewski, J. (1974). Legal syllogism and rationality of judicial decision. *Rechtstheorie* 14 (5), 33–46.

23

第 2 章　法律论辩的逻辑路向

摘　要　法律论辩的逻辑路向的核心焦点是形式有效性作为法律论辩合理性准则的角色。为了分析和评估法律论辩，各种逻辑系统被开发出来。本章阐述形式逻辑对法律论辩之分析和评估的作用和重要性。第 2 节描述形式逻辑担当法律论辩合理性准则的角色。第 3 节介绍用于法律论辩之重建的各种逻辑系统。第 4 节专注于法律论辩的逻辑分析所要求的一些操作。第 5 节综述关于逻辑对法律论辩之重要性的讨论。第 6 节讨论人工智能和法领域中逻辑在法律辩护方面所起作用之研究的最新发展。第 7 节总结本章的主要结论。

关键词　论辩型式；人工智能和法（AI and law）；演绎有效性；道义逻辑；可废止性；对话游戏；对话逻辑；形式逻辑；形式有效性；逻辑分析；非单调逻辑；谓词逻辑；命题逻辑；三段论

2.1　导　言

法律论辩的逻辑路向的核心焦点是形式有效性作为法律论辩合

理性准则的角色。为了分析和评估法律论辩，各种逻辑系统被开发出来。本章阐述形式逻辑对法律论辩的分析和评估的作用和重要性。第 2 节描述形式逻辑担当法律论辩之合理性准则的角色。第 3 节介绍用于法律论辩之重建的各种逻辑系统。第 4 节专注于法律论辩的逻辑分析所要求的一些操作。第 5 节综述关于逻辑对法律论辩之重要性的讨论。第 6 节讨论人工智能和法领域中逻辑在法律辩护方面所起作用之研究的最新发展。第 7 节总结本章的主要结论。

2.2 逻辑有效性和法律论辩的可接受性

24

法律论辩要成为对一个法律裁决之可接受的辩护，必须满足哪些正确性（soundness）的标准？首先，这种论辩必须在有关实质方面是可接受的：事实必须是普遍知晓或已证实的，法律规则必须是一个有效的规则或一个有效法律规则的可接受的解释。其次，该论辩必须在有关形式方面是正确的（correct）：法律裁决必须从辩护中所提出的理由推出来。

从逻辑视角看，如果作为辩护之基础的论证基于**逻辑上有效的**论证，那么法律裁决就从辩护理由推出。[1] 以下是一个逻辑有效的论证的例子：

> 如果某人不合法地行动且该不法行为引起对别人的损害，那么，他就承担补救由该不法行为所引起的损害的责任，（若 p 则 q）
>
> A 实施了不法行为且该不法行为引起了对 B 的损害（p）
>
> 因此，A 必须补救该损害（因此：q）

---

〔1〕 除了必需的逻辑有效性而外，还有其他逻辑要求。另一个要求是，在论证的前提之间没有逻辑矛盾。

此例中的前两个语句是论证的**前提**，第 3 个语句是**结论**。形式逻辑基于这样的假定：这种形式的论证总是有效的，无论前提和结论的内容如何。以下有效论证形式称作**肯定前件**：

> 若 p 则 q
>
> p
>
> 因此：q

要对逻辑的功能有一种良好的理解，懂得"有效的"准确意思就很重要。在这种形式有效的论证中，不可能前提真而结论不真。在有效论证中，前提的真保证结论的真。[2] 在逻辑中，带有真前提的有效论证被称作**正确的**（sound）论证。[3]

牢记一个有效论证的前提并不需要是真的也是重要的。逻辑有效性问题的关键是论证的**形式**，而非内容。比如，下述论证有一个有效的论证形式（肯定前件），但第 1 个前提不是真的：

> 如果你是个律师，那么你就是个法官（若 p 则 q）
>
> 约翰是个律师（p）
>
> 因此：约翰是个法官（因此：q）

尽管该论证是有效的，但该论证中的结论不是真的，因为第 1 个前提，即每个律师都是法官，不是真的。

前提之真或可接受性的评价并不属于逻辑的范围。逻辑被设计

25

---

〔2〕 在一个**无效的**论证中，前提真而结论不真是可能的。在无效论证中，前提的真并不保证结论的真。

〔3〕 对"有效性"和"正确性"的讨论，见逻辑教科书，比如柯匹（Copi, 2010）和豪斯曼、卡亨和蒂德曼（Hausman, Kahane and Tidman, 2012）。

成评价前提和结论之间的形式关系。评价法律论证中的前提内容的可接受性时，人们必须使用可接受性的实质的（法律的或道德的）标准。

在法律论辩的逻辑路向中，法律辩护的可接受性的一个必要条件是：作为辩护基础的论证可以被重建成逻辑上有效的论证。仅仅在一个有效论证里，裁决（结论）才从法律规则和事实（前提）推出。[4]

在许多作者看来，要求逻辑有效性作为法律合理性的标准，是从一个法律裁决必须基于某种一般规则这个要求推出的。假如表明一个法律裁决是基于一个一般规则的，那么这就推出，一个相似的结论适用于相似案件。逻辑有效性的要求是黑尔（Hare，1963）所阐述的**可普遍化**（universalisability）的道德要求和相似案件相似对待的法律要求的细化。[5]

逻辑是某人在表明一个决定必定被理性地行动的听众所接受方面是否取得成功的评价工具。如果某人同意一个有效论证的前提，那么，他拒斥从那些前提合乎逻辑地推出的结论就是在不合理地行动。如果某人不同意该结论，他就必须表明前提之一不是可接受的。[6]

2.3　各种各样的逻辑理论

重建法律论辩时，可以运用多样的逻辑理论。在逻辑学中，为重建各种类型的论证开发了形形色色的逻辑系统。**三段论逻辑、命**

---

〔4〕　形式有效性也称为演绎有效性。

〔5〕　见阿列克西（1989：222-223）、科克（Koch，1976：54-56）。对规范阐述必须是可普遍化的要求与正义要求之间关系的批判，见诺依曼（Neumann，1986：273-275）。

〔6〕　见阿列克西（1989：228-230）。

题逻辑和谓词逻辑都是为分析由要么真要么假的陈述组成的论证而构建的。为了分析由规范陈述或价值判断组成的论证，还开发了**道义逻辑**。[7]

最古老的逻辑系统是亚里士多德创建的**三段论逻辑**，用来分析所谓的**三段论**。三段论逻辑是一种特殊的逻辑，其他逻辑系统，如命题逻辑和谓词逻辑在此基础上发展起来。"三段论"这个术语常常在有关法律的文献（比如，关于法律解释的出版物）中使用。[8]

26　　三段论由两个前提（大前提和小前提）和一个结论组成。例如：

> 所有人是要死的（大前提）
>
> 苏格拉底（Socrates）是人（小前提）
>
> 因此：苏格拉底是要死的（结论）

律师经常使用这个推理形式：他们往往必须表明，一个具体情况必须被归入某个一般规则（一个法律规则）之下。三段论可以起到在一般规则和具体情况之间的鸿沟上架起桥梁的作用。这个一般规则表达在大前提里，而小前提表明某个具体情况被归入这个规则。结论陈述的是：适合给大前提那种情况指派的谓词也适用于在小前提里提到的情况。在关于法律推理的出版物中，这个推理形式常常被称作**法律三段论**。例如，这样一个法律三段论：

> **法律规则**（大前提）　每个被传唤到法院当证人的人都有
> 　　　　　　　　　　　义务出庭
>
> **具体情况**（小前提）　A 先生被传唤当证人

----

〔7〕　对各种逻辑系统的概览，见盖马特（Gamut，1991）和哈克（Haack，1978）。

〔8〕　"三段论"一语常在一般性论证这个更广泛意义上而不是在亚里士多德逻辑学所描述的那类论证的严格意义上使用。

　　结　论　　　　　　　　A 先生有义务出庭

　　由于所有论证并不都适合分析成三段论，因而在现代逻辑学里开发出不同的逻辑系统。**命题逻辑**详细说明如何区别使用诸如"如果……那么……""且""或"这些表达式的论证的有效形式和无效形式。在法律中，经常使用命题逻辑的一个推理形式，即肯定前件，其中用到了"如果……那么……"表达式。因为可以把法律规则看成是对一个特殊法律后果由以得出的那种条件的描述，所以，"如果……那么……"形式的论证可以用来重建法律论证。比如，《荷兰刑法典》第 310 条可以用"如果……那么……"形式表述为：

　　　　如果一个人故意侵占全部或部分属于他人的财物，那么应判他盗窃罪并处最高至四年的刑期。

　　通过表明适用该规则的要件被满足，就能表明法律后果必定得出：

　　　　如果一个人侵占（……）财物，那么应判他盗窃罪（……）（如果 p，那么 q）
　　　　被告人侵占了（……）财物（p）
　　　　因此：被告人应判盗窃罪（……）（q）

　　分析法律论证的另一个逻辑系统是**谓词逻辑**。谓词逻辑系统是命题逻辑系统的一种细化。除了其有效性取决于像"如果……那么……"这种词项之意义的那些论证而外，谓词逻辑使用诸如"任何""所有"和"有些"这样的量化表达式以及谓词。例如下述用谓词逻辑形式重建的论证：

　　　　任何故意侵占全部或部分属于他人之财物者，应判盗窃　27

罪,并处第四类罚金或最高至四年的刑期。

A 先生故意侵占全部或部分属于他人之财物

因此:A 先生应判盗窃罪,并处最高至四年的刑期。

使用符号重建如下:

(1)(x)(Tx→ORx)

(2)Ta

(3)   ORa   (1),(2)

公式里的"x"是用于一个人的变项(上例中的"任何人")。"T"是适用该规范的条件中表达"x"之属性的一个谓词[上例中的"侵占(……)财物"]。"OR"是描述"x"必须做的事情/对"x"必须做的事情的一个谓词[上例中的"应判(……)罪"],而"a"是一个人的名字或描述(上例中的"A 先生")。

在上述论证里,使用了**道义算子**"应该"。要重建含有"必须""应该"等表达式的论证,引入一个道义算子是必不可少的。使用这种算子的逻辑系统称作**道义逻辑**。这样一个道义逻辑系统是命题逻辑或谓词逻辑再加上道义算子的一种扩展。

哪个逻辑系统最适合重建法律论证?在为分析法律论证开发一种更特殊的道义逻辑的必要性上,专门从事法律逻辑的学者看法不同。追随克卢格(Klug,1951)的某些学者论证,像"必须""应该"这样的规范表达式可以用规范谓词的手段来定义。在他们看来,法律论证可以依照谓词逻辑充分予以重建。[9] 他们论证,一

---

〔9〕 例如,见塔迈罗等(Tammelo et al.,1981)、菲德勒(Fiedler,1966)、赫伯格和西蒙(Herberger and Simon,1989)、麦考密克(1992:195-199)、罗丁根(Rödig,1971,1972,1976)、萨维尼(von Savigny,1973)和吉野(Yoshino,1978,1982)。

种使用道义算子的特殊的规范逻辑是多余的。

另一些人持这样的意见，将诸如"必须""应该"这样的规范表达式分析为单独的逻辑常项的那种道义逻辑，对分析某些情形下的法律论证更适合。[10] 虽然用谓词逻辑可以恰当地分析大多数法律论证，但他们更喜爱适合法律论证的道义逻辑。[11] 道义逻辑形成命题逻辑和谓词逻辑的进一步扩展，因而能用于相同的论证形式，不过也能用于别的形式。

对不同逻辑系统的利弊进行广泛讨论将超出本章的范围。对（一种道义）逻辑在法律推理中的重要性以及逻辑在法律推理中的局限性的一般讨论，可见阿尔罗若（Alchourrón, 1996, 1992）、布雷金（Bulygin, 2008）与阿尔罗若和布雷金（1971, 1989）。对赞成和反对一种独立的道义逻辑对法律论辩的重要性的各种论证的广泛说明，见阿列克西（1989: 189）、罗丁根（Rödig, 1971, 1972）、普拉肯和萨尔托尔（Prakken and Sartor, 2002: 4）、索特曼（Soeteman, 1989）、魏因伯格（Weinberger, 1983, 1989）和吉野（Yoshino, 1978）。

人工智能和法领域的研究者扩展了现有逻辑系统，使其更适合分析和评估法律论证。由于一个法律裁决总是牵涉在不同规则中间选择，因而一种逻辑系统有必要重建用以表达这些选择的一种法律论证。据这些作者所说，估量赞成和反对某一结论之理由的过程总是发生在一个对话语境中。对人工智能和法领域中法律论辩的逻辑路向的广泛讨论见本章的 2.6 部分。

人工智能和法的早期研究，也有对逻辑模型化法律推理之适宜

---

〔10〕　例如，见阿列克西（1980: 198-199）、卡利诺夫斯基（Kalinowski, 1972）、科克（1980）、索特曼（1989）和魏因伯格（1989）。

〔11〕　还有一些作者，如施赖纳（Schreiner, 1976）和塔迈罗（1969, 1978），并不完全反对命题逻辑或谓词逻辑的应用，但他们并没有看到一种特殊道义逻辑的必要性。

性的讨论。像贝尔曼和哈夫纳（Berman and Hafner, 1987）这样的学者论证过，人工智能和法的模型并不能说明法律的含混性、不确定性和对抗的本质。正如在人工智能和法领域工作的学者所主张的，人工智能和法能够通过发展非单调逻辑的方法，开发适合处理法律的对抗本质等问题的逻辑模型。但是，在人工智能和法语境下，就像在其他逻辑路向中一样，必须牢牢记住，逻辑路向有其局限性，必须用分析和评估法律论辩的其他方法来补充。至于分析和评估，强调逻辑有效性依赖推论中的连接词（如且、或、如果、非等）和量词（如所有、有些、大多数等）诸如此类结构词的意义是重要的。而且，推理的正确性依赖前提的可接受性，而这又依赖一种认识论的或语用学性质的知识，为此，各种类型的前提应该基于不同的理由，根据其本性予以评估。

2.4 法律论辩的逻辑分析

如何恰当地对法律论证进行一种逻辑分析，要决定哪个论证成为一个法律裁决之辩护的基础，该论证是否有效，必须按照一种特殊的逻辑系统*重建这种辩护。

这种分析应该从确定哪个逻辑系统、该系统中的哪个论证形式适合重建该论证开始。选择某一特殊逻辑系统取决于对下述问题的回答：哪种重建最适合某一特殊论证的具体特点。[12] 接下来，必

29

---

* 原著第1版和第2版均将此处及以下几处的"逻辑系统"误写为"法律体系"，可能是 legal 和 logical 形似的缘故，故改。——译者注

〔12〕 在一个逻辑系统中是有效的论证可能在另一个系统中却是无效的。因此，一个论证的可接受性依赖所选的逻辑系统。通情达理的论证者的假设是，某个理性地行动的人把论证解释成有效的。雷歇尔（Rescher, 1964）论证，重建不完全论证的主导原则是宽容原则（principle of charity），意思是，如有可能，分析者必须让论证成为有效的，前提是真的。

须决定用寻常法律语言表达的论证怎样能按照一种特殊的逻辑论证形式加以重建。最后，该论证必须依据所选择的逻辑系统进行翻译，这种翻译包括若干抽象步骤。

第一步，改变该论证所处上下文和表达的字面形式，以便把该论证解释成一个其中的隐含元素均被彰显的完整论证。第二步，以这样的方式解释该论证：把断言之间的关系处理成前提和结论之间的关系。第三步，通过删除日常语言中的一些元素，把该论证转换成一种逻辑论证形式的标准形式，而且只使用像"且"，"或"和"如果……那么……"这样的逻辑标准表达式。第四步，用逻辑标准表达式将所有表达式联结起来，用 A、B 等任意字母替换这些表达式。第五步，用"∨"（相容的"或"）、"→"（"如果……那么……"）等**逻辑符号**替换逻辑上相关的表达式。

所以，关于一个论证有效性的最终判断取决于选择一种特殊的逻辑系统和将论证翻译成那个逻辑系统的语言。[13] 因此，关于一个论证的有效性的判断，取决于分析者在逻辑重建过程中所做出的选择和解释的正确性。

在法律论辩的逻辑分析过程中，必须把隐含元素明晰化。大多数情况下，作为一个法律裁决辩护之基础的论证，用日常语言表达是不完全的。要让论证变成完全的和逻辑上有效的，就必须使省略前提变得明晰起来。在以下例子中，论证是由一个结论和一个前提构成的：

他是个律师（结论）

他是个法官（前提）

让该论证成为完全的，就要补上一个省略的前提。一个完全的

---

〔13〕 比如，见阿列克西（1980：198-199）。

论证总是由至少两个前提和一个结论组成。

使省略前提明晰时，逻辑在决定要重建哪个陈述方面是重要的。一个论证的逻辑重建按如下步骤进行。把论证翻译成命题逻辑的形式：

> p
> 因此：q

在重建的这一步，前提"如果 p 那么 q"是缺失的，而它会让该论证成为完全的和逻辑有效的。这个前提可以表达如下：

30   如果你是个法官，那么你就是个律师

很多情况下，该省略前提被看作是听众早已接受的一种联系。但是，对于一种完全的重建，有必要使这个前提明晰起来，因为它对于决定的辩护是必不可少的。

因此，逻辑是使这样的元素明晰起来的一个重要工具，否则这些元素依旧是隐含的。使这些前提明晰起来的优点是，可以就它们的可接受性进行评估。各位作者都强调逻辑的这个**批判性功能**（*critical function*）：让这些元素明晰起来后，它们就进入公开的状态，而且可以被批判了。[14]

2.5　逻辑对法律论辩之重要性的讨论

在关于形式逻辑对法律论辩的分析和评估是不是重要的问题上，法律论辩领域的不同学者有不同观点。一些作者认为，形式逻

---

[14]　见阿列克西（1989：228-230）和科克（1980：85）。

辑在重建法律论辩和评价论证的可接受性方面是重要的。[15] 一些作者认为，逻辑对法律论辩的分析和评估只有有限的重要性，因为逻辑只能运用于事实和法律规则均清晰明显的**简单**案件。[16] 也有人持这样的观点，逻辑在分析和评估法律论辩方面无济于事。形式逻辑只能用在像数学领域的形式证明，而不可能用于辩护法律这种领域中的道德选择。[17]

较好的理解形式逻辑对法律论辩的重要性，需要对有关逻辑在分析和评估法律论证时所起作用的那些论证的深刻理解进行估量。在逻辑的拥护者看来，反对逻辑重要性的那些论证基于对逻辑的确切作用的某些误解。现在，让我们考察这些误解准确地讲是什么，按照逻辑的拥护者的看法，为什么反对逻辑的那些论证并不适用。

在那些拥护者看来，第一个误解是，反对者把"逻辑"当成三**段论逻辑**了。许多说"逻辑"不是分析法律论证的合适工具的学者，是从一个不正确假设出发的：只有唯一的一种逻辑系统。他们针对作为分析和评估法律论辩之逻辑的异议是，并非每个论证都能重建为三段论。[18]

这种误解的缘由是，在法律论辩的传统方法里，学者们把三段论用作法律论证的范例。由于三段论逻辑在很长一段时间里曾是最有影响的逻辑理论，因而大多数学者关于逻辑在法律论辩中的角色

31

---

〔15〕 例如，见阿列克西（1980）、克卢格（1951）、罗丁根（1976）、索特曼（1989）、塔迈罗（1978）和魏因伯格（1983，1989）。

〔16〕 比如，见麦考密克（1978）。

〔17〕 比如，见佩雷尔曼（1976）和图尔敏（1958）。

〔18〕 "法律三段论"这个术语常常用于并不是三段论的那种论证。三段论这个术语也经常用作形式有效推论的一个一般名称。见阿尔尼奥（1983：389）、阿列克西（1980）、杰克逊（Jackson，1988：37–39）、基里安（Kilian，1974：47 及以后）、诺依曼（1986：17–18）、图尔敏（1958：149）和卢勃列夫斯基（1979：207 及以后）。

的观点以三段论逻辑为基础。

按照法律领域的逻辑拥护者的看法，"逻辑"是三段论逻辑的观念基于逻辑是什么的错误概念。在现代逻辑理论中，诸如命题逻辑、谓词逻辑、道义逻辑以及人工智能和法中的非单调逻辑，开发了分析各种类型论证的系统。法律论辩不可能总是重建为逻辑上有效的论证这种反对意见，并不适用于运用现代逻辑理论处理法律论证的情况。反对者从未证实这些现代逻辑理论不适合分析法律论证。

第二个误解涉及在法律裁决过程和法律裁决辩护过程中逻辑的角色。用逻辑重建法律论证的反对者认为，法官在辩护其决定过程中提出的论证应该形成对其（内在的）决定过程的一种精确描述。[19] 在这些学者看来，逻辑并不是对反映这个决定过程的论辩进行分析的合适工具，因为这种论辩并不总是以合乎逻辑的方式进行。

法律领域逻辑的拥护者认为，反对者没有在决定过程和对该决定的辩护之间做出必要的区分，因而没有看到逻辑在法律领域的重要性。一旦决定做出，就必须区别心理的决定过程与对该决定的辩护。法官在其决定过程中提出的论辩必须独立于导向那个决定的过程来进行评估。逻辑对分析这个做出决定的过程不重要，但对分析该决定的辩护却是重要的。[20] 从形式的观点看，该决定的辩护必须确立这个决定是从论据推出的。这些论据如何能发现的问题不是

---

〔19〕 见斯特拉克（Struck，1977：46-47）。由于大多数强调逻辑对法律论辩的重要性的旧一代学者［如埃利希（Ehrlich，1952：2-3）］在发现正确决定之过程的语境下使用"法律逻辑"一词，所以，逻辑是发现正确决定的工具并能形成这个决定过程的正确表征的误解就冒出来了。

〔20〕 见阿列克西（1989：228-230）、哈特（1972：270）、克卢格（1982：154-155）、麦考密克（1978：14-16）、诺依曼（1986：17-18）、卢勃列夫斯基（1974：34-36）和吉野（1981：235）。

个逻辑问题，而是要在法律方法论和决策过程理论的语境内回答的问题。

逻辑反对者的第三个误解是，逻辑迫使法官得出一个特殊结 [32]论。像佩雷尔曼这样的学者感到，逻辑强迫得出某些结论，因为在一个形式有效的论证里，如果前提为真那么结论就必然为真。由于一个法律裁决永不会像数学证明那样使人非信不可，因而逻辑不适用于法律论证的分析和评估。

法律领域的逻辑拥护者认为，这个看法基于不正确的假设：逻辑强迫某些结论。[21] 在这种情况下，索特曼使用了逻辑的"托辞功能"（alibi function）这个术语，即抬出逻辑为其不可能负责的事情承担责任。[22] 逻辑并不足以确保结论的可接受性。要辩护一个特殊结论的可接受性，人们就必须表明它的前提是可接受的或是真的。在表明接受某一结论是合理的时，人们必须表明，接受合乎逻辑地推出这个结论的那些前提是合理的。假如一个结论看似不可接受的，毛病并不在逻辑，而在被当作前提的那些断言。如果结论不是可接受的，那么必须改换前提之一。

逻辑强迫某一特殊结论的想法也与这样的误解有关：逻辑推论以某种方式与法官服从法律的义务有关。阿列克西和科克说，法官服从法律的义务并不意味着他的决定是由法律和案件事实口授的。[23] 这种决定不是由法律口授的，是因为一个特殊规则的选择并不是义不容辞的。假如一个法官选择适用某一解释，他就必须提供表明该规则可以适用手头案件的额外辩护。

---

〔21〕　对逻辑强迫某些结论的看法的批判，见斯通（Stone，1964：56）。

〔22〕　见索特曼（1989：229 及以后）。亦见科克（1980：69）和普拉肯（1993：19）。

〔23〕　见阿列克西（1989：228）和科克（1980：76-77）。

第四个误解源于这样的想法：逻辑对法律论辩的实质方面不感兴趣。在佩雷尔曼看来，推理的纯形式方法，将自己囿于检查形式推理的正确性，不管结论的可接受性，这对于描述法律论辩太不合适了。

正如本章之前论证的，法律论辩的逻辑路向的拥护者并没有主张逻辑是评估法律论证的独门工具。除了逻辑有效性的形式规范而外，可接受性的其他实质法律规范也是不可或缺的。[24]

前提的选择和表达常常基于事实的资格条件或法律规则的解释。这样一种资格或解释建立在价值判断之上。特定前提的选择基于涉及运用道德、社会和政治因素的某种价值判断（它也可能要加以辩护）这一事实，并不意味着逻辑不可能被用于分析和评估法律论辩的形式方面。

逻辑仅仅能用于表明一个结论从某些前提推出。逻辑路向的反对者把一个并不能归属于逻辑拥护者的主张强加给他们了。

第五个误解基于这样的想法：有效性的形式标准因其特性而不适合法律论辩。法律论辩是关于价值的推理，这超出了形式推理的范围。根据佩雷尔曼和图尔敏等学者的看法，假如研究的主题属于日常语言论辩的范围，那就必须开发一种形式逻辑的替代工具。

索特曼论证说，像佩雷尔曼和图尔敏这样的学者，错误地假定了法律论辩除了逻辑准则而外，需要一种非形式的、实质的有效性准则。[25] 在索特曼看来，一种非形式的有效性标准不必要，佩雷尔曼和图尔敏拒斥形式逻辑的理由是不正确的，以一种"逻辑是什么"的不正确设想为基础。而且，按照非形式逻辑，结论是可接受

---

〔24〕 索特曼（1989：17）区分了小逻辑（*logica minor*）和大逻辑（*logica maior*），前者指仅仅为形式推论准备的形式逻辑，后者指广义的逻辑，是为像法律这样的专门领域中使用的所有类别的推论准备的。佩雷尔曼创立的那类非形式逻辑属于大逻辑的范畴。

〔25〕 见索特曼（1989：19）。

的主张依赖下述原则：如果前提是可接受的，那么结论也是可接受的。这个主张等于"如果前提，那么结论"这一主张。假若把这个断言加到论证上，非形式有效性就可以还原为形式有效性。

如上所阐明的，对逻辑在分析和评估法律论辩中的重要性和角色，看法殊异。逻辑路向的拥护者认为，反对者的异议基于逻辑在决策过程中的作用的不正确设想，基于对逻辑能做什么、不能做什么的不准确估计，基于对逻辑的局限性的无效评价。

2.6　人工智能和法视域下逻辑在法律辩护中的角色

在 20 世纪 90 年代，人工智能和法领域的研究者为理性重建发生于法律语境中的推理和论辩而开始发展形式逻辑模型。[26] 人工智能和法传统中的研究者的主要目标之一是，开发能够说明这一事实的形式模型：法律推理和法律论辩是对抗性的，律师应能构建、分析、评估支持和反对替代主张与案件解决方案的论证。在他们的研究中，开发了单调逻辑和非单调逻辑的模型，它们能说明作为对话过程的法律推理的可废止本质，其中也考虑了具体案件中支持和反对某一法律规则适用的论证。

人工智能和法领域对法律论辩和辩护的研究涵盖了方法、研究主题和实践应用的广阔范围。[27] 接下来，我从法律辩护的合理性视

34

---

〔26〕　这些方法的第二个目标是执行所提出的逻辑模型以便它们能用于法律实践。对实践应用的讨论见普拉肯（2008a）。

〔27〕　对人工智能和法领域不同方法和研究结果的广泛概述，见本奇-卡彭（Bench-Capon）、普拉肯、萨尔托尔（2006），本奇-卡彭、普拉肯和萨尔托尔（2009），普拉肯和萨尔托尔（2002）以及哈格（2000）对人工智能和法中的辩证模型的综述。在普拉肯和萨尔托尔（2002）中也有法律论辩的不同计算模型，如 HYPO，CATO，CABARET，DART，以及对诉辩游戏的讨论。人工智能和法领域对具体论题更详细的研究见阿拉兹凯维茨（Araszkiewicz，2013a，2013b，2015）。

角讨论一些主要论题。2.6.1 部分讨论法律论辩的可废止本质。2.6.2 部分讨论关于冲突主张、规则和解释的可废止推理模型的研究。2.6.3 部分是关于论辩型式模型的，2.6.4 部分是关于对话和调停模型的。

2.6.1 法律推理和法律论辩的可废止性

考虑支持和反对某一法律主张之论据的法律推理的对抗性本质有一个重要方面，这就是法律论辩是 "可废止的"。[28] 法律推理的可废止本质早已由哈特（1951：152）讨论过，他指出，尽管适用一个法律规则的条件被满足，但该规则不应适用的主张仍然是可防卫的。法律规则有一种可废止的本质：只要存在某些意外情况，它们就不再适用。法律论辩的这个可废止本质意味着，主张和论证在法律辩论过程中根据诸如反论证这样的攻击可以被 "击败"。可废止推理的模型把论证分析为演绎推论或可废止推论（如肯定前件）的链条，并澄清对可废止推论的不同类型攻击的角色（比如，一个例外应针对可废止推论基于的规则）。[29]

很多学者都开发了可废止推理的逻辑模型，如阿利文和阿什利（Aleven and Ashley, 1997）、本奇-卡彭（Bench-Capon, 2003）、本奇-卡彭等（2000）、戈登（Gordon, 1995）、哈格等（1994）、洛德（Lodder, 1999）、路易（Loui, 1998）、普拉肯（2001a, b）、普拉肯和萨尔托尔（1996, 1998）、里斯兰克（Rissland）和阿什利（1987）、里斯兰克和斯卡拉克（Skalak, 1991）和弗里斯维基（Vreeswijk, 2000），目的是要重建在法律决策语境中必须做出的不同类型选择的根基结构，比如考虑规则的例外、估量和平衡理由、在规则的不同解释之间做出选择、在冲突规则之间做出选择以及规则和原则的碰撞等。

---

〔28〕 对法律规则的可废止性的讨论，亦见本书 1.2.2 部分的讨论。
〔29〕 在人工智能和法领域对模型化法律论辩的非形式说明的讨论，见本奇-卡彭、普拉肯和萨尔托尔（2009）1.2 部分。

　　法律中可废止推理的不同方法的基本理念是，法律规则的适用和法律主张的辩护都基于从某些理由推出结论。法律规则和法律原则可以看作是推理"担保"（warrants），即允许从构成前件的某些理由推断作为结论的法律后果。但是，可能存在导向不同结论的不同理由（根据不同的规则、规则的例外或原则）。要解决这些推论的冲突，必须决定哪个推论更强些。这样的决定可能基于进一步的推论，而它们也许导致复杂的推论链。一般观念是，可以把一个比其竞争者之一较弱的推论看作是被击败了，而且应该被撤回，而那个基于更强推论的结论可以坚持下去。不过，假如击败某个推论的那个击败者转而又被更强的推论所击败，那么，原先那个被击败的推论就可以被"复原"。这样一个法律推理的复杂模型由竞争推论辩证互动（dialectical interaction）组成。竞争的结果决定哪个结论在可用法律知识的框架内会得到合法地辩护。人工智能和法传统内的学者，已经开发出细致区分各种可废止推理、不同类型的击败者（削弱者）和各类论辩模式的不同逻辑系统。

　　除了法律推理和法律论辩是可废止的这一事实，人工智能和法领域中法律论辩的模型化的一个重要方面是程序的方面。法律论辩发生在一种引入信息和论辩的讨论程序语境中。在人工智能和法的程序模型里，学者们开发了法律程序的计算模型，它基于建立了管控对话之规则的对话系统。

　　发展法律推理和论辩合理性之程序准则的需要与法律论辩的一个重要问题相联系：法律是个开放系统。[30] 法律的"开放性"蕴涵着对法律论证的出发点可能存在不同意见，没有固定准则来决定是否结论得到了合法辩护。要克服与法律辩护之结果的不确定性相

────────────

　　〔30〕　亦见本书第 7 章对阿列克西的讨论，以及哈格（2000：138）。

联系的难题，必须明确阐述在其中达到某个特殊结果的讨论程序的要求。正如本奇-卡彭（1998）、戈登（1995）、哈格（2000）、哈格等（1994）、洛德（1999）、普拉肯（2001b）、普拉肯和萨尔托尔（1996）诸位学者所论证的，对话模型是模型化决策过程之程序方面的一个有前途的方式。

36　　2.6.2　人工智能和法创建的关于冲突主张、规则和解释的可废止推理模型

各类学者已经应用得自人工智能的洞察模型化法律推理和法律辩护的可废止本质。主要目标是阐明这一事实：法律论证可能是批判的对象，不同的攻击形式导向不同的论辩结构形式。为了模型化这些攻击造成的不同论辩结构，学者们专注于各种各样攻击之本质的不同方面。

在 20 世纪 90 年代的荷兰，像哈格、利尼斯（Leenes）、洛德、普拉肯、斯潘（Span）和维尔希基（Verheij）这样的学者，开发了基于对话逻辑的形式逻辑系统，它们能够摹写法律推理的可废止本质。诸如哈格、洛德、斯潘和维尔希基这些学者，开发了基于理由（reason-based）的逻辑系统，其中可以估量支持和反对某个决定的论证。哈格等（1992，1994）和哈格（1997）把从形式逻辑与人工智能和法汲取的洞见，应用到分析带有法律规则的推理，以这样的观点为基础：法律规则的适用需要对支持和反对一个结论的理由进行估量。他们讨论基于理由的逻辑的基本原则和规则适用的分析，讨论了估量理由、基于目标的推理、规则的排除（根据阻止一个规则适用的理由，如"削弱者"和"驳倒者"）、冲突的规则、类比推理和根据相反的论证。

维尔希基（1996）在非单调推理的基础上开发了一个**基于理由的逻辑**，并通过阐明关于规则适用的争议如何可被形式化，把它应

用在法律推理领域。他证明，这个基于理由的逻辑对法律推理的不同形式，如类比推理、基于规则和原则的推理，以及刻画论辩的不同模式，都是适用的。

普拉肯（1993）也从对话视角出发，创建了一个分析和评估法律论辩的逻辑系统。由于现有逻辑系统只能用于单调语境中法律论证的分析，所以普拉肯开发了一个为支持对立观点而构建和比较论证的逻辑系统。他尝试确定，可以为比较法律论证开发哪种逻辑准则，为决定一个论证的地位需要何种评估准则。

普拉肯和萨托尔托合著的一些作品发展了一种从**基于理论的**论证本质（the theory-based nature of arguments）出发的方法。想法是，一场法律争议中的理由是建立在冲突"理论"的基础上的。一种理论是意欲提供法律领域的某种说明的命题集。在法律争议中，不同的理论给出有关法律规则适用之事实和证据的不同说明（explanations），而且因此出现不同结论。

普拉肯和萨托尔托（1996）运用了邓格（Dung, 1995）创立的抽象人工智能框架，其中一个论证按照它所能攻击的不同论证形式，以那些不同的论证形式可能攻击它的手段，加以定义。给定一个论证集合和它们之间的攻击关系，就有可能决定哪个论证是可接受的：一个未被攻击的论证将是可接受的，但是，假如一个论证有攻击者，只能抵抗攻击者，用可接受的论证反过来攻击那些攻击者时，它才是可接受的。普拉肯和萨托尔托为邓格框架所例示的带有冲突规则的推理开发了一种逻辑。

普拉肯和萨托尔托（2004）讨论了法律中可废止性的议题，阐释了可能需要放弃法律结论的不同方式，虽然在得出这些结论时并没犯错。他们区分了法律中可废止性的三个不同方面：**基于推论的**可废止性、**基于过程的**可废止性和**基于理论的**可废止性。他们论证

37

说，只有这三个视角的一种整合，才能使提供法律推理中可废止性之角色的满意说明成为可能。

在各种论著里，萨托尔托发展了其**基于理论的**法律推理概念，作为法律论证的进一步基础，并将得自人工智能和法的洞察应用到法律推理的不同方面。萨托尔托（2002）提出，将法律推理模型化为一种由基于目标的目的论推理所指引的辩证的理论构建（a dialectical theory-construction）。这个理念是，一个诉讼程序中的当事人提供既说明证据（判例）又支持本方想得到的裁决的理论。萨托尔托建立了一个模型，按照竞争理论的辩证交换来分析基于理论的论辩，这些竞争理论通过解释同一证据，诉诸同一价值来支持相反结果。"赢家"是能提供一种更为融贯的理论的那一方。

萨托尔托（2010）为按照比例原则估量立法选择的评价开发了一个分析框架。在该模型中，对多种权利和价值之间的选择，从关于制度规范的不同冲突目标之间选择的目的论推理模型的视角加以处理。为评估这种可能的替代选择，一种分析框架被开发出来。

在波兰，对平衡问题有特殊兴趣的阿拉兹凯维茨（Araszkiewicz）将法律解释和法律推理的洞见应用到人工智能和法领域。在阿拉兹凯维茨（2013a）中，他讨论了作为一种法律辩护理论的受限满足的融贯论（the constraint satisfaction theory of coherence）。在阿拉兹凯维茨（2013b）与祖立克和阿拉兹凯维茨（Zurek, 2013）中，他根据人工智能和法与目的论解释语境中的应用，建立了法律解释的一个描述性模型。在阿拉兹凯维茨（2015）中，他聚焦于法律解释中的论证结构，并为顾及平衡的法律解释开发了一个模型。

在日本，许多作者把法理论的洞察应用于人工智能和法领域中的推理模式的模型化。像原口（Haraguchi, 1996）这样的学者为使用法律规则的类比推理开发了序类逻辑（order-sorted logic）系统。角田

（Kakuta）和原口（1998）基于所谓目标依赖的抽象（Goal-Dependent Abstraction，GDA）的框架——要建立依靠给定目标的相似性——开发了一个使用类推的推理系统。

2.6.3 人工智能和法关于可废止性和论证型式的模型 38

许多像本奇-卡彭等（2005）、普拉肯（2005）、普拉肯等（2003）、维尔希基（2003）与威奈尔（Wyner）和本奇-卡彭（2007）这样的作者，将得自人工智能和法的洞察应用到实践推理的论证型式上。他们建立了可废止推理的一些模型，将一种非单调逻辑应用于论证型式的分析。人工智能和法对论证型式的研究以借鉴研究论辩型式的论辩理论的洞见为基础，比如加森（Garssen，1994，1997）和沃尔顿（Walton，1996）的工作。

普拉肯（2005）使用一种可废止推理的逻辑开发了一个模型化带有论证型式的推理的形式框架。将论证型式的概念与依据非单调逻辑的逻辑分析加以组合所产生的额外价值是，它让用推理的形式化说明反论证的整合成为可能。而且，也使得有可能说明论证中的各种陈述有不同角色这一事实以及应该基于不同标准予以评估。普拉肯利用人工智能研究者波洛克和卡明斯（Pollock and Cummins，1995）的洞见，基于对可能成为不同攻击形式的攻击对象的各种初步（*prima facie*）理由，对各种类型的可废止推论进行了分类。据普拉肯的看法，可以把论证型式形式化为初步理由。这些型式的应用导致可以看成是反驳（*rebuttals*）的相反结论，而对关于例外环境的批判性问题的否定回答对应于削弱者（*undercutters*）。论证可能被击败的可能性解释了论证型式的可废止性，而削弱的概念允许评估论证的领域依赖的标准，因为每个型式都有自己的削弱者。

本奇-卡彭、阿特金森和乔利（Atkinson and Chorley，2005）运用根据后果论证的一个扩展版本，将法律论证和社会价值联结起来。

威奈尔和本奇-卡彭（2007）、威奈尔、本奇-卡彭和阿特金森（2007）将此方法应用于特殊案件的表征。威奈尔和本奇-卡彭（2007）为把握 CATO 中使用的基于案例的推理提出了一套论证型式集。

贝克斯（Bex）、普拉肯、里德（Reed）和沃尔顿（2003）为关于证据的推理模型化了一些型式，这一工作随后被贝克斯、范布拉克（van Braak）、范奥斯滕多普（van Oostendorp）、普拉肯、维尔希基和弗里斯维基（2007）所发展。

戈登、普拉肯和沃尔顿（2007）将卡尼阿德斯（Carneades）软件系统应用于论证型式。戈登和沃尔顿（2009）也将卡尼阿德斯应用于论证型式，并描述了论证型式的不同计算模型如何能以一种集成的方式用于构建和搜索不同性质的论据，例如判例、规则、政策目标、道德原则、法理学说、社会价值和证据。

里德等人（2007）基于与批判性问题相关的攻击，提出一种论证型式的表征方法。这些批判性问题鉴别对手论证中的潜在弱点。

2.6.4 人工智能和法关于对话和调停系统中的可废止推理模型

到此为止所讨论的方法和模型都集中于可废止性的推论方面。不同的学者也发展了专注于可废止性的程序方面的模型。这个称作"计算辩证法"（computational dialectics）的方法，基于从逻辑和论辩理论［汉布林（Hamblin）1970；沃尔顿和克雷伯（Krabbe）1995；伍兹（Woods）和沃尔顿 1982）］中的辩证方法所汲取到的洞见，这些人把标准命题逻辑转换成论辩的对话游戏模型。他们尝试用一种辩证逻辑（dialectical logic）的术语说明对话游戏的"制胜策略"。

比如，戈登（1995）、哈格等（1994）、洛德（1999）、路易（1998）、本奇-卡彭等（2000）和普拉肯等（2001a，b）一些学者，用可废止逻辑的术语解释对话游戏。对话游戏的计算模型的目的是要为法律争议解决提供理想模型，为用公平、合理和有效的方式解决这些争议制定规则。该模型详细说明，当某些行为（moves）可以或必须做出时，它们对该争议的结果的影响是什么，何时一场争议被终止。

人工智能和法中的对话模型的基本思想是，法律推理和法律论辩具有辩证本性，包括一个主张、反主张，论证和反论证。人工智能和法发展这种逻辑系统的目的是要让这种对话结构清晰起来，并开发能够管控或调停对立各方之间的这种对话的系统。该系统必须能够模型化管控这种争议的程序，把这种程序问题当作证明责任、证据的可采性、商定的和有争论的出发点以及在该争议中作为仲裁人的中立第三方的角色来考虑。

形形色色的对话逻辑系统由诸如戈登、洛德、本奇-卡彭等和普拉肯这样的学者开发出来。戈登和洛德描述的对话游戏是形式系统，必须进一步发展才能将它们应用于自然对话，反之，本奇-卡彭等和普拉肯描绘的游戏聚焦于自然语言对话的性质。

在人工智能和法中最先开发的对话系统之一是戈登（1995）在其诉辩游戏（Pleadings Game）中阐述的。[31] 这个系统建立了普通法系中民事诉讼程序的理想化模型。它详细说明了当事人可以怎样陈述他们相信与决定他们哪里同意哪里不同意之目的相关的论证和事实。保持下来的分歧成为案件审理的议题。作为一个调停者，该对话系统要确保正当程序被遵守。它记录所提出的事实和论证，记录什么争议点能鉴别为需要解决的争点。该系统包含一种机制，检查这些论证的逻辑结构完整性，使得有可能确定陈述出来的哪个论证　40

---

〔31〕　对戈登诉辩游戏的讨论，例如见哈格（2000：155-158），普拉肯和萨尔托尔（2002：18-21）。

根据优先论证（priority arguments）而获胜。[32]

洛德（1999）开发了他的对话法律（Dialaw）系统，详细说明了一种对话游戏中行动和制胜的策略，其中实质的与程序的议题都可能成为讨论的对象。对话法律是两个玩家的对话游戏，它把命题性承诺（propositional commitment）的概念与哈格和维尔希基的基于理由的逻辑相结合（在2.6.2部分讨论过）。参与者可以使用某些"措辞"来主张、挑战、弃权让步和撤回一个宣称过的命题。该论辩可以是关于该命题内容正确性的，或者是关于对话行动的程序正确性的。假如关于一个命题不再有分歧，那么该对话就终结了。那个依然承诺其最初主张的参与者取得了对话的胜利。

本奇-卡彭（1998）和本奇-卡彭等（2000）想要在他们的图尔敏对话游戏（TDG）中，基于图尔敏论辩模型（也见本书第3章）模型化更为自然的对话。在该模型中，一个主张得到与该主张有关联的事实材料（data）借助担保（warrant）——构成推论许可（inference license）——的支持，而该担保又被支援（backing）——给出接受担保的理由——所支持。担保、事实材料和主张之间的关系可能遭到构成一个反论证的反驳（rebuttal）的攻击。当像事实材料这样的元素遭到攻击，转而又得到支持，因而一个论证链就发展起来时，论辩就可能变得更为复杂。在图尔敏对话游戏中，有不同的言语行为请求和提供论证的各种元素。在关于主张的一场争议的基础上，该模型基于图尔敏模型构建一种对话，并在自上而下的批判性审查的基础上评估该过程。

普拉肯（2001b）应用一个对话游戏模型来重建法律程序中关于证据的推理。这个对话游戏模型被应用于荷兰民事诉讼程序的相关

---

〔32〕 比如，见本奇-卡彭、普拉肯和萨尔托尔（2009）对在实际法律实践中执行这样一个模型之难题的讨论。

部分。普拉肯（2008b）按照包括一个裁定双方之间争议的中立第三方的模型，为"裁判对话"建立了一个对话游戏模型。该模型最重要的方面是区分了提出论证和评估论证的不同阶段。在这个区分的基础上，普拉肯区分了裁判者的不同角色：调停角色和决定角色。在论辩阶段，这个裁判者决定有关程序的问题，比如证据的可采性和证明责任；在决定阶段，该裁判者根据不同类型的论证，比如削弱论证或优先论证，为辩护其决定提出论证。

在对话游戏模型基础上，普拉肯（2001a）、普拉肯和萨托尔托（1996，2008）开发了证明责任和推定的形式模型。他们改编标准非单调逻辑，使之能让一个论证的可接受性依赖于证明责任如何在当事人之间进行分配。而且，这种标准逻辑适应在证明责任的不同形式之间，如提供证据的责任、说服的责任和战术的证明责任，做出区别的目的。普拉肯和萨托尔托（2008）通过发展法律推定可被模型化为一种可废止规则的理念，将一种对话游戏的逻辑应用于推定的可废止本质的分析。这样，他们就能澄清一个法律推定如何能用相反证据加以辩护，证明责任如何分配给推定事实的反驳方。在相关工作中，戈登和沃尔顿（2009）按照卡尼阿德斯逻辑的证明标准，提出了推理的一个逻辑模型。

人工智能和法中对话游戏的进一步发展涉及详细说明对话游戏"制胜"的战略和战术。斯卡拉克和里斯兰克（1992）在他们的卡巴莱（CABARET）系统中，模型化了在当事人想要论证一个法律规则的适用范围应该扩大或论证一个规则根据不合意结果不应适用时的行动步骤和策略。路易和诺曼（Norman，1995）为在争议中使用基本原理和攻击它们的战术进一步发展了这个模型。里弗雷等（Riveret，2007）使用游戏理论方法模型化了法律论辩的战术方面。按这种游戏理论分析，为决定当事人的收益创建了一些方法，当事人将这种

41

收益当成是他们在一场争议中所提出的论证加上对方选择所形成的结果加以接收。该方法也有助于识别当事人应该追逐的平衡策略，即双方的策略是什么，这样一来每一方都对另一方的策略做出一种最佳回应。

2.7 结 论

按照许多作者的看法，形式逻辑对一种法律论辩理论具有基础的和实践的重要性。形式逻辑是基础的，因为法律论辩合理性的一个必要条件是从若干论据推出决定。在形式逻辑里，详细说明了在什么条件下一个结论从前提推出。同时，形式逻辑的重要性在这一意义上是实践性的：它为分析和评估法律论证的形式方面提供一种批判工具。逻辑对分析法律论证的重要性在于，它能使从逻辑视角重建作为辩护之基础的论证成为可能。通过这种重建，论辩中隐含的、评估时应该一定要考虑的元素被明晰起来。逻辑在评估中的重要性是，它能帮助确定是否决定从论据推出。如果一个形式有效论证构成辩护的根基，那么决定就从论据推出。

逻辑有效性是合理性的一个必要条件，尽管就其本身而言还不是充分条件。形式逻辑仅仅涉及前提和结论之间的关系，而从实质的视角来看，前提是不是可接受的，在不同法律规则中间做出的选择是否得到辩护，却是悬而未决的问题。在逻辑路向中，合理性并不等于形式有效性。一种法律论辩的透彻评估，除了逻辑准则而外，还需要实质准则。

在逻辑分析和评估过程中，一个用日常语言表达的法律决定的辩护必须按照某种特殊逻辑系统予以翻译。这样一种翻译对评估有某些影响。

形式方法固有的局限之一是，分析总是基于对论辩的解释，因

42

而包括某些解释步骤。而且，所给出的某种解释基于一定的法律选择。因此，形式逻辑可能永不有助于评价自然语言表达的论证是有效的还是无效的。形式逻辑只能指出，按照一个辩护的解释，该论证是有效的。按照某一特殊逻辑系统翻译一个法律辩护，给出了一种可能解释但不是唯一的可能解释。因而，关于该论证有效性的决定取决于所选解释的准确性。

一种形式分析和评估只和作为产品的论辩有关，与前提支持结论的方式有关，而与论辩过程即提出支持和否定论证的讨论无关。单一的形式分析没有考虑那种讨论语境，在其中论辩发生了，把论据和论点分析成了前提和结论。

自 20 世纪 90 年代以来，人工智能和法领域对形式逻辑在分析、评估和模型化法律推理和法律论辩中的应用研究有了新发展。该领域的研究者将人工智能的洞察应用于法律论辩语境，开发了能够说明作为对话过程的法律推理的可废止本性的形式模型，在此对话过程中，支持和反对某一具体案件中一个法律规则适用的论证被考虑，并针对彼此予以估量。最终，单调的和非单调的形式逻辑系统被用于模型化该推理过程。

来自人工智能和法领域研究的重要洞见关涉各种论辩模式底层结构的重建和这些复杂结构中论证和反论证的不同形式的角色。论辩模式涉及论辩的实质方面，比如论证型式和应该考虑的批判性问题。其他重要方面牵涉论辩的程序方面，比如在对话各个阶段被允许的行动，听众在对话中的角色，证明责任的不同形式以及赢得对话的规则和策略。

参考文献

Aarnio, A. (1983). Argumentation theory-and beyond. Some remarks on the rationality of legal justification. *Rechtstheorie* 4 (4), 385–400.

Alchourrón, C. E. (1992). Limits of Logic and Legal Reasoning. In: E. Bulygin, C. Bernal, C. Huerta, T. Mazzarese, J. J. Moreso, P. E. Navarro & S. L. Paulson (Eds.) (2015), *Essays in legal reasoning*. Oxford Scholarship Online.

Alchourrón, C. (1996). On law and logic. *Ratio Juris* 9, 331–348.

Alchourrón, C. & Buygin, E. (1971). *Normative systems*. Wien: Springer.

Alchourrón, Carlos, and Eugenio Bulygin (1989). Limits of logic and legal reasoning. *Preproceedings of the III International Conference on Logica, Informatica, Diritto. Vol.* 2. 1989.

Aleven, V. & Ashley, K. D. (1997). Evaluating a learning environment for case-based argumentation skills. In: *Proceedings of the sixth international conference on artificial intelligence and law* (pp. 170–179). New York: ACM Press.

Alexy, R. (1980). Die logische Analyse juristischer Entscheidungen (The logical analysis of legal decisions). In: Hassemer, W., A. Kaufmann, U. Neumann (Eds.). *Argumentation und Recht. Archiv für Rechts-und Sozialphilosophie*, Beiheft Neue Folge Nr. 14. Wiesbaden: F. Steiner, pp. 181–212.

Alexy, R. (1989). *A theory of legal argumentation. The theory of rational discourse as theory of legal justification*. Oxford: Clarendon press. (Translation of: *Theorie der juristischen Argumentation. Die Theorie des rationalen Diskurses als Theorie der juristischen Begründung.* Frankfurt a. M.: Suhrkamp, 1978).

Araszkiewicz, M. (2013a). Limits of constraint satisfaction theory of coherence as a theory of (legal) justification. In: M. Araszkiewicz & J. Savelka (Eds.), *Coherence: Insights from philosophy, jurisprudence and artificial intelligence.* (pp. 217–242). Dordrecht: Springer.

Araszkiewicz, M. (2013b). Towards a systematic research on statutory interpretation in AI and law. In: K. Ashley (Ed.), *Legal knowledge and information systems, JURIX* 2013: *The twenty-sixth annual conference*, pp. 15–24.

Araszkiewicz, M. (2015). Argument structures in legal interpretation: Balancing and thresholds. In: T. Bustamante & C. Dahlman (Eds.), *Argument types and fallacies in legal argumentation.* (pp. 129–150). Dordrecht etc.: Springer.

Bench-Capon, T. J. M. (1998). Specification and implementation of Toulmin dialogue game. In: *Legal knowledge-based systems. JURIX: The eleventh conference*, Nijmegen: Gerard Noodt Instituut, pp. 5–19.

Bench-Capon, T. (2003). Persuasion in practical argument using value-based argumentation frameworks. *Journal of Logic and Computation*, 13, 429–448.

Bench-Capon, T. , T. Geldard, P. H. Leng (2000). A method for the computational modelling of dialectical argument with dialogue games. *Artificial Intelligence and Law*, 8, 233-254.

Bench-Capon, T. , Atkinson, K. & Chorley, A. (2005). Persuasion and value in legal argument. *Journal of Logic and Computation*, 15, 1075-1097.

Bench-Capon, T, H. Prakken, G. Sartor (2006). Argumentation. In: A. Lodder and A. Oskamp (Eds.), *Information technology & lawyers: Advanced technology in the legal domain, from challenges to daily routine* (pp. 68-80). Berlin: Springer.

Bench-Capon, T. , Prakken, H. & Sartor, G. (2009). Argumentation in legal reasoning. In: I. Rahwan and G. Simari (Eds.), *Argumentation in artificial intelligence.* (pp. 363-382). Dordrecht etc. : Springer.

Berman, D. H. and C. D. Hafner (1987). Indeterminacy: A challenge for logic-based models of legal reasoning. In: *Yearbook of Law, Computers and Technology* (Vol. 3 pp. 1-35). London: Butterworths.

Bex, F. , Braak, S. v. d. , Oostendorp, H. van, Prakken, H. , Verheij, B. & Vreeswijk, G.(2007). Sense-making software for crime investigation: how to combine stories and arguments? *Law, Probability and Risk*, 6, 145-168.

Bex, F. , Prakken, H. , Reed, C. & Walton, D. (2003). Towards a formal account of reasoning about evidence: argumentation schemes and generalisations. *Artificial Intelligence and Law*, 12, 125-165.

Bulygin, E. (2008). What can one except from logic in the law? (Not everything, but more than something: A reply to Susan Haack). Ratio Juris 21, 150-156.

Copi, I. (and C. Cohen and K. McMahon) (2010). *Introduction to logic*, New York: Macmillan (14th edition).

Dung, P. (1995). On the acceptability of arguments and its fundamental role in non-monotonic reasoning, logic programming, and n-person games. *Artificial Intelligence*, 77, 321-357.

Ehrlich, E. (1925). *Die juristische Logik*. Tübingen: Aalen.

Fiedler, H. (1966). Juristische Logik im mathematischer Sicht. Einige Bemerkungen und Beispiele (Legal logic from a mathematical perspective. Some remarks and examples). *Archiv für Rechtsund Sozialphilosophie*, Band 52, pp. 93-116.

Gamut, L. T. F. (1991). *Logic, Language, and Meaning*. Chicago/London: University of Chicago Press.

Garssen, B. J. (1994). Recognizing argumentation schemes. In: F. H. van Eemeren and R. Grootendorst (Eds.), *Studies in pragma-dialectics*. (pp. 105-111). Am-

44

sterdam: Sic Sat.

Garssen, B. J. (1997). *Argumentatieschema's in pragma-dialectisch perspectief. Een theoretisch en empirisch onderzoek.* (Argumentation schemes in pragma-dialectical perspective. A theoretical and empirical investigation) PhD Dissertation Amsterdam. Dordrecht: Foris.

Gordon, T. F. (1995). *The pleadings game. An artificial intelligence model of procedural justice.* Dordrecht etc. : Kluwer.

Gordon, T. and D. Walton (2009). Legal reasoning with argumentation schemes. In: C. D. Hafner (Ed.), ICAIl'09 Proceedings of the 12th International Conference on Artificial Intelligence and Law (pp. 137-146). New York, NY: ACM Press.

Gordon, T. H. Prakken and D. Walton (2007). The Carneades model of argument and burden of proof. *Artificial Intelligence*, 171, 875-896.

Haack, S. (1978). *Philosophy of logics.* Cambridge etc. : Cambridge University Press.

Hage, J. (1997). *Reasoning with rules. An essay on legal reasoning and its underlying logic.* Dordrecht etc. : Kluwer.

Hage, J. C. (2000). Dialectical models in Artificial Intelligence and Law. *Artificial Intelligence and Law*, 8, 137-172.

Hage, J. C. , R. E. Leenes, A. R. Lodder (1994). Hard cases: a procedural approach. *Artificial intelligence and law*, 2, 113-166.

Hage, J. C. , G. P. J. Span and A. R. Lodder (1992). A dialogical model of legal reasoning, In: C. A. F. M. Grütters et al. (eds.), *Legal knowledge based systems, information technology and law. JURIX'92* (pp. 135-146). Lelystad: Koninklijke Vermande.

Hamblin, Ch. L. (1970). *Fallacies.* London: Methuen.

Haraguchi, M. (1996). A reasoning system for legal analogy. *Machine Intelligence* 14, 323-346.

Hare, R. M. (1963). *Freedom and reason.* Oxford: Oxford University Press.

Hart, H. L. A. (1951). In: A. Flew (Ed.), *The ascription of responsibility and rights. Logic and language* (pp. 145-166). Oxford: Blackwell.

Hart, H. L. A. (1972). Problems of philosophy of law. In: P. Edwards (ed.), *The encyclopedia of philosophy.* Volume 5/6 (pp. 264-276). New York/London: Macmillan.

Hausman, A. , H. Kahane, P. Tidman (2012). *Logic and philosophy. A modern introduction.* (17th edition). Belmont: Wadsworth.

Herberger M. , D. Simon (1989). *Wissenschaftstheorie für Juristen* (Theory of science for lawyers). Frankfurt a. M. : Metzner.

Jackson, B. S. (1988). *Law, fact and narrative coherence.* Roby, Merweyside: Deborah Charles.

Kakuta, T. & Haraguchi, M. (1998). An actual application of an analogical legal reasoning system dependent on legal purposes. *JURIX'* 98, pp. 31-44.

Kalinowski, G. (1972). *La logique des normes.* Paris: Presses Universitaires de France.

Kilian, W. (1974). *Juristische Entscheidung und elektronische Datenverarbeitung* (Legal decision and electronic processing of data). Frankfurt a. M. : Beiträge zur juristischen Informatik 3.   45

Klug, U. (1951). *Juristische Logik* (Legal logic). Berlin: Springer.

Klug, U. (1982). *Juristische Logik* (Legal logic) (4th revised edition). Berlin: Springer.

Koch, H. J. (1980). Das Frankfurter Projekt zur juristischen Argumentation: Zur Rehabilitation des deduktiven Begründens juristischer Entscheidungen (The Frankfurt project on legal argumentation: The rehabilitation of deductive justification of legal decisions). In: Hassemer, W. , A. Kaufmann, U. Neumann (eds.) (1980). *Argumentation und Recht. Archiv für Rechts-und Sozialphilosophie*, Beiheft Neue Folge Nr. 14. Wiesbaden: F. Steiner, pp. 59-86.

Lodder, A. R. (1999). *DiaLaw. On legal justification and dialogical models of argumentation.* Dordrecht: Kluwer.

Loui, R. P. (1998). Process and policy: Resource-bounded non-demonstrative reasoning. *Computational Intelligence*, 14, 1-38.

Loui, R. P. and J. Norman (1995). Rationales and argument moves. *Artificial Intelligence and Law*, 3, 159-189.

MacCormick, N. (1978). *Legal reasoning and legal theory.* Oxford: Oxford University Press.

MacCormick, N. (1992). Legal deduction, legal predicates and expert systems. *International Journal for the Semiotics of Law*, V (14), 181-202.

Neumann, U. (1986). *Juristische Argumentationstheorie.* Darmstadt: Wissenschaftliche Buchgesellschaft.

Perelman, Ch. (1976). *Logique juridique. Nouvelle rhétorique* (Legal logic. New rhetoric). Paris: Dalloz.

Pollock, J. L. & Cummins, R. (1995). *Philosophy and AI: Essays at the interface.*

Cambridge Mass. : MIT Press.

Prakken, H. (1993). *Logical tools for modelling legal argument*. Dissertation Amsterdam. Amsterdam.

Prakken, H. (2001a). Modelling defeasibility in law: logic or procedure? *Fundmenta Informaticae*, 48, 253–271.

Prakken, H. (2001b) Modelling reasoning about evidence in legal procedure. In: *Proceedings of the eighth international conference on Artificial Intelligence and Law* (pp. 119–128). New York, NY: ACM Press.

Prakken, H. (2005). AI & Law, logic and argument schemes. *Argumentation* 19, 303–320.

Prakken, H. (2008a). AI & Law on legal argument: Research trends and application prospects. *Scripted*, 5 (3), 450–454.

Prakken, H. (2008b). A formal model of adjudication dialogues. *Artificial Intelligence and Law*, 16, 1–12.

Prakken, H. and G. Sartor (1996). A dialectical model of assessing conflicting arguments in legal reasoning. *Artificial Intelligence and Law*, 4, 331–368.

Prakken, H. and G. Sartor (1998) Modelling reasoning with precedents in a formal dialogue game. *Artificial Intelligence and Law*, 6, 231–287.

Prakken, H. and G. Sartor (2002). The role of logic in computational models of legal argument: A critical survey. In: A. Kakas and F. Sadri, *Computational logic: Logic of programming and beyond. Essays in hounour of Robert A. Kowalski – Part II* (pp. 342–380). Berlin: Springer.

Prakken, H. and G. Sartor (2004). The three faces of defeasibility in the law. *Ratio Juris*, 17 (1), 118–139.

Prakken, H. and G. Sartor (2008). More on Presumptions and Burdens of Proof. In: G. Sartor (Ed.), Legal knowledge and information systems. JURIX 2008: The twentieth conference. Amsterdam: IOS Press.

Prakken, H., C. Reed and D. N. Walton (2003). Argumentation schemes and generalisations in reasoning about evidence. In: *Proceedings of the Ninth International Conference of Artificial Intelligence and Law* (pp. 32–41). New York: ACM Press.

Reed, C., Walton, D. & Macagno, F. (2007). Argument diagramming in logic, law and artificial intelligence. *The Knowledge Engineering Review*, 87–109.

Rescher, N. (1964). *Introduction to logic*. New York: St. Martin Press.

Rissland, E. L. and K. D. Ashley (1987). A case–based system for trade secrets in law. In *Proceedings of the first international conference on artificial intelligence and*

46

law (pp. 60–66). New York: ACM Press.

Rissland, E. L. and D. B. Skalak (1991). CABARET: statutory interpretation in a hybrid architecture. *International Journal of Man–Machine Studies*, 34, 839–887.

Riveret, R. , A. Rotolo, G. Sartor, H. Prakken, B. Roth (2007). Success chances in argument games: a probabilistic approach to legal disputes. In: A. Lodder and L. Mommers (Eds.), *Legal knowledge and information systems. JURIX* 2007: *The twentieth annual conference* (pp. 99–108). Amsterdam: IOS Press.

Röig, J. (1971). Kritik des normlogischen Schliessens (Criticism of inferences in a normative logic). *Theory and Decision*, 2, 79–93.

Röig, J. (1972). Über die Notwendigkeit einer besonderen Logik der Normen (On the necessirty of a special normative logic). In: H. Albert, N. Luhmann, W. Maihofer, O. Weinberger (eds.), *Rechtstheorie als Grundlagenwissenschaft der Rechtswissenschaft* (Legal theory as foundation of legal science). Jahrbuch für Rechtssoziologie und Rechtstheorie (pp. 163–185). Düsseldorf: Bertelsmann.

Röig, J. (1976). Logik und Rechtswissenschaft (Logic and legal science). In: D. Grimm (ed.), *Rechtswissenschaft und Nachbarwissenschaften* Volume 2 (pp. 53–79). München: C. Beck.

Sartor, G. (2002). Teleological arguments and theory–based dialectics. *Artificial Intelligence and Law*, 10, 95–112.

Sartor, G. (2010). Doing justice to rights and values: teleological reasoning and proportionality. *Artificial Intelligence and Law*, 18, 175–215.

Schreiner, H. (1976). Zur rechtslogischen Formalisierungen von Normen. *Archiv für Rechts–und Sozialphilosophie*, Band 62, pp. 365–380.

Skalak, D. and E. Rissland (1992). Arguments and cases. An inevitable intertwining. *Artificial Intelligence and Law*, 1, 3–44.

Soeteman, A. (1989). *Logic in law. Remarks on logic and rationality in normative reasoning, especially in law.* Dordrecht etc. : Kluwer.

Struck, G. (1977). *Zur Theorie juristischer Argumentation* (To the theory of legal argumentation). Berlin: Duncker & Humblot.

Tammelo, I. (1969). *Outlines of modern legal logic.* Wiesbaden: Steiner.

Tammelo, I. (1978). *Modern logic in the service of law.* Wien etc. : Springer.

Tammelo, I. , G. Moens, P. Brouwer (1981). De tegenformulemethode en haar rechtslogische toepassingen (The counter – formula method and its applications in legal logic). *Nederlands Tijdschrift voor Rechtsfilosofie en Rechtstheorie* 10, 55–65.

Toulmin, S. E. (1958). *The uses of argument.* Cambridge: Cambridge University Press.

Verheij, B. (1996). *Rules, reasons, arguments. Formal studies of argumentation and defeat.* Doctoral dissertation University of Maastricht.

Verheij, B. (2003). Dialectical argumentation with argumentation schemes: An approach to legal logic. *Artificial Intelligence and Law*, 11 (2-3), 167-195.

von Savigny, E. (1973). Topik und Axiomatik: eind verfehlte Alternative (Topics and aximatics: a failed alternative). In: *Archiv für Rechts-und Sozialphilosophie*, pp. 249-254.

Vreeswijk, G. A. W. (2000). Representation of formal dispute with a standing order. *Artificial Intelligence and Law*, 8, 205-231.

Walton, D. N. (1996). *Argumentation schemes for presumptive reasoning.* Lawrence Erlbaum Aossociates, Mahwah, NJ.

Walton, D. N. and E. C. W. Krabbe (1995). Commitment in dialogue. Basic concepts of interpersonal reasoning. Albany, NY: State University of New York Press.

Weinberger, O. (1983). Logische Analyse als Basis der juristischen Argumentation (Logical analysis as basis of legal argumentation). In: W. Krawietz & R. Alexy (Eds.). *Metatheorie juristischer Argumentation* (pp. 159-232). Berlin: Duncker & Humblot.

Weinberger, O. (1989). *Rechtslogik. Versuch einer Anwendung moderner Logik auf das juristiche Denken.* 2nd edition. Wien etc. : Springer.

Woods, J. and D. N. Walton (1982). *Argument: the logic of the fallacies.* Toronto: McGraw-Hill Ryerson.

Woods, J. and D. N. Walton (1989). *Fallacies. Selected papers*, 1972-1982. Dordrecht/ Providence: Foris Publications.

Wróblewski, J. (1974). Legal syllogism and rationality of judicial decision. *Rechtstheorie* 14 (5), 33-46.

Wróblewski, J. (1979) Verification and justification in the legal sciences. In: Krawietz, W. , K. Opalek, A. Peczenik, A. Schramm (eds.) (1979). *Argumentation und Hermeneutik in der Jurisprudenz* (pp. 195-213). Berlin: Duncker & Humblot.

Wyner, A. and T. Bench-Capon (2007). Argument schemes for legal case-based reasoning. In: A. Lodder and L. Mommers (Eds.), *Legal knowledge and informations systems.* IURIX 2007: The twentieth annual conference (pp. 139-149). Amsterdam etc. : IOS Press.

Wyner, A, T. Bench-Capon, K. Atkinson (2007). Arguments, values and baseballs: Representation of Popov. V. Hayashi. In: A. Lodder and L. Mommers (Eds.), *Legal knowledge and information systems. JURIX* 2007: *The twentieth annual con-*

47

ference (pp. 151–160). Amsterdam etc. : IOS Press.

Yoshino, H. (1978). Über die Notwendigkeit einer besonderen Normenlogik als Methode der juristischen Logik (On the necessity of a special logic of norms as method of legal logic). In: U. Klug, Th. Ramm, F. Rittner, B. Schmiedel (Eds.), *Gesetzgebungstheorie, Juristische Logik, Zivil – und Prozessrecht*. Gedäcgtnisschrift für Jürgen Röig. Berlin etc. : Springer, pp. 140–161.

Yoshino, H. (1981). Die logische Struktur der Argumentation bei der juristischen Entscheidung (The logical structure of argumentation in legal decision–making). In: Aarnio, A. , I. Niiniluoto, J. Uusitalo (eds.) (1981). *Methodologie und Erkenntnistheorie der juristischen Argumentation* (pp. 235–255). Berlin: Duncker & Humblot.

Zurek, T. & Araszkiewicz, M. (2013). Modelling teleological interpretation. In: B. Verheij, E. Francesconi & A. von der Leith Gardner (Eds.), *ICAIL* 2013: *Proceedings of the fourteenth conference on artificial intelligence and law*. (pp. 160–168). New York: ACM.

49

第 **3** 章　图尔敏的论辩模型

摘　要　本章讨论图尔敏的论辩模型及其在法律语境中的应用。在介绍其论辩模型时，图尔敏利用法律过程表明，实践论辩的可接受性并不依赖逻辑有效性。通过比较实践论辩过程与法律过程，他试图证明，一个主张的可接受性在某种程度上取决于防卫论点的一种固定程序。这种程序的元素是领域不变的（field-invariant）。但是，在各种形式的法定程序中，用来决定其中所提出的论证内容是不是可接受的不同评估准则却是领域依赖的（field-dependent）。

　　本章第 2 节描述图尔敏的论辩模型。在这个模型中，图尔敏按照实践论辩一般程序的术语来解释一个法律过程的诸阶段。第 3 节探讨法律论辩文献中图尔敏模型的应用。第 4 节讨论人工智能和法的研究对图尔敏模型的改进和扩展。第 5 节以综述图尔敏理论给法律论辩的分析和评估提供的洞见结束本章。

关键词　人工智能和法；论辩模型；支援；领域依赖的；领域不变的；形式逻辑；模态词；实践论辩；反驳；论辩的图尔敏模型；担保

3.1　导　言

在《论证的使用》(1958) 里，图尔敏将他的论辩模型作为形式逻辑的论辩分析和评估方法的一种替代来介绍。此书的核心问题是，评估论辩时必须应用哪些规范。在图尔敏看来，形式有效性的逻辑准则并不适合日常语言论证的评估，因为它并不考虑这些论证出现于其中的各领域的特定的、实质的正确性准则。通过使用他的论证模型，图尔敏试图表明，评估规范部分地是普遍的，或如他所说的"领域不变的"，部分地是特殊的或"领域依赖的"。

图尔敏用法律过程来表明实践论辩的可接受性并不取决于逻辑有效性。通过比较实践论辩的过程与法律过程，他试图证明，一个主张的可接受性在某种程度上依赖防卫论点的一种固定程序。如此一种程序的元素是领域不变的。然而，在各种形式的法定程序中用来决定在这个程序中提出的论证内容是不是可接受的不同评估准则却是领域依赖的。因此，程序性的评估准则是领域不变的，而实质的评估准则是领域依赖的。在《推理导论》(1978) 中，图尔敏、里克（Rieke）和雅尼克（Janik）详细说明了这个论辩模型如何能应用于法律语境。在分析法律论辩的那一章里，他们描绘了该模型的各个组件如何在法律论辩中表现出来。

20 世纪 80 年代，图尔敏模型作为能用于分析和评估法律实践中的论证的一种工具，在律师当中流行开来。由于图尔敏按照实践论辩的标准程序的元素刻画了在法律语境中发挥作用的不同类型论据的特性（如法律规则、事实、例外），该模型为法律实践中的论辩分析建立了一个良好出发点。

20 世纪 90 年代，人工智能和法成长为一个研究领域，研究者参考图尔敏模型的元素，进一步细致说明法律辩护的各种构成成

50

分。如之前第 2 章指出的，人工智能和法的研究者也开发了公正对待法律论辩之对话本性的法律论辩重建模型。像图尔敏一样，他们也对各种类型的考量所起的作用感兴趣，比如法律规则和原则、事实性信息和证明。对于分析过程中重建例外的方式，他们同样感兴趣。

本章第 2 节描述图尔敏的论辩模型，它是根据法律过程各阶段的类比，对论辩程序的一种阐释。[1] 第 3 节讨论图尔敏模型在法律论辩文献中的应用。[2] 第 4 节探讨在人工智能和法的研究中图尔敏模型的改进和扩展。第 5 节以综述图尔敏理论为法律论辩的分析和评估提供的洞见结束本章。

51　3.2　图尔敏论辩模型和法律过程的诸阶段

图尔敏（1958：16）运用法律类比，把一个主张的辩护刻画成由按照某种固定顺序必须走完的不同阶段所构成的一种程序。在法律中，各种形式的程序在它们的形式方面是类似的。在一个法律过程中，无论主张的性质如何，事情的顺序总是一样的。不管是民事的还是刑事的，在所有法律程序中都可以区分出相似的若干阶段。在法律程序中，有一个初始阶段，提出了控告或主张。接下来的阶段，多少有些证据被提出来用以支持该控告或主张。有一个最终阶段，一个最后决定（裁定、宣判）被给出。当然，在细节方面也许有所不同，但该程序的一般结构和其作用的性质在所有法律案件中

---

〔1〕 由于图尔敏的论辩理论及其优缺点已由别人详细讨论过，我在这里只限于简短说明该模型。对图尔敏模型更全面的讨论，见阿列克西（1989：79-92）、范爱默伦等（2014：203-256）、希契柯克（Hitchcock）和维尔希基（2006a, b）、霍罗维茨（Horovitz, 1972：167-175）和维尔希基（2005, 2009）。

〔2〕 在法律论辩领域之外，图尔敏模型也有别样的应用。见范爱默伦等（2014：227-251）对该模型应用的综述。

是相同的。

一个论证的诸阶段可以用类似于法律程序诸阶段的方式来刻画。一个辩护过程的第一步是一个特殊主张（claim，简称 C）被提出来，它类似于法律过程中的主张或控告。第二步是那个主张所基于的事实根据（data，简称 D）被提出。作为该主张之基础而提出来的事实根据，可比作法律中的证据。虽然某些事实根据已被生成，但该主张可能遭到提出如下问题之人的挑战："你是怎么得出那个主张的？"遇到这样的挑战，论证者不必提出另外的证据，而是要提出一种不同类型的命题：一个规则、原则或推论许可，图尔敏称之为担保（warrant，简称 W）。图尔敏（1958：101）把担保构想成某种不同于事实根据和主张的东西，担保表明从事实根据到主张的那一步是"正当的"。担保可以比拟为法律规则或法律原则，它表明基于事实根据的法律主张是"合法的"。按照图尔敏（1958：100）的看法，事实根据和担保的区别对应于事实问题和法律问题之间的法律区别。〔3〕

这三个阶段可以看作是一个论证的简单形式的元素。论证往往更为复杂。如图尔敏（1958：101）所言，通常在法院，提及某一特殊法规或普通法原则并不够。是否该法律必定不可避免地适用该特殊案件，是否该案件的具体事实使得有必要成为规则的一个例外，或者是否有必要弄清楚该法律可能仅仅是"受到某种限制"的适用，这些问题常常有必要予以探究。假如一个论证的更多的特性是必需的，那么就需要论辩模型的一个更为扩展的版本。这种扩展包括各种各样的元素。如果担保的可接受性遇到挑战，那么就需要担保的支援（backing，简称 B）。支援表明担保所基于的权威或来源。有时，要加上一个指定例外条件的反驳（rebuttal，简称 R）。在某些

---

〔3〕　对担保之功能的各种解释，以及关于图尔敏对担保之描述的批判，见范爱默伦等（2014：227－251）。

情况下，假若理由用一种受限的方式支持主张，那么模态限定词
（qualifier，简称 Q）就是必要的，比如当担保只是达到在一定程度上
适用于所考虑情况的时候。

按照扩展的论辩模型的形式分析，图尔敏的一个著名例子如下
（见图尔敏 1958：101-102）：*

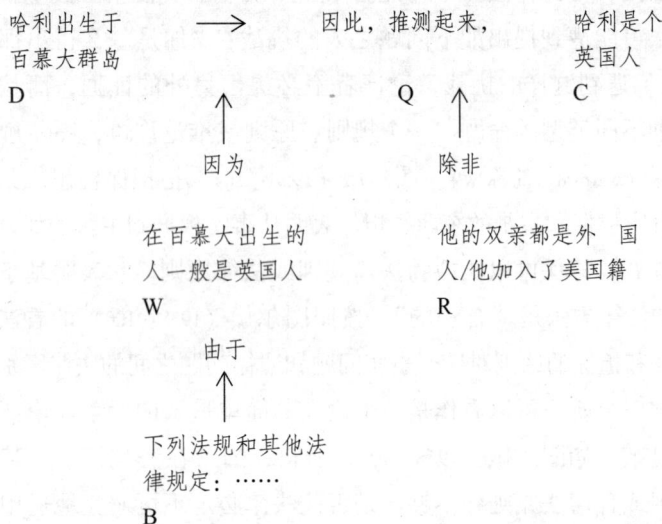

哈利出生于　　　　　⟶　　　因此，推测起来，　　　哈利是个
百慕大群岛　　　　　　　　　　　　　　　　　　　英国人
D　　　　　　　　　　　↑　　　　Q　↑　　　　　　C

　　　　　　　　　因为　　　　　　　除非

在百慕大出生的　　　　　　　　他的双亲都是外　国
人一般是英国人　　　　　　　　人/他加入了美国籍
W　　　　　　　　　　　　　　R

　　　　由于　　　↑

下列法规和其他法
律规定：……
B

辩护过程中的各步骤对应挑战主张的敌手可能提出的各种批判
性问题：[4]

　　　（1）你的主张有何理由？（请求事实根据 D 的批判性问题）

　　　（2）你如何辩护从这些事实根据到那个主张的移动？（请

---

　　* 菲特丽丝的图示不完全符合图尔敏原图，此处根据图尔敏原图做了订正。——译者注

　　〔4〕见图尔敏、里克和雅尼克（1984：38，46，62，86）和斯诺克·汉克曼斯（Snoeck Henkemans, 1992：46）。

求担保 W 的批判性问题)

　　(3) 这真的是个要进行的保险的移动吗? (请求支援 B 的批判性问题)

　　(4) 你的主张有多强? (请求一个可能的限定词 Q 的批判性问题)

　　(5) 哪些可能性或许推翻这个论证? (请求一个可能反驳 R 的批判性问题)

　　假如一个论证者想要提供充分的辩护,他就必须给出对应该模型诸元素的回答来回应这些问题。对主张的恰当辩护,总是需要事实根据和担保。倘若担保遇到挑战,就需要进一步的辩护。按照图尔敏的意见,这个辩护的形式在所有论证领域都是相似的。出现在所有论辩领域的论证,都可以按这个形式重建。论辩的可接受性因此部分地是领域不变的,因为一种固定程序必须被遵循。这个程序的结果是由某些基本元素(主张、事实根据和担保)组成的一种论辩结构,有时特定的批判被提出或被预料到的时候,就要由深一层的元素来支持。

　　但是,论辩内容的可接受性取决于随不同的论证域而有所不同的正确性的实质标准。在法律、科学、政治和日常讨论中,评价什么算作可接受性的事实根据、担保和支援,要求特定的、领域依赖的正确性标准。因此,论辩的可接受性既取决于普遍的领域不变的可接受性标准,也取决于特定的领域依赖的可接受性标准。

　　在《推理导论》里,图尔敏、里克和雅尼克(1984)提出一个对图尔敏论辩模型的实践性阐述。他们在讨论法律推理的那一章描述了法律论辩的各种形式。在法律中,哪些陈述是当作主张、事实根据、担保、支援、反驳和模态限定词提出的? 作者集中于辩护人

53

在法律案件中提出的不同种类的论证。

刑事诉讼中所提出的**主张**的范围可能涉及从诸如在人行道吐痰或酗酒和妨害治安行为这样的轻微罪行的控告到谋杀或叛国罪的控诉。在民事案件中，它们包括违约、销售有缺陷的商品、损坏机动车辆、伤害名誉、擅自进入、不按时清偿债务和侵害公民权利等方面的主张。

事实根据（*data*）即被提出的**根据**（*grounds*）也可能是多种多样的。它们可能包括书面来源（契约、书信等），这些可以充当某些协议存在、他们之间提到过协议和事实上订立了协议等等主张的根据。口头来源也被使用，常常由证人证言和专家证言构成。

要辩护证人证言或专家证言的使用，更深层的辩护可能需要用**担保**的形式。要担保一个证人的证言，人们就可以主张：因为证人X有该事件的第一手材料，愿意且有能力诚实地作证，我们就能相信他说的东西。要辩护一个专家证言的使用，人们可以主张：因为证人Y具有做出可靠判断所需要的训练和专业知识，并愿意且有能力充当一个负责任的专家证人，因而我们可以采纳这个证人就此事所说的话。

支援一个证人证言的可靠性时，人们可以论证，我们从几个世纪的经验知道，人们就他们的第一手经验的事物的感知一般诚实地作证。而且，为了法律，他们以足够的细节和准确性进行作证，尤其在宣过誓和面对直接询问和交互询问的情况下。支援专家证言时，人们可以论证，具有某领域必要的专门教育、经验和职业声望的某个人，可以就与该领域相关的问题以特殊专家权威身份说话。

图尔敏、里克和雅尼克认为，律师很少使用模态**限定词**，因为他们试图尽可能把他们的论点当作令人信服的提出来。法官间或在法庭上明确地陈述他们的保留，但考虑到承认某种司法错误会招致裁决被推翻的风险，所以法官往往避免完全坦诚地将他们的保留表达出来。

在审判结构之内，法律为**反驳**的系统表达做好了准备。对立的辩护人进行反驳，向对立主张提出反驳。对法官而言，对支持和反驳某一特定主张的种种论证进行双边综述并不稀奇。

什么算作可接受的根据、担保和支援，因法律领域如民法、刑法等而不同。评价论辩内容之可接受性的正确性标准，也因法律的领域不同而不同。

3.3　图尔敏模型在法律论辩的理论文献和实践文献中的应用

在关于法律论辩的文献中，各类作者使用图尔敏模型。有些人只使用某些术语，另一些人将该模型用作重建法律论证之相关元素的分析工具。

马特龙（Matlon，1988）使用图尔敏模型描绘法律过程的庭前准备（pre-trial）阶段的议题。他表明，详细说明证据、理由和结论之间关系的图尔敏模型，可用于建立案件论证（case arguments）和展开一个案件主题（case theme）。

纽厄尔（Newell）和里克（1986）把法律原理看作是法律裁决的担保集。他们使用美国最高法院的裁决表明，法律原则如何起着法律裁决之担保的作用。在他们看来，假如最高法院的一个论据获得了普遍接受的原则的地位，那么，这样一个论据就不需要进一步的辩护。

佩策尼克（1983：4-5）将图尔敏的术语用在他的这一主张上：一个法律裁决总是从关于事实的陈述与作为推论规则的担保组合得出的。

里克和斯塔特曼（Stutman，1990：95-98）使用图尔敏的术语区分代理人论证中的各种元素。他们细致说明了一个论证的哪些部分在使陪审团确信的过程中起作用。

桑德斯(Saunders, 1994)将图尔敏模型用于法律案件的讨论，并指明按照该模型分析案件的结果。而且，他通过表明该模型也可用于模型化基于类比的论证，扩展了该模型。按桑德斯的看法，该模型对于教学生如何构建一场诉讼不同阶段的论证是一个有用的启发工具。在他看来，该模型对于考虑将来必须要反驳的那些反论证尤其有用。

斯内达克(Snedaker, 1987)详述了图尔敏模型如何能被用在分析和评价法律论证上。她给出了对著名的"萨姆·谢泼德审判"(*Sam Sheppard Trial*, 1966)中的论辩的分析和评估。在该案中，高等法院裁定，萨姆·谢泼德1954年被判谋杀其妻因与本案有关的大量的、普遍的和引起偏见的宣扬而受到了不公正的审判。斯内达克把图尔敏模型当作一种修辞交流模型，通过分析该审判中的论辩，确定了哪些论证在说服最高法院方面是成功的。

斯内达克描述了双方所提供论证的有力之处和薄弱之处。上诉人论辩的有力之处在于，该论辩是由详细说出的复杂论辩的各层次组织而成的，每个层次都包括根据、担保和支援。每当有必要时，这些论证就被限定，反论证就用反驳予以回答。

上诉人论证的说服力来自该论证几乎完全得到最高法院意见的背书这一事实。上诉人提出了一个完整的论证，从而使其在说服最高法院方面取得成功。可是，被上诉人在说服最高法院方面并没有成功，因为那些根据没有得到充分的担保，没有充分得到支援。在斯内达克看来，用图尔敏模型分析上诉人的论辩，使得有可能显示那些论证在上诉程序中多么有效果。

55

3.4 图尔敏模型在人工智能和法文献中的改进和扩展

在人工智能和法传统内的众多学者，以及那些从一种辩证视角来处理法律论辩的学者，都把图尔敏模型当成是法律论辩合理性的程序准则的一种细致说明。他们把图尔敏模型看作是一个论辩性对话之产品的宏观结构布局的方法，这种对话在问答过程中进行，是进一步发展这样一种宏观结构的诸元素的一个出发点。[5]

正如维尔希基（2009：226）所解释的，在 20 世纪 90 年代，人工智能和法的研究者受图尔敏把逻辑看作是一般化的法学的启发，开始用反映实际法律推理过程的方式来形式化法律推理。在这种努力之中，无疑是按照一种非单调逻辑，对那些可以当作是论证之"击败"的不同批判和攻击的形式予以形式化。不同研究者都把图尔敏模型的诸元素当成对论辩过程的结构布局的有用区分。有时，他们明确参考图尔敏使用的概念和区分（如担保、反驳）。

在人工智能和法的文献里，研究者也为改进和扩展图尔敏模型制定了方案。接下来，我将简要描述其中与法律论辩的分析和评估相关的某些方案。[6] 对人工智能和法中法律论辩分析模型的更广

56

---

[5] 参看弗里曼（Freeman，1991），他对论证的宏观结构采取一种类似观点。弗里曼参考受图尔敏启发的法律语境，把一个论证的独白式结构看作是一个论辩性对话的产品。他认为，担保在该过程中有作用，但不该包括在以独白形式生成的该过程之重建的图解中。对于从图尔敏模型的视角讨论人工智能和法中模型的"程序层"，见普拉肯和萨尔托尔（2002：11-12）讨论图尔敏模型的运用，也见本奇-卡彭、普拉肯和萨尔托尔（2009：15）。

[6] 对图尔敏模型的具体说明和扩展的更广阔的概观，见范爱默伦等（2014，第4章），希契柯克和维尔希基（2006a，b）论论辩的图尔敏模型。人工智能和法中对图尔敏模型的具体阐述和扩展的讨论，见维尔希基（2009）。如维尔希基指出，一些作者在做出某些区分时往往并没有明确提及图尔敏模型。但是，人工智能和法中做出的各种区分都可以看作是图尔敏模型背后的理念的改良。

泛讨论，以及重建时做出的区分，参考本书第 2 章的 2.6 部分，在那里描述了人工智能和法中开发的各种模型。

在人工智能和法中，有一种对图尔敏模型的改进，关注在法律论辩中可以发挥作用的不同类型担保的区分。

瑞特（Reiter, 1980）建议区分"类属的"担保和"特定的"担保，前者是由一般规则（"一个出生在百慕大的人一般是英国人"这个推论许可）组成的担保，后者是由为特定情况而对这个一般规则的某种说明（如果哈利出生于百慕大，那么他就是个英国人）组成的担保。[7]

布兰廷（Branting, 1994）根据担保的抽象水平提出了担保的区分。按其观点（1994：10-11），英美法系判例中的判决理由（*ratio decidendi*）基于图尔敏模型的"担保"，即应用某一法律谓词"连同将担保的前件与事实匹配起来所必需的所有推断"进行辩护。布兰廷（1994：8-9）说明了，基于对有关医疗过程中疏忽的分析，可以怎样区分不同抽象层次的担保：一般规则（例如，如果一个行为人没有运用合理注意，且这一过失是损害的直接原因，那么，该行为就是疏忽）、特定规则（如琼斯医生疏忽了，因为他手术时把海绵落在了布朗体内）和处于中等抽象水平的担保（比如，如果没有遵守医学共同体的合理注意标准，且因此使病患受伤害，那么，一个医疗程序是疏忽的）。布兰廷建立了一个这样构成的担保层级：一个结论的不同担保，用表达同一结论的不同抽象水平的不同担保的前件之间的归约操作符相连接。[8] 布兰廷（1994：26）还加上了必须

---

〔7〕 在一般规则 R 与对某具体案件的规则的解释 RC 之间的一个类似的分析性区别，是亨克特和范德霍芬（Henket and van den Hoven, 1990：153-154）做出的。从一般规则 R 到规则 RC 的明确表达这一步骤由参考某一特殊解释方法支持。

〔8〕 布兰廷（1994：13）引用多诺霍诉史蒂文森案（*Donoghue v. Stevenson*）作为这种担保层次的一个例子。见本书第 6 章论麦考密克的理论时对这个案例的讨论。

分别用颁布法规的权威（在法定规则的情形下），法院的权威，或　57
者阐明该规则的法院的权威（在普通法规则情形下）构成的支援来
支持的担保。

维尔希基等（1998）论证，必须区分可以与法律规则和法律原
则相比拟的各种担保。遵照德沃金（1977）所做的区分，他们说，
用规则推理和用原则推理有所不同。他们根据基于理由的逻辑，给
出了在法律推理中使用的规则和原则这两种担保的形式化。

人工智能和法文献中提出的对图尔敏模型的第二个重要改进，
关注不同类型反驳的区分，以使该模型更好地适合于可废止推理的
分析（对法律论辩语境中可废止推理的更广泛讨论，见本书 2.6 部分）。

依图尔敏（1958：101）之见，反驳牵涉可能有不同功能的论据
的例外条件，然而，图尔敏并没有对不同类型的反驳做出区别。可
能有结论的击败或反驳、担保适用的反驳和担保权威性的反驳。在
人工智能和法中，不同的作者都论证，要公平对待可能针对图尔敏
模型的不同部分所提出的不同类型的论据，在不同类型的反驳之间
做出区分是必要的。在他们看来，为了适当处理法律推理的可废止
本质，应该区分各种各样的反驳。

哈格（1997：22-24）比较了图尔敏对反驳的处理和拉兹（1975，
1978）对排他性理由的讨论。哈格认为，反驳的事实使得事实根据
不能起到理由的作用。他区分了可能构成一个冲突理由的反驳与构
成一个排他性理由的反驳。哈格（1996）区分了对规则有效性的攻
击与对规则适用性的攻击。在他看来，那种"反驳"不同类型攻击
所必需的论辩应该重建为不同形式的辩护。普拉肯和萨尔托尔
（1996）区分了反驳的具体类型，比如弱否定假设之攻击的反驳和基
于规则优先级之攻击的反驳。维尔希基（2005：360）指出，可能有
五种可以据理反对的陈述：事实根据 D、主张 C、担保 W、关联条

件句"如果 D，那么 C"和关联条件句"如果 W，那么若 D，则 C"。维尔希基（2009：235）论证说，应该澄清哪个反驳"阻止"担保的适用。比如，在法律中，存在被法律条文支援的法律规则（可能起着担保的作用），但也可能（有法律条文）构成一个规则的例外，起着反驳的作用。

在马歇尔（Marshall, 1989）与纽曼（Newman）和马歇尔（1992）中可以发现，应用图尔敏模型分析法律案件与改进和扩展的建议结合起来了。作者为基于图尔敏模型分析法律语境中的论辩建立了一个表征框架，其目的是把该框架转化成一种计算上易管理的形式。58 他们结合作为分析论证表征框架的图尔敏模型的系统评估，给出了一个法律案件的详细重构。在这个评估的基础上，他们明确表达了对扩展的各种建议。由于这些作者在一种系统分析和评估的基础上，陈述了扩展的详细建议，此处将更详细讨论这种分析。

纽曼和马歇尔将图尔敏模型应用于法律领域的有关第四修正案的两个案例的真实、复杂的论证，一个案例是田纳西州诉加纳案（*Tennessee v. Garner*）——美国最高法院关注使用致命武力阻止正在逃离的重罪犯的合宪性的案子，另一个是皮普尔诉卡尼案（*People v. Carney*）——加利福尼亚高等法院检查未经授权搜查被告人拖车住房的合宪性的案子（纽曼和马歇尔 1992）。为了能定义"能够重建论证微观结构的一些方式和组成表达推理路线的更大规模网络的形式"，他们在这种分析的基础上，提出了扩展的意见（1992：33）。

关于对诸元素的编码必不可少的这种扩展，纽曼和马歇尔（1992：13 及以后）提议扩展该模型的各种元素。对于事实根据，不仅区分构成关于个体的单个事实是必要的，区别关于个体之类的概括或陈述也是必要的。而且，不仅单个陈述，就连一起运作的一系列陈述、连接的事实根据，都必须加以区别。对于支援，除了来自某一法规的条款之外，他们还辨识出明显的支援，如其他案例的引用，以及隐含的支援，如常识知识和常识性实践。由于反驳并非总是明晰陈述出来，他们做出了如下分析性区分：①在话语中表示反驳的明晰陈述；②隐含的反驳陈述；③反驳陈述建立的隐含论证或反论证；④反驳策略和相应目标（在一个目标和价值的冲突集的情形中）。

同时，作者（1992：20 及以后）通过说明可以怎样扩展论证链（比如，在多个关联的事实根据组合起来支持主张的情形下）以及如何能用支持元素之一（比如支援）的基础论证结构的一种递归来创建论证层次，从而建议扩展论辩连通性的不同方式。他们还讨论了汇合的论证结构，其中独立的论证路线或事实根据被放在一起支持某一单个主张。

在对作为法律话语的论证表征方式的图尔敏模型的评估中，纽曼和马歇尔（1992：25 及以后）阐述了可以改善图尔敏模型的一些要点。首先，从"覆盖范围"的视角看，该模型的现有形式没有可能把握法律推理具体形式的核心方面，比如类比、并行（parallelism）和比较的推理，基于约束的推理与根据模型的推理。其次，从"可理解性"角度看，该模型显示了某些不足（其他研究者也指出了这一点）。一个重要的缺点是，该模型没有包括组织详细论辩的方法。而且，不能用该模型比较立场（包括一致的看法），没有详细说明论证解决的方法以及怎样展现价值和目标的结构化角色。

3.5　结　论

图尔敏模型对法律论辩分析的主要贡献是这样的理念：支持某一特定法律主张的那些论证具有不同的性质，由此，不同类型论证的评估标准也不同。

按照图尔敏的观点，法律论辩的可接受性既取决于普遍的、领域不变的正确性标准，也取决于具体的、法律上的领域依赖的标准。这种普遍的标准是，就形式而言论辩必定遵循一种具有固定元素的固定程序。具体的领域依赖的正确性标准是，论辩的元素——就内容而言——按照具体法律领域可接受的正确性标准必须是可接受的。对于所使用的根据、担保和支援，每一法律领域都有其自己的具体标准。

为使图尔敏模型更好地适用于法律论辩的分析和评估，人工智能和法领域的学者提出了各种改进建议。第一个重要的改进关注区分担保的不同形式。作者建议区别一般的担保和具体的担保，前者由一般规则构成，后者由适用具体情形的一般规则的具体说明组成。在法律语境中，区别不同性质的一般担保也是重要的：比如，法律规则这样的担保不同于法律原则这样的担保。第二个重要改进关注区分不同类型的反驳。正如许多作者阐述的，图尔敏模型的不同元素都可以用不同类型的反驳予以驳斥。比如，有针对结论和担保的各种反驳，也有针对担保的可接受性和担保的权威性的各种反驳。而且，还可能有对这样一种担保——对为什么一个特殊结论未能得到一个特殊担保的充分支持的不同说明——的各种反驳。除了改进，还基于对实际诉讼案件的分析提出了某些扩展。一个重要的扩展是，为法律裁决执行基于复杂论辩结构的论证链与论证层次的连通形式的提议。最后，就关于论辩的具体形式，比如类比论辩、基于模型的论辩等的评估，提出了建议。

60 **参考文献**

Alexy, R. (1989). *A theory of legal argumentation. The theory of rational discourse as theory of legal justification.* Oxford: Clarendon press. (Translation of: *Theorie der juristischen Argumentation. Die Theorie des rationalen Diskurses als Theorie der juris-tischen Begründung.* Frankfurt a. M. ：Suhrkamp, 1978）.

Bench-Capon, T. , Prakken, H. & Sartor, G. (2009）. Argumentation in legal rea-song. In：I. Rahwan and G. Simari（Eds. ）, *Argumentation in artificial intelligence* (pp. 363-382). Dordrecht etc. ：Springer.

Branting, L. K. (1994). A computational model of ratio decidendi. *Artificial Intelligence and Law*, 2, pp. 1-31.

Dworkin, R. (1977). *Taking rights seriously.* Cambridge（Mass. ）：Harvard University Press.

Eemeren, F. H. van, B. Garssen, E. C. W. Krabbe, A. F. Snoeck Henkemans, B. Verheij, J. H. M. Wagemans（ 2014). *Handbook of argumentation theory.* Dordrecht etc. ： Springer.

Freeman, J. B. (1991). *Dialectics and the macrostructure of arguments. A theory of argument structure.* Berlin-New York：Foris-de Gruyter.

Hage, J. C. (1996). A theory of legal reasoning and logic to match. *Artificial Intelligence and Law*（4）, 199-273.

Hage, J. C. (1997). *Reasoning with rules. An essay on legal reasoning and its underlying logic.* Dordrecht etc. ：Kluwer.

M. M. Henket, P. J. van den Hoven (1990). *Juridische vaardigheden in argumentatief verband.* (Legal skills from an argumentative perspective）Groningen：Wolters - Noordhoff.

Hitchcock, D. & Verheij, B. (2006a). *New essays in argument analysis and evaluation.* Dordrecht etc. ：Springer

Hitchcock, D. & Verheij, B. (2006b). Introduction. In：D. Hitchcock and B. Verheij (Eds.), *Arguing on the Toulmin model. New essays in argument analysis and evaluation* (pp. 1-24). Dordrecht etc. ：Springer.

Horovitz, J. (1972). *Law and logic. A critical account of legal argument.* Wien etc. ： Springer.

MacCormick, D. N. (1978). *Legal reasoning and legal theory.* Oxford：Oxford University Press.

Marshall, C. C. (1989). Representing the structure of legal argument. *Proceedings of the 2nd International Conference on AI and Law*, Vancouver, BC, pp. 121-127.

Matlon, R. J. (1988). *Communication in the legal process.* New York etc. ：Holt, Rinehart and Winston.

Newell, S. E. & Rieke (1986）, R. D. A practical reasoning approach to legal doctrine. *Journal of the American Forensic Association* 22 (4), 212-222.

Newman, S. E. & Marshall, C. C. (1992). Pushing Toulmin too far: learning from an argument representation scheme. Technical report SSL-92-45, Xerox, PARC, Palo Alto, CA, USA. http://www.csdl.tamu.edu/~marshall/toulmin.pdf.

Peczenik, A. (1983). *The basis of legal justification*. Lund.

Prakken, H. & Sartor, G. (1996). A dialectical model of assessing conflicting arguments in legal reasoning. *Artificial Intelligence and Law* 4, 331-368.

Prakken, H. & Sartor, G. (2002). The role of logic in computational models of legal argument -a critical survey. In: A. Kakas and F. Sadri, Computational logic: *Logic of programming and beyond. Essays in honour of Robert A. Kowalski - Part II* (pp. 342-380). Berlin: Springer.

Raz, J. (1975). *Practical reason and norms*. London: Hutchinson.

Raz, J. (1978). Reasons for actions, decisions and norms. In: J. Raz (Ed.), *Practical reasoning* (pp. 128-143). Oxford: Oxford University Press.

Reiter, R. (1980). A logic for default reasoning. *Artificial Intelligence* (13), 81-132.

Rieke, R. D. & Stutman, R. K. (1990). *Communication in legal advocacy*. Columbia S. C.: University of South Carolina Press.

Saunders, K. M. (1994). Law as rhetoric, rhetoric as argument. *Journal of Legal Education*.

Snedaker, K. (1987). The content and structure of appellate argument: rhetorical analysis of brief writing strategies in the Sam Sheppard appeal. In: J. Wenzel (Ed.), *Argument and critical practices*. Proceedings of the fifth summer conference on argumentation (pp. 315-324). Annandale VA: Speech Communication Association.

Snoeck Henkemans, A. F. (1992). *Analysing complex argumentation. The reconstruction of multiple and coordinatively compound argumentation in a critical discussion.* Amsterdam: SicSat.

Toulmin, S. E. (1958). *The uses of argument.* Cambridge: Cambridge University Press.

Toulmin, S., Rieke, R. & Janik, A. (1984). *An introduction to reasoning.* (second edition, first edition 1978) New York: Macmillan.

Verheij, B. (2005). Evaluating arguments based on Toulmin's scheme. *Argumentation* 19 (3), 347-371.

Verheij, B. (2009). The Toulmin argument model in artificial intelligence. Or: how semi-formal, defeasible argumentation schemes creep into logic. In: I. Rahwan and

61

G. R. Simari (Eds), *Argumentation in artificial intelligence* (pp. 219–238). Dordrecht etc.: Springer.

Verheij, B, Hage, J. C. & Herik, H. J. van den (1998). An integrated view on rules and principles. *Artificial Intelligence and Law* (6), 3–26.

63

第 *4* 章 佩雷尔曼的新修辞学

摘 要 本章讨论佩雷尔曼的新修辞学及其以一种法律逻辑的形式在法律语境中的应用。在他的新修辞学里，佩雷尔曼描述了演说家可以用来使其听众确信的论辩技术。佩雷尔曼将一般的新修辞学应用于他的法律逻辑，讨论了律师使法律听众确信所使用的论辩技术。本章第 2 节描绘佩雷尔曼的一般论辩理论。第 3 节详细说明这种一般理论的理念如何应用于他的法律论辩理论。第 4 节讨论佩雷尔曼的理念在法律论辩文献中的应用。本章结束的第 5 节综述佩雷尔曼对法律论辩的分析和评估的理论所奉献的洞见。

关键词 论辩型式；听众；法律论辩；法律逻辑；法律原则；法律规则；常理；新修辞学；出发点；特殊听众；普遍听众

4.1 导 言

在《新修辞学》里，切姆·佩雷尔曼（Chaïm Perelman）介绍了描述论证者怎样设法使其他人确信（convince）其意见的可接受性的一个模型。像图尔敏一样，佩雷尔曼认为，形式有效性的逻辑准则并不是评估日常语言论证的恰当基础，他尝试发展一种有效性的替代准则。

如果一个论辩对论证者向其演说的**听众**是可接受的，那它就是正确的（sound）。佩雷尔曼描述了一个演说者可以用来使其听众确信的论辩技术。在《新修辞学：论论辩》（法文版 1958；英文版 1969）中，他和露西·奥尔布里希茨-提泰卡（Lucy Olbrechts-Tyteca）描述了在辩护一个论点时哪些**出发点**和**论辩型式**可以产生效果。

佩雷尔曼认为，法律是新修辞学的一个重要范例。因此，他特别关注法律论辩的实践。在《法律逻辑：新修辞学》（1976）里，他叙述了用来使法律听众确信的出发点和论辩型式。

64

经由导言，我已描述了佩雷尔曼的一般论辩理论和法律论辩理论的核心论题。以下各节将相当详细地阐述在他的理论中是如何具体讨论这些论题的。本章第 2 节描绘佩雷尔曼的一般论辩理论和他的法律逻辑。[1] 第 3 节详细说明这种一般理论的理念如何应用于他的法律论辩理论。第 4 节讨论佩雷尔曼的理念在法律论辩文献中的应用。第 5 节综述佩雷尔曼对法律论辩的分析和评估理论所奉献的洞见。

4.2　佩雷尔曼的一般论辩理论

佩雷尔曼反对事实陈述可以就其可接受性进行评价而价值判断则不能的看法。他挑战价值判断可接受性的理性共识是不可能的观点。

---

〔1〕　由于其他人详尽讨论过佩雷尔曼的论辩理论，我在这里限于对核心概念的简要说明。对佩雷尔曼理论更全面的讨论，见范爱默伦等（2014，第 5 章）。亦见阿列克西（1989：155-173）。除了新修辞学，佩雷尔曼在法哲学研究文集《正义、法律和论证：论道德推理和法律推理》（1980）中还讨论过正义的概念。

佩雷尔曼认为，价值判断在日常交流中起着重要作用，而且可以对它们的可接受性进行评价。比如，律师很少给出形式证明，而是提出支持性论证辩护他们的论点。依佩雷尔曼之见，如果论证者成功地让他要说服的听众接受其论点，那么这样一种辩护就可看作是合理的。

在佩雷尔曼看来，论辩总是说给一定的（真实的或想象的）**听众**听的。佩雷尔曼和提泰卡把听众的概念定义成："听众是演说者希望用其论辩影响的那些人的全体"（1969：19）。

听众可能由具体的一群人组成，比如法院或议会委员会的成员。假如论证者对这种具体的一群人即佩雷尔曼称作的特殊听众进行演说，论辩就以**说服**（persuading）该听众为目的。听众也许是由所有被当成是通情达理的（reasonable）人构成的，那种让主张得到这样的普遍听众（universal audience）同意的论辩，被称为**使人确信的**（convincing）。[2]

65　　按照佩雷尔曼的看法，如果论辩获得了普遍听众——由理性的人类组成——的认同，它就是合理的。不过，不必把普遍听众看作是一个有形的、实际存在的一群人。它是论证者的一种构建，事关在特定情况下理性人将会接受的理念。原则上，每个论证者都有他自己的普遍听众的概念。由于这个概念依赖在特定时刻被认为是普遍接受的事物的某种特殊理念，因而普遍听众的概念总是取决于历史的、文化的和社会的因素。[3]

---

〔2〕　有时，如果论证者感到他正在向其言说的那群人大体上是理性人的代表，那么特殊听众也可以起到普遍听众的作用。原则上，普遍听众是个抽象的规范。实践中的主要难题是，两类听众之间没有明晰界限。对两类听众之区别的批判，见阿尔尼奥（1987：222）和范爱默伦等（2014，第5章）。

〔3〕　见阿列克西（1989：161及以后）对普遍听众概念的歧义性的批判：一方面它依赖历史的和社会的因素，另一方面它又是全部理性人的集合。

　　论证者怎么能够获得听众对其论点的认可呢？一个论证者只有让其论辩与听众的偏好合拍，他才能获得听众的赞同。要获得认可，他就不得不从被认为是共同起点的特定**出发点**（starting points）开始。采用这些共同起点作为出发点，论证者就可以使用某些**论辩型式**（argumentation schemes）去赢得对论点的认同。在《新修辞学》中，佩雷尔曼和提泰卡论述了这种出发点和论辩型式，它们被证实在获得听众赞同方面是成功的。

　　佩雷尔曼和奥尔布里希茨-提泰卡区分了两类出发点：与"实在"相关的出发点和有关"什么是更可取的"出发点。在关于实在的出发点中，一个主张系于普遍听众的承认。这类出发点包含事实、真理和假设。有关什么是更可取的出发点与特殊听众的偏好有关。这类出发点包括价值、价值层级和"常理"（loci）。**事实和真理**是被当作无需讨论的、被全部理性人类"接受"的出发点。**假设**是那种暗示某事物是实在的或真实的出发点。假设也被视为得到普遍听众的同意。**价值**是与特殊听众对一事物的偏好胜过其他事物的相关出发点。**价值层级**是把一个价值当作从属于另一个价值呈现出来的出发点。**常理**是特殊听众的偏好，具有极为一般的性质，可用于辩护价值或价值层级。

　　凭借使用某些论辩型式，论证者设法把对出发点的认可传递到对论点的认同上。佩雷尔曼和提泰卡区分了两类论辩型式：**联合的论辩和分离的论辩**。使用联合的论辩时，论证者将先前当成是独立的实体作为一种特殊论辩关系中的元素提出来；而使用分离的论证时，论证者引入一种对概念的分离，而听众之前将该概念当作是构成某个单一实体的。关于联合的论辩，佩雷尔曼和提泰卡区分了三类关系：准逻辑关系、基于实在结构的关系和建立实在结构的关系。

　　有一种论辩，其中的各元素彼此所处的一种关系给人留下了它们之间具有逻辑联结的印象，这种论辩名为**准逻辑的**。在准逻辑论辩中，出现一种错觉：论辩与断定的意见之间有一种关系，这种关系呈现为相似于一个逻辑论证形式的前提和结论之间的关系，结果形成了与逻辑论证形式相似的论辩。这个暗示是误导的：论辩和一个形式论证之间的相似性永远不足以辩护有效性主张，因此有前缀"准"：准逻辑论辩只不过貌似逻辑论证。准逻辑论辩的一些形式涉及不相容性和同一性。引用同一性的一种特殊形式是提及一个辩护规则，即相似情况以相似的方式对待。准逻辑论辩的其他形式是有关传递性和数学关系的，比如整体和部分的关系。

在**基于实在结构**的论辩中，人们试图通过把一个论点与听众持有的关于实在的特定意见相联结来辩护该论点。这种形式的例子有**基于序列关系**的论辩（比如，**实效论证**、**因果论证**和**手段目的论证**）。其他例子是实在的两个元素之间形成的**共存关系**的论证，比如一个人与其行动之间的共存关系。

建立实在结构的论辩试图建立实在的两个元素之间的一种新联系。该论辩形式的实例是**根据例证的论辩**、**例解**和**榜样论辩**。同时，基于类比的论辩可看作是该论辩模式的一种形式。

对于**分离**的论辩，佩雷尔曼和提泰卡分辨出在概念之间或曾被当作整体的一个概念的诸方面之间做出概念区别的一些型式。这种论辩形式的一个例子是，在表象和实在之间做出区别的论辩。

通过挑选特定出发点和论辩型式，论证者就可使用听众所接受的出发点。在向普遍听众演说时，论证者所使用的出发点和论辩型式必须与他向特殊听众演说时所使用的有所不同。

论辩的正确性取决于论证者是否做出了恰当选择并成功获得听众的认可。假如听众是特殊听众而非普遍听众的话，这就更容易决定。一般来说，不可能用普遍听众来决定论辩是否是可接受的。论证者只能自称要去与普遍听众沟通。

4.3　佩雷尔曼的法律论辩理论

67

在其法律论辩理论中，佩雷尔曼论述了法律中使用的论辩技术。法律论证的哪些形式被使用，具体的法律出发点和论辩型式是什么？律师的听众是谁，哪些合理性（reasonableness）标准被应用?[4]

佩雷尔曼认为，法律裁决的辩护并不是形式证明。法官仅须给出将案件事实涵摄于某一规则的形式逻辑证明的这种见解已经过时了。在现代法理论中有一种共识，即做出裁决的过程并非只由法律对事实的机械适用所构成。如果一个具体案件的某一规则的意义是不明晰的，法官就必须解释该规则。一个特定解释的选择绝非迫不得已，而总是基于一种价值的估量、什么是最公平的估量以及合法的恰当决定。[5]

由于法律裁决基于选择，因而法官必须通过证实他们做得恰当，决定是对的，来辩护这些选择。法官必须表明，该裁决是公平的，遵循了有效法律。[6]

---

〔4〕　对佩雷尔曼法律逻辑的讨论，亦见戈德堡（Goltzberg，2013）和瓦尼尔（Vannier，2001）。在戈德堡（2013）中，作者根据佩雷尔曼的法哲学观念讨论了其法律逻辑。在瓦尼尔（2001）里，作者向法领域介绍了佩雷尔曼的新修辞学。对佩雷尔曼法哲学观念的讨论见弗里德曼和迈耶（Frydman and Meyer，2012）及莫茨（Mootz，2010）。意大利法律论辩和修辞学文献对佩雷尔曼思想的讨论，见本书第 11 章探讨意大利法律论辩研究的相关部分〔比如，达梅勒（Damele）、詹福尔凯蒂（Gianformaggio）和曼齐（Manzin）的论述〕。

〔5〕　对逻辑的这一批判的讨论，见本书第 2 章第 5 节关于逻辑强迫法官得出某些结论的误解的论述。

〔6〕　关于其《新修辞学》和法律逻辑，佩雷尔曼自称提供了形式逻辑的一种替代，在他看来，形式逻辑并不适合日常语言论辩。对佩雷尔曼为法律论辩而拒斥逻辑的讨论，见本书第 2 章第 5 节。

法官必须表明自己做出的选择——以及辩护该裁决使用的价值——并非建立在主观选择的基础上这一事实，吸引了佩雷尔曼的注意力。法官必须表明，该选择是有充分根据的，能够经辩护而成为主体间可接受的。法官必须为其决定提供理由，并在这样做时应该让当事人确信，决定并不是基于一种恣意选定的立场。

在辩护裁决时，各种各样的论辩技术发挥作用。法官通过表明裁决依照法律出发点和推理形式，就可以试着获得法律听众的认同。

法官的论说针对的听众是何人？在佩雷尔曼看来，法官必须获得三类不同听众的认可：第一是争议的各方，第二是法律工作者，第三是公众舆论。这三种听众构成想象的听众，对法官而言，他们是合理性的试金石。

严格讲，法官在辩护中向特定时空下构成法律共同体的全部理性人类论说。因此，听众是被社会地和历史地决定的。法官的听众是其创造的想象，是在特定时间生活在某个特定法律共同体中的全部理性人类的集合。[7]

在法律语境中，论证者，比如法官，使用法律听众所接受的出发点是重要的。要获得对其论点的赞同，法官必须使用法律共同体所接受的出发点。

依佩雷尔曼的看法，常理（*loci*）作为法律中的出发点起着重要作用。为了获得法律听众的认可，法官可以使用能被当作是常理的普遍接受的法律价值。这种一般价值的优势在于，它们多半是含混的，可以在具体案件中用各种方式进行解释。这种一般价值的例子如，所有人被认为是平等的原则。不过，这样一个原则并不妨碍人

---

〔7〕 当然，论辩合情理性（reasonableness）的标准取决于主题和法律领域。用图尔敏的术语讲，合情理性标准是"领域依赖的"。

们在两类人之间做出区分。

　　一般法律原则作为常理起着重要作用。在"二战"之后的大陆法系中对一般法律原则有某种共识，因而这些原则可以在法律论辩中当成共同出发点使用。从一个被公认的原则出发，法官就能试着获得对一个具体而又依然有争议的论点的认可。

　　法官在选择具体案件的某一公平解决方案但又不可能基于有效法律加以辩护时，往往就有必要运用一般法律原则。法官引用一个一般法律原则就能表明该裁决符合一般承认的法律出发点。

　　佩雷尔曼认为，有一些具体法律论证型式将对出发点的认可传递到论点。对于辩护一个法律裁决，法官阐明为什么以某种特定方式解释一个法律规则是重要的。佩雷尔曼在塔雷洛（Tarello，1972）的论证形式（form）清单的基础上，描绘了用于解释法律规则的各种各样的论证形式。塔雷洛辨识出以下论证形式（form）：根据相反的论证（*argumentum a contrario*）、根据相似的论证（*argumentum a simili*）、类比论证、根据更强者的论证（*argumentum a fortiori*），根据完备性的论证（*argumentum a completudine*）、根据融贯性的论证（*argumentum a coherentia*）、心理论证、历史论证、反证法论证（apagogical argument）、目的论论证、经济论证*、根据范例的论证（*argumentum ab exemplo*）和体系论证。

　　在律师中，前三种论证耳熟能详。它们常常用来辩护基于立法者意志的某种解释。

　　根据相反的论证意味着，假如某一特殊规则为某一特定类别的人或物而定，那么，这个规则就不适用于不属于该类别的人或物，因为没有指向这个方向的明确表述。如果所有 20 岁的男性必须参

---

　　*　疑原文此处遗漏了以下所解释的"经济论证"，故予以补充。——译者注

军,那么就可以论证一个相反面:女性并无这个义务。

根据相似的论证意指,如果某一特殊规则适用于特定类别的人或物,那么,这一规则也适用于在相关方面相似的人或物。假如有一条规则禁止旅客带狗进入火车站月台,那就可以论证,该规则也禁止携带可能引起同样损害的动物进入火车站月台。

当然,一个特殊案件的情况决定一个解释是应用根据相反的论证还是根据相似的论证。如果法官感到应用根据相似的论证会有不公正的后果,他就会做出区分和限制该规则的范围。比如,对一个9岁男孩杀了其弟弟的案件,适用杀死一个无辜者的某个犯罪者必须被处以死刑这个规则,会有不公正的后果。在此情形下,做出一种区别就意味着,一个儿童的犯罪不能与成人的犯罪相提并论。如此一来,该规则的范围就受到限制。

按照更强者的论证,假如在案例 X 中有理由按照某种方式采取行为或行动,该案例与案例 Y 相比更不严重,那么,甚至有更强理由在 Y 案例中以那种方式采取行为或行动。倘若击打并伤害他人的人必须予以惩罚,引起他人死亡的人就更加必须惩罚。如果禁止在草地上行走,那么在草地上拔草就更要被禁止。

根据完备性的论证基于这样的观念:所有法律体系都是完备的。照此观点,所有法律体系都包罗了适用于那些没有特定规则可用之案件的一般规则。总是有一个法律规则把某一特殊规范限制附加到所有那些没有明白描述的行为上:一个行为是中性的、义务的、被禁止的或允许的。

根据融贯性的论证意指所有法律规则之间的冲突都可以凭借赋予一个规则对其他规则的优先权予以解决。优先权规则(例如,一个新规则优先于一个旧规则的规则)说的是,假如两个或更多规则之间有冲突的话,必须选择哪个规则。

心理论证指的是表达立法者意志的准备材料。用这种方法进行重建立法者的意志并确定该规则背后的那个原则的尝试。

历史论证以连续性假设为基础。出发点是：立法者是保守的，并会坚持其调节某一特定形式之行为的方法，除非他明确地改变法律文本。

反证法论证也称为归谬法（*reductio ad absurdum*），假定立法者是理性的，如果对法律的某个解释有不合逻辑或不公正的后果，立法者就不会接受该解释。假若一个特定解释的适用有不可接受的结果，就必须选择产生可接受结果的另一个解释。

目的论论证涉及法律的手段和目标。这个论证不同于心理的论证，因为它不把立法准备材料的字面意思作为出发点，而是将该规则背后的诸多考虑作为出发点。如果关系到立法者未能预见的案件时，这一论证模式就是必需的。

经济的论证，也称作立法者的非冗余假设，如果一个解释是另一个规则的重复，那就不考虑该解释。这个假设是，不能存在两个等同的规则。

根据范例的论证可让法官按照判例、先前的决定或法律学说解 70
释法律。

体系的论证从这样一个假设开始：法律是个融贯的系统。各种各样的法律规范构成一个体系，其中诸元素必须在其语境中加以解释。

按照佩雷尔曼的看法，法官应该用什么方式辩护其裁决的观点取决于法律的概念。如果一个人从法律的目的论概念出发，考虑某一特定法规之目标的解释就比较好。从这个概念出发，辩护就聚焦于是否该解释促进这些目标的问题。假若一个人从法律的功能概念出发，该法律就被看作是立法者意欲达到的某些目标的手段。从这个概念出发,辩护就集中在考虑立法者之意志的诸多考量上。

4.4 佩雷尔曼的《新修辞学》在法律论辩文献中的应用

在法律论辩文献中,佩雷尔曼的理念常常既在讲法语世界的法律理论和法哲学中运用,也被美国言语交际传统中的学者运用。

20世纪80年代和90年代,不同国家和不同研究传统的学者都曾讨论过佩雷尔曼的理念对法律决策分析的适用性。在《人类事务中的实践推理:致意佩雷尔曼的研究》[戈尔登和皮洛塔(Golden and Pilotta)编,1986]中,诸位作者讨论了佩雷尔曼的理念在法律中的应用。哈尔斯克(Haarscher)专注于佩雷尔曼关于正义的理念,迈考(Makau)讨论了佩雷尔曼的法律模型,里克(1986)描述了法律决策过程的各种方法,并论述了佩雷尔曼法律决策之论辩分析的修辞学方法的优势。

在《佩雷尔曼与当代思想》(哈尔斯克编,1993)里,各位作者关注佩雷尔曼思想的法律维度。克里斯蒂(Christie)投身于法律中普遍听众角色的研究,安卡库(Ankaku)讨论了佩雷尔曼的理念对日本法律思想的影响,马纳里(Maneli,1993)论述了佩雷尔曼《新修辞学》作为法哲学和法律方法论的重要性,卡门卡和埃-森·泰(Kamenka and Erh-Soon Tay)将佩雷尔曼的思想应用于普通法和大陆欧洲法,特里(Terré)讨论了佩雷尔曼新修辞学中法官的角色。

在弗里德曼和迈耶(2012)所编《切姆·佩雷尔曼(1912—2012):从新修辞学到法律逻辑》中,布吕内(Brunet,2012)和弗里德曼等作者讨论了佩雷尔曼新修辞学中的一般论辩理论在佩雷尔曼的法律逻辑中的法律语境下的应用。

在美国,对佩雷尔曼深刻见解的应用是由言语交际研究传统中的研究者实现的。还有学者将佩雷尔曼的概念应用于描述法律论证的具体方面。以下，我将关注舒茨（Schuetz）和迈考在分析法律论证时运用佩雷尔曼语汇的方式。舒茨（1991）运用佩雷尔曼的术语，分析一个墨西哥刑事审判中的论辩。迈考（1984）运用佩雷尔曼的听众概念，描述了美国最高法院是怎样成功使各种各样的听众信服的。

舒茨（1991）主张，佩雷尔曼的论辩理论奉献了一种可用来分析法律文本的概念框架。她运用佩雷尔曼的术语，描述了一个墨西哥刑事审判程序的结构，提供了如何运用佩雷尔曼论辩策略的实例。

在她所讨论的马丁内斯案（Martinez case）中，马丁内斯被认为故意杀害门多萨而被判入狱 8 年。舒茨描述了马丁内斯的律师在上诉中使用的论证技术，这些论证技术使法官确信马丁内斯采取的是自卫行为，因此不该以故意杀人被判刑。[8]

第一个策略使用**价值层级**。应用价值层级的方式之一是，引用偏好一个价值胜过另一个的常理（loci）。在马丁内斯案中，诉讼案情摘要对比了被告与被害人门多萨的个人特质。在此案中，人格的常理对比了马丁内斯缺失自由、尊严和力量，而被刺的受害人门多萨却有这些特质。法律推理奏效是因为辩护律师能够使用论证技术引出这些关联。

第二个策略使用基于**实在结构**的论证。辩护律师使用这个论辩技术试图建立行为与人之间的一种因果联系。另一类因果推理是，马丁内斯刺了门多萨是因为他不得不保护自己。最后，辩护律师试图表明，门多萨之死并不是马丁内斯刺伤的直接后果，而是门多萨自己寻找对其有用的医疗护理时粗心大意的结果。在舒茨看来，马

---

〔8〕 见马丁内斯 541/983，1983；马丁内斯 366/983，1984。

丁内斯的辩护律师使用由因果关系构成的这种论证链设法表明门多萨之死是其醉酒引起的。

于前两个策略之外，使用的第三个论辩策略以**判例**和**推定**为基础。尽管墨西哥法律并不要求诉讼案情摘要中的判例文档，但辩护律师认识到，法院很可能由于逻辑一致性问题而以同样的方式判决相似案件。而且，假如上诉法院已经基于法律的某一相似点有五次裁决，那么这种裁决就称为"法理"（jurisprudencia）或判例，对所有下级法院的随后判决有约束力。马丁内斯案使用了两个判例。第一个判例是，杀人被认为是自卫，如果它由受害者的攻击所引起。第二个判例是，受害人对自己的死亡负责，假如他没有谋求治疗。在马丁内斯案中，一个判例变成了一个推定，因为法官同意上诉并将马丁内斯的刑期减到 4 年，而这是自卫导致的过失杀人的量刑标准。

舒茨的结论是，该论辩的分析表明，佩雷尔曼所描述的论辩技术如何在一场法律诉讼中协同发挥作用，以获得裁判该案法官的认可。

迈考（1984）遵循佩雷尔曼，把法律论辩看作是理性的冲突解决过程的一个实例。在迈考看来，美国最高法院的论辩尤其给法律学推理（jurisprudential reasoning）的研究提供了有用的材料，因为作为该法律体系的最终裁决者，最高法院期望实现其批判性听众的最高期盼。迈考描述了最高法院用来评价争议各方所提出的论证的规范。

迈考认为，在向由最高法院法官（现任和未来的）、下级法院法官、法律行政人员、立法者、律师、诉讼参与者、法律学者和政治主体的其他受过教育的成员这八群特殊听众构成的**混合听众**（composite audience）论说的意义上，最高法院有一种特殊地位。

关于什么构成一个具体案件中法律冲突的公正解决，每一群听众都反映了独特的、往往冲突的一套利益、价值和信念。考虑这些不同的利益和价值，给出所有听众群都可接受的裁决，是最高法院的职责所在。迈考尝试回答的问题是，最高法院应用哪些合理性（reasonableness）标准把这些不同价值结合起来。迈考以分析取自经济管制和种族歧视两个不同裁判领域的两个案例为手段，凸显了最高法院如何应用司法的合理性标准。

要获得赞同，最高法院坚持共同接受的出发点尤为重要。判例构成了必须在法律裁决中应用的共同出发点。

使用判例的一些例子可以在经济管制的案例中找到。在所有关于经济问题的程序中应用的判例是内比亚诉纽约州（*Nebbia v. New York*［291 U. S. 106, 1949］）。内比亚是个食品商，因以低于奶制品管理局（Milk Control Board）依据 1933 年法规确定的最低价格出售了 2 夸脱牛奶而被判有罪。确定最低价格的理由是要保护主导产业以及公共健康。在此案例中，问题是，是否纽约州被允许用公共福利的措施来保护乳业。最终，最高法院裁定，"一个州自由采取可以被合理地认为促进公共福利的任何经济政策，并根据适合其目标的立法执行该政策"。如果法院能构想一个支持该行动的论证，那么政府的行动就是合理的。

后来的案件，比如铁路捷运公司诉纽约州（*Railway Express Agency v. New York*）和威廉姆森诉李氏光学公司（*Williamson v. Lee Optical*），都做出了相似裁决。参照作为判例的内比亚案，最高法院决定了在管制与其要达到的目标之间一定有一种合理的关系。通过对相似经济管制案件中"合理的关系"这个术语始终如一地给出一种宽泛的解释，最高法院创造并满足了混合听众对法律冲突的一种理性解决的预期。

与关于经济管制的案件形成对照，在种族歧视案件中，更精

73

确、更复杂的合理性（rationality）标准被发展起来。假如政府因实现其目标过程中的歧视而被控告，最高法院就使用"迫切的国家利益规则"（C. S. I）来确定是否在政府的目标和宣称的歧视之间存在一种合理关系。该规则要求政府说明，存在一种证明由该歧视性措施造成的伤害是正当的迫切利益。这一规则要求，在可允许的政府目标（利益）与由政府的政策所导致的实际种族伤害结果之间存在一种有说服力的紧密联系。[9]

与最高法院在经济管制案例中克制使用证明责任相比，在种族歧视案例中，政府总是承担证明其政策的迫切需要的证明责任。最高法院认为合理的东西会因案件的性质而有所不同。在迈考看来，这些合理性标准上的差异与混合听众的期望相关。在个体种族歧视案件中，法院建立更严格的合理性标准既满足了混合听众对一致性的期望，也满足了听众在确保防范政府在种族问题上恣意行动的共同利益。

4.5 结　论

在其《新修辞学》里，佩雷尔曼描述了获得听众首肯的可能成功的论辩技术。在佩雷尔曼的论辩理论中，论证者向其演说的听众扮演重要角色，因为论辩的正确性取决于听众对它的接受。在《新修辞学》中，佩雷尔曼选择了一种合理性的描述方法而不是规范方法。他不是发展正确（法律的）论辩的准则，而是把有关论辩品质的决定与演说所面向的听众联结起来。

如若使用图尔敏的术语，论辩的正确性大体上是领域依赖的。正确性的标准依赖论证者的听众。正确性的领域依赖的本质在特殊

---

〔9〕　见洛文诉弗吉尼亚州（*Loving v. Virginia*），388，U. S. 1（1967）。

听众的情形中最为明显。按佩雷尔曼的意见，只有一个论证者向普遍听众——理性行动的存在物整体——进行演说时，才有正确性的普遍标准。

佩雷尔曼认为，在法律中存在混合听众：如果一个法官辩护其裁决，他就向由各种各样的群组构成的听众论说，这些群组包括：争议中的各方、下级和高级法院、法律学者和法律共同体。不过，他并没有处理法官应该如何考虑这些不同群组之期望的问题。

在《法律逻辑》中，佩雷尔曼从法哲学的视角提出了对法律决策过程的各方面的观察。他论证说：一方面，实践哲学能够得益于法律和法哲学中发展起来的洞见；另一方面，法律也能从实践哲学和论辩理论的洞察获益。

对法律出发点和论证型式的描述构成佩雷尔曼法律论辩理论的核心。作为出发点，法官必须使用法律规则、一般法律原则和一个特定法律共同体中所接受的原则。在选择论证型式时，法官必须考虑公认的法律解释方法和论辩技术。但是，就其现有形式而言，佩雷尔曼的理论并没有提供法律语境中的**新修辞学**的系统说明。进一步的研究必须表明，佩雷尔曼和提泰卡在其一般的**新修辞学**中做出的各种区分如何用来分析和评估法律语境中的论辩。对于一般法律原则，人们可能会说，它们构成常理的一种具体形式，可以详细说明它们怎样用在具体案件中，用在它们可以产生效果的环境中。至于塔雷洛描述的各种解释方法，人们可以说，它们形成一般论证型式的具体的、法律的实现。因为这些解释方法能够详细说明一个具体的论辩技术如何能被有效地运用。

人们可以进而探究解释方法、一般法律原则和法律推定如何能被当作是出发点的具体形式，探究在这个语境中某一特定论证型式的选择是可接受的。此外，还应详细说明不同论证型式如何能够且

74

必须用于具体案件，在这样的一种选择里，哪些考量起着重要作用。最后，应该探究在法律中各类听众、出发点和论辩型式之间有什么关系。

总之，佩雷尔曼的理论对法律推理的各个方面提供了一些有趣的创意。那些希望使特殊听众确信的论证者必须将焦点对准某一法律共同体所接受的出发点和论辩型式。

参考文献

Aarnio, A. (1987). *The rational as reasonable. A treatise of legal justification.* Dordrecht etc.: Reidel.

Alexy, R. (1989). *A theory of legal argumentation. The theory of rational discourse as theory of legal justification.* Oxford: Clarendon press. (Translation of: *Theorie der juristischen Argumentation. Die Theorie des rationalen Diskurses als Theorie der juristischen Begründung.* Frankfurt a. M.: Suhrkamp, 1978).

75 Brunet, P. (2012). Perelman, le positivisme et l'interprétation (Perelman, positivism and interpretation). In: B. Frydman & M. Meyer (Eds.), *Chaïm Perelman (1912-2012). De la nouvelle rhétorique à la logique juridique* (pp. 189-202). Paris: PUF.

Eemeren, F. H. van, Garssen, B. J., Krabbe, E. C. W., Snoeck Henkemans, A. F., Verheij, B. & Wagemans, J. H. M. (2014). *Handbook of argumentation theory.* Dordrecht etc.: Springer.

Frydman, B. (2012). Perelman et les juristes de l'école de Bruxelles (Perelman and the lawyers of the Brussels' school). In: B. Frydman & M. Meyer (Eds.) (2012). *Chaïm Perelman (1912-2012). De la nouvelle rhétorique à la logique juridique* (pp. 17-48). Paris: PUF.

Frydman, B. & Meyer, M. (Eds.) (2012). *Chaïm Perelman (1912-2012). De la nouvelle rhétorique à la logique juridique (Chaïm Perelman (1912-2012).* From the New Rhetoric to the legal logic). Paris: PUF.

Golden, J. L. & Pilotta, J. J. (eds.) (1986). *Practical reasoning in human affairs. Studies in honor of Chaim Perelman.* Dordrecht etc.: Reidel.

Goltzberg, S. (2013). *Chaïm Perelman. L'argumentation juridique* (Chaïm Perelman. Legal argumentation). Paris: Michalon.

Haarscher, G. (1993). *Chaim Perelman et la pensée contemporaine* (Chaïm Perelman and contemporary thought). Brussels: Bruylant.

Makau, J. M. (1984). The Supreme Court and reasonableness. *Quarterly Journal of Speech*, Vol. 70, pp. 379-396.

Maneli, M. (1993). *Perelman's new rhetoric as philosophy and methodology for the next century*. Dordrecht etc. : Kluwer.

Mootz, I. I. I. (2010). Perelman's theory of argumentation and natural law. *Philosophy and Rhetoric* 43 (4).

Perelman, Ch. (1976). *Logique juridique. Nouvelle rhétorique* (Legal logic. New Rhetoric). Paris: Dalloz.

Perelman, Ch. (1980). *Justice, law and argument. Essays on moral and legal reasoning*. Dordrecht etc. : Reidel.

Perelman, Ch. & Olbrechts - Tyteca, L. (1958). *La nouvelle rhétorique. Traité de l'argumentation.* (The new rhetoric. A treatise on argumentation). Brussels: l'Université de Bruxelles.

Perelman, Ch. & Olbrechts-Tyteca, L. (1969). *The new rhetoric. A treatise on argumentation*. Notre Dame: University of Notre Dame Press. (English translation of *La nouvelle rhétorique*, 1958).

Rieke, R. D. (1986). The evolution of judicial justification: Perelman's concept of the rational and the reasonable. In: J. L. Golden and J. J. Pilotta (Eds.) *Practical reasoning in human affairs. Studies in honor of Chaim Perelman.* Dordrecht etc. : Reidel. pp. 227-244.

Schuetz, J. (1991). Perelman's rule of justice in Mexican appellate courts. In: F. H. van Eemeren, R. Grootendorst, J. A. Blair & C. A. Willard (Eds.), *Proceedings of the Second International Conference on Argumentation* (pp. 804-812). Amsterdam: Sic Sat.

Tarello, G. (1972). Sur la spécificité du raisonnement juridique (On the specific nature of legal reasoning). In: *Die juristische Argumentation* (Vorträge des Weltkongresses für Rechts - und Sozialphilosophie, Brüssel, 29. VIII - 3. IX 1971). (pp. 103-124). Wiesbaden: Franz Steiner Verlag.

Vannier, G. (2001). *Argumentation et droit. Introduction à la Nouvelle Rhetorique de Perelman.* (Argumentation and law. Introduction to the New Rhetoric of Perelman). Paris: PUF.

第 **5** 章　哈贝马斯的话语理论和法律话语的合理性

摘　要　本章讨论尤尔根·哈贝马斯的话语理论与法律话语合理性的关系。在其话语理论中，哈贝马斯建立了一套理性讨论需要满足的条件。在其论辩理论的法律部分，哈贝马斯描述了法律话语的合理性如何与非法律话语的合理性密切相关，目的是从一种话语理论的视角来建立法律论辩应该满足的合理性标准，在这种话语理论中详细阐释了理性话语的规范。在他看来，合理性的两种形式是互补的：一方面，法律程序可以促进与理性讨论的理想化要求相联系的有关道德议题的法律话语的理性品质；另一方面，这些理想化的要求应该起着法律程序之合理性标准的作用。

本章第 2 节描绘哈贝马斯的一般话语理论，理性共识的理念，以及在诸如法律这样的制度背景下制度化理性话语的必要性。第 3 节详细探究道德实践话语与法律话语的互补关系。说明这种一般理论的理念如何应用于他的法律论辩理论。第 4 节以作结论的方式概述哈贝马斯交往合理性的理念对进一步发展法律论辩理论之重要性的方方面面。

🔨 **关键词**　论辩；交往行为；交往合理性；民主原则；话语原
则；推论合理性；法律话语；实践话语；理性共识；理性实
践话语；策略行为；可普遍化原则

5.1　导　言

尤尔根·哈贝马斯所发展的法律话语理论和法律论辩理论以其
一般话语理论和交往合理性理论为基础。哈贝马斯被认为是 20 世
纪最有影响的哲学家之一，他从事哲学、政治法律思想和社会学以
及交往研究、论辩理论和修辞学领域的相关研究。[1]　他的话语理
论的核心焦点是公共领域的交往和论辩的合理性。

在其话语理论（discourse theory）中，哈贝马斯提出了理性话语需要
满足的条件。哈贝马斯发展其话语理论的有广泛影响的论著是《交往
行为理论》（德文版 1981，英文版 1984，1987）、《道德意识与交往行为》
（德文版 1983，英文版 1990）和《交往行为理论的准备和补充》（1984）。

在其关于理性话语理论和论辩理论的法律部分，哈贝马斯描述
了法律话语的合理性如何与非法律话语的合理性有亲缘关系。在他
看来，两种合理性形式是互补的：一方面，法律程序可以促进与理
性讨论的理想化要求相联系的有关道德议题的法律话语的理性品
质；另一方面，这些理想化的要求应该起着法律程序之合理性标准
的作用。哈贝马斯深入讨论法律交往合理性的重要著作是以《法律
和道德》（1988）为题出版的坦纳讲座演说和《在事实与规范之间》
（德文版 1992，英文版 1996）。

本章第 2 节描绘哈贝马斯的一般话语理论，理性共识的理念，
以及在诸如法律这样的制度背景下制度化理性话语的必要性。第 3

---

〔1〕　见《斯坦福哲学百科全书》（2011）中的"尤尔根·哈贝马斯"词条。

节详细探究道德-实践话语与法律话语的互补关系。说明这种一般理论的理念如何应用于他的法律论辩理论。第 4 节以作结论的方式概述哈贝马斯交往合理性的理念对法律论辩的分析和评估的重要性，以及哈贝马斯关于交往合理性的思想对进一步发展法律论辩理论有多么重要。[2]

5.2　哈贝马斯的话语理论和理性共识

在其《交往行为理论》(1984a，b/1987) 中，哈贝马斯创立了一种话语理论，详尽阐述隐含在作为一种言语交往形式的社会互动中的理性话语的元素 (rational-discursive elements)。他的分析依赖这样一个核心论点：这种交往包含言语行为的交流，社会行动者借此试图以语言手段协调行动。按照这一观点，交往行为取决于以相互理解为取向的语言用法。因此，只有用言词表达出来的、旨在相互理解的言语行为，才在指向理性共识的理性讨论中发挥作用。哈贝马斯的《道德意识与交往行为》(1990) 进一步详细阐明了以理性共识为宗旨的理性的道德-实践讨论。在这一部分，我将首先描述哈贝马斯在其一般实践话语理论中表达的关于理性共识之要求的思想 (5.2.1 部分)，然后接着论述道德话语和法律话语之间的关系 (5.2.2 部分)。

5.2.1　理性实践话语理论与道德主张之合理可接受性的交往特性

为了刻画社会行动者在一场理性讨论中可以就某些主张进行争辩的各种方式的特点，哈贝马斯区分了人们对言语行为进行争辩的方式。交换信息时，人们预设他们满足言词交流的常规条件。通常，这些假设——用哈贝马斯的术语说是"有效性宣称"(claims to validity) ——并不形成讨论的主题，而是针对共同背景而交换的信

---

〔2〕　有关哈贝马斯的理论对研究法律论辩之意蕴的进一步讨论，见菲特丽丝(2003)。

息才是讨论主题。已被接受的交往规范是形成这种共同背景之基础的出发点。[3]

　　假如有效性宣称遭到质疑，对话者就可能尝试开启一场试图在论证的基础上就该宣称的可接受性达成理性一致的讨论或谈论（*Diskurs*）。哈贝马斯把论辩构想成一种对话过程，提议者试图使对手确信有效性主张（validity claim）的可接受性。在他看来，提出一个有效性主张预设一种责任：假如要求辩护的话就要辩护这一主张。如果该议题涉及一个实践问题——牵涉具体的行动路线、一般规范或评估，而不是一个经验真理的问题——那么，对话者就投身到一种**实践话语**（*practical discourse*）之中。这种实践话语旨在对相关规范的或评估的有效性主张是不是正当合理的问题达成共识。

　　在基于交往行为的实践话语中，相互理解是以支持和反对某一有效性宣称之理由的交换为基础的。哈贝马斯区分了指向相互理解的交往行为和以成功为导向的、旨在影响某个理性对手决定的策略行为。[4] 在策略行为中，那种"影响"独立于那些理由使人确信的力量。[5]

　　因此，哈贝马斯话语理论的一个核心问题是，人们如何能通过　　80
实践性讨论来理性辩护道德命令、行为规范、道德评价等。从交往理性的视角出发，他提出，社会行动者用达成有关争议主张的一致意见来协调其行动的方式，决定一种有效性主张（如道德命令、行为规范）的合理可接受性。

――――――――――――

　　〔3〕　对"生活世界"这个概念的讨论，见哈贝马斯（1987：119-152；1988a，b，第4章）。

　　〔4〕　对交往行为与策略行为之区别的批判，见巴克斯特（Baxter，2011：9及以后）。

　　〔5〕　见哈贝马斯（1992b）。亦见哈贝马斯（1992a：138-140），其中他沿着纯交往的和纯策略的行为和状态之间的连续体来考虑相互作用，在某些法律语境中最实际的情况中有这些类型的结合。

哈贝马斯明确阐述实践话语之标准的大部分工夫花在了与规范辩护相关的实践话语上（无论该规范是道德的、制度的、法律的，等等）。这种辩护话语的各种形式受下述抽象话语原则（D）的支配，一般而言，该原则陈述了一个规范的有效性或理性辩护的要求：

(D) 在实践话语中，那些规范只有得到所有相关人的认同才能宣称是有效的（哈贝马斯 1998a，b：41）。

对于道德的辩护话语，用一个道德普遍化原则（U）补充或进一步规定这个一般程序原则：

(U) 当一个规范的普遍奉行对于每个个体的利益和价值取向的可预见后果和副作用，能被所有有关的人不受强迫的共同接受时，它就是有效的（哈贝马斯 1998a，b：42）。[6]

每一个宣称合理可接受的道德规范要成为有效的，必须满足这一条件。因此（U）起着道德论辩的一个规则的作用，它使得在对所有人有意义的问题允许按照每个人的平等利益调节的时候达成实践话语的一致意见成为可能。[7] 作为一个论辩规则或一个生成好

---

〔6〕 哈贝马斯对（D）和（U）的这些表述是对早先表述（1990：66，65；1996a：107）的重塑。

〔7〕 哈贝马斯的可普遍化原则（U）可以看成是康德绝对命令的对话式重述。一个将是普遍可接受的规范并非由个体决定，而是在与别人一起进行推论性检验的过程中决定的。见哈贝马斯（1990：67）；亦见钱伯斯（Chambers，1995：236 及以后）和雷吉（Rehg，1994：38）。所以，哈贝马斯（1990：66）把（U）视为一个排除一种独白方法的原则，它是个在多样化的参与者之间调节论辩的原则，（U）呼唤一种所有受影响的人都被允许成为参与者的实际论辩过程。在这一方面它不同于约翰·罗尔斯（John Rawls）的"原初状态"。对哈贝马斯的程序理论与罗尔斯理论的比较，见贝恩斯（Baynes，1995：207 及以后）和穆恩（Moon，1995：143 及以后）。

理由的逻辑，（U）属于实践话语的逻辑学。

　　哈贝马斯强调，（U）预设在日常生活中社会行动者需要通过讨论规范的有效性来协调他们行为的交往语境。这样一个语境中出现的难题不可能独白地加以处理，而是需要集体推理："凭借进入一个道德论辩的过程，参与者按照本着重建曾被瓦解的共识的自反性态度（reflexive attitude）继续他们的交往行为。道德论辩因而服务于用共识的手段解决行为的冲突。"（哈贝马斯 1990：67）。行动者可以用两种方式修复被瓦解的共识。他们可以修复对一个已经变成有争议的有效主张的主体间的承认，或者他们可以达成对一个取代旧主张的某个新有效性主张的主体间的承认。在这两种情形下，他们都努力达成一种主体间的理解，这种理解基于这一事实：他们共同确信该主张的可接受性。[8]

　　遵循（D）参与一个实践论说蕴含着各种层次的预设。哈贝马斯（1990：87 及以后）区分了三个层次的论辩预设：产品的**逻辑**层次、程序的**辩证**层次和过程的**修辞**层次。

　　逻辑-语义层次的预设涉及"最小逻辑"（minimal logic）的规则与黑尔和其他人提出的一致性要求。哈贝马斯所提供的这种逻辑规则可借鉴阿列克西的分析（本书第 7 章讨论）举例如下：

　　（1.1）没有言说者可以自相矛盾。[9]

　　（1.2）每一个将谓词 F 应用于一个对象 A 的言说者，必须准备好将 F 应用于在所有相关方面像 A 一样的所有其他对象。

---

　　〔8〕　由于道德规范（U）不能说明社会规范有效性的所有维度，哈贝马斯（1996：110）引入了"民主原则"（L）以说明符合（U）的那些规范在哪些条件下可以被合法地强制执行。对这个原则（L）的进一步讨论，见本书 5.3.3 部分。

　　〔9〕　阿列克西对该规则的表述取自此书德文原版（阿列克西 1978）的英文翻译（阿列克西 1989）。

　　(1.3) 不同的言说者不能以不同的意义使用同一表达式。

　　第一个规则牵涉逻辑一致性的要求，第二个规则关涉可普遍化的要求，第三个规则涉及表达式的一致用法的要求。

　　在程序的**辩证**层次上，论辩涉及解除了行动压力并对争论的主张采取一种假设性态度的支持者和反对者力图达成一种理解的过程。这个层次用那些"对搜寻用一种竞争的形式组织起来的真理"（哈贝马斯 1990：87）所必需的语用预设加以定义。哈贝马斯再次引用了阿列克西的一些例子[10]：

　　(2.1) 每个言说者只可以断定其真正相信的。

　　(2.2) 争议不属于正在讨论的一个命题或规范的人必须提供想要这样做的理由。（哈贝马斯 1999：88）

82　　第一个规则涉及参与者的真诚性，第二个规则牵涉促进讨论的相干性和证明责任。按哈贝马斯的看法，这些规则有一种伦理内容，因为这些预设与在这个层次上对话者所运用的相互认可有关。对话者应该会把彼此看作是讨论中的平等参与者。哈贝马斯把诸如上述那些规则当作是为了更好论证的一种不受限竞争的预设。照他的看法，用这种方式对待道德规范，意味着在这些规范保护基本信念的一个教条核心免遭一切批判伤害的范围内，拒斥传统的道德哲学。

　　在**修辞的**过程层次上，论辩关涉一个旨在达成理性地将一致意见激发出来的交往过程。对这个层次，哈贝马斯清楚地表达了一种免于压制和不平等的言谈情境的要求——逼近一种理想条件的交往形式。这些预设（他最初将其描述为一种"理想言谈情境"的预

---

　　[10]　见阿列克西的规则 (1.2) 和 (3.2) (1989：188，196)。

设）规定了"每个相信其在参与论辩的、胜任的言谈者，都必定假定为已充分满足的一般对称性条件"（哈贝马斯 1990：88）。这些规则还是基于阿列克西阐述的规则：

　　（3.1）每个有能力言谈和行动的主体都被允许参与到一个论说中来。

　　（3.2）（a）允许每个人质疑任何断言。

　　　　　　（b）允许每个人将任何断言引入话语中。

　　　　　　（c）允许每个人表达其态度、心愿和需要。

　　（3.3）不允许用内在的或外在的威压阻止言谈者行使其在（3.1）和（3.2）中规定的权利。[11]

　　哈贝马斯（1990：90）把这些条件不单单视为一种有利于某种理想交往形式的有可能乞题的定义，而是将它们视为清楚表达了理性实践话语的每一形式无法逃避的预设。任何严肃参与作为理性论辩过程的论说的人，目的都是通过在实践讨论中生成满足前述语用预设的论证，使对手**确信**（convince）一个有疑问的有效性主张的可接受性。

　　诚然，真实讨论至多能逼近这些条件。可是，交往合理性的理想并不只是一种理论构建或乌托邦式的理想。依哈贝马斯之见，在参与者设法用论证使彼此确信的每一个讨论中，都预设了交往合理性的理想。而且，这种理想对于评估日常生活里进行的讨论起着批判性工具的作用。

5.2.2　理性道德话语与法律背景中的理性话语

　　哈贝马斯（1990：92）坚持，话语发生于特定社会语境，受时

---

〔11〕　这些规则基于阿列克西（1989：193）。

空限制。参与者是真实的人类，除了受到探寻真理的单一可允许的动机驱动而外，还受到其他动机的激发。论题和贡献必须被组织起来。讨论的启动、结尾和重新开始必须予以安排。由于所有这些因素，制度性措施需要充分地抵销经验局限与不可避免的内在和外在干扰，以便理想化的条件总是被参与者预先假定至少可以充分逼近。

因此，真实话语的分析是件复杂事情。假如论辩唯一聚焦于道德规范的辩护，那么，根据哈贝马斯（1990：86，92 及以后）的看法，理想化的语用预设蕴涵着道德原则（U）。可是，真实话语，尤其在法律-政治领域，并不纯粹，即使议题根本上是道德议题。其中一个有代表性的结果是某些对具有自己特殊历史和价值的特定公民群体有约束力的法律规范或决定。因此，哈贝马斯（1996a）认为，满足道德辩护的要求对于法律话语的合理结果并不是一个充分条件。结果也应该符合现有法律秩序——它的结构和决策程序——也符合各种伦理-政治的标准以及形成对特定社会的自我理解和能力的组成部分的语用标准。[12] 如哈贝马斯（1996a：233-237）论证的，法律并不从属于道德，因而法律话语并不服从道德话语，而是与它互相缠绕。[13] 虽然法律程序以各种各样的方式限制和启用道德论辩，但法律话语并不是道德话语本身的一个子集，而是对各种

---

〔12〕 参看雷吉（1994：219，222-223），他论证说，除了道德原则（U）之外，法律的正当性必须对照若干理想化来评价，比如，有效手段和策略的技术-实效性评价以及公平妥协形成的非话语性理想。

〔13〕 见哈贝马斯（1988：229-230）。哈贝马斯的论点，即法律程序补偿实践话语的缺点代表一种从他与卢曼（Luhmann）的讨论中所辩护的某种早先立场的转移（哈贝马斯，1971：2000 及以后）。此时，他把制度化的法律程序看作是并不以达成理性共识为目标的策略行为的模型。阿列克西（1981：287-288）在批判这个策略模型时论证说，法律程序代在受限环境下发生的理性讨论的一种具体形式，（对阿列克西观点的更广泛讨论见本书第 7 章）。这一批判让哈贝马斯（1986，1987，I：412，注释49）改变了其原来的看法：他现在把法律过程看作是交往行为的一种形式。

法律-政治语境执行更宽广的话语原则（D）（哈贝马斯 1988：247；1996a：230-237）。

我们在谈及作为制度性道德话语时，必须牢记这些复杂性。严 84
格讲，法律话语聚焦于法律结果而非道德规范的辩护（哈贝马斯1996a：233 及以后）。当法律结果（包括政策目标的设置）被期望满足正义和公平的标准时，道德考量本身首先成为有重大关系的（哈贝马斯 1988：241 及以后）。而且，只有在法律话语必须处理法律规范和决定的道德可接受性这一意义上——而且因此必须敞开道德论辩的空间——我们才能谈论作为道德话语的一种特定制度化的法律话语（见哈贝马斯 1988：247）。[14]

记住，使实践话语（比如在议会辩论中）和法律程序制度化的需要"并不与话语预设的一定程度的反事实内容（counterfactual content）相矛盾"：

> 相反，尝试制度化反过来服从规范概念和它们的目标，这从我们对什么是论辩的直觉把握自然地涌现出来。这个断言可以通过研究一直用来使科学中的理论话语或议会活动中的实践话语制度化的授权、豁免和程序规则，从经验上予以验证（哈贝马斯 1990：92）。

对于实践话语的制度化，重要的是区别理想化的话语规则（比如，上文举例解释过的那些）与"服务话语制度化的约定、有助于实现经验条件之下论辩预设的理想内容的约定"（哈贝马斯 1990：92）。

话语的制度化提出了我们应该怎样看待法律和法律程序的合理

---

〔14〕　也见雷吉（1996）。

性或合法性（legitimacy）的问题。在法律使道德话语制度化的范围内，法律过程之中的哪些方面依然被认为是理性的，这对法律的合法性有何意涵？哈贝马斯试图通过从道德-实践话语的交往合理性视角处理法律结果的辩护问题来解决法律的合法性难题。他坚持法律和交往合理性之间的关系是在两个方向上作业的一种**互补关系**。

一方面，法律使道德话语制度化为在一个政体（作为一种法定共同体）之内的冲突解决形式，由此用一种对法律争议的裁决性解决的公正程序来补充日常道德话语的局限性。另一方面，由于理性讨论的理想为检验宪政民主里决策的妥适性提供了批判性工具，所以交往合理性作为决定法律的合法性的一种方法论工具发挥作用。

85 ### 5.3 法律话语与交往理想化的互补关系

如我们所见，哈贝马斯通过把道德话语和法律话语看作是互补的来尝试解释这一事实：一方面，话语的制度化形式，如法律话语，对于补充日常道德话语是必不可少的；另一方面，法律话语应该忠于合理道德话语背后的要求。本节将论述这种互补关系准确地讲是什么。

在讨论哈贝马斯的互补论题之前，有必要定位他的观点与其他处理法律-道德关系的方法。之后我们可以欣赏他对法律有效性的重新定义。所以，我从比较哈贝马斯与马克斯·韦伯（Max Weber）和阿列克西这些人的观点开始，然后处理互补论题的那两个方面：哈贝马斯把法律解释成对公众关注的问题的制度化理性讨论（5.3.2部分）以及把话语原则解释为法律话语的批判性标准（5.3.3部分）。

5.3.1 法律、道德以及法律话语与道德话语之间的关系

在从话语理论的视角处理法律的合理性时，哈贝马斯根据话语辩护重新定义了法律的有效性：有效的法律规范必须在理性话语原

则（D）所定义的意义上，是合理可接受的，而且在正义问题面临考验的情况下，在可普遍化的道德原则（U）所定义的意义上是合理可接受的。因此，他拒斥把法律和道德分离成两个不相干领域的法律实证主义。按照实证主义者的解释，法律的合理性并不取决于道德准则，而完全取决于法律准则。

　　哈贝马斯批判韦伯（1964：160 及以后）所采取的实证主义者路线，即坚持法律的合理性取决于法律是不是依循合法制度化的程序制定的。在韦伯看来，法律和道德的任何融合都威胁法律的合理性并因此威胁法律权威的合法性基础。与韦伯的实证主义相反，哈贝马斯选择了一种把法律的形式程序模式与实质的合理性模式结合起来的解释——这样一来，法律的形式方面和实质方面都具有一种隐含的道德维度。按他的观点，合法律化（legality）从一种程序合理性获得其合法性（legitimacy），而程序合理性基于法律过程应该产出能够向所有相关人宣称有效性的公正解决办法这一理念。这个合理性形式由一种道德实践和制度性的法律话语的环环相扣所组成：用法律程序的手段将道德－实践论辩的过程制度化（哈贝马斯 1988：220，228）。

　　依循哈特（1958，1961）和其他人的观点，哈贝马斯主张，一方面法律由实质的或"主要的"规范构成，另一方面法律由服务于立法、裁决和行政的制度化过程的程序的或"次要的"规范所构成。法律话语"不仅在法律程序的外在约束下而且也在生成好理由的一种论辩逻辑的约束下"（哈贝马斯 1988：229）运作，而正是这些次要规范将法律话语制度化。

　　从这一视角看，法律话语必须满足或至少逼近一般话语的交往合理性条件。如前所述，法律并不从属于道德，而宁可说是构成法律规则和法律程序所定义的一种对道德的特殊制度化。但是，在这

86

样的话语涉及道德理由的范围内，道德原则就与法律话语相联系。尽管法律话语受现有法律的约束，但它不可能完全把自己封装在一个固定的法律规则的封闭世界里。现代法律既包括法律规则也充斥着一般法律原则。正如哈贝马斯注意到的，许多这样的原则既是法律的也是道德的，比如在宪法中，我们能够找到重现为实在法的自然法的道德原则。从一种论辩逻辑的视角看，在法律过程和诉讼中被制度化的辩护模式仍然向道德话语敞开大门。[15]

按照哈贝马斯的方法，道德话语和法律话语都受话语原则（D）中体现的话语合理性准则的支配。依此看法，他（1996a：229及以后）反对阿列克西（1989：212-220）的论题：法律话语可以看作是道德话语的一个"特例"或子集（对阿列克西的"特例论题"以及阿列克西对哈贝马斯的回应的讨论，见本书第 7 章）。哈贝马斯将他的批判特别指向阿列克西的这个看法：话语规则的选择不足以成为单个正确决定（道德话语和法律话语的目标）之必需。

以他的理念，法律话语的合理性与立法的合理性相关。在阿列克西看来，这些限制要求我们用具体法律规则和论辩型式补充普遍的话语规则。可是，按哈贝马斯的看法，阿列克西并没有充分阐明，从交往合理性视角来看，取自真实法律实践的这些规则和论证形式怎样可以得到辩护。哈贝马斯论证说，阿列克西的"特例论题"有"令人不快的后果，不仅使一个法律裁决的正确性相对化，其本身也成为空谈"（哈贝马斯 1996a：232）。更具体地说，哈贝马斯对阿列克西分析的解读是，它看不见法律规范和法律裁决的义务论式的特性。[16]

哈贝马斯把理性话语构想成基于不同类别行为规范的话语合理

---

[15] 见哈贝马斯（1988：229-230）。

[16] 亦见阿列克西（1996）以及哈贝马斯的回应（1996a，b）。

性之条件的一种抽象表达。道德论辩和法律-政治话语均为受话语原则（D）支配的理性话语的形式。对于理性话语的各种形式，比如立法程序和庭审程序领域中的民主程序，特定规则必须弥补这一事实：道德话语不能保障一种公正的和决定性的解决办法。在他看来，程序性的法律同样不能调整规范-法律话语，只能"在时间的、社会的和实质的维度上，保护制度框架，为适用话语的逻辑所管控的交往过程扫清道路。"（哈贝马斯 1996a：234）[17]

　　由于法律和道德都受话语合理性标准的支配，因而可以把法律话语构想成理性讨论，法律程序将它制度化，它与包括道德话语在内的实践话语的其他形式一样，受到相同理性话语原则的支配。为了确定这个主张准确的含义，我从互补关系的第一个方面开始，阐述法律如何能够促进理性话语（5.3.2 部分），之后转向第二个方面，阐明理性讨论和交往合理性的理想为决定法律的合法性提供的方法工具（5.3.3 部分）。

5.3.2　作为理性话语之制度化的法律

　　法律弥补日常道德讨论的认知不确定性的理念，引起了法律如何能促进同样依循法律冲突解决具体要求的理性讨论的问题。日常道德讨论仅仅部分地满足交往合理性的要求。在这种交流中，权力和能力上的差异往往起重要作用。典型情形是，参与者除了合作追寻真理外还有别的动机，某些话题被拒之门外。通常，如何组织讨论并不清楚，也没有开始、结束和重新开始的固定规则。道德话语不完全的程序合理性的弱点，使得为什么特定事项需要法律调整而不能留给非结构化的讨论成为可理解的。诸如哈贝马斯（1988：244）提出的，"使用无论什么样的程序，我们想要检验是否一个规

――――――――
〔17〕　见哈贝马斯（1996a：235）；为说明这一点，他引用了德国民事诉讼法和刑事诉讼法（哈贝马斯 1996a：235-236）。

范可能发现是非强迫的，即理性地激发起来的、所有可能受影响者的一致意见，它既不保证结局绝无错误、无歧义，也不保证一个预期时间内的结果"。更进一步的不确定性出现在以一种语境敏感的方式、恰如其分地把高度抽象的规则适用于复杂情境。

在法律中，能够保证一个终局性的解决是必要的，但这仍然尽可能满足交往合理性的条件。因此，法律话语需要某些"制度的预防措施"以促进理性讨论之障碍的抵销。根据哈贝马斯（1988：245）的观点，"在所有冲突和压力的调节需要毫不含糊的、及时的和有拘束力的决定的行为领域，法律规范必须吸收当事情完全由道德指导来决定时会显现的意外情况。用强制的法律补充道德，其本身可能就是道德上正当的。"

法律用四种方式制度化和约束道德-实践话语。第一，从**方法上**限制话语，因为它系于国家的法律有效性。第二，用可被讨论和可被分配证明责任的主题从**实质上**限制它。第三，以参与条件和角色分配从**社会上**限制它。第四，通过给诉讼强加时间限制从**时间上**限制它（哈贝马斯 1988：247）。

在不同法律中，制度化实践讨论的方式依不同制度语境而不同；比如，法律研究内部的学者派头的话语、律师与法官之间的商谈和法庭诉讼中的话语，全都展示不同的话语特性。同时，在有关辩护法律规范有效性的话语与按照适宜当作有效的予以接受的规范而做出单个判断的适用性话语之间，也浮现出重要差异（见哈贝马斯 1996a，1998b）。

5.3.3 作为法律话语合理性之标准的理性话语的理想

法律话语与道德话语之间的互补关系的另一面关注的问题是，用理性话语的标准——道德的、伦理-政治的等，测量法律的合理可接受性。假如我们特别聚焦于法律的道德可接受性，那么问题就是，是否法律程序能孕育与道德原则（U）的程序意涵以及（U）背后的语用预设相一致的结果（见 5.2.1 部分）。[18]

关于在交往合理性原则里表述的理性共识的理想——其不仅包括理性话语的道德标准，也包括伦理-政治的标准、实效标准和法律标准——我们必须区分旨在辩护规范是法律上有效的（立法的民主过程）那种讨论与目的是将某一给定有效规范适用于某一给定案件（司法程序）的讨论。[19] 哈贝马斯借鉴冈瑟（Günther，例如 1989）的研究，强调交往合理性不仅在**辩护**规范的过程中运作，也在**适用**它们的过程中运作："通过法律程序，司法行政的公正性被认为是制度化了，而法律程序必须与交往合理性的这个调整性理念相一致"。在辩护规范的语境里，交往合理性的话语原则"开始通过检验利益的可普遍化起作用"，然而在适用时，交往合理性为"根据竞争的规则恰当而充分地完整理解相关语境"设置融贯性标准（哈贝马斯 1988a：277，亦见哈贝马斯 1996b：1532 和哈贝马斯 1998b）。[20]

89

----

〔18〕　按哈贝马斯的看法，话语理论提供了形式的和实质的合理性准则。霍耐特（Honneth，1986）曾批判哈贝马斯的程序主义者的合理性模型并没有考虑合理性的实质道德准则，哈贝马斯在回应这一批判时论证说，事实上，他的话语理论包含了两个实质的道德原则：正义和团结。正义意味着对所有人的平等尊重和平等权利，团结蕴含着同理心和关心我们同伴人类的幸福。哈贝马斯（1996a：118 及以后）论证说，法律的合法性一方面依赖尊重基本权，比如平等的个人自由权或保障私人自治行为的自由，另一方面依赖平等参与议会民主中民主意志的形成过程的权利。公民可以通过参与导致合法律性之法律的民主过程来实践自己的政治自治权。亦见雷吉（1996）。

〔19〕　对于将法律规则适用于具体案件的法律程序，道德原则（U）的意涵之一是，它们是公平的。按照哈贝马斯的观点，在法庭诉讼中，平等是由担当公平仲裁人角色的法官，凭借按规则分配证明责任，依靠辩护其裁决的法官义务，来予以保证的。

〔20〕　对冈瑟和哈贝马斯在辩护话语和适用话语之间所做区分的批评，见巴克斯特（2011）。巴克斯特论证说，就美国最高法院而言，该法院不可避免地必定同时参与辩护话语和适用话语的活动，以便将宪法原则适用于具体案件。

对于辩护法律规范的过程，道德原则（U）的意涵是，法律——尤其是对正义的基本问题有影响的那些法律——产生于由所有公民自由、平等参与的理念所支配的商议决策的民主过程。哈贝马斯认为，可普遍化的要求也适用于包括一般可接受的规则和原则的那些法律。对这类事情，确定法律是可接受的最好方法就是要求不受妨碍的讨论（达到尽可能的程度）。对哈贝马斯（1988：243，275）来说，推测公民（受该法律管辖的人）当中对一个法律的可能共识是达到合法性的一个先决条件。

这个合法性以民主原则（L）为基础，它是合理话语（reasonable discourse）（D）的一个特殊原则：

（L）只有那些立法能获得参与一个合法组成的立法话语过程的所有公民的同意，它们才可以宣称合法性。

这个民主原则规定了"从外部"制度化与特殊法律之辩护相关的不同类型实践话语的核心要求。

法律辩护的各种形式基于不同的有效性主张：

（1）关于不同法律选择的可能后果的真主张（truth claim）

（2）关于它们的道德公正（或正义）的主张

（3）关于根据政体的共享价值和历史的不同选择之真实性的主张

（4）关于哪个选择是可行的或更高效的实效主张（pragmatic claims）

为了获得合法性，法律必须通过与这些有效性主张相联系的不同类型的话语检验。

依哈贝马斯的见解，作为合理话语的一个特殊原则的民主原　　90
则，在它假定政治中一致同意做出决策之可能性的意义上，具有一
种理想化预设的特性。以此方式构想的这个原则并非指共识，而是
指可以被当成是得到担保的合理性（reasonableness）的推定。[21]

哈贝马斯把宪政民主视为最满足这些要求的政府形式，即使实
际的民主决策并不总是基于利用话语活动达成的理性共识。各种各
样的因素可能使实际过程不太理想：决策往往包括折中妥协，而不
是论证同意，许多公民未能参与政治讨论，法官也可能拙劣地辩护
他们的裁决。不过，哈贝马斯主张，公正性的理想依然获得了：我
们批判法律过程中缺陷的方式显示了公正性理想驻扎在法律的中
心，即使实际的法律实践并不总是完全符合这个理想。[22]

5.4　结　论

概述之前讨论的结果，可以得出这样的结论：哈贝马斯交往合
理性的思想在许多方面对分析和评估法律论辩是重要的。哈贝马斯
有关交往合理性是法律话语的一个标准和法律作为理性话语的一种
制度化的见解，形成了有关从一个特别理想的视角发展法律论辩之
理性重建的一种工具的理念：通过满足他的理想言谈情境概念之要
求的讨论来实现理性共识的理想。这个理想言谈情境的一般理想也

---

〔21〕　亦见哈贝马斯（2008：103）。

〔22〕　对哈贝马斯在《事实和规范之间》所提出的法律和政治理论在美国法院和法
律的现实经验中应用的批评，见巴克斯特（2011）。巴克斯特认为，哈贝马斯关于现实
与理想之关系的看法有两个重要弊端。第一，哈贝马斯对裁决的说明集中于法规，由此
他的理论并不完全适用于美国的法律。由于美国的普通法包括法官造法，它是相对独立
于相关公民和组织的公共领域的交往权而生成的，因而并非建立在民主合法性的基础之
上。第二，哈贝马斯对裁决的说明过于理想化，没有注意到法庭上法律的实际情况。亦
见朱恩（Zurn，2014：5）论巴克斯特（2011）。

适用于法律话语和法律辩护。法律话语与一般实践话语的关系是双重的。一方面，法律话语的目的是，凭借提供保障一种公正的、决定性的解决办法的程序，来弥补日常道德讨论所固有的某些缺陷。另一方面，法律话语的合法性依赖这样的问题：是否依循该程序达成的某一结果与理想言谈情境的条件相一致。

91 　　哈贝马斯承认，法律论辩的可接受性取决于辩护一个论点的那种讨论的品质。假如所有相关人能在理想言谈情境下达成对一个规范的共识，那么，这个规范就能被当成是个理性地建立起来的规范。理想言谈情境的条件主要是程序性的，这些条件涉及讨论的参与者的行为，他们应该会彼此平等对待，不该相互阻碍彼此提出论点和批判。

　　原则上，哈贝马斯的条件并不牵涉对讨论做出贡献的内容。在他看来，讨论的主题与生活世界——讨论在其中发生的语境——有亲缘关系。讨论的内容取决于参与者按照他们的共同解释框架认为什么是与讨论相关的。哈贝马斯所表述的唯一实质的道德条件是，所提出的规范必须是可普遍化的，即只有所有相关人均能达成对一个规范的共识，该规范才是可接受的。

　　哈贝马斯的理想言谈情境的规范并不是实际讨论的一种描述，而是评价讨论之合理性的一个批判性工具，用来确定讨论是怎样背离该理想的。凭着使用理想言谈情境条件，确定是否某人被内部的或外部的因素阻遏参与一场自由而平等的讨论。

　　一般而言，按照哈贝马斯的观点，法律讨论的合理性并非不及某一日常实践讨论的合理性，尽管乍一看，人们可能形成这样一个印象：法律讨论发生于时间受限、遵守法定程序规则的义务等限制条件下。哈贝马斯采取这样的看法：由于特定规则的存在，法律讨论接近理性讨论的理想，因为特定规则的目的是弥补日常讨论的缺陷。在一场法律讨论中，一个中立的第三方基于独立的准则来决定讨论的结果是否与该规则相一致。而且，按照一个法律程序，遵守讨论的结果可能是强制的。

哈贝马斯坚持交往合理性的理想既给法律决策过程的重建提供了一个启发性工具，也为评估这样的决策程序及其法律后果提供了一个批判性工具。话语的理想化也能引导对立法过程和其他复杂决策程序的批判性分析。通过从话语理想化视角评估法律冲突解决的实践，确定法律程序逼近理性讨论条件的诸方面以及外部限制条件如何扭曲它们，变成了可能之事。对于法律适用的实践，有可能探究是否为了满足某些功能性要求（比如时间限制）而违反了规则。

哈贝马斯关于交往理性的思想在许多方面对法律论辩理论的进一步发展是重要的。哈贝马斯有关法律话语之互补性观点使进一步研究法律讨论必定弥补日常道德讨论的局限性的方式必不可少。它也使得有必要进一步研究理性话语的标准和道德原则（U）能用于评估法律决策程序和法律辩护之质量的方式。此外，探究理性话语的理想模型如何能进一步发展，以便将其用作分析和评估各种法律场景下法律话语实际应用的启发性工具和批判性工具，也将是重要的。

92

参考文献

Alexy，R.（1978）. *Theorie der juristischen Argumentation. Die Theorie des rationalen Diskurses als Theorie der juristischen Begründung*（A theory of legal argumentation. The theory of rational discourse as theory of legal justification）. Frankfurt a. M.：Suhrkamp.（Second edition 1991 with a reaction to critics）

Alexy，R.（1981）. Die Idee einer prozeduralen Theorie der juristischen Argumentation（The idea of a procedural theory of legal argumentation）. In：A. Aarnio, I. Niiniluoto & J. Uusitalo（Eds.），*Methodologie und Erkenntnistheorie der juristis-*

chen Argumentation (pp. 177–188). Berlin: Duncher & Humblot.

Alexy, R. (1989). *A theory of legal argumentation. The theory of rational discourse as theory of legal justification*. Oxford: Clarendon press. (Translation of: *Theorie der juristischen Argumentation. Die Theorie des rationalen Diskurses als Theorie der juristischen Begründung*. Frankfurt a. M.: Suhrkamp, 1978).

Alexy, R. (1996). Jürgen Habermas's theory of legal discourse. *Cardozo Law Review* 17 (4–5), 1027–1034.

Baxter, H. (2011). *Habermas: The discourse theory of law and democracy*. Stanford: Stanford Law Books.

Baynes, K. (1995). Democracy and the *Rechtsstaat*: Remarks on Habermas's *Faktizität und Geltung*. In: S. K. White (Ed.) *The Cambridge Companion to Habermas* (pp. 201–232). Cambridge: Cambridge University Press.

Chambers, S. (1995). Discourse and democratic practices. In: S. K. White (Ed.), *The Cambridge companion to Habermas* (pp. 233–262). Cambridge: Cambridge University Press.

Feteris, E. T. (2003). The rationality of legal discourse in Habermas's discourse theory. *Informal Logic* 23 (2), 139–160.

Günther, K. (1989). Ein normativer Begriff der Koh鋋enz: Für eine Theorie der juristischen Argumentation (A normative understanding of coherence: For a theory of legal argumentation). *Rechtstheorie*, 20, 163–190.

Habermas, J. (1971). Theorie der Gesellschaft onder Sozialtechnologie? Eine Auseinandersetzung mit Niklas Luhmann (Theory of society or social technology? A discussion with Niklas Luhmann). In: J. Habermas & N. Luhmann (Eds.), *Theorie der Gesellschaft oder Sozialtechnologie?* (pp. 101–141). Frankfurt a. M.: Suhrkamp.

Habermas, J. (1981). *Theorie des kommunikativen Handelns* (Theory of communicative action) Frankfurt a. M.: Suhrkamp.

Habermas, J. (1983). *Moralbewusstsein und kommunikatives Handeln* (Moral consciousness and communicative action). Frankfurt a. M.: Suhrkamp.

Habermas, J. (1984a). *The theory of communicative action*. (Translation of: Theorie des kommunikativen Handelns, 1981). 2 vols. Boston: Beacon.

Habermas, J. (1984b). *Vorstudien und Ergänzungen zur Theorie des Kommunikativen Handelns*. Frankfurt a. M.: Suhrkamp.

Habermas, J. (1986). Moralität und Sittlichkeit: Treffen Hegels Einwände gegen Kant auch auf die Diskursethik zu? (Morality and ethics: Does Hegel's critique of

Kant also apply to dis-course ethics?). In: W. Kuhlmann (Ed.), Moralität und
Sittlichkeit (pp. 16-37). Frankfurt a. M. : Suhrkamp.

Habermas, J. (1987). *The theory of communicative action. Vol.* 2: *Lifeworld and sys-*   93
tem: A critique of functionalist reason. (Trans. Th. McCarthy). Boston: Beacon.

Habermas, J. (1988). *Law and Morality.* (Translation of *Recht und Moral*, 1988b)
(Trans. K. Baynes). In: S. M. McMurrin (Ed.), *The Tanner lectures on human
values*, Vol. 8 (pp. 217-279). Salt Lake City: University of Utah Press.

Habermas, J. (1990). *Moral consciousness and communicative action.* (Translation of:
Moralbewusstsein und kommunikatives Handeln, 1983) Cambridge, MA: The MIT
Press.

Habermas, J. (1992a). *Faktizität und Geltung. Beiträge zur Diskurstheorie des Rechts
und des demokratischen Rechtsstaats.* (Between facts norms. Contributions to a dis-
course theory of law and democracy). Frankfurt a. M. : Suhrkamp.

Habermas, J. (1992b). Toward a critique of meaning. In: *Postmetaphisical thinking:
Philosophical Essays.* Trans. W. M. Hohengarten. Cambridge, Mass. : MIT Press,
pp. 57-87.

Habermas, J. (1996a). *Between Facts and Norms. Contributions to a discourse theory
of law and democracy.* (Translation of: Faktizität und Geltung. Beiträge zur Dis-
kurstheorie des Rechts und des demokratischen Rechtsstaats, 1992). Cambridge,
MA: MIT Press.

Habermas, J. (1996b). Reply to symposium participants, Benjamin N. Cardozo
School of Law. *Cardozo Law Review*, 17 (4-5), 1477-1558.

Habermas, J. (1998a). *On the pragmatics of communication.* (M. Cooke, Ed.).
Cambridge, MA: MIT Press.

Habermas, J. (1998b). Reply to symposium participants, Benjamin N. Cardozo
School of Law (Trans. W. Rehg). In: M. Rosenfeld & A. Arato (Eds), *Habermas
on law and democracy* (pp. 381 - 452). Berkely: University of California Press.
(Cf. Habermas 1996b)

Habermas, J. (1999). Introduction. *Ratio Juris* 12 (4), 329-335.

Habermas, J. (2008). *Between naturalism and religion.* Translation of: Zwischen Nat-
uralismus und Religion. Frakfurt a. M. : Suhramp (2005). Cambridge: Polity.

Hart, H. L. A. (1958). Positivism and the separation of law and morals. *Harvard Law
Review*, 71 (4), 593-629.

Hart, H. L. A. (1961). *The concept of law.* Oxford: Oxford University Press.

Honneth, A. (1986). Diskursethik und implizites Gerechtigkeitskonzept (Discourse ethics and an implicit concept of justice). In: W. Kuhlmann (Ed.), *Moralität und Sittlichkeit* (*pp.* 183–193). Frankfurt a. M. : Suhrkamp.

Moon, J. D. (1995). Practical discourse and communicative ethics. In: S. K. White (Ed.), *The Cambridge companion to Habermas* (pp. 143 – 166). Cambridge: Cambridge University Press.

Rehg, W. (1994). *Insight and Solidarity.* Berkeley: University of California Press.

Rehg, W. (1996). Against subordination: morality, discourse, and decision in the legal theory of Jürgen Habermas. *Cardozo Law Review* 17 (4–5), 1147–1162.

Stanford Encyclopedia of Philosophy, Jürgen Habermas. First published May 2007, revision September 2011. Http://plato. stanford. edu/entries/habermas/.

Weber, M. (1964). *Wirtschaft und Gesellschaft* (Economics and society). Köln: Kiepenheuer und Witsch.

Zurn, C. F. (2014). Bringing discursive ideals to legal facts: On Baxter on Habermas. *Philosophy & Social Criticism* 40 (2), 195–20.

第 **6** 章 麦考密克的法律裁决辩护的理论

摘　要在其法律辩护理论中，尼尔·麦考密克试图为现代法理论中的一个核心问题提出一个解决办法。他阐述了在法官不能依靠某一普遍接受的现有规则的所谓疑难案件中，一个法律裁决如何能予以理性地辩护。麦考密克细致地说明了法官在制定一个新规则或解释从一个法规或判例中提取的某个现有规则时必定运用的论证形式。麦考密克把这个问题的解决置于法律决策和法律辩护之合理性的制度理论的更一般语境中。而且，他尝试回答这样的问题：从法律作为一种制度性规范秩序的视角看，在法律裁决的辩护中，哪些一般的、哪些特殊的法律合理性的要求发挥着作用。

本章详细阐述这些洞察如何在麦考密克的法律推理和法律辩护的制度理论中发展起来。第2节讨论法律辩护的制度方法。第3节考察辩护的演绎模式，并在第4节*考察辩护的二阶模式。第5、6、7节处理后果主义者论证和根据融贯性和一致性的论证。第8节评价麦考密克关于法律论辩与法律论辩的分析和评估理论之发展的理论。

---

* 原著误为7.4部分，故改。——译者注

关键词 类比；根据融贯性的论证；根据一致性的论证；后果主义者论证；演绎辩护；制度性规范秩序；解释；法律原则；法律三段论；判例；归类问题；解释问题；相关性问题；法律规则；二阶辩护

6.1 导 言

在其法律辩护理论中，尼尔·麦考密克（Neil MacCormick）试图为现代法理论中的一个核心问题提出一个解决办法。他阐述了在法官不能依靠某一普遍接受的现有规则的所谓疑难案件中，一个法律裁决如何能予以理性地辩护。麦考密克细致地说明了法官在制订一个新规则或解释从一个法规或判例中提取的某个现有规则时必定运用的论证形式。麦考密克把这个问题的解决置于法律决策和法律辩护之合理性的制度理论的更一般语境中。而且，他尝试回答这样的问题：从法律作为一种制度性规范秩序的视角看，在法律裁决的辩护中，哪些一般的、哪些特殊的法律合理性的要求发挥着作用。

麦考密克区分了法律裁决辩护的两个层次。在第一个层次上，用某一法律规则和案件事实辩护裁决。如果该事实可以看作是满足了该规则的条件，作为该裁决之基础的论证就被麦考密克重建为一个演绎有效论证。麦考密克将这个辩护形式称为**演绎辩护**（*deductive justification*）。在疑难案件里，法律规则需要解释，演绎辩护只是在解决了解释问题之后才有可能。由于这个原因，就需要第二个层次上的二阶辩护，即从该解释的后果以及与规则和法律体系背后的价值相融贯的视角看，所给出的解释可以得到辩护。**二阶辩护**（*second-order justification*）包括两个论证形式，第一个通过指明按照该解释所表述的规则有可接受的后果，来防卫该裁决。麦考密克称这

个论证形式是**后果主义者**（*consequentialist*）论证模式（mode）。第二
个论证形式通过表明该裁定与主流法律秩序相一致，来防卫该裁
决。表明该裁决是融贯的，与各种法律原则（如平等原则）和某些
法律规则是一致的。这些是根据**融贯性**的论证和根据**一致性**的
论证。

从辩护的合理性视角看，演绎辩护的要求与法治和可普遍化的
要求相联系。由于一个法律裁决必定总是基于一个普遍规则，因而
一个法律裁决的理性辩护总是意味着使用演绎有效的论证。二阶辩
护的要求基于适用该规则于具体案件"在全世界都讲得通"这个要
求，按麦考密克的观点，这蕴含着它必定有可接受的后果。它必定
也"在法律体系语境中讲得通"，这意味着，这个适用是与相关规
则、法律原则和这些规则背后的价值融贯的。[1]

在多种著作和许多学术文章里，麦考密克发展了其法律和法律
推理的制度理论。他从法律论辩和法律辩护视角发展相关思想的最
重要著作是：《法律推理与法律理论》（1978）、《修辞与法治：法律
推理的理论》（2005）、《法律制度》（2008）与《法律和道德中的实
践理性》（2011）。同时，与其他作者合作发展了包括法律辩护在内
的若干思想：与魏因伯格一起写了《法的制度理论：法律实证主义
的新路向》（1986），与萨默斯一同编辑了《解释制定法》（1991）和
《解释判例》（1997），在这两本书中，作者报告了来自不同法律体
系和不同国家的多位作者对制定法和判例之解释的比较研究。

以下各节将相当详细地阐述，在麦考密克的法律推理和法律辩

---

〔1〕　对麦考密克的法哲学观点与其法律解释和辩护模式理论之关系的讨论，见米
凯龙（Michelon，2010）、皮诺（Pino，2010）和斯基亚维洛（Schiavello，2010）。在
《法律推理与法律理论》后来的版本里，麦考密克（1994）阐释了其依据"后实证主
义"方法的法律规则适用和解释的改进方法。

护的制度理论中，是如何发展这些洞见的。第2节讨论法律辩护的制度方法。第3节考察辩护的演绎模式。第4节论述辩护的二阶模式。第5、6、7节处理后果主义者论证、根据融贯性的论证和根据一致性的论证。第8节评价麦考密克关于法律论辩与法律论辩的分析和评估理论之发展的理论。

6.2 一种法律和法律辩护的制度方法

麦考密克认为，在法律裁决的辩护中使用着不同的论辩形式，合理性的准则基于某一特殊法律秩序的基本价值。西方宪政民主里的基本价值是法治：有恰当颁布的法律和前瞻性法律、公民在这些法律面前有平等权利，以及对与它们相关的公权力的限制等要求（麦考密克2005：2）。

麦考密克把法律看作是一种制度性规范秩序，其特色是有一个**法律秩序**（*legal order*）和一个**法律体系**（*legal system*）。按他的看法，法律秩序是规范秩序的具体的、制度化的形式：

> 在某一特定社会里，基于大多数人对可适用的行为规范的通情达理的遵从，生活以一种人们彼此相互期望合理安全的有序方式进行着。这预设一个法律体系，一种某种程度上系统和有序的法律的概念，一种相称的、有序而系统的规范整体。假如人们相信并使他们的行为适应被视为法律体系的规范整体，那么，这就是他们之间获得秩序和安全之措施的一种方法（麦考密克2005：2-3）。

这个法律秩序和法律体系之概念的模型，是一个"理想化的构想"（*ideal construct*），只能在真实社会中近似地实现。可是，它起着可以用来判断实际法律实践之标准的作用。

法治与作为现代自由民主国家的法律秩序和法律体系之模型的一个必需元素是，创造规范的那些人和适用现有规范的那些人之间分权的理念。麦考密克（2005：5）认为："那些适用法律并在实施过程中解释和发展法律的人，应该是与制定它的人不同的另一拨人。"〔2〕这种分权迫使那些通过解释和发展法律而适用法律的人，按照某些可接受标准辩护他们的裁决，来说明他们运用自己的自由裁量空间的方式。

这种基于制度规范秩序之理念的模型，形成一种法律论辩理论的基础。这一理论必须详细阐明，在实践语境下，就某一规范的意思有争论或争议的案件里，对法官必定适用和解释该法律之方式的要求以及该规范必定被适用于某一特殊案件的方式，均维护法治的标准。〔3〕在他看来，在法律辩护的制度语境中执行适用的合理性标准，从法治视角来看，是可普遍化和演绎辩护的要求，是根据特定法律价值的后果评估，是与这些规则和法律体系背后原则的融贯和一致。

在其《修辞与法治》（2005）一书中，麦考密克对他在《法律推理与法律理论》（1978）中所描述的早先的思想做了某些修改。一个重要的修改是，依循德沃金的作为论证性活动的法律的概念，协调法治的概念与法律的可论辩特性。〔4〕麦考密克认为，作为非演绎论辩理论的修辞学的任务，是要阐释得到理性支持的结论如何能基于非演绎推论推出。他把修辞学构想成理性说服的理论，该理论

〔2〕 见麦考密克（2005：32-78）对法律三段论、演绎主义与普遍和特殊的进一步讨论。亦见麦考密克（1997）。关于麦考密克修改后的法律推理理论（2005）对法律概念意涵的讨论，见贝尔泰亚（Bertea，2008）。
〔3〕 对其作为制度的法律的理念的进一步讨论，见麦考密克（2008）。
〔4〕 对德沃金作为论辩活动的法律这个理念的讨论，见本书第1章。

阐明在解释和实践决策语境中如何能把好论证与坏论证区别开来。[5]

麦考密克（2005：12-13）从协调法治与法律的可论辩特性的理念出发，阐明了在对关于法律的不同主张（合法要求或控告、合法辩护）进行论证的语境中所发生的法律决策程序和法律辩护。法院的任务就是对依据适用的法律而做出的裁决进行论证。在他看来，对这些裁决的论证包括运用修辞学。在辩护的第一个层次上，对相关事实和规则完成理性重建之后，法律三段论的应用必定导致一个演绎辩护。在二阶辩护层次上，通过辩护在三段论中所应用的事实和规则，为该三段论提供输入正是修辞学的任务。

麦考密克理论的一个重要部分是由其关于法律解释的理念与可以用理性方式对法律解释论证进行重建的方式组成的。在其法律解释和法律推理的理论中，他论述了应该被承认是支持解释性结论的好论证的一些论证模式。麦考密克（2005：124-137）基于早先在麦考密克和萨默斯（1991，1997）论著中所做的区分，讨论了解释性论证的分类。这些论证有：语言论证、体系论证（语境协调、根据判例的论证、根据类比的论证、概念的论证、根据一般原则的论证和根据历史的论证）与目的论-评估性论证（后果主义者论证）。麦考密克也特别关注必须考虑多样性因素和一定要估量彼此孰轻孰重的那些语境。这些语境的实例是必须应用"合理性"（reasonableness）检验的那些语境。根据这些实例，麦考密克阐明，合理性检验的应用包括给某些理由或因素赋予比别的理由或因素更大的分量，这里的核心问题是为这种分量或权重的赋予建立基础。

一些学者讨论了麦考密克关于法律和法律辩护的制度观点与其

---

〔5〕 见麦考密克（2005：6-7）。

法治的修辞学方法。比如，有德尔玛和班科夫斯基（del Mar and Bankowski, 2009）所编的论麦考密克理论的论文集，其中多位作者从不同视角讨论麦考密克将法作为一种制度秩序的理论［德尔玛、特文宁（Twining）、肖尔、维拉（Villa）、拉托雷（La Torre）、塔德洛斯（Tadros）、哈格、亚勒堡（Jare borg）、于尔旺（Ulvang）、哈尔品（Halpin）和迪克逊（Dickson）］，麦考密克写了个结论。另一个由梅内德斯和弗萨姆（Menéndez and Fossum, 2011）所编的论麦考密克法律理论和政治理论的论文集，也有对法律辩护的讨论［毕希纳（Blichner）、贝尔泰亚（Bertea）以及卡博内尔（Carbonell）所作论文］。帕夫拉科斯（Pavlakos, 2008）编辑了研究麦考密克修辞学和法治理论的特刊，其中多位作者［贝尔泰亚、萨尔托尔、莫拉尔·索里亚诺（Moral Soriano）］评论了麦考密克的法律推理和法律论辩理论的修辞学方法。

6.3　可普遍化与演绎辩护

麦考密克认为，辩护的要求建立在普遍化（*universalization*）要求的基础之上。正如麦考密克（2005：99 及以后）论证的，辩护总是蕴含着普遍化，因为特殊事实要成为辩护理由，它们就必须可归入用全称句式表达出来的一个相关的行为原则之下，即使这个全称句被公认是可废止的。[6]

在第一个层次上，一个法律裁决用法律规则和满足适用该规则条件的事实加以辩护。在麦考密克看来，第一层次辩护背后的论证可以重建为演绎有效的论证，麦考密克把这个论证叫作**演绎辩护**

100

---

［6］　比较本书第 7 章所讨论的罗伯特·阿列克西的一般实践论辩和法律论辩的普遍化要求。对法律规则和法律推理的可废止性的讨论，见麦考密克（2005：237-253）。对麦考密克的可废止性观点的讨论，见萨尔托尔（2008）。

(*deductive justification*)。一个论证是演绎有效的，如果其**形式**（*form*）是这样的：其前提蕴涵（或必然推出）其结论，而不管前提和结论的内容如何。肯定前件（也见本书论有效性的第 2 章）就是演绎有效论证形式的一个例子：

> p→q
> p
> 因此：q

一个法律规则总是能重建为一个形如"如果 p 则 q"前提的条件句，假如某些事实获得了（"p"），某一法律后果就随之而来（"q"）："如果某人实施了能追究其担责的一个侵权行为，那么他就必须赔偿其行为造成的损害"。当规则"如果 p 则 q"的意义在特定语境下一清二楚，不需要解释，事实"p"形成规则里"p"的毫无疑问的例示时，我们就有一个**简单案件**。结论"q"（裁决）无可怀疑地从前提得出。一个法律规则的适用可以重建为一个三段论：从一个规则出发，加上其有效事实的实例，该规则的规范后果就能推出来。按照麦考密克的概念，这种法律三段论的观念与法治的概念相联系，也是自由主义政府观的核心。[7]

丹尼尔斯夫妇诉怀特父子公司和塔巴德（*Daniels and Daniels v. R. White & Sons and Tarbard* [1938] 4 All E. R. 258）一案就是这种简单案件的一例。丹尼尔斯先生去一家酒馆买了一瓶怀特父子公司生产的柠檬水带回家，他自己喝了些，并倒了一杯让其妻子喝了。他们两人都有烧灼感，病倒了。随后追查到他们的病是柠檬水中的石碳酸引起的。丹尼尔斯夫妇状告制造商和酒馆老板塔巴德夫人，要求赔

---

〔7〕 见麦考密克（2005：24）。

偿他们生病、治疗费用和生病期间的收入损失这些损害。制造商被
判免责，而酒馆老板担责并赔偿损害。辩护是这样的：按照 1893
年《货物买卖法》第 14 条第 2 款（Sale of Goods Act，1893，s. 14：2），
如果经营有说明书货物的卖方按照该说明出售货物，那么就存在一
个默示条件，该货物应该具有适合销售的品质。对塔巴德夫人不幸
的是，虽然她自己并无过失，但那货物却没有适合销售的品质，因
此她要为丹尼尔斯夫妇所承受的伤害担责。

　　这个作为辩护而提出来的论证，可以重建为一个（不完全的）
肯定前件形式的论证：

　　　　丹尼尔斯先生买的那瓶柠檬水含有石碳酸（p）
　　　　因此，丹尼尔斯先生买的那瓶柠檬水不具有适合销售的品
　　质（q）

　　要让该论证成为完全的论证，必须将缺失前提（如果 p 则 q）　101
明晰起来。这个前提之所以能隐而不表，是因为在《货物买卖法》
第 14 条第 2 款语境中的"适合销售的品质"这个语词的法律含义
可以看作是常识。完全论证的重建要使下述前提明晰起来：

　　　　在所有情况下，如果一个人售给别人的货物有瑕疵以致不
　　适合其合理使用，但平常的检查发现不了，那么所售的该货物
　　不具有适合销售的品质。

　　前提"p"现在可以重建为"在当时情况下，一个人售给别人
的货物有瑕疵以致不适合其合理使用，但平常的检查发现不了"，
加上重建的"p→q"前提，一个演绎有效的论证就可以重建如下：

　　（A）在所有情况下，如果一个人售给别人的货物有瑕疵

以致不适合其合理使用，但平常的检查发现不了，那么所售的该货物不具有适合销售的品质（p→q）

（B）在当时情况下，一个人售给别人的货物有瑕疵以致不适合其合理使用，但平常的检查发现不了（p）

（C）因此，在当时情况下，售出的货物不具有适合销售的品质（q）

这种形式的任何论证都一样是有效的，无论其前提是怎样的。可是，论证是有效的并不意味着结论是真的。它只意味着，假如前提均真的话，结论就是真的（或可接受的）。[8]

这个论证前提之真可以按如下方式确立。重建的前提（A）与莱特大法官（Lord Wright）在格兰特诉澳大利亚米尔斯针织厂一案（*Grant v. Australian Knitting Mills* ［1936］，A. C. 85）法官附带意见中对"适合销售的品质"这个短语的法律意思的解释一模一样。考虑到上诉法官就此关键点所做出的裁决的权威性，他把一个特殊含义归属于这个词语使得至少对下级法院和法律学者而言这种解释是真的。因此，就法律目的而言，这就是该短语的意思。由于已证明的事实毫不含糊地适合命题（B）中所用的范畴，因此这个命题作为关于当时情况的断言是真的。所以，我们可以得出结论：所考虑的论证既是肯定前件形式的逻辑有效论证，也是有两个前提的论证，其中的前提因符合法律目标的准则而为真。这推出，那个结论也必定为真，即我们所谓的在法律上是真的。[9]

辩护丹尼尔斯先生可以得到塔巴德夫人补偿之裁决的更深一层

---

〔8〕 对一些学者，如怀特（White，1979-1980）对麦考密克（1978）按照命题逻辑重建之批评的讨论，见麦考密克（2005：68 及以后）。

〔9〕 见麦考密克（1978：25-27）。

的步骤也可以重建为演绎有效的。《货物买卖法》第 14 条第 2 款包括如下规定："当依法从一个适格的销售商那里按照说明书购得货物……就有一个默示条件，即该货物应当具有适合销售的品质。"要引用这一条款，就必须确立"按照说明书购得货物"（r）和"依法从一个适格的销售商那里购得货物"（s）。这就得到下述表达式：

> 如果一个人从别人那里按照说明书购得货物（r），且如果卖家是个经销相关种类货物的人（s），那么，就默示一个条件（该经销商必须满足的），即该货物应当具有适合销售的品质（t）。

102

用麦考密克重建所用的符号表达就是：

$$(r.s) \rightarrow t$$

完整的论证可重建为：

$$(r.s) \rightarrow t$$
$$r.s$$
因此：t

复合命题（r.s）是真的，当且仅当 r 和 s 都是真的。当 r 和 s 出于法律目的能被当作是真的时，t 就能出于法律目的被看作是真的，因为 t 从 r 和 s 的合取推出。

由于论证的所有前提根据法律标准被看作是真的，这样一个有效论证的最终结论、最终判决也是真的，即在法律上是真的。"p→q"［和（r.s）→t］形式的所有前提，即使没有全用语言表达出来，也可以被当作是作为权威引用的法律规则。辩护依赖这样的隐含假设：存在某种"承认标准"（criteria of recognition），在此基础上某一法律渊源可被当成一个权威。这种标准又取决于基于同样能被识别的那些法律渊源的标准。按照麦考密克（1978：139）的看法，演绎辩护总是在一个**价值框架**之内提出的，该框架形成充分辩护的"基础性理由"。[10] 其他前提是已证实的"基本事实"（primary facts），或者是从基本事实与作为一个法律规则的前提一道演绎推出的关于"二级事实"的结论。

在法律辩护的第一个层次上，每一个论证的结构都是相同的。第一层次的辩护总是包含一个形如"如果 p 则 q"的一般规则，它被适用于某些事实"p"以推导出法律后果"q"。用逻辑术语说，每一次这都是一个演绎有效论证。

逻辑有效性的要求是由相似情况应相似对待的形式正义的要求辩护的。一个法律裁决必须总是基于形如"如果 p 则 q"的一般规则。因此，一个法律裁决的理性辩护总是意味着使用演绎有效的论证。

演绎有效性的要求是对每个理性论证形式的一般要求。事实上，依麦考密克之见，由于存在某种预设的价值框架，法律推理可以看作是道德推理特殊的、非常制度化和形式化的一种类型。[11]

103

6.4 二阶辩护

在以上讨论的例子中，特定语境存在其含义一清二楚的既有法律规则。这含义可以在格兰特诉澳大利亚米尔斯针织厂案中发现。可是，常常见到的情形是，要么没有这样的规则，要么现有规则的含义与案件事实的关系并不显而易见。假如没有法律规则，一个新

---

〔10〕 也见麦考密克（1978：63-65，233，240-241）。
〔11〕 见麦考密克（1978：272）。

的规则就可能被制定出来。如果有规则，但其意义并不一清二楚，那么就必须对它加以解释。

在这样的**疑难案件**中，只有在一个新规则已被表达或者现有规则的一个解释被给出之后，一个演绎辩护才有可能。[12] 欲使新规则或解释成为可接受的，就需要一种**二阶辩护**。

在法律论辩理论中，必须回答的核心问题之一是：一个法律规则的选择或解释可以怎样理性地辩护？适用法律规则时，可能出现多种问题：**解释问题**、**相关性问题**和**归类问题**。

第一类问题，**解释问题**，在适用于某些事实的某一法律规则不清晰时，就会出现。例如，下述案例中出现的解释问题。1968年《英国种族关系法》禁止"以肤色、种族、人种或祖籍国"为由区别对待，**尤其**是在与住房供应相关的问题上。当某人因另一个人的肤色或爱尔兰血统而拒绝向其出售或出租房屋时，如何适用该法是足够清楚的。可是，假如一个地方当局在筛选简易住宅的申请人时，要适用按照1948年《英国国籍法》所定义的英国公民才可被获准进入住房供给名单的规则吗？地方当局的做法属于《英国种族关系法》所禁止的歧视的一种形式吗？这个问题出现在伦敦伊令自治委员会诉种族关系委员会（*Ealing London Borough Council v. Race Relations Board*［1972］A. C. 342.）一案中。

该案中有两个可能的回答：①这是一个非法歧视的案件，或者②这并不是一个非法歧视的案件。对《英国种族关系法》有两个可能的解释：（a）"以祖籍国为由"的区别对待包括以个人的法定国籍为由的区别对待；（b）它并不包括以个人法定国籍为由的区别对待。

---

〔12〕 对"疑难案件"概念的讨论见本书第1章。对把二阶辩护重建为逻辑有效论证的可能性的讨论，见萨尔托尔（2008）等人的讨论。

在第一种情况下，规则的解释是：

解释 A：如果一个人以祖籍国（包括此人的法定国籍）为由歧视另一个人，那么他就是在非法地歧视。

104　在第二种情况下，规则的解释是：

解释 B：如果一个人以祖籍国（不同于此人的法定国籍）为由歧视另一个人，那么他就是在非法地歧视。

解释问题是，由于"p"（"祖籍国"）在规则"p→q"里模棱两可，因而必须确定该规则应该解释成"p′→q"（解释 A），还是"p″→q"（解释 B）。解决这个模糊性需要在两个可能的解释之间进行选择。一旦确定了解释，就可以用演绎辩护的手段对裁决予以辩护。[13] **一个完全的辩护基于如何能对在两个竞争解释之间做出的某个选择进行辩护的问题。**[14]

第二类问题，**相关性问题**，在没有适用于事实的规则时就出现了。比如，原告主张，某一裁决"q"应该在事实"p"的基础上加以接受。可是，没有公认的规则说，当事实"p"发生时，法律后果"q"就应随之而来。用麦考密克的措辞表示即是，原告含蓄地说，在此案中，规则"如果 p，那么 q"实际上应宣布出来。由于不存在与当下案件相关的现有规则，法官必须决定，对该规则的确认是否能在整个法律体系之内得到辩护。由于法官不得不决定是否事实是法律上相关的，麦考密克称之为相关性问题。

可以在多诺霍诉史蒂文森（*Donoghue v. Stevenson* ［1932］A. C. 562；

---

〔13〕 见麦考密克（1978：67-68）。
〔14〕 见麦考密克（1978：67-68）。

1932 S. C.［H. L.］31.）一案中发现这个问题。原告多诺霍夫人对被告——一个汽水制造商提起赔偿诉讼，理由是（如她所断言的），在她喝了不透明瓶装的史蒂文森姜汁啤酒后，发现喝剩啤酒中有一只腐烂蜗牛的残留物。她断定，蜗牛的出现与她所遭受的胃肠炎和精神打击都是因为制造商在准备和灌装姜汁啤酒的过程中没有采取合理的预防措施的后果。因为被告负有在这些过程中采取合理注意的责任，也由于多诺霍夫人因被告的疏忽遭受了伤害，因此她有权利要求对自己所遭受的身体伤害和精神打击予以补偿。没有法规包含这类伤害的民事责任，在她的诉求从苏格兰最高民事法院提请到上议院时，也无有约束力的判例以供最终解决此问题，尽管有许多十分相似的判例对此案中的双方都有一些说服力。这个案例的问题在于，依法律原告的主张与赔偿的请求是不是"相关的"。如果原告所陈述的事实能被证实，那么有任何理由表明为什么她应当获得她所要求的赔偿？

　　相关性问题出现时，有两个可能的规则。第一个规则（A）是，那些事实证明所要求的法律补偿是正当的；第二个规则（B）是，那些事实没有证明所要求的法律补偿是正当的： 105

　　（A）根据法律，产品的制造商有责任对其产品的消费者承担注意义务。
　　（B）根据法律，产品的制造商没有责任对其产品的消费者承担注意义务。

　　假如对相关性问题的回答有利于被告（此案中是如此），论证就应该是，那种理由也必定是为什么以这种方式受伤害的任何人应当得到如此一种赔偿的好理由。实际上，这意味着多诺霍的辩护意见被一般化了，而且作为一个概括被发现是真的。任何因为事实

F_1，F_2，F_3……F_n出现而做出宣称自己应该获得赔偿之陈述的人，都在含蓄地断定，存在某个准予给定事实情况的那种赔偿的法律保证（legal warrant）。任何这样的规范都可以用标准形式重铸为"如果p（即事实F_1，F_2，F_3……F_n出现），那么q（即法律后果C应当得出）"。在这里，又一次表明，一旦必要的"法律保证"确立了，给定的结论就可以由此用简单的演绎加以辩护。按照麦考密克的看法，同样明显的是，按假设，确立辩护法律保证的论证不能反过来是类似的演绎形式。[15]他推断，选择并不基于一个普遍接受的规则。

解释或相关性问题出现时，形式正义的要求规定，一种解决办法总是以一般规则为手段来辩护。[16] 借助制定一个一般规则，一个关于相似案件的更大的类就形成了。当下案件的那个规则就被制成一个更一般的规则。通过阐述如此一个规则，人们在为未来案件确定相关相似性的准则。[17]

当某些已经发生的"基本事实"（r）不清楚是否能被看作是规则"p→q"中的某种具法定资格的"二级事实"的代入时，第三类问题即**归类**问题就出现了。一个归类问题案件的问题是，那些事实应该如何转换成法律术语。

麦克伦南诉麦克伦南夫人（*Maclennan v. Maclennan*［1958］S. C. 105）一案提出了这样的问题。该案的问题是，一个自己通过人工授精过程而怀孕的妇女是否犯有通奸行为。一些基本事实已得到证实，问题是这些事实是否算作是二级事实"通奸"的实例，因而作为离婚

---

〔15〕 见麦考密克（1978：72）。

〔16〕 麦考密克（1978：97-99）观察到，一个具体案件中的"衡平法"的要求不应被理解成与正义的可普遍化相反的某种特殊东西。适用实证法的形式规则造成了不公正时，对有好理由不适用该法律的那类情境创造该法律的例外就可以得到辩护。

〔17〕 见麦考密克（1978：81）。

的一个理由。在此案中，法官必须在以通奸为由准予离婚这个规则　106
的两个解释之间进行选择：

　　（A）该规则应被解释成意为"可以以通奸为由准予离婚
（包括通过人工授精而怀孕）"。
　　（B）该规则应被解释成意为"可以以通奸为由准予离婚
（排除通过人工授精而怀孕）"。

　　此案中的问题是，是否事实（通过人工授精而怀孕）能被看作
是"p"的一个实例。必须对"p→q"应该解释成"p'→q"还是
"p"→q"做出决定。这类问题类似于上述解释问题。不过，有具体
的法律理由将"归类问题"的处理与解释问题的处理视为两码事。
在某些上诉案中，仅有法律问题才能成为讨论的主题；不能考虑事
实问题，有关这些问题的案件不能上诉。例如，当存在从一个法庭
上诉至另一法庭的情况且上诉被限于法律问题时，人们可能坚持，
归类*的问题是事实问题而非法律问题，因此是不可上诉的。[18]
　　当法院在一个规则的两个可能解释之间选择，或者在选择两个
规则中哪个可适用于而哪个不可适用于手头案件时，必须进行决
定，这是一个**二阶辩护**。
　　二阶辩护的元素包括解释、相关性选择或归类时起作用的诸多
考量。这些考量不同于演绎辩护中使用的法律规则。源自于一个被
公认的法律渊源的某一法律规则可以看作是一个现存的有效规则，
并因此作为一个可接受的前提，而一个解释或相关性选择背后的种

---

　　* 疑原文此处将 classification 误写成 qualification，因为所引的麦考密克原著此处是
classification。——译者注
　　[18]　见麦考密克（1978：95）。

种考量却不能当成是被普遍接受的。因为二阶辩护基于在两个可能的决定之间的选择，所以在麦考密克看来，这种辩护形式不能重建为一个演绎有效的论证。

为了辩护首选决定的可接受性，法院需要根据普通常识和法律常识检验该决定。

第一，法院必须表明，可以这样来辩护该决定：它是可以从比任何可能替代规则有更好后果的一个规则推出来的。法院以麦考密克所谓的**后果主义者论证**完成这一辩护。

第二，在估量规则的首选解释的后果合意性时，法院必须诉诸某些一般道德价值和原则。法院必须表明，该决定是与这种规范一致的（通过"阐释"和"区分"不适宜的判例），该决定通过与现有判例法（或制定法）的类比得到支持，或者最好是由法官在附带意见里权威地陈述出来的法律的"一般原则"所支持，或者获得有声望法律学者的支持。换言之，法院必须表明，该决定与现存法律规范相**一致**，与一般法律原则相**融贯**。[19]

将这两类论证结合起来的二阶辩护的例子可以在早前提到的多诺霍诉史蒂文森一案中找到。在相关裁决答辩中，原告必须表明该裁决有可接受的后果。原告多诺霍夫人在下级法院败诉而上诉到上议院，在那里她的上诉得到支持。上议院大部分成员投票支持多诺霍夫人。阿特金（Atkin）议员说，一个否定性裁决将会有否定性的后果，即在类似案件中将不会有不利于制造商的赔偿。由于应该有如此的赔偿，所以规则应该是，在类似案件中应当有一种法律赔偿。

应该有一种法律赔偿的裁决基于某种具体的法律原则——矫正

---

[19] 见麦考密克（1978：119-128）。

正义的原则，它意味着每个错误都应有一个补救。按照这个原则，遭受伤害的人应该因该伤害而获得补偿，假如别人对此负有责任的话，负有责任是在这样的意义上：他能合理地预见它是其有意为之的一个直接后果，也是在这样的意义上，他本来能够合理地采取比他实际上采取的更大的注意而避免它发生。[20]我们在此案中看到，一个后果主义者论证如何用一个指明符合矫正正义的一般原则的融贯的论证加以补充。

但是，也必须表明，该裁决并非与现有规则不一致。引用看起来与该裁决相矛盾的判例并阐明它们如何与所谈论的案件明显不同，就可以表明这一点。通过这样的"阐释"，不一致的表象被驳倒。

6.5　后果主义者论证

如前指出，二阶辩护由指明解释中所表达的规则有可接受的后果来防卫该决定的论证组成。有两种形式的后果主义者论证。在第一种形式里，法院指明所选择决定的实际后果。在第二种形式里，法院指明该规则的逻辑后果，尤其是该规则在类似案件中适用时可能产生的推想性后果。[21]

亨德森诉约翰·斯图亚特（农场）有限公司一案［*Henderson v. John Stuart（Farms）Ltd.*（1963 S. C. 245.）］中提出的论证是第二种形式的一个例子。原告是一个农场工人的遗孀和女儿，该工人在清理一头黑白花奶牛的放饲厩时被它抵死。她们诉称，亨德森先生的死是由被告的疏忽引起的，尤其是他没有提供一个安全的工作环境。然而，被告辩称，肇事之牛以前从未表现出危险倾向。由于除非主

---

〔20〕　见麦考密克（1978：111）。

〔21〕　对麦考密克关于后果的思想的讨论，见鲁登（Rudden，1979）以及麦考密克（2005：106）的回应。

108 人从动物的先前行为已经知道它有伤害倾向，否则不能为所饲养动物造成的伤害担责，因而原告没有提出诉讼相关理由。亨特法官 (Lord Hunter) 使用后果主义者论证驳回了被告的论证，其中指出了其不可接受的后果：

> （……）否则人们将尤其不得不接受这样的提议：一个人可能蓄意且恶意地让他的狗去咬别人，却还能坚称它之前从没攻击过任何人而成功地为自己辩白，或者一个农夫可能有意让一头属于人所共知的不可靠品种的公牛闯入身穿红衣的妇女当中，在这一轻率行为的结果不可避免地发生后，人们还听到这样的辩解：这畜生以前从未顶伤过人，无论男女。（……）在辩论期间，被告的律师不止一次被迫承认，他的论证的实践后果也许在某些方面看来是不公正的，甚至有些怪异。（……）坦率地说，我并不热衷达到怪异的结果，尤其是在它似乎与众所周知的苏格兰法律的原则相抵触的时候。可是，要把现有的、被接受的原则适用于一组新的事实却不是要篡夺立法机关的功能（这与被告律师的暗示相反）。[22]

原告诉求一个不存在的规则，并在此基础上要求被告对那头牛的行为负责。被告拒斥该规则。法院必须解决一个"相关性问题"，必须确立原告陈述而被告否认的那个规则是否应该予以适用。由于法官的意见是，被告不对那牛的行为担责的决定对于未来推想性的类似案件是不可接受的，所以判定被告是有责任的。

在有解释或归类问题的案件里，后果主义者论证也是需要的。在之前第 4 节所讨论的麦克伦南诉麦克伦南夫人一案件中，惠特利

---

〔22〕 见麦考密克（1978：142-143）。

法官（Lord Wheatley）认为，人工授精并不构成符合离婚法目的的通奸。他的主要论证建立在对案例法中所阐明的通奸概念之说明的基础上，但有一个关于将人工授精囊括进来而扩大通奸概念的明显荒谬性的有力子论证。他指出，假若根据另一个决定，一位人妻也许被发现与一个死去的男子通奸将是可能的，但这一结论对他来说是不可接受的、荒谬的。在早先提到的伦敦伊令自治委员会诉种族关系委员会这个案子里，大多数法官关注《种族关系法》也使用了某些刑法条款中的"以……祖籍国（national origins）为由"这一短语。他们认为，暗地里扩展刑法，并基于这个和其他理由把"国籍"从祖籍国范围排除出去，是不可接受的。

在麦考密克看来，论证的这一形式关注裁决背后的一个普遍规则的后果，而非裁决对各当事人的具体后果。按照形式正义的规则，个案应该以在相似的未来案件中同样能辩护的方式来处理。[23]

6.6　融贯性论证

在页面右侧标注：109

但是，后果主义者论证并不充分，还需要裁决与作为一个整体的法律体系融为一体。创造一个新规则的裁决努力保护法律体系之内的价值融贯性。融贯性论证试图证明裁决合乎体现在一般法律原则中的法律价值。麦考密克依据可以建立融贯性的手段把这种论证分为两类：**基于法律原则的论证**和**根据类比的论证**。[24]

基于法律原则的论证表明，一个裁决凭借该裁决与普遍接受的

---

〔23〕 麦考密克（1978：115-116）论证说，后果主义者论证的焦点在于相似案件中的竞争裁决（"规则功利主义"）的后果，而不是对特殊裁决的特殊当事人的后果（"行为功利主义"）。对后果主义者论证的进一步讨论，见麦考密克（2005：132-137）。

〔24〕 对按照规范的融贯性和原则讨论根据融贯性的论证，见麦考密克（1984）和（2005：190-205）。对麦考密克理论中的融贯性的讨论，见卡博内尔（2011）。

法律原则相融贯加以辩护。可以在内政部诉多塞特游艇股份有限公司(*Home Office v. Dorset Yacht Co. Ltd.* [1970] A. C. 1004)一案中找到例证。该案的问题是,内政部对公众是否负有防止孩子从开放的教养院逃出的注意义务。一群在3个教官监控下劳动的孩子在夜里逃出去,严重损坏停泊在港口的2艘游艇,其中1艘属被上诉人所有。被上诉人起诉内政部要求赔偿损失,声称内政部负有防止孩子逃脱的注意义务。法官根据在多诺霍诉史蒂文森案中发现的"相邻原则"创制了一个新规则,裁定支持被上诉人的诉求。[25] 这个原则意味着,人们有采取合理注意的一般义务以避免其行为引起的可预见的伤害。

可能存在两个(或更多)现有法律原则都适用的情境。在这种案件里,一个基于某一法律原则的论证可能并不充分。怀特和卡特(市政服务机构)股份有限公司诉麦格雷戈 [*White & Carter (Councils) Ltd. v. McGregor* [1962] A. C. 413;1962 S. C. [H. L.] 1]一案中,两个抵牾的原则分别被两个可能的裁决引用。根据一份广告业务合同的约定,上诉人在垃圾箱上为被上诉人的汽车修理厂的名称做为期3年的广告,上诉人要求被上诉人支付合同约定的价款。合同是与被上诉人汽车修理厂的经理签订的,可是就在签完合同的那天,被上诉人一听到这个消息就写了一封信拒绝承认这份合同。尽管上诉人尚未开始为履约做任何事情,但他们不同意终止合同,并按部就班继续执行该合同。随后他们要求被上诉人支付合同约定的全部价款,对此被上诉人回应说,只有按损失的利润计算出来的违约金才是他们应得的。

上议院以微弱多数推翻了高等法院第二分庭的裁决,支持上诉

---

〔25〕 见麦考密克(1978:159)。

人的请求。多数人应用的原则是，一方当事人单方面否认不能使合同无效，除非另一方接受这种否认并选择接受赔偿。少数派认为，110上诉人是错误的，主张有这样一个一般原则：因一方违约而遭受损害的另一方，应当采取合理措施"减轻损害"以把他自己的损失降到最低，从而使他所获得的赔偿减到最少。假若他没有采取那些措施，违约的一方就没有责任赔偿他采取合理措施本可以减去的那些损失。[26]

由于存在两个普遍接受的原则适用于此案，因而这些原则每一个都构成充分的辩护。必须在两个原则之间做出选择并加以辩护。用一个后果主义者论证表明裁决在未来相似案件中也是可接受的，就是一种辩护。

在**根据类比的论证**中，通过表明某一规则类似于另一个法律裁决中表达的规则来辩护一个裁定。要论证这个相同的规则应当适用，必须首先指明，事实相似于先前裁决的事实，其次，表明提议的规则与早先案件中表达的规则均基于同一个法律原则。[27]

在斯蒂尔诉格拉斯哥钢铁股份有限公司（*Steel v. Glasgow Iron and Steel Co. Ltd.* ［1944］S. C. 237）的案例中，使用了基于类比的论证。由于公司雇员的粗心大意，一辆失控的机车沿着斜坡滑下来，一名分流车值班员试图阻止碰撞事件时，不幸被撞死。如果不是设法采取行动保护其老板的财产，已经注意到自己安全的该值班员无疑能够毫发无损地逃离。可是他没有这样做。后来，他的遗孀以丈夫的死是由于该公司雇员的疏忽———一种可提起诉讼的疏忽，起诉被告要求赔偿。她根据另一个案件的裁决提出自己的主张，在那个案件中

---

〔26〕　见麦考密克（1978：170）。

〔27〕　见麦考密克（1978：192）。对法律发展中根据融贯性和法律原则的论证语境下类比论证的进一步讨论，见麦考密克（2005：205-213）。

救助者在解救一个因第三人的不当行为而身陷危险的人时，假若救助者受到伤害，他就有权利从第三人那里得到赔偿。被告认为，那个规则只有对生命的救助者才起作用。大多数法官认为，在救助因不当行为陷于危险境地的生命与同样危险的财产之间的相似性，足以辩护每一案件中的相同结论，无论是救助者还是救难者，都不能因为是出于自愿冒险的行为而排除主张从造成此危险情境的过错方那里得到赔偿的权利。[28]

111

6.7　一致性论证

对于表明一个规则符合一般规范来说，融贯性论证尚嫌不足。根据"汝不可冒犯既定的和有拘束力的法律规则"这一原则，也应该澄清该规则与现有法律规则之整体相一致。

一个规则与某一现存规则的一致性取决于那个规则的解释。要论证一个裁决与某一现存规则"如果 p 则 q"是不一致的，就必须阐明，首先现存规则以什么理由可以解释成"p′→q"还是"p″→q"，其次对现存规则的这些解释之一与所提议的规则相一致。

在斯蒂尔诉格拉斯哥钢铁股份有限公司这个案子里，就可以发现一个解释与判例并非不一致的论证。斯蒂尔的遗孀不仅必须表明，辩护她的主张（设法救助他人生命的人可以比作设法救助他人财产的人）时所提出的那个规则，与某一一般原则一致，还必须表明它与类似案件，如在麦克唐纳诉大卫·麦克布雷尼斯有限公司（*Macdonald v. David MacBrayne Ltd.* ［1915］S. C. 716）中，所表达的一个规则并非不一致，在该案中，一个救难者的权利被否决了。麦克布雷尼斯这家航运公司按合同为麦克唐纳先生的商店运送 2 桶石蜡，但

---

〔28〕　见麦考密克（1978：161-163）。

实际上运送了 2 桶石蜡和 1 桶石脑油。麦克唐纳把那桶石脑油当成了其中一桶石蜡，踢了踢，看看是不是装满了，结果引爆烧着了商店。麦克唐纳先生从大火中逃出，但在试图扑灭火焰时受了重伤。对于此诉求，高等法院第二分庭认为，麦克布雷尼斯违反合同，因他们的粗心大意交错货物而直接引起对商店的损害，应该对此负责。可是，他们坚称，原告试图扑灭火焰的行为构成了一种新介入的行为（*novus actus interveniens*），打破了因果链条，因而他没有请求他受伤赔偿的权利。[29]

乍一看，似乎斯蒂尔案所提议的规则与麦克唐纳诉大卫·麦克布雷尼斯有限公司一案中阐述的规则是不一致的。在斯蒂尔案（*Steel's case*）中，原告的律师提出了以下论证：

> 麦克唐纳诉大卫·麦克布雷尼斯有限公司（是）一个甘愿将自己暴露在不合理危险中的例子，因而不同于当下的案子，在当下案子里没有这种不合理的行为发生。重要的是要牢记，斯蒂尔对他的机车负有的职责（……）。（1944 S. C. at p. 243）

在律师看来，斯蒂尔的遗孀应当因其损失得到赔偿，因为斯蒂尔不像麦克唐纳，他没有采取无谓的冒险。因为麦克唐纳案和斯蒂尔案在有关方面不同，所以对斯蒂尔案的裁定与麦克唐纳案中阐述的规则并非不一致。

当用后果主义者论证以及融贯性论证和一致性论证辩护一个解释或选择时，这些论证总是构成一种充分的防卫。麦考密克认为，三个论证模式相互联系的元素在判例汇编（Law Reports）中随处显现，提供了它们确实是法官暗中遵守的辩护要求的有力证据。为

112

---

〔29〕　见麦考密克（1978：220-221）。

此，麦考密克把这些论证看作是论辩的好真经（good canons），因为它们保护他所谓的理由充足的"法治"概念的安全。[30]

6.8 结 论

麦考密克关于法律裁决辩护的理论既是描述性的也是规范性的理论。该理论的描述性方面包括英国普通法系中法律裁决辩护所使用的各种论证模式的分析。实施这种分析基于以哪个论证模式能在法官必须超越既定规则进行考量，必须解释现有规则或创制新规则的案件中，构成理性防卫的问题。该理论的规范方面意味着，在这种分析的基础上，把为了法律论证而予以重建的规范建立在充分辩护的基础之上。该理论的最终目的是阐明合乎需要的法律论证如何能够与拙劣的法律论证区别开来。

麦考密克的理论基于这样一个观点：把法律辩护构想成一种制度化实践，在此实践中，法治被当成是作为论辩活动的法律辩护之规范的一个标准。从这个观点来看，应用的合理性标准是可普遍化要求和演绎辩护、根据某些相关法律价值的后果评估以及与法律体系背后的规则和原则的融贯性及一致性。在麦考密克看来，法律形成了一种实践理性和实践推理的制度化，其中，道德领域的一般推理模式（patterns）以某种特定方式加以应用，使得司法裁决的辩护依循法治的要求。在其法律和法律辩护的制度理论中，麦考密克采取一种修辞学的观点理解法律，把法律辩护构想成规范解释和实践决策语境中的理性说服的一种形式。

麦考密克区分了法律辩护的两个形式：**演绎辩护**和**二阶辩护**。他试图以此区分促进解决现代法理论的核心难题之一，即在所谓的

---

〔30〕 见麦考密克（1978：250-251）。

疑难案件中，如何解决法官无法依赖某一普遍接受的现有规则，一个法律裁决能被理性地予以辩护的难题。麦考密克阐明了法官在创制新规则或解释得自成文法或判例的某个现有规则时要应用的若干论证形式。他企图回答的另一个问题是，在法律裁决的辩护中，合理性的哪些一般要求和哪些具体法律要求发挥着作用。

第一层次的辩护可以总是被分析成一个演绎有效的论证。在简 113单案件中，各方都同意一个具体规则是明显适用的，裁决用一个简单的演绎论证加以辩护。然而，所谓一个规则的明晰性本质上是可争议的时，就可能出现解释或归类的难题。一些主张是在根本没有处置该议题的事先确立的规则的环境中提出来的。在这些疑难案件中，构建的法律规则被确立起来后，第一层次的论证也能重建为演绎有效的。不过，首先必须表明，这个规则如何能用二阶辩护的手段加以辩护。

在第二层次上，论证不能被分析为演绎有效的。因为这种二阶辩护被用来表明，为什么某一解释得到偏爱，麦考密克认为，演绎辩护的极限被超越了。

检验第一层次和第二层次论证的可接受性使用不同的评估准则。在第一层次上有**形式规范**（*formal norm*），即支撑辩护的论证应该是演绎有效的。有效性标准基于形式正义的法律要求，意味着相似案件应当以相似方式对待。

第一层次也有**实质规范**（*material norm*），即前提"p→q"和"p"应该按照法律标准是"真的"。普遍规则应该是一个法律规则或一个被接受的某一法律规则的解释。表达事实的前提必须按照法律证明标准已被证实。当有论证链时，二级事实应当凭借逻辑演绎和某一法律规则的帮助从基本事实推出来。

麦考密克发现，形式有效性的规范不能用在第二层次上。因为二阶辩护中的断言不能被当成是普遍接受的法律规范（比如法定规则和得自判例的规则），二阶辩护不能重建为演绎有效的论证。

不同的批评者曾经指出，为什么二阶辩护不能重建为演绎有效的并不清楚。按照麦考密克的观点，法律裁决应当是可普遍化的，基于一般规则，那么他本该推出显而易见的结论：一个普遍规则总能重建成使论证成为演绎有效的。正如阿列克西（1980：122）指出的，普遍前提总是使演绎辩护成为可能。一个二阶辩护可以重建为一个演绎有效的论证，尽管前提不能被当成是普遍确立的法律规则。如萨尔托尔（2008：24）指出的，广义的逻辑具有比三段论式的内部辩护广泛得多的内容和应用领域。可以这样进一步发展麦考密克的思想：不把修辞学当成是逻辑的一种替代，而是视为"推理型式集"（和运用它们的策略），这种型式（schemata）可以把逻辑模式（logical patterns）和形式模式（formal patterns）吸纳为自己的要素。

麦考密克对法律裁决的逻辑分析进行了详细描述，因而澄清了如何能够进行法律论证的理性重建的问题。比如，他对丹尼尔斯夫妇诉怀特父子公司和塔巴德一案的描述表明，一个非常简单的论辩结构如何能被分解成很小的单元，隐含假设如何能够加以重建。

麦考密克给出了演绎辩护的详细分析，但没有给出二阶辩护的详细分析。对于他所给出的后果主义者论证与融贯性和一致性论证的例子，并没有如演绎辩护的情况一样把它们解释成给定的一般基本型式的变体。他没有澄清是否可以把各种二阶的论证模式当成是某个一般基本形式的特定应用。阿列克西（1989）等学者曾论证说，把后果主义者论证和基于类比的论证重建为演绎有效论证是可能的。使用这种重建可以表明，二阶辩护的各种形式如何能够对演绎辩护形成某种一般基本型式的特定应用。[31] 对于作为一个复杂整体的二阶辩护，我们需要探究各种命题如何相互支持。由于麦考密克的理论是作为一种为充分辩护法律裁决所需要的各种论证模式的理论描述而不是作为法律文本分析的一个实践模型提出来的，所以不可能在该理论现有形式的基础上对这些问题做出回答。以那种形式，就需要一种补充的分析组件，它为法律文本重建开发一个模型。

概括对麦考密克理论的讨论，可以说，该理论对法律辩护能被构想为一种制度化的理性实践的方式提供了有趣的洞察。它澄清了法治的要求如何能被看作是法律规则的适用和解释的规范。该理论对不同层次所要求的法律裁决辩护的各种类型提供了深刻理解。重要的是记住，在辩护法律裁决的过程中，应该区分两个层次，而且在这些层次上，各种实质的有效性规范在起作用。同样重要的是要记住，在评估法律论证时，必定既应用一般的法律规范也应用特殊的法律规范。

法律辩护必须在实践语境和法律体系语境中来理解麦考密克的这一观点，其为区分不同类型的论证提供了一个有趣的视角。根据这个观点，他区分了后果主义者论证与融贯性论证和一致性论证，前者引用具体案件中适用法律规则的后果，后者则必须表明裁决符合某一特定法律体系的规则和价值。考虑到在不同层次上起作用的各种论证形式，麦考密克和萨默斯对有关不同解释性论证及其相互作用所做的区分，为进一步从理论上和实践上分析法律论辩形式以及不同法律体系之内复杂论辩形式中不同论证类型的角色，确立了一个良好出发点。

---

〔31〕　比较阿列克西（1989：220-295），他阐述了用于外部辩护的各种论证形式如何构成适用于内部辩护的一般型式（它们又是适用于实践论辩之型式的一种具体应用）的一种具体应用。

115 参考文献

Alexy, R. (1980). Die logische Analyse juristischer Entscheidungen (The logical analysis of legal decisions). In: W. Hassemer, A. Kaufmann, U. Neumann (Eds.), Argumentation und Recht. Archiv für Rechts – und Sozialphilosophie, Beiheft Neue Folge Nr. 14. Wiesbaden: F. Steiner, pp. 181–212.

Alexy, R. (1989). *A theory of legal argumentation. The theory of rational discourse as theory of legal justification*. Oxford: Clarendon press. (Translation of: *Theorie der juristischen Argumentation. Die Theorie des rationalen Diskurses als Theorie der juristischen Begründung*. Frankfurt a. M.: Suhrkamp, 1978).

Bertea, S. (2008). Law and legal reasoning. In: G. Pavlakos, G. (Ed.). *Rhetoric and the Rule of Law: An author's day with Neil MacCormick. Northern Ireland Legal Quarterly*, 59 (1), 5–20.

Carbonell, F. (2011). Coherence and post–sovereign legal argumentation. In: A. J. Menéndez & J. E. Fossum (Eds.), *Law and democracy in Neil MacCormick's legal and political theory. The post – sovereign constellation* (pp. 159 – 182). Dordrecht etc.: Springer.

MacCormick, N. (1978). *Legal reasoning and legal theory*. Oxford: Oxford University Press. (New edition with a Foreword by MacCormick, 1994).

MacCormick, N. (1984). Coherence in legal justification. In: Peczenik, A., L. Lindahl, B. van Roermund (Eds.) (1984). *Theory of legal science*. Proceedings of the conference on legal theory and philosophy of science, Lund, Sweden, December 11–14, 1983 (pp. 235–252). Dordrecht etc.: Reidel.

MacCormick, N. (1997). Institutional normative order: A conception of law. *Cornell Law Review*, 82 (5), 1051–1070.

MacCormick, N. (2005). *Rhetoric and the rule of law. A theory of legal reasoning*. Oxford: Oxford University Press.

MacCormick, N. (2008). *Institutions of law. An essay in legal theory*. Oxford: Oxford University Press.

MacCormick, N. (2011). *Practical reason and morality*. Oxford: Oxford University Press.

MacCormick, D. N. & Summers, R. S. (Eds.) (1991). *Interpreting statutes. A comparative study*. Aldershot etc.: Dartmouth.

MacCormick, D. N. & Summers, R. S. (Eds.) (1997). *Interpreting precedents. A comparative study*. Aldershot etc. ：Dartmouth.

MacCormick, N. , Weinberger, O. (Eds.) (1986). *Institutional theory of law. New Approaches to legal positivism.* Dordrecht：Kluwer.

del Mar, M. & Bankowski, Z. (Eds) (2009). *Law as institutional normative order.* London：Routledge.

Menéndez, A. J. & Fossum, J. E. (Eds.) (2011). *Law and democracy in Neil MacCormick's legal and political theory. The post-sovereign constellation.* Dordrecht etc. ：Springer.

Michelon, C. (2010). MacCormick's institutionalism between theoretical and practical reason. University of Edinburgh School of Law Working Paper No. 2010/12.

Pavlakos, G. (Ed.) (2008). Rhetoric and the Rule of Law：An author's day with Neil MacComick. *Northern Ireland Legal Quarterly*, 59 (1). Special issue with an introduction by G. Pavlakos. Contributions by S. Bertea, G. Sartor, L. Moral Soriano and a response by N. MacCormick.

Pino, G. (2010). Neil MacCormick on interpretation, defeasibility, and the Rule of Law. *Conference on Legal reasoning and European laws：The perspective of Neil Mac-Cormick.* Florence, European University Institute, May 2010.

Rudden, B. (1979). Consequences. *Judicial Review* 24.

Sartor, G. (2008). Syllogism and defeasibility：a comment on Neil MacCormick's rhetoric and the Rule of law. In：G. Pavlakos, G. (Ed.). *Rhetoric and the Rule of Law：An author's day with Neil MacComick. Northern Ireland Legal Quarterly*, 59 (1), 21-32.

Schiavello, A. (2010). Legal reasoning and legal theory revised. A defence of the o-riginal view. *Conference on Legal reasoning and European laws：The perspective of Neil MacCormick.* Florence, European University Institute, May 2010.

White, P. (1979-1980). Review of N. MacCormick (1978), *Legal reasoning and legal theory. Michigan Law Review* 78, 737-742.

116

第 **7** 章　阿列克西的法律论辩的程序理论

摘　要　本章讨论阿列克西的法律论辩理论。罗伯特·阿列克西所研究的法律论辩的中心问题是规范性陈述，比如法律裁决，如何能用理性的方式加以辩护。阿列克西把规范性陈述的辩护过程看作是一个实践讨论或"实践话语"的过程，而把法律裁决的辩护过程视为"法律话语"。由于辩护法律规范的法律讨论是一般实践话语的某种特殊形式，因而一种法律论辩的理论应该建立在这种一般理论的基础之上。

在这一章，我将描述一般实践话语理论及其与法律论辩理论的联系。一般实践话语理论在第 2 节讨论，法律论辩理论在第 3 节论述，第 4 节是对法律话语是一般实践话语之特例这一理念的讨论。第 5 节探讨规则和法律原则在法律辩护的估量和平衡方面所起的作用。第 6 节以作结论的方式辨识用于分析和评估法律论辩的特殊理论的元素，甄别阿列克西思想中对进一步发展法律论辩理论具有重要性的那些方面。

关键词　认识的平衡律；外部辩护；一般实践话语；内部辩护；平衡律；分级律；胜出律；法律话语；法律原则；法律

规则；实践理性原则；特例论题；估量和平衡

7.1　导　言

罗伯特·阿列克西所创立的那种法律论辩理论形成了一种阐述得最详尽、最系统的法律论辩理论。[1] 在其法律论辩理论中，阿列克西把法理论与法哲学的关键领域和核心问题联结起来了。他将关于法律的正确性和合法性、司法裁决之辩护的准则、法律和道德的关系以及作为实践理性之形式的法律推理的制度特性的问题，统统拢在了一起。

罗伯特·阿列克西所研究的法律论辩的中心问题是规范性陈述，比如法律裁决如何能用理性的方式加以辩护。阿列克西把规范性陈述的辩护过程看作是一个实践讨论或"实践话语"的过程，而把法律裁决的辩护过程视为"法律话语"。[2] 由于辩护法律规范的法律讨论是一般实践话语的某种特殊形式，因而一种法律论辩的理论应该建立在这种一般理论的基础之上。

按照阿列克西的观点，一个规范性陈述是真的或可接受的，假如这样的判断能够是理性话语的结果。基本理念是，法律裁决辩护的合理性取决于辩护过程所遵循的程序的品质。由于规范陈述的可接受性与某一程序相联系，因而他把自己的理论称为**规范性程序理论**（*normative procedural theory*）。阿列克西将法律论辩视为实践论辩的一种特殊形式，并着手发展可进一步应用于法律论辩的一般理性实践话语的理论。

118

---

〔1〕　亦见克拉特（Klatt，2012a，b），库姆（Kumm，2004）和帕夫拉科斯（Pav-lakos，1998）。

〔2〕　阿列克西吸收了哈贝马斯在理论讨论和实践讨论之间做出的区分。对这一区分的讨论，见本书论哈贝马斯的第 5 章。

一般实践话语理论阐述一场理性讨论的程序，将其表达为一个理想模型，该模型形成用于评价出现于日常实践的实际话语之品质的规范性标准。在一般理性实践话语的理论中，精确表述了该程序的规则。这些规则具体说明一个规范性陈述被认为得到辩护的条件。由于一般实践话语的规则不能担保一种共识，以及这样一种共识对法律话语是必需的，所以一般理论对法律话语的一种特殊适应就是不可或缺的。在他的法理论中，阿列克西探究了一种理性法律话语的理论所必需的特殊法律应用、适应、局限和扩展等问题。这一法的理论基于这样的理念：法律话语是一般实践话语的特例（"Sonderfall"）。[3]

阿列克西创立其一般实践话语理论和法律话语理论的主要工作体现在《法律论辩理论：作为法律辩护理论的理性话语理论》（德文版1978，英文版1989；德文版有后记的第2版1991）中。[4] 在后期论著中，阿列克西详尽阐述了其理论的各部分。

在与阿尔尼奥和佩策尼克（1981）合著的论文里，阿列克西讨论了法律论证合理性理论的基础。这些作者追溯了阿列克西的法律论辩合理性理论、阿尔尼奥的法律解释理论与佩策尼克的法律转化理论之间的关联性。在其他出版物（阿列克西1980，1981，1990a，b）里，阿列克西考察了该理论的其他方面，比如法律裁决的逻辑分析和对法律论辩的程序性要求。

在后来的作品中，阿列克西发展了他的平衡理论。在《宪法权利的理论》（2002）里，阿列克西细致阐述了法律辩护语境中规则和原则的区别以及估量和平衡的区别。在阿列克西（2000，2003a，b）

---

〔3〕 见阿列克西（1989：212及以后和1999）。
〔4〕 对阿列克西的著作整体以及法律论辩理论在此整体中的地位的讨论，见克拉特（2012a，b）。

中，他进一步阐述了自己关于作为法律裁决的理性辩护之手段的估量和平衡的观点。[5]

这些都是阿列克西关于法律论辩和法律裁决辩护研究的核心论题。在以下几部分，我将描述一般实践话语理论及其与法律论辩理论的联系。一般实践话语理论在第 2 节讨论，法律论辩理论在第 3 节论述，第 4 节是对法律话语是一般实践话语之特例这一理念的讨论。第 5 节探讨规则和法律原则在法律辩护的估量和平衡方面所起的作用。第 6 节概述用于分析和评估法律论辩的特殊理论的元素，确定阿列克西思想中对进一步发展法律论辩理论具有重要性的那些方面。

7.2 一般实践话语的理论

阿列克西认为，理性法律话语理论需要一种关于规范性陈述的理性辩护的一般实践话语理论。为了发展这样一种理论，阿列克西首先探究了关于规范的辩护理论，讨论了来自分析的道德哲学的洞察〔包括史蒂文森（Stevenson）、维特根斯坦（Wittgenstein）、奥斯汀（Austin）、黑尔、图尔敏和拜尔（Baier）〕、哈贝马斯的真理共识论、厄朗根学派的实践商议理论以及佩雷尔曼的论辩理论。他运用这些讨论的结果，创立了一种由规则和论证形式（argument forms）系统组成的一般实践话语的理论。在第三部分，阿列克西提出了其法律辩护的理论，并描述了一般规则和论证形式如何适应法律论证的要求。

一般理性实践话语的理论由五组一般实践话语的规则和一组论证形式组成。

7.2.1 一般实践讨论的规则

120

第一组是基本规则，处理涉及规范性陈述的真或正确性的言语

〔5〕 阿列克西关于平衡的理论由其他人进一步加以发展。对这些进一步发展的讨论，见本章第 5 节。

交往的基础性条件。第一个规则是逻辑的不矛盾规则的变体:

(1.1) 言说者不可自相矛盾。[6]

第2条规则来自言语行为理论,给讨论者规定了真诚性条件:

(1.2) 每个言说者只可断定其事实上相信的东西。

其余两个基本规则适用于表达式的用法:

(1.3) 将一个谓词 F 应用于一个对象 a 的每个言说者,必须准备好把 F 应用于在所有相关方面与 a 相像的所有其他对象上。

规则(1.3)要求一致的表达式用法,但将其限制在描述性语词上。规范性表达式用基于黑尔(1963)可普遍化原则的一个补充规则来处理:

(1.3′) 每个言说者只可在这样的特定情形中断定价值判断或义务判断,即他自己愿意用相同语词对在所有相关方面类似于那个特定情形的所有情况做出断定。

规则(1.4)不允许利用歧义:

(1.4) 不同的言说者不可使用具有不同意义的同一表达式。

---

〔6〕 阿列克西规则的表述取自此书(阿列克西1978)德文原版的英译本(阿列克西1989)。

这个规则基于厄朗根学派的理性共通原则（*Vernunftprinzip*），意思是，讨论应该是合理的、两相情愿的。对语言的用法有分歧时，讨论者应该就语言的某种共同用法达成协议。[7] 这种协议是用阿列克西所谓的"语言学的-分析的话语"（*linguistic-analytical discourse*）达成的。

第二组是合理性规则（*Rationality Rules*），规定了话语合理性的最大化要求。

第一条规则即"一般辩护规则"，基于断言这种言语行为的条件，意即提出一个断言的某人，如若被要求辩护该断言，他本人要承担这个辩护的义务。这个要求既适用于描述性陈述，也适用于评估性陈述：

（2）每个言说者在被要求给出其断言的理由时他就必须这么做，除非他能给出理由，证明拒绝提供辩护是正当的。

其他合理性规则以哈贝马斯给理想言谈情境建立的条件为基础。如本书第 5 章所述，哈贝马斯认为，一个言谈情境的理想就是言说者没有被强行阻止以平等身份参与讨论。阿列克西将合理性规则表述如下：[8]

（2.1）每个能言说的人都可参加言说。

（2.2）（*a*）每个人都可将任何断言问题化（*problematize*）。

（*b*）每个人都可把任何断言引入话语。

（*c*）每个人都可表达其态度、希望和需要。

---

〔7〕　见洛伦岑和施维默尔（1973：115）。
〔8〕　在后来的作品中（比如 哈贝马斯 1990），阿列克西所表述的这些合理性规则被哈贝马斯结合到自己的话语理论之中，对这些规则的讨论，见本书第 5 章第 2 节。

（2.3）没有言说者可以被任何对该话语的内部或外部强迫而阻止行使（2.1）和（2.2）中所主张的权利。

阿列克西观察到，与其说（2.3）是一个话语的规则，不如说是实现（2.1）和（2.2）的条件。

第三组包括分配证明责任的规则。在可普遍化原则的基础上，证明责任属于提议用不同于对待某人 B 的方式来对待某人 A 的那个言说者：

（3.1）无论是谁，只要提议用不同于对待某人 B 的方式来对待某人 A，他就负有辩护这样做的义务。

规则（2）规定，每个言说者在被要求给出其断言的理由时，他必须这么做，除非他能给出理由，证明拒绝提供辩护是正当的。作为这个规则的一个例外，阿列克西表达了基于佩雷尔曼的**惯性原则**（*principle of inertia*）的一条规则，它规定一个已被接受的看法不应在没有好理由的情况下被放弃。因此：

（3.2）任何攻击不属于讨论主题的某个陈述或规范的人，必须陈述这样做的理由。

122　第三条规则是为了限制证明责任的范围：

（3.3）任何提出过论证的人，只有在出现反论证的情况下，他才有义务提出进一步的论证。

第四条规则禁止不相干：

（3.4）在话语中引入关于自己的态度、希望或需要的断言或言辞的任何人，如果这些断言或言辞并不成为与在先言辞相关的论据，他就必须应别人要求辩护所引入的断言或言辞。

第四组不是由规则组成的，而是由与如何在实践话语中辩护价值判断相关的论证形式组成的。有两个论证形式适合辩护单个规范性陈述。辩护的基本模式是：

（4）G

R

—

N

在这里，引用一个**规则（R）**和某些形成 R 适用条件的根据（G）来辩护规范性陈述 N。这个一般形式有两个子形式。在（4.1）里，N 由规则（R）和该规则满足适用条件（可能指一个人、行为或事态的特性）的断言（T）加以辩护：

（4.1）T

R

—

N

而在（4.2）中，N 由断定某些后果是义务性的或善的规则（R）以及关于这些后果的断言（F）予以辩护。

（4.2）F

R

$$—$$
$$N$$

基于 T 是不是真的与 F 是否的确是所讨论行为之后果的问题，可以进行一种**理论的讨论**。规则 R 也可以是讨论的主题。首先，规则 R 可以举出另一个规则（R′）或关于该规则的后果的断言（F_r）加以辩护：

123

$$(4.3) \quad F_r$$
$$R′$$
$$—$$
$$R$$

其次，辩护该规则可以提出另一个规则（R′），它包含一个必须予以满足的条件（T′）：

$$(4.4) \quad T′$$
$$R′$$
$$—$$
$$R$$

（4.3）和（4.4）也是基本形式（4）的子形式。

不仅在辩护性论证包含相同形式时，不同规则可能导致不同的和不一致的结果，在包含不同论证形式时，也可能导致不同的和不一致的结果。在这些情况下，必须决定哪个辩护性论证是首选。用以辩护这些决定的规则称为"**优先规则**"（*Priority Rules*）。

某些优先规则规定了不论在何种情况下一些规则都优先于别的规则：

（4.5）$R_i P R_k$ 和 $R'_j P R'_k$

另一些优先规则规定，某些规则仅仅在特定条件下优先于别的规则：

（4.6）$(R_i P R_k)$ C 和 $(R'_j P R'_k)$ C

优先规则转而用论证形式（4.3）和（4.4）予以辩护。

第五组辩护规则，由于论证形式并不规定辩护的内容，因而它们要用三个辩护规则来补充：

（5.1.1）做出某个规范性陈述——预设了具有满足他人利益的某些后果的规则——的任何人，必须能够接受这些后果，即使是假想自己处于那些人位置的情境中。

（5.1.2）每一个满足所有个体利益的规则的后果必须对每个人都是可接受的。

（5.1.3）每个规则必须是可公开地、普遍地教与人的。[9]

第一个规则基于黑尔的规定性原则（principle of prescriptivity）。第二个规则基于哈贝马斯的可普遍化原则，亦即在理想言谈情境中关于规范的共识只有在所有参与者意见一致时才是可能的（见本书第5章5.2部分对哈贝马斯的可普遍化概念的讨论）。第三个规则基于拜尔的**普遍可教性**（*universal teachability*）原则。拜尔（1958）认为，假如规则是针对每个人的，它们就应该是普遍地可教与人的，它们不应是

124

---

〔9〕　鲁斯曼（Rüssmann，1979：113）指出了规则5.1.3与罗尔斯（1971）的基本规定的相似性。罗尔斯论证说，参与者应该返回到一种他们并不知道哪个位置与其所占据的位置相冲突因而选择人人同意是最好解决办法的假想情境中。

道德上不可能的。一个在道德上不可能的规则如："只说你不信以为真的那些事情。"

这三个辩护规则并不担保一种理性共识。虽然如此的担保不可能，但规则应该促进理性共识的可能性。这些规则与洛伦岑和施维默尔（1973）与哈贝马斯（1973）所谓的**批判性生成**（*critical genesis*）有关，它检验是否理想言谈情境的条件在确立道德规则系统的过程中得到满足。第一个这样的规则是：

（5.2.1）一个言说者道德观背后的道德规则必须能经得起根据其历史起源的批判性检验。一个道德规则未能经得起这种检验，如果：

（a）即使起初经受了理性辩护，但在此期间它的辩护失败了。或者

（b）它原来就没有经过理性辩护，而且与此同时没有发现支持它的充足的新根据。

规范的社会历史起源的检验必须用检验其个体发育中的规范性见解来补充：

（5.2.2）一个言说者道德观背后的道德原则必须能经得起根据其个体发生的批判性检验。一个道德规则如果仅仅因某些辩护不了的社会化条件为由就被采用，那它就没有经得住这样的检验。

阿列克西承认，他的理论有悬而未决的问题：什么算作是"辩护不了的社会化条件"。他评论道，如果社会化的条件导致一种关心参与论说之个体的无能力或不愿意，它当然就不能被辩护。

最后一个辩护规则要求实践话语生成在实践中可实现的结果：

（5.3）要考虑实际上给定的可实现性的限制。

为了确保事实的问题，尤其是结果的预见，语言的问题（特别是理解的难题）以及有关实践讨论本身的问题，可以在讨论中提出来，**转换规则**（*Transition Rules*）使得切换到其他话语形式成为可能：

（6.1）对于任何言说者，在任何时间过渡到一个理论的（经验的）话语都是可能的。

（6.2）对于任何言说者，在任何时间过渡到一个语言-分析的话语都是可能的。

（6.3）对于任何言说者，在任何时间过渡到一个话语-理论的话语都是可能的。

理论的（经验的）讨论试图解决事实的问题，尤其是关于预见后果的问题。语言-分析的讨论试图解决语言的难题，特别是理解的难题。话语-理论的讨论旨在回答与实践话语本身相关的问题。

一般实践讨论的规则并不担保就每一个主题达成一致意见，或者任何获得的一致意见都将是最终的、不可逆转的。之所以如此，第一个原因是，合理性规则（2.1—2.3）仅能部分得到满足。第二个原因是论证中的诸步骤并非全都是固定的步骤。第三个原因是，每一话语必定诉求历史地给定的并因此是可变的、规范的先入之见。

可是，怎么能够促进话语的某些结果，又如何排除某些结果呢？若干规则把某些规范性陈述定义为"话语上必要的"，而一些规则把某些规范性陈述当作"话语上不可能的"而完全排除掉。比如，话语上不可能的结果是这样一种情况：某些人被完全排除参与

125

讨论，因为他们被给予奴隶的法律地位。

批评者曾评论说，阿列克西理论的劣势之一是，它没有保证一个最终结果。[10] 按阿列克西的观点，这种理论并不保证得到某一结果这一事实是其优势之一。在回应批判者时，阿列克西发现，应该区分理想的讨论与实际的讨论，前者是参与者在理想环境中交往，而在后者之中并无这些环境。[11] 在一种理想的讨论里，解决实践问题没有时间限制，也无影响参与者的其他限制条件。理想的讨论也以完全明晰的语言用法、完全知晓事实问题的参与者、有能力并准备互换角色的参与者为特征。在对实践问题的真实讨论中，往往有两个以上的合适答案。不过，在真实的讨论中，参与者提出有关正确性的主张（无论是否确实可能存在问题的一个正确答案）。否则的话，他们的辩护就会是无意义的。

由于原则上对一个实践问题有一个以上合适答案，因而遵循一般实践话语规则的实践讨论可以生成两个不相容的规范陈述 N 和非 N。当 N 和非 N 基于两个不同价值系统予以辩护时，这种情况就会出现。只要防卫 N 和非 N 的参与者的辩护不含矛盾，这样一个结果就是可能的。禁止不相容并不保证排除不同言说者的不相容的价值系统。它只意味着，当某人论证说有一唯一正确答案（基于禁止不相容性）时，他混淆了真与从某一特殊价值系统的视角来证明某事是可接受的可能性。[12]

虽然规则并不担保唯一正确的结果，但该理论并非对真实讨论的评估无济于事。这些规则可以阻止非理性行为，因为它们构成对

---

〔10〕 比如见布劳恩（Braun，1988）。

〔11〕 见阿列克西（1991：412-417）著作的德文版第 2 版后记。1989 年的英文版不包括这个后记。

〔12〕 见阿列克西（1991：413）。

日常实践中所实施的那些讨论进行批判性评价的一种工具。

7.2.2　实践合理性的原则

实践话语的一般理论区分了合理性的三个层次。在第一层次，实践合理性的一般理念得以表达。在第二层次，利用实践合理性的原则对这个非常含混的理念予以更精确的解释。在第三层次，定义相对含混且往往冲突的原则，把它们整理成一个规则系统。[13]

一般实践话语的理论基于第二层次所阐述的六个原则：**一致性**、**效率**、**可检验性**、**融贯性**、**一般化**和**真诚性**。之前的章节讨论过规则背后的这些原则。原则并不完全对应规则，一个原则可以支持若干规则。同样，一个规则可以得到若干原则的支持。

要求没有矛盾的第一个规则（1.1）以**一致性**原则为基础，因而第三个规则（1.3 和 1.3′）要求言说者始终以相同方式使用他们所用的表达式。用来消除规则和原则之冲突的论证类型（4.5）和（4.6），也例示这个原则。一致性原则也支持把实践的话语与分析的话语连结起来的第三条转换规则的一个方面（6.2）。

效率原则调节交流的经济性。对共同用法的要求（1.4）加强交流的效率。其他因素也服务这一目标：给每一断言提供辩护的初步（*prima facie*）义务（2），关于论辩责任的规则的一部分（3.2）—（3.4），以及关于分析的和话语-理论的话语的转换规则（6.2）和（6.3）。两个论证类型（4.2）和（4.3）的重要意义在于论理上的一贯性，也关系到效率的因素。

可检验性原则在三组规则中都有阐明。首先，它在要求一致性和共同用法的（1.3）、（1.3′）和（1.4）与关于分析的话语的转换规则——这些都有助于语言的清晰性——以及论证形式（4.1）—

---

〔13〕　见阿尔尼奥等（1981：266-267）。对规则和原则之区别的讨论，见阿列克西（1985，2002）。

(4.6)中就阐释了。其次,在关于参与者权利的规则和论辩的规则(2.1)—(2.3),论辩的责任(2)、(3.1)、(3.2)和(3.4)中就产生了。最后,它也出现在扩展论辩范围的规则、角色交换的规则(5.1.1)、关于规范信念起源之审查的规则(5.2.1)和经验的话语之转换规则(6.1)中。

融贯性原则要求句子或理论的组合应该尽可能是融贯的。在这个意义上,我们在那些有助于融贯性的规则当中,找到了合理性规则(2)、(2.1)—(2.3)以及关于论辩责任的规则(3.1)、(3.2)和(3.4)。以下规则蕴涵着论辩所影响的主题内容的可控的扩展:角色交换规则(5.1.1)、关于历史的-社会的审查的规则与规范信念的个体-精神的起源的规则(5.2.1)和(5.2.2),以及那些支配经验的话语之转换的规则(6.1)。当这些程序规则被说成是有助于融贯性的时候,意思是它们促进论证的融贯性。[14]

一般化原则有三个方面。第一方面与形式正义原则有关,表达在规则(1.3)和(1.3′)中。第二方面关涉平等原则,在关于参与言说之权利的规则(2.1)和(2.2)中可以找到对它的表达,在不平等对待情形下影响论辩责任的规则(3.1)中也有所表达。* 第三方面为一般化理念的三个其他变体——交换角色的规则(5.1.1)、共识原则(5.1.2)和公开性规则(5.1.3)——奠定了基础。

真诚性规则(1.2)和要求免于压制的规则(2.3)是服务于**真诚性**原则的。这些规则的目的是要确保,对个体参与者利益的解释构成合意的利益和谐的基础。

7.2.3 话语规则的辩护

一般实践话语的理论是一种规范理论,阐明讨论合理性的准

---

〔14〕 见阿尔尼奥等(1981:268)。

* 疑原文此处将 Third 误为 This,故改。——译者注

则。为了检验该理论的妥适性，辩护这些规则势在必行。有四种可能的辩护模式，每一种都有其优势和劣势。辩护的**技术性**模式表明话语规则是达到某些目的的手段，其劣势是它转而辩护所假定的目标。辩护的**经验性**模式表明对这些规则的遵守实际上达到了相当大的程度，它的劣势在于把实际的论辩实践（它不一定是理性的）当成是合理性的一个标准。在辩护的**定义性**模式里，规则系统没有得到辩护，而是作为一个定义讨论规范性陈述的语言游戏的规则系统，其劣势是没有提出支持该系统的进一步的理由；它仅仅是给出定义性理由。辩护的**普遍-语用学**模式表明，某些规则的有效性使得搞清楚言语行为成为可能，它的劣势在于不能在实践中实现。即使这样，阿列克西还是主张，这四个辩护模式的有用元素的组合提供了辩护一般理性实践话语理论之规则的最佳方法。[15]

7.3　法律论辩理论

一般实践话语理论的优势之一是，它把塑造有关论证内容讨论的任务留给了潜在的讨论者，它只提出了关于该程序之合理性的最低要求。这个系统的"开放性"也有其劣势。所描述的程序并不担保解决问题。参与者的规范信念可能是不相容的，尽管走完了一个理性程序。

法律争议要求一个终局性的、一清二楚的结果。因此，法律中存在具有特定法律规范的特殊程序。当一个终局性裁决必不可少时，对限制"话语上可能的"领域的规则取得一致意见就是合理的，如议会立法的规则和各种法律程序的规则。[16]

---

〔15〕　对这些辩护模式的批评，见魏因伯格（1983：187-188）。

〔16〕　在阿列克西（1981：186）和阿尔尼奥等（1981：274）中，阿列克西区分了不同的程序：实践话语的程序（P^p）、法律话语的程序（P^j）、建立实在法规范的程序（P^r）和法律诉讼的程序（P^g）。

在其法律论辩理论中，阿列克西明确表述了旨在保证达成一个理性结果的具体法律规则。除了合理性的一般要求而外，这些规则也应该满足具体的法律要求，比如法律安全、正义和合法性。

阿列克西区分了法律裁决辩护的两个方面。根据法理论中公认的一种区分（比较卢勃列夫斯基 1974），他区别了**内部辩护**（*internal justification*）和**外部辩护**（*external justification*）。内部辩护关涉辩护时（按照推论的某一特殊逻辑系统）该裁决从所提出的前提逻辑地推出。在外部辩护里，这些前提的可接受性得到辩护。[17] 内部辩护的目的是要把在外部辩护中必须加以辩护的论据明晰起来。

129　　阿列克西认为，外部辩护是法律论证的核心焦点，因而形成法律论辩理论的中心论题。外部辩护的核心问题是，内部辩护里所用的论据按照法律标准是不是可接受的。

7.3.1　内部辩护的规则

内部辩护的最简单形式有如下结构:[18]

$$(J.1.1) \ . \ (1) \ (x) \ (Tx \to ORx)$$
$$. \ (2) \ Ta.$$
$$(3) \ ORa \qquad (1), (2)$$

（1）是个普遍规范（"x"是适用于一个人的变项，"T"是谓词，把适用规范的条件表达为"x"的一个属性，OR 是规定"x"必做之事/必须对"x"所做之事的谓词，"a"是一个人的名字或摹状词），（2）是对规范中所描述法律后果之适用的事实条件的描述，（3）是裁决，即关于法律后果的规范性陈述。以下是一个例子:

---

〔17〕　比较本书第 6 章所讨论的麦考密克（1978）对演绎辩护和二阶辩护的区分。
〔18〕　阿列克西（1980）把这个论证型式看作是所谓法律三段论的变体。

（1）军人在公务上必须说实话（《德国军人条例》第 1 条第 13 款）。

（2）M 先生是个军人。

（3）M 先生必须在公务上说实话。（1），（2）

仅当普遍规范（1）毫无疑问适用于事实（2）时，才可以应用（J.1.1）。该规范是否可适用往往并不显而易见，因为它可以用不同方式予以解释。普遍规范为什么可能不清晰有三种缘由。[19] 第一，该规范中所用的表达式也许被证明是模糊不清的。第二，一个表达式可能是含混的，因而不清楚是否某一行为的特定形式可以被看作是侵权行为的例子。第三，规范中所用的某一表达式可能在评估上是开放的。诸如"公正""公平"等在评估上开放的语词的含义，应该结合使用它们的语境来确定。

为了能够确定某一含混或评估上开放的语词的准确含义，必须确立某种语义规则。这种规则详细说明，当某一属性复合体"M"适用时，某事物（一个个体、一个行为或一个事态）就是一个"T"：

$$(x)(Mx \rightarrow Tx)$$

当某事物是不是一个 M 并不清楚时，就应该表述一个规则：

$$(x)(M^1x \rightarrow Tx)$$

而当某事物是不是一个 M^1 并不清楚时，就应该表述一个规则：

$$(x)(M^2x \rightarrow M^1x)$$

---

[19]　见阿列克西（1980：190）。

130

如此，等等。

在一个语词或表达式的用法需要辩护的情况下，更复杂的内部辩护形式（J.1.2）就呼之欲出：[20]

$$(J.1.2). \quad (1) \quad (x)(Tx \to ORx)$$
$$. \quad (2) \quad (x)(M^1x \to Tx)$$
$$. \quad (3) \quad (x)(M^2x \to M^1x)$$
$$. \quad (4) \quad (x)(Sx \to M^nx)$$
$$(5) \quad Sa$$
$$(6) \quad ORa \qquad (1) - (5)$$

在这个型式里，（1）也许是《荷兰刑法典》第 310 款的普遍规范，它陈述了：如果某人（x）故意侵占了属于别人的商品（T），他就应当判最高 4 年监禁（ORx）；（2）说的是，如果某人侵占了一项财产（M^1），那他就侵占了一项商品（T）；（3）陈述了如果某人侵占了有某种价值的东西（M^2），那他就侵占了一项财产（M^1）；（4）说的是，如果某人侵占了电力（S），那他就侵占了有某种价值的东西（M^n）（n 是代表某个 M 的一个变项，取决于在 M^2 的情况中所需要的步骤数）；（5）陈述了 A 先生侵占了属于海牙城市的电力；（6）是规范性陈述（ORa）。[21]

内部辩护规则服从每一法律裁决必须从普遍规范连同其他前提逻辑地推出：

---

〔20〕 见阿列克西（1980）借助内部辩护和外部辩护的型式进行重建的一个例子。

〔21〕 （J.1.2）依然是一个简单形式，因为没有具体说明如何重建适用条件的更复杂形式或法律后果的更复杂形式。阿列克西（1980：193）指出，在这个逻辑形式中，并没有阐明法律后果的结构。一种更具体的形式可以通过改变前提（1）来阐述。

(J.2.1) 在辩护中，必须举出至少一个普遍规范。

(J.2.2) 一个法律判断必须从至少一个普遍规范和进一步的陈述一起合乎逻辑地推出。

逻辑有效性的要求基于可普遍化原则背后的形式正义的要求。[22] 可普遍化的要求蕴含着，特定的规范判断仅当基于一个普遍规范时，才能得到辩护。同样，语词用法的规则，比如（J.1.2）里的（2），也必须表述为一个普遍规则。可普遍化原则要求，在相关方面相似的两个个体要按相似方式来对待。

在法律中所用的表达式的基础上，假如不清楚是否应该使用谓词"T"，那就需要更深一层的普遍规则。阐明了这样一个普遍规则，就可以重建起一个逻辑有效的论证。内部辩护的法律论证型式形成一般实践论辩的一般论证型式的具体实施。

内部辩护的规则保证某种程度的合理性，因为它们要求应将原本隐含的那些假设明晰起来：

(J.2.3) 每当允许怀疑 a 是否一个 T 或一个 M^1 时，必须提出解决这个问题的一个规则。

(J.2.4) 所需的分解步骤数等于这一数量，即它有可能使得适用于给定案件的表达式的用法不再允许进一步争议。

(J.2.5) 应将分解步骤尽可能多地予以明确表述。

规则（J.1.1）、（J.1.2）和（J.2.1）—（J.2.5）保证一定的合理性。可是，总的来说，辩护的合理性取决于前提的合理性。因此，关于最终判断之合理性的决定依赖外部辩护。

---

[22]　见阿列克西（1989：222-223）。

　　一个法律判断应该从某些前提合乎逻辑地推出这一要求，并不意味着一个法律裁决的辩护类似于从现有法律规范自动推演出一个法律裁决。上面引证的例子表明，在更复杂的案件中，需要许多前提，如（2）、（3）和（4）的辩护，而它们并不能从任何法规推出。在许多案件中，甚至人们由以开始的那个法规都不是实在法的一个规则。

132　　可推断性的要求恰恰导向了遮掩法律裁决过程中创造性元素的对立面：那些并非源于实在法的前提被公开化。这很可能是内部辩护要求的最重要方面。在内部辩护的进程中，哪些前提需要外部辩护变得显而易见。在内部辩护中，那些可能本来曾经隐藏的假设必须明晰予以表达。这增大了识别错误并予以批评的可能性。辩护那些不能从实在法得到的前提正是外部辩护的任务。

　　重要的是要牢记，内部辩护并不主张把审议看法的进程当成是对决策者头脑中实际发生的那些东西的重现。应该区分决策过程（"发现的语境"）与辩护（"辩护的语境"）。[23] 对决策的辩护来说，唯一相干的问题是在防卫该决策时可以引用哪些考量，而不是法官的实际决策过程是如何进行的。

7.3.2　外部辩护的规则

　　内部辩护中的前提辩护是外部辩护的主题。由于这些前提可能是相当不同的类别，因而应该区分不同的辩护模式。通过表明一个规则满足法律秩序的有效性准则，作为实在法一个规则的某一规则的辩护就发生了。各种各样的程序可能在经验性前提的辩护中开始发挥作用。其范围涉及从运用合理推定的经验科学的方法到审判中的证明责任规则，最后可能是用来证明既非经验性陈述亦非实在法

---

　　〔23〕　见阿列克西（1989：229）。

规则的那些前提的所谓**法律论辩**或**法律推理**，比如用来说明（J.2.1）的（2）、（3）和（4）中的例子。

外部辩护的规则和论证形式可以分为六组。第一组包括运用法律解释论证形式的规则。其余五组包括教义学论辩、判例运用和所谓特殊法律论证形式的运用，比如根据类比的论证、根据相反的论证和更强者论证。[24]

第一组，也即最重要的外部辩护规则，涉及法律规范解释中的论证形式。这些论证形式基于本书第 1 章所讨论的解释准则，即语义的、起源的、目的论的、历史的和体系的解释方法。

这些规则与在内部辩护中所使用陈述的辩护有关。如果普遍规范中所用的表达式允许一个以上的解释，那么就应该用外部辩护的手段去辩护所选定的解释。阿列克西用（J.1.2）的缩简版作为外部辩护的基本形式：

133

$$(J.1.2').\quad (1)\ (x)\ (Tx \rightarrow ORx)\ (R)$$
$$.\quad (2)\ (x)\ (Mx \rightarrow Tx)\ (W)$$
$$.\quad (3)\ Ma$$
$$(4)\ ORa \qquad (1) \text{---} (3)$$

前提（1）是一个普遍规范〔它的一个例子是《荷兰刑法典》第 310 款的普遍规范，该款规定，如果某人（x）故意侵占了属于别人的商品（T），他就应当判最高 4 年监禁（ORx）〕；（2）是语词"商品"的用法规则（比如，如果某人侵占了属于别人的电力，那他就侵占了代表某种价值的财产，且因此侵占了商品）；（3）是

---

〔24〕　阿列克西没有为检验论证和一般实践论证举出特殊规则，而是引用一般实践话语的规则。

一个陈述(比如,A 先生侵占了属于海牙城市的电力);(4)是表述为结论的规范性判断(比如,A 先生应被判处 3 个月监禁)。从(1)(规范 R)和(2)(语言 W 的用法规则)得出具体规范 R′:

$$(2')\ (x)\ (Mx \rightarrow ORx)\ (R')$$

(2′)是个具体规范(例如,如果某人故意侵占了属于别人的电力,那他就应被判处 4 年监禁)。

像内部辩护的型式一样,这个外部辩护的论证型式也基于一个演绎有效论证。同样在外部辩护中,一个普遍规则,如(2)或(2′),应该按照裁决(4)可以从其他陈述演绎得推出加以表达。

外部辩护的论辩型式形成对应于解释准则的各种型式的基础。这些型式最重要的功能是辩护诸如 R′这样的解释。

当 R′(一个法律规则的解释)用 W 辩护,而 W 是关于一种自然语言或技术性语言,尤其是法学语言的断言时,**语义论证**就出现了。语义论证用来辩护或批判一个解释,或者表明它至少是语义上可允许的。因此,有可能区分三个论证形式:

(J.3.1)以 W_i 为由,作为 R 的一个解释的 R′必须予以接受。

(J.3.2)以 W_k 为由,作为 R 的一个解释的 R′不能被接受。

(J.3.3)由于 W_i 和 W_k 均不成立,因而作为 R 的一个解释的 R′被接受或不被接受都是**可能的**。

134   通过说 R′这个解释符合立法者的意图来辩护 R 的一个解释 R′时,**起源论证**就现身了。起源论证可分为两个基本形式。第一个提及立法者的意图:

(J.4.1). (1) $R'\left(=I\dfrac{R}{W}\right)$ 是立法者所欲的

. (2) R'

在第二个例子中,主张立法者把 R 用作促进某一目标 Z 的手段:

(J.4.2) (1) R 对立法者而言是目标 Z 的一个手段

(2) $-R'\left(=I\dfrac{R}{W}\right)\rightarrow-Z$

(3) R'

要让整个论证变完整,需要一个额外前提或推论规则,包含如下内容:

(a) 立法者以 R 应按照 $W\left(I=\dfrac{R}{W}=R'\right)$ 来解释的意图而颁布 R 这一事实,是 R' 有效性的理由。

而且对于 (J.4.2) 应该表达以下两个前提:

(b) 立法者把 R 当作 Z 目标的一个手段予以颁布的事实,是坚持以实现 Z 的一种方式来适用 R 是强制性的理由。

(c) 如果实现 Z 是强制性的,那么对实现 Z 必不可少的任何手段也是强制性的。

而这个推论规则 (c) 的深层基础是如下型式:

(S) (1) OZ

(2) $-M\rightarrow-Z$

(3) OM

用日常语言可以将（S）表述如下：

（1）获得事态 Z 是强制性的。

（2）除非获得 M，否则不能获得 Z（即 M 是 Z 的一个条件）。

（3）获得 M 是强制性的。

在**目的论论证**中，R′通过指出一个事态或事件 Z 的特别合意的后果来进行辩护：

135

$$(J.5). \quad (1)\ OZ$$

$$. \quad (2)\ -R'\left(=I\,\frac{R}{W}\right)\rightarrow-Z$$

$$(3)\ R'$$

其中（1）为某一事态或事件（目标 Z）是合意的陈述，（2）是解释$\left(I\,\dfrac{R}{W}=R'\right)$对达成目标 Z 是必要的陈述。

支撑（J.5）和（J.4.2）的一般型式是：

$$(S). \quad (1)\ OZ$$

$$. \quad (2)\ -M\rightarrow-Z$$

$$(3)\ OM$$

其中（1）是个规范性陈述，（2）是一个经验性陈述。辩护（2）需要以经验概括为基础的知识。因此，目的论论证部分依赖经验的论证。当对（1）没有争议时，裁决只取决于经验的论证，这并不少见。这说明，在法律话语中经验性推理相当大的重要性（以及由此对一般实践话语的重要性)。

在目的论论证中，正如起源论证的第二个变体一样，主张实现某一特殊目标是必要的。目的论论证并不提及立法者所设置的目标（根据所谓法律的主观意义），而是提及"合理的"目标或有效法律秩序预设的目标。目的论论证形成一般论证形式（4.3）的一个变体，其中涉及一个规则的后果。由于一个规则有不止一个后果，所以有必要在某些原则的帮助下转而评估这些后果。[25]

另一个论证形式是**历史论证**，其中提到一个法律规范的历史，**比较论证**提及另一个社会的法律体系，**体系论证**考虑某一规范在法律文本中的地位，某一规范与其他规范、目标和原则的逻辑关系或目的论的关系。严格意义上的最重要的体系论证是对付规范之间的某一矛盾的体系论证。

仅当某一特殊形式的论证包括了属于其形式的所有前提，它才是完整的。要加以明晰的陈述可能是经验的（即涉及语言的用法、立法者的意图、过去的法律、别国的法律），也可能是规范的。应该让论证成为完整的这一要求用以下规则表述： 136

　　（J.6）要求饱和，即归属于解释准则的每一论证之理由的穷尽陈述。

为了确保法律论证优先于非法律论证，阿列克西表述了如下规则：

　　（J.7）表达与实际的法律字眼或历史上的立法者意图有关的论证优先于其他论证，除非能举出允许其他论证优先的合理

---

〔25〕　见阿列克西（1989：243-244）。

根据。

（J.8）确定不同形式论证的相对分量必须遵照估量规则（weighting rules）。

（J.9）必须充分考虑每一个可能提议的、可算作是解释准则之一的这种形式的论证。

外部辩护的**第二组**规则关注来自法律教义学的命题用法。来自法律教义学的命题可能由法律概念的定义、法律规范中出现的其他概念的定义和原则的表述等等组成。辩护一个解释时，如果可用的话，应该使用取自法律教义学的命题。

对于得自法律教义学的命题的评价，阿列克西表述了以下规则：

（J.10）每个教义学命题无论何时遭到怀疑，都必须用至少一个一般实践论证予以辩护。

（J.11）每个教义学命题必须能经得住狭义的（意即关于是否该命题与其他教义学命题和实体法规范是逻辑上一致的检验）和广义的（指有关是否该命题与一般实践考量和其他法律命题相一致的检验）系统检验。

（J.12）有可能使用教义学论证时，就应该使用。

第三组规则与判例的使用相关。遵循判例的基本理由是可普遍化原则，它规定我们相似情况相似对待。假如某人想要破例，论证的责任就落在他肩上。他将必须表明为什么该具体案件不同于在早先裁决中考虑后所做出的决定。对于判例的使用，阿列克西表达了下述规则：

（J.13）如果可以援引一个判例支持或反对一个裁决，那就应该这样引用。

（J.14）任何想要背离一个判例的人承担论证的负担。

第四组规则包括具体法律论证形式的规则，这些论证形式在法律规则解释的法律方法论中使用，比如类比论证、根据相反的论证、更强者论证和归谬论证。

当法官想要表明某一特殊案件没有归入某一规则时，他就可以使用**根据相反的论证**。他必须表明这个具体案件在一些重要方面不同于可适用该规则的那些案例。阿列克西采用克卢格（1951）的公式表示如下：

（J.15）（1）（x）（OGx→ Fx）

　　　　（2）（x）（-Fx→ -OGx）（1）

假如法官不能基于法规的普通字符决定是否手头案件被归入该规则时，他就可以使用类比。类比推论可表达如下：

（J.16）（1）（x）（Fxv F sim x→ OGx）

　　　　（2）（x）（Hx→ F sim x）

　　　　（3）（Hx→ OGx）（1），（2）

阿列克西给出了以下类比推论的例子：

．（1）对所有 x：如果 x 是一个销售合同（F）或类似于一个销售合同的交易合同（F sim），那么就应该对 x 适用《德国民法典》第 433 条及以后条款（G）。

．（2）对所有 x：如果 x 是一个与转移商业企业价值有关的合同（H），那么，x 就是一个类似于销售的交易合同（F sim）。

. （3）对所有 x：如果 x 是一个与转移商业企业价值有关的合同（H），那么，就应该对 x 适用《德国民法典》第 433 条及以后条款（G）。（1），（2）。

这样，类比的论证型式就可以重建为逻辑上有效的论证。

类比推理的真正问题在于前提（1）和（2）的辩护。通常，（1）并不是一个可以直接从一个法规获取的规范。可以在颁布的法律中找到的规范往往有这样的形式：

$$(1.\,a)\ (x)\ (Fx \rightarrow OGx)$$

为了成为前提（1）的形式，需要以下规则：

138

（1. b）那些从法律的视角来看相似的事态应该有相似的法律后果。

（1. b）是可普遍化原则（1.3′）的一个特例，从而也是平等原则的特例。要使论证变得完整，必须加上这个陈述。不过，它只有得到论证的支撑才能开始发挥作用。

对归谬论证即根据不可接受性的论证，也是如此。比如，该论证在此情况下出现：支持论点——使用语词用法规则 W $\left(I \dfrac{R}{W} = R'\right)$ 对规范 R 的一个特定解释 I 不可采纳，就是陈述了：这会产生不可接受的、无意义的、不可思议的或诸如此类的结果。Z 代表这样一个不可接受的结果，被视为被禁止的（O—Z）。使用前

面提到的型式（S），该论证就有如下结构：[26]

$$(J. 17) \quad (1)\ O\text{-}Z$$
$$(2)\ R' \to Z$$
$$(3)\ \text{-}R'$$

必须明确辩护前提（1）和（2）。尤其是，必须表明，Z 要被当成是被禁止的，R′实际上导致了 Z。前者可以用一般实践论证建立起来，而后者只能用经验性论证来确立。

假如明确陈述了隐含的假设，这些特别的论证形式就可以分析为逻辑有效的论证形式。相应地，这些论证形式应该成为完整的：

（J. 18）特殊的法律论证形式必须具有全部陈述出来的支持它们的理由，即它们必须达到饱和。

这些论证形式是实践论辩的一般论证形式的一种具体执行。（J. 15）是个逻辑有效的论证，（J. 16）是可普遍化原则的一种应用，（J. 17）是根据后果的论辩的一种形式。

阿列克西还讨论了经验性论辩的角色，尽管他没有表述经验性论辩的具体规则。就如在一般实践讨论中一样，法律讨论之中也可能存在关于事实的分歧意见。使得有可能开始一种经验性讨论的一般规则（6.1）也适用于法律讨论。在法律讨论中，要能够决定（J.5）语境或归谬论证语境中的后果是什么，可能需要经验性知识。阿列克西没有详细阐述应该如何进行经验性讨论。

最后，阿列克西讨论了一般实践论证在法律论辩中的角色。假

---

〔26〕　比较本书第 6 章所举的麦考密克（1978）的后果主义者论证的例子。

如没有法律论证可利用，一般实践论证就是不可缺少的。一般（道德的）考量可能用于辩护在两个解释之间做出的选择或者辩护用来使解释性论辩型式变完整的那些论证。实践论证也可以用于辩护得自法律教义学的命题。实践论辩的一个重要功能是，在导致不同结果之规则的适用情境下，辩护允许在具有不同分量的规则之间进行选择。实践论证也可以用于辩护内部辩护中所使用的陈述。以下各节将讨论实践话语和法律话语以及一般实践论证的角色。这通过第4节对特例论题的讨论与第5节对法律辩护中的估量和平衡的讨论来完成。

7.4 法律话语和一般实践话语：特例论题

如前指出，一般实践话语的理想特性使得有必要改编此理论以适应法律话语。法律话语中的核心问题是，一个规范性陈述如何能在由恪守法律规范、判例、教义学命题等所定义的有效法律秩序的框架内，以理性方式予以辩护。[27] 由于法律语言的含混性、规范之间冲突的可能性、法律中存在的漏洞以及在具体案件中违反一个法规的语言来决定一个案件的可能性，迫使法律的开放结构成为势所必然，因而仅仅基于法律规范来辩护法律判断并非总是可能的。在开放性领域，允许法官创制新法，也能以非法律标准为基础。一般实践论辩对于挑选用来使各种法律论证形式成为完整的那些陈述进行辩护总是必要的（见规则 J. 7）。[28] 因此，在法理论中也必须阐明法律论辩总是基于一般实践论辩，不过是在法律秩序的范围内。

阿列克西把法律论辩看作是一般实践论辩的特例（"Sonderfall"）。

---

〔27〕 见阿列克西（1989：289）。
〔28〕 亦见阿列克西（1989：215-217）关于正确性、法律的开放结构以及法律和道德的联系的主张。

在对法律话语和一般实践话语的这种关系的讨论中，这一观点被刻画为"特例论题"。[29] 此论题基于三个考虑。其一，就像一般实践论辩一样，法律论辩关心义务、禁止或允许之事，因而关心宣称正确性的语境中的**实践**问题。其二，在法律论辩和一般实践论辩中，这种对正确性的宣称成为一场讨论的对象，可以看成是一个**话语**的组成部分。其三，在法律话语中，这个对正确性的宣称与一般实践话语中的不同，因为它并不关心什么是绝对正确的，而是关心在有效的、占主导地位的法律秩序的框架之内，在其基础之上，什么是正确的。[30] 因此，法律论辩是一种特例，因为它有一种制度的和权威的特性。

按照阿列克西的看法（阿列克西 1999：380-383），法律话语中实践理性的制度化意味着法律论辩和一般实践论辩在所有层次上都是互相协调和结合的，一道应用的。这种一体化应该被看成是一种程序性的一体化。如阿列克西（1999：383-384）阐明的，民主宪政国家的法律体系试图将实践理性制度化。实践理性具有辩护一个法律体系及其基本结构之存在的功能。实践理性必须在民主决策程序中显现，以使其决策结果成为合法正当的。

法律论辩是一般实践论辩的一种特例这一事实反映了所谓的"法律的二重性"和法律论辩，即它把法律的真实的一面和理想的

---

〔29〕　其他人对阿列克西"特例论题"的讨论，见帕夫拉科斯（1998）。对"特例论题"的批判见君特（Günther，1993）、哈贝马斯（1996/1992）、诺依曼（1996）。对"特例论题"的批判的回应，见阿列克西（1993，1998）。

〔30〕　阿列克西（1999：377）论证说，可是这并不意味着作为一般实践话语之特殊形式的法律话语可被看作是哈贝马斯意义上的一种道德话语形式。它是把一种道德的、伦理的和语用的论证关联起来的话语。阿列克西（1999：380-381）也反驳了哈贝马斯（哈贝马斯 1996：234）的抨击：法律话语将是道德话语的一个子集。在阿列克西看来，法律论证和一般实践论证在所有层次上都是结合起来的，一道应用的，而且，两种话语应该被看成一体化的。（也见阿列克西 1989：284 及以后，291 及以后）。

一面联系起来。[31] 法律论辩与法律的"真实的一面"的制度化要求有关,因为它受法规、判例和法律原理约束,以便权威性理由在法律论辩中起一种特别的作用。法律论辩也与法律的"理想的一面"相联系,因为在疑难案件中(法律的开放结构不能只是基于权威性提供一个一清二楚的答案),法律论辩必须利用一般实践论辩,遵守一般实践论辩的要求。

特例论题和法律的真实一面与理想一面的联系基于阿列克西的这样一个看法:法律和道德之间存在一种必然联系。[32] 从此视角看,阿列克西形成其理论基础的法律的概念可以刻画为非实证主义的。[33] 法律和道德之间必然联系的观点也在阿列克西(1998)对什么算作法律话语中对正确性的主张的阐述里有所论述。在他看来,对正确性的法律主张可以看作是对做决定的或参与法律体系之内某一法律讨论的每个人——如法官——的正确性的客观主张。

这种主张是客观的,因为它与法律体系的某一参与者的角色有必然联系。正确性主张在法律话语中出现,瞄准了可被称为"制度的"听众圈子。阿列克西认为,这是法律中的正确性的主张与普遍的道德的不同。在法律语境中,对正确性的主张涉及在某一特定法律体系中什么是有效的,反过来,从一种普遍的道德视角看,对正确性的主张关涉一般的有效性。[34]

---

〔31〕 见阿列克西(1989,2008)。

〔32〕 见阿列克西(1998,2008)。

〔33〕 见阿列克西(2008)。

〔34〕 根据其法律论辩是一般实践论辩之特例的观点,阿列克西(1989,2002)反对哈贝马斯原来的看法(1971):法律讨论不能被看作是理性交往的一种形式,而应当是"策略行为"的一种形式。阿列克西的看法是,尽管理性讨论的理论并不预设所有法律讨论都能当成是无强迫的自由讨论,但可以说,参与者自称是理性的,因而暗中诉诸理想的先决条件。在阿列克西批评的基础上,哈贝马斯(1988)修正了自己的观点。对这一观点变化的讨论,见本书第5章的5.2.2部分。

对正确性的这种主张既与法律裁决的正确性相关也与实在法的正确性相关。给出某一裁决的法官既主张法律的解释是正确的也主张实在法本身是正确的。[35] 这样，对正确性的法律主张与在某一法律语境中完成的那种行为的制度特性就联系起来了。制度的法律行为，比如司法裁决，总是与断定该法律行为是实体上和程序上正确的非制度行为相关联。[36] 这个断定意味着可辩护性。对该主张的听众的期待是，只要他们采取各自法律体系的立场，只要他们是通情达理的，他们就会把该法律行为当作正确的予以接受。这三个元素：①正确性的断言；②可辩护性的保证；以及③接受正确性的期待，不仅与诸如司法裁决这样的制度行为相联系，也与法庭上的律师或公共讨论中的公民做出的其他法律主张相联系。

对正确性的主张所具有的一个特性是，正确性的标准是开放的，否则它就不能在不同的法律领域出现。不同的法律体系有不同的正确性标准。比如，司法意见、行政行为等就有不同的标准。

阿列克西联系正确性标准的开放性指出，存在各种各样的法律讨论形式，其中有一些比别的更不同于一般实践讨论。法律学生之间、律师与其客户之间的讨论，媒体关于法律问题的辩论，要比法律科学（法律教义学）中的讨论受到更少的限制。而法律科学中的讨论又比司法商议或法庭上的辩论受到更少约束。

在不同的讨论形式之内，约束的程度和类型有天壤之别。最自由或约束最少的是法律科学类的讨论。审判语境中的约束最大。在审判中，角色不均等地予以分配：被告的参与不是自愿的，说真话的义务受到限定。推理过程受时间限制，由诉讼法规则控制。各方有权围着自己利益的指挥棒转。时常，甚至是很经常，他们并不关

142

---

〔35〕　见阿列克西（2008：295）。
〔36〕　见阿列克西（1998：208）。

心达到一个正确的或正义的结果，而是关心达到有利于自己的结果。可是，在阿列克西看来，这并不意味着法律诉讼应该被当成是策略性任务。法律程序的各种形式可以看成是介于理性实践讨论和策略性任务之间的过渡的讨论形式。

按照阿列克西的看法，出现在诉讼中的对一个规范性陈述之正确性的主张，能用"理性讨论"的概念刻画最好。法律诉讼的参与者自诩在理性地论证。当事人与其律师做出对正确性的主张，即使他们只不过是追逐他们自己的主观利益。虽然当事人并不试图使彼此确信，但他们主张每一个有理性的生物都将赞同他们。[37] 他们至少主张，在理想情境下，每个人都会与他们意见一致。所以，在法律诉讼中，当事人以一场理性实践讨论的当事人一样的做事方式，提出对正确性的主张。[38]

阿列克西评论说，现今法律过程的程序结构是否要被看作是理性的，是个不同的问题。这不可以通过暗示参与者的自由在讨论中受到限制这一事实简单地做出否定回答。考虑到对裁决的需求，更具决定性的是，诉讼程序的规则所确定的限制提供了达到在理想条件下本来会导致的那些结果的充分机会。[39]

在法律诉讼中，有一些具体规则限制什么是"话语上可能的"领域，由于法律讨论的规则而成为悬而未决的。法律诉讼（Pᵍ）的程序规则确保，一旦 Pᵍ 结束，唯一的可能性留下来。在法律诉讼中，除了法律论证，法律决定也是必需的。可是，法律决定的必要性并不意味着其与理性揖别。考虑到一般实践话语之程序的结构、

---

〔37〕 也见阿列克西（1998：208）。

〔38〕 见阿列克西（1989：218-220）。

〔39〕 阿列克西认为，只有通过广泛的经验探究，才有可能发现各种过程形式中的哪一个最满足理性讨论的条件，见阿列克西（1989：220）。

建立法律规则的程序以及法律论辩的程序，在程序进行期间做出一个决定是合情合理的。[40] 通过参考一般实践话语和法律论辩的程序，就能提出法律裁决的一种理性辩护。

7.5　作为理性法律辩护之方法的估量和平衡

143

如第 3 节阐明的，阿列克西区分了法律裁决的内部辩护和外部辩护。内部辩护关心法律三段论的逻辑有效性，而外部辩护关注该三段论所用前提的可接受性。有关外部辩护的规则之一规定，解释的准则与估量和平衡的规则相一致。阿列克西的法律论辩理论的一个精致之处就是他对这个作为法律裁决的理性辩护手段的估量和平衡的分析，这是在《宪法权利的理论》(1985，英文版 2002) 中创立的。在阿列克西 (2000，2003a，b) 中，他对自己作为法律裁决的理性辩护手段的估量和平衡的观点作了进一步发展。[41]

7.5.1　阿列克西的平衡理论

按照阿列克西 (2003a：433) 的看法，在法律适用中有两个基本操作：涵摄 (subsumption) 和平衡 (balancing)。阿列克西主张，涵摄在相当大程度上已被阐明，但关于平衡的许多问题依旧没有用令人满意的方式做出回答。其中最重要的问题是，平衡是不是一个理性程序。按照哈贝马斯 (1996：259) 这些怀疑论者的看法，不存在估

---

〔40〕　见阿列克西 (1981：187–188)，阿尔尼奥等 (1981：278)。

〔41〕　对阿列克西估量和平衡理论的讨论，亦见布罗泽克 (Brozek，2007)，耶施泰特 (Jestaedt，2012) 和库姆 (2004)。为了其他权利而非宪法权利，阿列克西自己和其他人对阿列克西估量和平衡理论的细化的文献综述，见耶施泰特 (2012，脚注 2)。对阿列克西作为理性程序之一部分的平衡之理论的辩护，亦见达席尔瓦 (da Silva) 对不可通约的宪法原则的讨论 (2011)。阿列克西平衡理论的应用，比如见伯纳尔 (Bernal，2012) 以及【原著在此处多出一个 and。——译者注】布斯塔曼特 (Bustamante，2012) 关于使用判例的推理中的平衡的讨论。根据法律辩护的一般论辩模式对阿列克西估量和平衡理论的扩展，见菲特丽丝 (2016)。

量和平衡的理性标准。哈贝马斯认为，由于缺少理性标准，"进行估量不是武断的，就是轻率的"。阿列克西不同意这一立场，主张法律论点的正确性基于估量和平衡，这也适用于论辩。在其理论中，他尝试证明，把估量和平衡构建成理性的论辩形式是可能的。阿列克西（2003a：435）认为，这之所以很重要是因为估量和平衡在法律决策实践中的支配性角色。在疑难案件中，既有支持某一裁决的理由，也有反对它的理由，这些理由之冲撞的大部分不得不用估量和平衡的手段加以解决。

144　　　　阿列克西的估量和平衡理论的出发点是他在其《宪法权利的理论》（1985，英文版 2002）中发展的对法律原则的分析。阿列克西认为，在关于宪法权利的讨论中有许多疑难案件，其中谁的保护应该获准与谁的保护应该否决的权利之间界线，并不截然分明。究其原因，是因宪法权利是建立一种"理想的应当"的原则。这些原则必须在一种合比例分析（权利作为原则）的基础上加以应用，而在这种分析中，抽象估量、满意/不满意、冲突原则的侵犯，都在相互竞争中予以估量。因此，为了解决宪法权利的冲突或抵牾，某种平衡是必不可少的。要阐明这样一种平衡如何以一种理性的方式加以辩护，必须说明对支持和反对某一特殊宪法权利的竞争论证进行估量和平衡的过程是如何发生的，可以怎样辩护。

　　为此，阿列克西在其探究原则的理论中首先澄清了原则和规则的区别，因为它们以不同方式运作法律理由，提供不同类型的理由。[42] 德沃金把规则看作是决定性理由，原则是指向某一方向但并不要求某一特殊裁决的理由，阿列克西反对德沃金（1977：24-26）的这一看法。他认为（1985，2002，2003a），法律原则是**最佳化命令**

---

　　[42]　对阿列克西关于区分规则和原则的思想在所谓"基尔学派"成员的平衡理论语境下的进一步讨论和发展，见耶施泰特（2012，脚注 2）。

(*optimization commands*)，命令某事物要在最大范围内被实现。它们可能以不同程度被实现。实现的程度取决于实际情况和法律的可能性。法律的可能性由其他相关的（对立的）原则和规则决定。与法律原则形成对比，法律规则是**确定性命令**（*definitive commands*）：它们要么可适用，要么不可适用。假如一个规则是有效的，它就要求人们不折不扣地做它所命令做的事。从法律适用的形式来看，规则的特性是涵摄：将一个法律规则适用于事实。这种涵摄可以在形式上表示为可能变得越来越复杂的法律三段论（见本章 3.1 部分）。[43] 一个规则没有被挑出是因为规则的背景辩护在某一具体案件语境中并不成立。一个规则被挑出的方式不同于一个原则被挑出的方式，因为在规则的立法过程中早已指明，将要适用于规则所指定的那种语境的相关原则是什么。按照阿列克西的看法，规则和原则的不同是质上的不同，而非只是程度之别。每一个规范，要么是个规则，要么是个原则。

　　在规则冲突和原则冲突（或碰撞）的案件里，规则和原则的不同显而易见。[44] 在这两种冲突形式中，两个规范的冲突导致不相容的结果。不过，各自冲突的解决有所不同。两个规则的冲突可以通过将一个例外条款引入两个规则之一或宣告其中至少一个无效加以解决，比如，使用诸如后法优于先法的冲突解决规则。原则的冲突可用不同方式根据案件的具体环境建立它们之间的某种优先条件关系进行解决。一个原则的不满意程度越高，满意另一个原则的重要性必定越大。这种优先条件关系的建立，是根据所谓"竞争原则

145

────────────

〔43〕　亦见西克曼（Sieckmann，1990：18 及以后）。对涵摄和平衡之间的这个区别的批评，见耶施泰特（2012：171-172）。

〔44〕　见阿列克西（2002）。

律"或"平衡律"这一准则进行的。[45]

估量和平衡是辩护原则冲突解决方法的基本论辩模式。阿列克西利用德国联邦宪法法院关于某人无能力出席法庭诉讼程序的一个裁决（联邦宪法法院的裁决，BVerfGEvol. 51，324）来说明这种估量和平衡。该案的问题是，在被告由于审判的压力将处于中风或心脏病发作危险的情况下，审判是否可以举行。一方面是宪法的生命权和身体的不可侵犯性，另一方面是法治的原则，二者构成了冲突的原则。法院宣告其中一个原则无效或引入一个例外并不能解决这个难题，但确定冲突原则之一盖过另一个原则的**有条件的优先权**（*conditional priority*）却能解决该难题。生命的基本权利和身体的不可侵犯性优先于这里的刑事审判运行系统的原则，此时"在进行审判的情况下，被告会有丧命或遭受严重身体伤害的明显而具体的危险"（BVerfGEvol. 51，234，346）。在这些条件下，基本权利有更大的分量，因而取得优先权。基本权利的优先权意味着它的法律效力是强制的。优先权条件的满足引起前述原则的法律效力。阿列克西（2003a）把这个论辩形式概述为一般**碰撞律**（*Collision Law*）：

> 一个原则胜出另一个而取得优先权的条件，构成某一规则将法律效力赋予被认为优先的那个原则的有效事实。

重要的是要记得，碰撞律相当于作为最终裁决之基础的一个**有效规则**。这与前边所讨论的阿列克西的内部辩护的规则相一致：每一法律裁决必须包括至少一个普遍规范（J. 2. 1），每一裁决必须从某一普遍规范连同其他前提逻辑地推出。

在阿列克西对估量和平衡的分析中，最终裁决满足逻辑有效性

---

[45] 对用分量公式实施这个准则的讨论，见阿列克西（2002，第4章）。

和可普遍化标准。裁判从某一普遍规范连同进一步的陈述一起逻辑
地推出。

按照碰撞律，在原则之间具有优先关系的规则并不是绝对的，
而仅仅是**有条件的**或**相对的**。最佳化法律原则的任务是要为具体案
件确定正确的条件优先关系。为了概念化这种碰撞原则之平衡的理
性方式，阿列克西引入其平衡理论。

阿列克西认为，可以把平衡看作是一个更为综合的原则——合
比例原则之要求的一部分，这原则适用于几乎所有实施宪法上规定
的权利的语境。阿列克西用他自己的第一**平衡律**（*Law of Balancing*），
即所谓的"实体的平衡律"（Substantive Law of Balancing）重新表述了
合比例原则：

> 对一个权利或原则的不满足或损害越大，满足另一个权利
> 或原则的重要性就必定越大（阿列克西 2003a：436）。

平衡律始于两个碰撞的原则 P_i（比如，言论自由）和 P_j（保
护人格的原则）与对 P_i 的侵害（I_i）。在应用平衡律的过程中，阿
列克西区分了推理的三个阶段。[46] 前两个阶段由确定利害攸关原
则的重要性组成：第一个阶段包括确定原则 P_j 对第一个原则 P_i 的不
满意或损害的程度（换言之：第一个原则的抽象分量与侵犯这个原
则的重要性）；第二个阶段关涉确定满足那个碰撞原则的相对重要
性（换个说法：该碰撞原则的抽象分量和适用这个原则的重要性）。
在这些阶段，凭借参照三元尺度即"轻""中"和"重"来确定可
公度性。第三个阶段以前两个阶段的结果为基础，确定是否满足后
一原则的重要性使得对前一原则的侵害或不满足成为正当合理的。

---

〔46〕 阿列克西（2003a：440-441）。

鉴于这三个阶段，法律辩护语境中平衡的合理性取决于关于侵害强度之判断的辩护、关于重要性质判断的辩护以及这些判断之间的关系。通过公式化表述这样一种明显程序，说明构成平衡过程之基础的那些步骤的固定结构，使得在辩护过程中，为了让平衡成为理性的，必须得到"外部"辩护的这个过程背后的前提是什么，变得清晰起来。[47]

除了原则的重要性，原则的"抽象分量"也必须按照该原则所源自的法律层级——有时按某些积极的社会价值——来确定。阿列克西（2003a：444）阐明了一个**分量公式**（*Weight formula*），必定用于决定一个原则的具体分量，见图 7.1。

在这个公式里，$W_{i,j}$ 代表 P_i 的具体分量，即在被决定案件环境之下 P_i 的分量。分量公式表达了一个原则的相对分量，也就是侵害该原则（P_i）之强度的商数，以及竞争原则（P_j）的具体重要性，即由省略对 P_i 的侵害所引起的对 P_j 的假想的侵害强度。

147

$$W_{i,j} = \frac{I_i}{I_j}$$

图 7.1　决定一个原则具体分量的分量公式

分量公式里必须说明的更深一层的变量是经验性假设的可靠性。这些假设牵涉考虑在具体案件环境之下 P_i 之不实现和 P_j 之实现的度量手段。R_i 和 R_j 对 $W_{i,j}$ 的关系基于第二平衡律，阿列克西把它刻画为"认识的平衡律"（Epistemic Law of Balancing），以区别于第一个"实体的平衡律"。阿列克西（2003a：446）将这个第二平衡律表述如下：

---

[47] 亦见克拉特（2012a，b：9-10）与克拉特和麦斯特（2012：708）。

对一个宪法权利侵害的分量越重，作为其基础的前提的确实性必定越大。

包括此第二律在内的完整分量公式（阿列克西 2003a：446）表达如图 7.2。

$$W_{i,j} = \frac{I_i \cdot W \cdot R_i}{I_j \cdot W \cdot R_j}$$

图 7.2　包括第二平衡律的分量公式

通过分析德国宪法的例子和用抽象论辩型式表述估量和平衡的论辩，阿列克西试图表明，他的估量和平衡理论是充分的。涉及原则碰撞的一个例子是联邦宪法法院的"莱巴赫判决"（Lebach sentence）。法院必须决定，一家电视台是否能播放关于几年前发生的一宗刑事案的纪录片，片中的一个罪犯被认出来导致他的再社会化可能受到危及。法院陈述说：

在基本法第 1 条第 1 款和第 2 条第 1 款中授予的一般人格权与基本法第 5 条第 1 款第 2 项所授予的广播电台的新闻报道自由权之间存在冲突（BVerfGE 35, 202［219］）。

这个冲突用估量来解决：

估量一方面必须考虑这样一个节目所造成的对私人领域侵害的强度……；另一方面必须判断这样一个节目所能满足的具体兴趣；人们必须决定，是否这个兴趣也能在没有或很少严重侵害人格保护权的情况下得到满足（BVerfGE 35, 202［219］）。

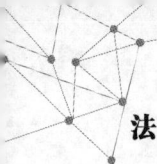

148　　法院得出的结论是，在莱巴赫案件的条件下，人格权的保护比电视台的新闻报道自由更重要。这些条件确定了一个规则的有效事实，它表达莱巴赫案中人格保护原则的法律后果：

> 对重大犯罪的电视专题节目的重播不再以对信息的强烈兴趣来证明是正当的，当它危害罪犯的再社会化时，至少是不被允许的（BVerfGE 35, 202［237］）。

阿列克西认为，对例证的分析表明，估量和平衡中的理性判断是可能的。[48] 当然，估量和平衡——就像涵摄一样——从其本身并不是估量和平衡之结果的那些前提开始。不仅一种涵摄的形式表征对这些前提的内容没有任何直接的贡献，而且估量和平衡的这样一种表征亦是如此。不过，在两类论辩中，可以识别出一个结果能够由以推出的前提集。两种表征都是形式的，但这些形式表征一方面确认涵摄的必要元素，另一方面确认估量和平衡的必要元素。阿列克西（2003a：448）的结论是，涵摄与估量和平衡是法律推理的双维：对于法律推理的归类和分度（graduating），"为了实现法律论辩最大可能的合理性，能够而且必须以多种方式结合起来。"

7.5.2　平衡理论的进一步发展

阿列克西的平衡理论被其他学者当作一种促进法律论辩合理性的法律方法加以进一步发展。不同学者提议对其进一步实施和补充，目的是通过澄清内部辩护的哪些前提需要更深层的外部辩护来增强程序的合理性。下文讨论两个实质的发展，它们提议两个平衡

---

　　［48］　对分析一个理性决策程序中宪法原则之平衡的其他例子，见达席尔瓦（2011）。在他们的分析中，克拉特和麦斯特（2012）阐明了在平衡宪法原则基础上以理性方式辩护一个决定的可能性与展示某些瑕疵的平衡实践之间的差异。

律的附加元素。第一个涉及第一平衡律与克拉特和麦斯特（2012）阐述的**胜出律**（*Law of Trumping*）。为了在牵涉人权冲突的程序中使某些价值的分量明确起来，"胜出律"凭借澄清内部辩护的哪些前提需要更深层的外部辩护来提高程序的合理性。第二个发展关涉第二平衡律与克拉特和施密特（2012）表述的**分级律**（*Law of Classification*）的组合。为了说明关于合比例分析中规范性知识和经验性知识的认识酌处权（epistemic discretion），克拉特和施密特提出一个平衡的新分级，它对于决定一种对宪法权利的侵害有多严重和冲突的原则有多重要，是不可或缺的。

对于应用"实体的"平衡律的合比例分析语境，克拉特和麦斯特（2012：680）凭借用公式表达的**胜出律**，提议一种决定和辩护各个平衡阶段的宪法权利之抽象分量的方法。他们区分了"胜出"在其中起重要作用的两个平衡阶段。在第一阶段，必须定义一种度量追求哪个合法目标。在这个阶段，作为宪法价值的权利只能被其他宪法价值盖过，这意味着宪法权利总是"胜出"除了有宪法地位的那些考量之外的任何考量。由于这个原因，唯有宪法价值可以是合法的目标并能在平衡的第二阶段发挥作用。在第二阶段，确定是否所追求目标的重要性证明侵害该权利的严重性。不满足该权利的程度越高，竞争的利益必定越重要。在这个平衡之内，碰撞考量（原则）的抽象分量起重要作用。这种抽象分量是一个原则相对于其他原则所拥有的分量。抽象分量方面的差异造成不同类的胜出效果。克拉特和麦斯特（2012：690）把胜出律表述如下：

> 一个权利的抽象分量越高，就越有可能胜出竞争的考量。

给权利指派高抽象分量是把合比例性和胜出组合起来的一种合适方式。应该注意，抽象分量建立一种"初步的胜出"而非"确定的胜出"。

对于作为平衡之基础的经验性前提的决策语境，克拉特和施密特（2012）把分级律表述成第二"认识的"平衡律的补充。平衡律的一个中心问题是，支撑侵害的前提的可靠性：作为支撑侵害的前提的可靠性必须用侵害的强度而不仅仅是用各自评价的合情理性（plausibility）来平衡。因此，克拉特和施密特（2012：76-77）建议应用依据经验性假设的可靠性或确实性程度的一种量程。与阿列克西的三元审查尺度相对应，他们把由以下三步构成的可靠性量程表述为：

可靠或确实（$c = 2^0$）

中等的可靠或确实（$a = 2^{-1}$）

不可靠或不确实（$u = 2^{-2}$）

由于第二平衡律没有说明平衡的分级，而是描述两个要被平衡的元素之间的关联性，即最悲观的分级和可靠性，所以克拉特和施密特（2012：81）将他们所谓的**分级律**的平衡规则表达如下：

侵害强度的一个更强分级越可靠，侵害强度的一个不太强的分级必定越可靠。

这个规则遵循分级平衡的公式转换成图 7.3 中的公式：

150

$$C_{i1,2} = \frac{C_{i1}}{C_{i2}} = \frac{I_{i1} \cdot R_{i1}}{I_{i2} \cdot R_{i2}}$$

图 7.3　分级平衡的公式

这种分级平衡关涉嵌入分量公式之价值的外部辩护。只对不同价值对（pairs of values）的相关性予以审查。对价值对更深层的外部辩护需要彼此独立地进行辩护。

克拉特和施密特（2012：91 及以后）也阐明了分级平衡如何能适用于规范性前提的可靠性。按他们的看法，这意味着在说明规范性前提可靠性的分量公式中包含一个不同的变量（R"）。

7.6 结 论

阿列克西的法律论辩理论是作为一种规范程序理论提出来的。这个规范的方面意味着他阐明了理性法律论辩的规范。程序方面意味着，法律论辩被看作是一个程序的组成部分：一种关于某一规范陈述之正确性的讨论。该理论的目标是要调节这样的讨论，而法律讨论是其一个特例。

在法律论辩理论中，"特例论题"详细说明了法律话语如何能被看作是一般实践话语在有效法律秩序框架之内的一种特殊形式。除了一般实践话语规则，给法律讨论制定了附加的规则。通过指明应用哪些具体规则，阿列克西确认了应该在法律论辩中应用的具体规则和法律合理性的具体特点。

由于一般实践话语的规则系统不能担保一个最终解决，在要求这样一个最终解决的法律讨论理论中，必须包括若干补充规则。

分析法律裁决的辩护时，阿列克西区分了内部辩护和外部辩护这两个层次。内部辩护旨在借助给出描绘完整论证的轮廓和重建隐含前提来重建论证。主导原则是，论证应该重建为演绎有效的论证，表明裁决（结论）从辩护该裁决时所提出的那些陈述（前提）推出来。外部辩护的目的是要表明，按照法律的正确性标准，这些陈述以及构成论证之一部分而被重建的陈述，是可接受的。通过对这两个层次予以区别，阿列克西详细说明了第一个层次——关于一

151

个结论从起作用的陈述集逻辑地演绎出来的问题和第二个层次——这些陈述的实质正确性的问题。在内部辩护的层次,一个演绎有效的论证应该被重建起来,无论它涉及的是简单案件还是疑难案件。在外部辩护的分析过程中,同样应该重建一个演绎有效的论证。

在其估量和平衡的理论中,阿列克西阐明了在外部辩护中起着重要作用的估量和平衡如何能当作一个理性程序予以分析。在原则冲突的情形下,阿列克西(2003a)所表述的平衡律阐明了法律原则的最佳化如何能在根据实际情况和法律可能性平衡不同原则的相对分量的程序之内实现。就如在其他辩护形式中那样,强调原则的平衡是从必须按照正确性的某种实质标准加以评价的某些前提开始的一种形式程序,这十分重要。

正如在讨论阿列克西估量和平衡理论的过程中曾经指出的,这种法律论辩理论的进一步发展有一些优势。[49] 其一,按照对过分限制的禁止,这种平衡学说起着一种实在法合比例原则的法学解释的作用。该学说以理论上和方法论上令人满意的方式阐明了这种内在结构。可以把平衡学说看成是将平衡重建成一个适合最佳化原则的过程,因而使其对理性话语和理性批判敏感。其二,作为禁止过分行为的一种操作化,平衡的要求不再是个案中理论的和方法论的黑箱。通过阐明背后的选择,它澄清了可以合理分配的论辩责任。其三,每一个案的抽象规范和具体环境可以在讨论中彼此相关。以这一方式,法律实践者,如裁定者和律师都被迫将其抽象原则的解释适用于具体案件。他们必须根据支持个案做出某一选择的论证,说明平衡过程背后的选择,这种选择可以提供理性论辩过程的对象。

---

〔49〕 见耶施泰特(2012)。亦见耶施泰特(2012:157-172)对阿列克西平衡学说的优势与劣势的讨论。

阿列克西法律论辩的规范-程序性理论提供的概念和区分，对关于法律论辩分析和评估的法律论辩理论的进一步发展是重要的。其一，该理论详细说明了理性实践话语的一般规范与作为理性实践话语的一个特殊形式的法律话语之间的关系。其二，该理论提供了对不同辩护形式的洞察，从法律论辩的理性重建视角，可以区别内部辩护和外部辩护以及与不同的辩护形式相关的不同类型的规范。对外部辩护，该理论对在法律规则解释语境中发挥作用的论证形式给出了更进一步的详细阐述。它们阐明了在搞清解释步骤的不同元素的过程中潜在的论证形式，以便它们可以付诸批判。而且，该理论详细说明了按照一个具体语境，如宪法权利平衡的语境中，论证的估量和平衡，外部辩护如何能以一种理性方式予以重建。它说明了潜在的决定和选择，并使它们对批判敏感。

152

参考文献

Aarnio, A, Alexy, R. & Peczenik, R. (1981). The foundation of legal reasoning. *Rechtstheorie*, Band 21, No. 2, pp. 133–158, No. 3, pp. 257–279, No. 4, pp. 423–448.

Afonso da Silva, V. (2011). Comparing the incommensurable: Constitutional principles, balancing and rational decision. *Oxford Journal of Legal Studies*, 31 (2), 273–301.

Alexy, R. (1978). *Theorie der juristischen Argumentation. Die Theorie des rationalen Diskurses als Theorie der juristischen Begründung* (A theory of legal argumentation. The theory of rational discourse as theory of legal justification). Frankfurt a. M.: Suhrkamp. (Second edition 1991 with a reaction to critics)

Alexy, R. (1980). Die logische Analyse juristischer Entscheidungen (The logical analysis of legal decisions). In: W. Hassemer, A. Kaufmann, U. Neumann (Eds.), Argumentation und Recht. Archiv für Rechts–und Sozialphilosophie, Beiheft Neue Folge Nr. 14. Wiesbaden: F. Steiner, pp. 181–212.

Alexy, R. (1981). Die Idee einer prozeduralen Theorie der juristischen Argumentation

（The idea of a procedural theory of legal argumentation）. In: A. Aarnio, I. Niiniluoto & J. Uusitalo（Eds. ）Methodologie und Erkenntnistheorie der juristischen Argumentation. Berlin: Duncher & Humblot. , pp. 177-188.

Alexy, R.（1985）. *Theorie der Grundrechte*. Baden Baden: Nomos.（Second edition （1986）Frankfurt a. M. : Suhrkamp）.

Alexy, R.（1989）. *A theory of legal argumentation. The theory of rational discourse as theory of legal justification*. Oxford: Clarendon press.（Translation of: *Theorie der juristischen Argumentation. Die Theorie des rationalen Diskurses als Theorie der juristischen Begründung*. Frankfurt a. M. : Suhrkamp, 1978）.

Alexy, R.（1990a）. Juristische Begründung, System und Kohärenz（Legal justification. System and coherence）. In: O. Behrends, M. Diesselhorst, R. Dreier（eds. ）, *Rechtsdogmatik und praktische Vernunft*（pp. 95-107）. Götingen: VandenHoeck & Ruprecht.

Alexy, R.（1990b）. Problems of discursive rationality in law. *Archiv für Rechts-und Sozialphilosophie* 42, 174-179.

Alexy, R.（1991）. *Theorie der juristischen Argumentation. Die Theorie des rationalen Diskurses als Theorie der juristischen Begründung*.（A theory of legal argumentation. The theory of rational discourse as theory of legal justification）（Second edition with a reaction to critics）Frankfurt a. M. : Suhrkamp.

Alexy, R.（1993）. Justification and application of norms. *Ratio Juris* 6, 157-170.

Alexy, R.（1998）. Law and correctness. In: M. D. A. Freeman（Ed. ）, *Current legal problems*. Oxford: Oxford University Press, pp. 205-221.

Alexy, R.（1999）. The Special Case Thesis. *Ratio Juris* 12（4）, 374-384.

Alexy, R.（2000）. On the Structure of Legal Principles. *Ratio Juris* 13（3）, 294-304.

Alexy, R.（2002） *A theory of constitutional rights*.（Translation by J. Rivers of: *Theorie der Grundrechte*. 1985）. Oxford: Oxford University Press.

Alexy, R.（2003a）. On balancing and subsumption. A structural comparison. *Ratio Juris* 16（4）, 433-449.

Alexy, R.（2003b）. Constitutional rights, balancing, and rationality. *Ratio Juris*, 16 （2）, 131-140.

Alexy, R.（2008）. On the concept and the nature of law. *Ratio Juris*, 21（3）, 281-299.

Baier, K.（1958）. *The moral point of view*. Ithaca and London: Cornell University Press.

153

Bernal, C. (2012). Precedents and balancing. In: T. Bustamante, C. Bernal (Eds.), *On the philosophy of precedent. Proceedings of the 24th World Congress of the International Association for Philosophy of Law and Social Philosophy*, Vol. 3, *ARSP Beiheft* 133 (pp. 51-58). Stuttgart: F. Steiner.

Braun, C. (1988). Diskurstheoretsiche Normenbegründung in der Rechtswissenschaft (Discourse-theoretical justification of norms in legal science). *Rechtstheorie*, 19, 238-259.

Brozek, B. (2007). The weight formula and argumentation. In: G. Pavlakos (Ed.), *Law, rights and discourse: The legal philosophy of Robert Alexy* (pp. 319-332). Oxford: Hart.

Bustamante, T. (2012). Finding analogies between cases: On Robert Alexy's third basis operation in the application of law. In: T. Bustamante, C. Bernal (Eds.), *On the philosophy of precedent. Proceedings of the 24th World Congress of the International Association for Philosophy of Law and Social Philosophy*, Vol. 3, *ARSP Beiheft* 133 (pp. 59-71). Stuttgart: F. Steiner.

Dworkin, R. (1977). *Taking rights seriously.* Cambridge (Mass.): Harvard University Press.

Feteris, E. T. (2016). Argumentative patterns in the justification of judicial decisions: A translation of Robert Alexy's concept of weighing and balancing in terms of a general argumentative pattern of legal justification. In: A. Sardo & D. Canale. (Eds.) (2016). A conference on institutional rights. *Analisi e diritto* (pp. 223-240). Madrid: Marcial Pons

Günther, K. (1993). Critical remarks on Robert Alexy's Special Case Thesis. *Ratio Juris*, 6, 143 ff.

Habermas, J. (1971). Theorie der Gesellschaft onder Sozialtechnologie? Eine Auseinandersetzung mit Niklas Luhmann (Theory of society or social technology? A discussion with Niklas Luhmann). In: J. Habermas & N. Luhmann (Eds.), *Theorie der Gesellschaft oder Sozialtechnologie?* (pp. 101-141). Frankfurt a. M.: Suhrkamp.

Habermas, J. (1973). Habermas, J. (1973). Wahrheitstheorieen (Theories of truth). In: H. Fahrenbach (ed.), *Wirklichkeit und Reflexion* (pp. 211-265). Pfullingen: Neske.

Habermas, J. (1988). *Law and Morality.* (Translation of *Recht und Moral*, 1988b) (Trans. K. Baynes). In: S. M. McMurrin (Ed.), *The Tanner lectures on human values*, Vol. 8 (pp. 217-279). Salt Lake City: University of Utah Press.

Habermas, J. 1990. *Moral consciousness and communicative action.* (Translation of: *Moralbewusstsein und kommunikatives Handeln*, 1983) Cambridge, MA: The MIT Press.

Habermas, J. (1996/1992). *Between facts and norms: Contributions to a discourse theory of law and democracy.* (Translation of: Faktizität und Geltung. Beiträge zur Diskurstheorie des Rechts und des demokratischen Rechtsstaats, 1992). Cambridge, MA: MIT Press.

Jestaedt, M. (2012). Doctrine of balancing : its strengths and weaknesses. In: Klatt, M. (Ed.). *Institutionalized Reason: The Jurisprudence of Robert Alexy* (pp. 152–172). Oxford: Oxford University Press.

Hare, R. M. (1963). *Freedom and reason.* Oxford: Oxford University Press.

Klatt, M. (Ed.) (2012a). *Institutionalized Reason: The Jurisprudence of Robert Alexy.* Oxford: Oxford University Press.

Klatt, M. (2012b). Introduction. In: M. Klatt (Ed.), *Institutionalized Reason: The Jurisprudence of Robert Alexy* (pp. 1–26). Oxford: Oxford University Press.

Klatt, M. & Meister, M. (2012). Proportionality—A benefit to human rights? Remarks on the I. CON controversy. *Journal of Constitutional Law* 10 (3), 687–708.

Klatt, M. & Schmidt, J. (2012). Epistemic discretion in constitutional Law. *Journal of Constitutional Law*, 10 (1), 69–105. (German version: Klatt, M., Schmidt, J. (2013). Abwägung unter Unsicherheit. In: Klatt, M. (Ed.), *Prinzipientheorie und Theorie der Abwägung* (pp. 105–150). Tübingen: Mohr.

Klug, U. (1951). *Juristische Logik* (Legal logic). (fourth revised edition 1982) Berlin: Springer.

Kumm, M. (2004). Constitutional rights as principles: On the structure and domain of constitutional justice. A review essay on A theory of constitutional rights, by Robert Alexy. *International Journal of Constitutional Law* 2, 574–596.

Lorenzen, P., Schwemmer, O. (1973). *Konstruktive Logik, Ethik und Wissenschaftstheorie* (Constructive logic, ethics and theory of science). Mannheim etc. : Bibliographisches Institut.

MacCormick, N. (1978). *Legal reasoning and legal theory.* Oxford: Oxford University Press.

Neumann, U. (1996). Zur Interpretation des forensischen Diskurses in der Rechtsphilosophie von Jürgen Habermas (On the interpretation of legal discourse in the legal philosophy of Jürgen Habermas). *Rechtstheorie*, 27, 415 ff.

Pavlakos, G. (1998). The Special Case Thesis. An assessment of R. Alexy's

154

discursive theory of law. *Ratio Juris*, 11 (2), 126-154.

Rawls, J. (1971). *A theory of justice*. Oxford: Oxford University Press.

Rüssmann, H. (1979). Review of Alexy (1985), Theorie der juristischen Argumentation. *Rechtstheorie*, pp. 110-120.

Sieckmann, J. (1990). *Regelmodelle und Prinzipienmodelle des Rechtssystems* (Models of rules and models of principles of the legal system). Baden-Baden: Nomos.

Weinberger, O. (1983). Logische Analyse als Basis der juristischen Argumentation (Logical analysis as basis of legal argumentation). In: Krawietz, W., R. Alexy (eds.) (1983). *Metatheorie juristischer Argumentation* (pp. 159 - 232). Berlin: Duncker & Humblot.

Wróblewski, J. (1974). Legal syllogism and rationality of judicial decision. *Rechtstheorie*, 14 (5), 33-46.

第 **8** 章　阿尔尼奥的法律解释辩护的理论

摘　要　阿尔尼奥探讨了法律解释应该如何辩护的问题。他认为，仅当一个辩护过程以一种理性方式完成，且这个过程的最终结果对法律共同体是可接受的，该辩护才是合理的。按照阿尔尼奥的看法，一种关于法律解释辩护的理论应该包括阐明法律讨论之合理性条件的**程序性**组件和说明最终结果可接受性之实质条件（material conditions）的**实质性**组件。阿尔尼奥理论的**程序性组件**明确表达了**法律讨论之合理性**的规则。**实质性**组件细致阐明了何时一个法律解释的结果可称为**可接受的**。他认为，如果这样一个结果对在某些规范和价值上有共识的某一特定法律共同体是可接受的，那它就是可接受的。

在这一章，我将更详细地阐述阿尔尼奥的理论是如何发展这些思想的。作为对阿尔尼奥的概念框架的介绍，第 2 节将讨论解释论点（interpretation standpoint）的概念，而第 3 节阐明怎样辩护这样一个论点。第 4 节的主题是区分合理性与法律解释的可接受性。第 5 节和第 6 节考察合理性和可接受性概念在阿尔尼奥理论中的角色。最后，第 7 节说明阿尔尼奥的理论对法律论辩的分析和评估，以及对法律论辩理论的进一步发展特别重要的那些部分。

关键词　听众；融贯性；具体听众；一致性；D-合理性；
外部辩护；一般化；理想听众；内部辩护；法律确定性；L-
合理性；特殊的理想听众

8.1　导　言

奥利斯·阿尔尼奥探究了应该如何辩护法律解释的问题。他认
为，仅当一个辩护过程以一种理性方式完成，且这个过程的最终结
果对法律共同体是可接受的，该辩护才是合理的。[1] 按照阿尔尼
奥的看法，一种关于法律解释的辩护理论应该包括阐明法律讨论合
理性条件的**程序性**组件和说明最终结果可接受性之实质条件
(material conditions) 的**实质性**组件。

阿尔尼奥理论的**程序性**组件明确表达了法律讨论之**合理性**的规
则。依循阿列克西和佩策尼克，阿尔尼奥区分了规则的各种类型：
效率规则、真诚性规则、一般化规则和支持规则。他还区分了由程
序性规则组成的证明责任的规则与实质性规则。

实质性组件细致阐明了何时一个法律解释的结果可称为**可接受
的**。阿尔尼奥认为，如果这样一个结果对在某些规范和价值上有共
识的某一特定法律共同体是可接受的，那它就是可接受的。依循佩
雷尔曼，这样一个法律共同体被称为**听众**。

在其第一本书《论法律推理》(1977) 里，阿尔尼奥尝试把法律
解释的合理性与哲学家维特根斯坦关于语言表达式的日常用法的思
想联系起来。与之相应，阿尔尼奥强调语言的共同用法和共同价值

---

〔1〕 尽管阿尔尼奥的理论限于法律教义学中的解释，但他认为，原则上，法律实
践中的法律规则的解释发生在类似环境下。见阿尔尼奥 (1987：230)。

156

在法律规则解释中的重要作用。在随后的著作里，比如《法律观》（1978）和《法律科学的思维方式》（1979a）以及许多论文中，他发展了对法律解释理论的精细阐述。与阿列克西和佩策尼克一道，他在《法律推理基础》（1981）中描述了法律论辩的合理性之理论框架的基本要素。

在《作为合情理性的合理性》一书（1987）中，阿尔尼奥将其早先工作中所发展的洞见加以聚合。由于《作为合情理性的合理性》形成对阿尔尼奥早期工作的一种综合，对其关于法律论辩的合理性理念提供了系统说明，因而本章集中于此书。[2]

在介绍阿尔尼奥的理论时，早已指出过法律解释辩护的核心元素。在以下部分，我将更细致地阐述这些思想是怎样在《作为合情理性的合理性》中发展起来的。作为对阿尔尼奥概念框架的进一步介绍，第 2 节将探讨解释论点的概念，第 3 节表明这样一个论点如何予以辩护。第 4 节的主题是法律解释的合理性与可接受性的区别。第 5 节和第 6 节考察合理性和可接受性概念在阿尔尼奥理论中的角色。最后，第 7 节说明阿尔尼奥理论中对法律论辩的分析和评估以及对法律论辩理论的进一步发展特别重要的那些部分。

8.2 法律规范的解释

把一个法律规范适用于一个具体案件时，法官或法律学者必须确定表达这一规范的法律文本的内容即含义。通过解释荷兰民法典第1401 条的文本，最高法院于 1919 年对下述文本的内容做出决断：

> 任何致他人损害的违法行为强制引起该损害的过错人修复它。

---

〔2〕 其他发表的作品见阿尔尼奥（1979b，1981，1983，1991）。

（旧荷兰民法典第 1401 条的翻译）

　　法院觉得，该条款应该理解成这样的意思："因违反一个法定规则——在社会中关于他人的人身或财产所需要的主观权利和警告——的行为引起损害他人之结果的每个人，有义务赔偿该损害"。

　　确定一个法律规范的内容时，往往有必要通过**解释**法律文本或该法律文本所使用的某一语词，确认这个文本或语词的意义。关于一个特定表达式的意义内容的陈述，用阿尔尼奥的术语讲，称为**解释陈述**（*interpretation statement*）。例如以下这个解释陈述：

　　　　（旧）荷兰民法典第 1401 条中的表达式"违法行为"的意思等同于这一表达式："一种违反某一法定条款的行为以及侵害他人权利、违反被告人的法定义务与违反社会中关于他人的人身或财产的良好道德或应有的合理注意的行为或不作为。"

　　表达某一法律规则的一个解释的主张称为**解释论点**（*interpretation standpoint*）。[3] 例如：

　　　　将"违反一个法定条款的行为"当作对（旧）荷兰民法典第 1401 条中的表达式"违法行为"之解释的陈述来接受是合理的、正确的。

　　法官或法律学者决定某一法律规范的正确解释是什么时，在这个规范的若干替代解释之间进行选择。在有名的"林登鲍姆-科恩裁决"中，荷兰最高法院不得不在荷兰民法典第 1401 条的两个替

---

　　〔3〕　比较佩策尼克（1989：43）做出的类似区分。

代解释之间做出选择。问题是，是否一个"违法行为"只是意指那些违反某个法定条款的行为，还是也包含"违反社会中关于他人的人身或财产应有的合理注意的行为"。

可是，法官在若干解释中选择其一的自由裁量权是受限制的。选择某一解释的决定必须符合**法律确定性**的要求。在阿尔尼奥看来，这意味着该决定必须是以一种适当方式达成的，应该与有效法律和社会规范相一致。要表明自己是按照法律确定性的要求行事的，法官就有义务辩护其决定。法官必须表明，他以可接受的方式行使了自己的自由裁量权。

由于法律规范的解释在法律裁决过程中起着重要作用，阿尔尼奥认为，它是法理论要发展的关于法律规范解释辩护之理论的核心任务之一。回答这个核心问题关涉法律解释的辩护必须满足的要求。

阿尔尼奥论证说，恰当辩护的要求与法律确定性的要求相联系。辩护过程应该以理性的方式完成，最终结果应该对当事人是可接受的。在其法律解释理论中，阿尔尼奥尝试阐明一个辩护为了够得上是理性的和可接受的而应该满足的要求。

阿尔尼奥关于法律解释辩护的理论形成了他所发展的法律论辩的理想化模型的分析方案。它打算为那些想要满足法律确定性要求的人所用。这个理想化模型的目的是要深刻理解法律解释并使批判法律解释的开展方式成为可能。[4]

阿尔尼奥把自己的解释理论看作是一种分析-规范的理论。它之所以是分析的理论，是因为要分析辩护中所使用的各种概念，而作为规范的理论是因为它寻求为满足法律确定性的法律解释辩护制

---

〔4〕 见阿尔尼奥（1987：75-76）。

定规范。

8.3　解释论点的辩护

8.3.1　辩护的结构

阿尔尼奥把解释论点的辩护看作是一种对话。[5] 一个解释对话的出发点是某人 A 和某人（或某群人）B 就某一特殊解释意见不一。解释者 A 和听众 B 对一个表达式 L_i（比如旧荷兰民法典第 1401 条中的"侵权行为"的表达式）的正确解释持有不同看法，因而对正确解释采取了不同论点。在辩护他们的论点时，A 和 B 提出各种论证。A 的论证为的是以一种理性方式使 B 确信其论点的可接受性。假如 A 和 B 能就理性根据达成一致，该辩护就取得了成功。

A 和 B 都提出一个论点时，讨论程序要求 A 提出支持性论证设法辩护自己的解释 I_1，而且要反驳 B 为替代论点 I_2 提出的反论证。[6] 讨论程序关涉两个可供选择的解释 I_1 和 I_2，也涉及两组论证，即支持 I_1 的论证和支持 I_2 的论证。

辩护一个解释论点的论证（称为一级论证）可以用其他论证加以辩护。辩护一级论证的论证叫做二级论证，凡此等等。

按此术语，阿尔尼奥开发了描述辩护一个解释论点的论证结构的工具。支持性论证用字母 p 表示，反论证用字母 c 表示。阐明这样一个论证的意义的陈述（分析的陈述）可以用给基本字母加上一个上标符号来表达：p' 和 c'。分析一个支持性论证的陈述因而可以写成如下形式：$p'p$。论证的层级可以用数字表达。支持性论证的

159

---

〔5〕　见阿尔尼奥（1987：108）。

〔6〕　阿尔尼奥把支持 B 的替代论点的论证称为反论证是因为它们是攻击 A 的论点的论证。

层级因而表达为 p_1，p_2……p_n（一级支持性论证，二级支持性论证，依此类推）。攻击某一支持性论证的论证（比如，攻击 p_1 的论证）写在同一行上。一个意在仅仅想要澄清某一分析的论证的反论证可以简单表示为"?"。在某些情形中，一个反论证的呈现迫使解释者提出一个论证来支持先前所提出的论证。附加的论证根据论证的层级获得自己的下标。比如，p_1p_2 可以理解为表示"论证 p_2 支持论证 p_1"。

假如解释者 A 对法律文本 L_i 的解释表示为 I_1，解释者 B 对 L_i 的解释表示为 I_2，那么 A 和 B 的论辩就可以用图解 1 来表征。

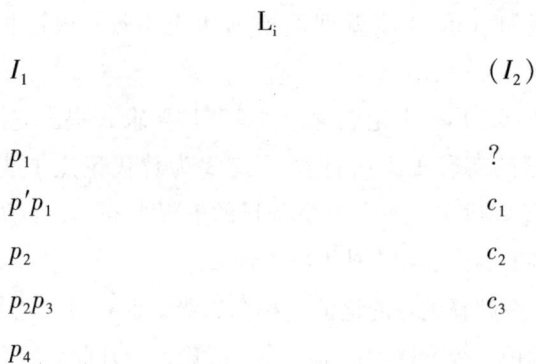

L_i

I_1	(I_2)
p_1	?
$p'p_1$	c_1
p_2	c_2
p_2p_3	c_3
p_4	

图解 1

在此图解里，B 的论点 I_2 被放在括号中，因为解释的接收者自己不必表达某一特殊的替代解释 I_2。* 对解释 I_1 有分歧意见就足够了。在最后的支持性论证后边的横杠代表推理链中断的情形。

在对解释对话的这种描述里，纲要式结构从所提出的论证的内

---

* 疑原文此处将 I_2 误写为 I_1，故改。——译者注

容抽象而得。阿尔尼奥使用法律担保（legal warrants）的各种类型区分了辩护解释的各种方式：所谓的立法准备材料、体系解释、法院判决、教义学见解和实践理性。

把立法准备材料用作辩护一个解释论点的论据时，解释者 A 说，可以在议会委员会的文档 R_1 中找到对解释 I_1 的支持。听众 B 可以说，对解释 I_2 的支持能在文档 R_2 中发现，以此作为回应。[7]

当解释者把法律体系作为一个论据提出时，他说法律文本 L_i 应该与法律文化 L_j 联系起来进行解释，这构成对解释 I_1 的辩护。[8] 当解释者把法院判决作为一个论据提出时，他说最高法院的裁决 x 和 y 支持解释 I_1。听众可以这样来回应：他说在最高法院的裁决 z 中可以找到对解释 I_2 的支持。

当引用教义学见解作为一个论据时，解释者 A 说，某一学者 X 在辩护解释 I_1。B 可以回应说，学者 Y 辩护解释 I_2。[9] 参考一种普遍意见可用于辩护被提议的解释的主体间性。这表明，解释者的看法不只是他自己主观偏好的结果，也是有影响的法律学者共享的结果。

至于实践理性，通常是当作对后果的考量提出的。这类推理包括澄清关于手头解释的替代选项的可能后果，并将这些后果按某种优先顺序排列。运用这类论证的解释者是在说，当比较解释 I_2 的后果 C_j 时，解释 I_1 的后果 C_i 就得到最佳辩护。在阿尔尼奥看来，提及后果的论证应该总是由另一个援引法律渊源的论证加以补充，因为仅当在法律渊源的基础上，一个解释才能得到辩护。[10]

---

〔7〕 比较阿列克西（1989）的起源的论辩型式（J.4.1）。

〔8〕 比较阿列克西（1989）理论中的体系论辩型式和麦考密克理论中的根据融贯性的论证。

〔9〕 比较本书第 7 章讨论的阿列克西（1989）理论中的使用法律教义学的规则。

〔10〕 比较麦考密克（1978）所说的，后果主义者论证应该总是与根据融贯性和一致性的论证结合起来。见本书第 6 章对麦考密克的讨论。

所用的论证类型与各种论证组合的方式，取决于法律问题的类型、可用的法律渊源以及法律体系的解释规则。

8.3.2 内部辩护和外部辩护

依循卢勃列夫斯基（1974）和阿列克西（1979/1989），阿尔尼奥区分了一个解释论点的**内部**辩护和**外部**辩护。在内部辩护中，一个解释遵循公认的推论规则从某些前提推出来。前提和推论规则的有效性被当作理所当然。在外部辩护中，前提和推论规则的有效性要予以辩护。

法律辩护的核心问题与这种外部辩护有关。解释是否合乎逻辑地得出的问题，或用阿尔尼奥固有的术语说，是否从实质前提、推论规则和价值推出来，是微不足道的。[11] 这些前提、规则和价值可能后来总是要加以重构。法律规范解释的核心难题是选择前提的内容和选择合适的推论规则或基本价值的方式。因而，法律话语的难题集中于外部辩护。

辩护的程序是解释者 A 和解释者 B 之间的实践讨论。当 A 提出一个解释论点，而 B 对这个论点的可接受性产生怀疑时，这种讨论就启动了。看一个例子。法律文本 L_i 包括这样的规范："如果某人犯了一个他应承担责任的违法行为，他就有义务赔偿该违法行为所致的损害"，这时候 A 可以提出解释论点 I_1，即在 F_1 情形下，应当 G_1。在遇到 B 可能的批判性反应——为什么法律后果 G_1 应该与事实 f 关联起来时，A 对此的防御是，他可以陈述语词 $F_{1''}$（"违法行为"）在该法律语境中的意思是 "f"（"违反法定条款的行为或违反社会中关于他人人身或财产应有注意的行为"）。在其辩护中，A 给出了一级论证。这部分推理可以写成一个三段论的形式：

---

[11] 见阿尔尼奥（1987：120）。

三段论 I

PR_1：法律文本 L_i 说：如果 F_1，那么应当 G_1

PR_2：$f\,\varepsilon\,F_1$

C：在 f 的情形下应当 G_1（解释 I_1）

前提 PR_2 把文本 L_i 与其解释 I_1 关联起来。因此，这个三段论中的第二个前提 PR_2 就起着一级论据的作用（图解 1 里的 p_1）。听众 B 可以问，是否 $f\,\varepsilon\,F_1$，为什么不是例如 $f'\,\varepsilon\,F_1$？为了回答这个问题，A 不得不提出支持陈述"$f\,\varepsilon\,F_1$"（PR_2）的论证。这一部分论证也可以重建为三段论形式：

三段论 II

PR_1：如果立法准备材料说 L_i 情形下"$f\,\varepsilon\,F_1$"，那么 L_i 的合适解释是 I_1，即应当"如果 f，那么 G_1"

PR_2：立法准备材料说"$f\,\varepsilon\,F_1$"

C：按照立法准备材料，L_i 的解释是："如果 f，那么应当 G_1"

在法律教义学的日常实践中，结论 C（I_1）常常扮演一个尚未提及潜在论证的独立论证的角色。不过，该论证的基础由这两个三段论构成。一个完整的、逻辑上有效的论证应该总是重建论证链的每一步。要让该论证链成为完整的，应该把三段论 II 重建为二级论证（图解 1 里的 p_2）。

对于类似于以上例子的情形，阿尔尼奥说，解释 I_1 并不从前提（p_1，p_2，p_1p_2，等等）演绎得推出，因为不可能确认普遍接受的推论规则，使得从这两个三段论推出结论 I_1。

阿尔尼奥说，一个法律解释的外部辩护不可能是个演绎有效的

162

三段论（或演绎有效三段论链）。外部辩护的目的是使听众在接受三段论的整个复合体后，确信解释的可接受性。[12]

8.4　法律解释的合理性和可接受性

阿尔尼奥主张，一个法律解释的辩护，仅当在这种讨论中对它的辩护是以一种理性方式完成的，且最终结果对法律共同体是可接受的时，才是正确的（sound）。

合理性（rationality）要求关涉讨论程序。法律解释的辩护是解释者与听众之间的一种讨论，因而是一种交往形式。阿尔尼奥依循哈贝马斯，把解释性讨论的合理性称为**交往合理性**。交往合理性与话语合理性的两个方面相关。

其一，合理性与论证的形式相关。在其中结论从前提合乎逻辑地推出的一个内部辩护，就其形式而言是理性的。阿尔尼奥将逻辑合理性的这个形式定义为**L-合理性**。其二，合理性与讨论**程序**相关。法律外部辩护是实践讨论的一种形式，应该按照某些规则进行。这种讨论的合理性称为**D-合理性**。在阿尔尼奥的理论中，合理性涉及论证的逻辑形式（L-合理性）和前提在其中得到辩护的讨论程序（D-合理性）。

可接受性要求与解释（三段论的结论）的**规则**即解释的内容相联系。如果解释过程的结果符合法律共同体的价值系统，那它就是可接受的。[13]一种法律解释的合理的可接受性理论，因而应该由论辩性讨论的**程序**理论和实质可接受性的**实质**理论构成。在程序理

---

〔12〕　见阿尔尼奥（1987：122）。

〔13〕　阿尔尼奥把佩雷尔曼的"合情理的"（reasonable）概念解释为"可接受的"〔佩雷尔曼的概念见佩雷尔曼和提泰卡（1969）〕。由于可接受性与某一法律共同体的知识和价值有关，因而阿尔尼奥把法律解释的可接受性当成是价值论的可接受性。对佩雷尔曼理论的讨论，见本书第4章。

论中，应该阐明理性讨论的一般条件。在实质理论中，应详细说明何时一场讨论的结果对某一法律共同体是可接受的。

8.5　法律解释的合理性

在其理论的程序组件方面，阿尔尼奥依循阿列克西对理性讨论的五种条件的区分：**一致性、效率、真诚性、一般化**和**支持**。[14] 在这五种条件的基础上，阿尔尼奥区分了五组法律讨论和非法律讨论的规则。他还对法律讨论特有的两组证明责任规则加以区别。

8.5.1　有关讨论合理性的规则

第一组规则即**一致性规则**，要求讨论中的每一步都应满足逻辑一致性条件（因而按照阿尔尼奥的术语说，是 L-合理性的要求）。逻辑一致性的要求意味着没有内在矛盾，换言之，没有断言与其否定可以出现在同一个辩护里。按照禁止内在矛盾的要求，说 X 有属性 P，同时又说 X 没有属性 P，是被禁止的。

第二组规则即**效率规则**，讨论的参与者必须以相同方式使用语言。只有语言上的意见分歧消除了，实质性的意见分歧才能解决。在阿尔尼奥看来，当两个参与者用同一术语指称不同对象或用不同术语指称同一对象时，语言上的意见分歧就出现了。

164

第三组规则即**真诚性规则**，它表达了各种要求。其一是诚实的要求，即讨论者不可使用他自己知道是有缺陷的那种辩护。蓄意使用非有效辩护的人不是在试图基于实质性根据而是通过说服（persuasion）影响结果。[15] 其二是要求任何能讲讨论中的语言的人都有

---

〔14〕　由于阿列克西（1989）的原则和规则系统是不同种类元素的混合（某些规则或原则有自然法的属性，而另一些可能有经验色彩），阿尔尼奥的清单与阿列克西的不一样。只有 D-合理性的基本理念是按照哈贝马斯和阿列克西的模型阐述的。对阿列克西理论的讨论，见本书第 7 章，对哈贝马斯理论的讨论，见本书第 5 章。

〔15〕　比较阿列克西的合理性规则（2.1）、（2.2）和（2.3）。

权参与该讨论,每个讨论者都有权质疑表达出来的陈述。不应有心理的或身体的强制阻止某人提出其看法,也没有主题会被拒绝进入讨论。其三是公正性和客观性的要求。这意味着,解释者必须不仅提出他自己的看法,也要呈现不利于自己推理的论据。这个要求在法律中被称为应听双方之词(*audiatur et altera pars*)。

第四组规则即**一般化规则**,要求讨论者仅仅诉诸他准备予以一般化的价值判断,以涵盖其他类似情形。违反一般化规则导致特设(*ad hoc*)论证,其辩护力不会延伸到一个特殊情形之外。首先,一般化规则蕴含着,人们必须接受某个已被接受的规范的后果,即使它们对某人自己的观点有不利影响。其次,它意味着,一个满足特定人利益的规范的后果必定对其他人是可接受的:你必须以你的行为可被一般化的方式行事。[16]

第五组规则即**支持规则**,包括每个命题一经要求就必须予以辩护的要求。[17] 对辩护最重要的条件是融贯性要求。对于一个法律解释的辩护,这意味着该陈述应与在支持过程中所提出来的法律渊源是融贯的。阿尔尼奥认为,融贯性首先意指,陈述不是逻辑上矛盾的。没有单个法律渊源 S_i 可以既构成支持论证同时又是反论证。而且辩护时,法律渊源 S_i 及其对立面 $-S_i$ 不能都使用。其次是融贯性,它要求辩护是与解释相干的。在阿尔尼奥看来,假如有可能不用提及某一法律渊源都可以辩护解释的话,一个法律渊源就并不与解释相干。

8.5.2　关于证明责任的规则

关于证明责任的规则可以分为两大组。第一组包括辩护的程序规则,它与某人承担证明责任的条件相关。第二组包含与辩护的内

---

〔16〕　比较阿列克西的辩护规则(5.1.1)和(5.1.2)。
〔17〕　比较阿列克西的合理性规则(2)。

容相联系的证明责任的规则。

8.5.2.1　关于证明责任的程序规则

第一个规则是，证明责任在于批判常规情形并想要某种改变的人。这样一种改变必须予以辩护。依循佩雷尔曼，阿尔尼奥说，精神生活和社会生活的基础在于连续性。不过，连续性的出发点不是助长保守主义或维持现状的一个规则，而是关涉证明责任的一个规则。并非一切可能之事都要求辩护。除非有人质疑"一般承认的"看法，否则辩护的必要性就不会出现。常规情形是出发点，不过在批判得到辩护的基础上，证明责任可以转移到不想要某种改变的人的这一边。

第二个规则是，为自己的命题或论点提出辩护的人，在该辩护遭到质疑时有义务提出另外的辩护。[18] 假如无人要求，就不必提出进一步辩护。辩护的质疑可以转而导致要求新的辩护，或者有必要辩护所提出的辩护或使其更精准。

第三个规则是，引用并不与辩护相干或没有任何辩护力的命题或论点的人，承担论证为什么他使用这个辩护的证明责任。[19] 假若某人提出一个与所论主题无关的论证，那就违反了理性话语的原则。万一某人企图通过提出不相干论证操纵讨论的话，用这种方法防止讨论跑题。

8.5.2.2　关于证明责任的实质性规则

第一个实质规则是，相似情形应该以相似方式对待。违反平等对待原则的人有义务对这样一个做法提出辩护。他必须辩护为什么相似情形中的 A 和 B 要予以不同的对待。[20]

---

〔18〕　比较阿列克西分配证明责任的规则（3.3）。
〔19〕　比较阿列克西的证明责任规则（3.2）和（3.4）。
〔20〕　比较阿列克西的证明责任规则（3.1）。

第二个和第三个规则与法律教义学（在阿尔尼奥的情形下，是法律教义学的芬兰传统）对运用法律渊源的要求相关。就如在其他科学领域一样，法律科学中存在关于证明责任的特殊规则。在芬兰的法律教义学里，有至少两个关于证明责任的规则。它们关涉所谓的弱拘束的法律渊源。第一个规则是，绕过立法准备材料的人必须辩护其程序。第二个规则是，不管不顾所论问题上法院惯例的人，必须辩护这样的做法。

8.6　法律解释的可接受性

前几部分已阐明一个法律解释如何能以理性方式予以辩护。虽然这种辩护过程已按理性的方式完成，但这并不意味着该解释的内容是可接受的。阿尔尼奥理论的**实质**部分致力于某一解释讨论之**结果**的**可接受性**，其焦点是，解释何时对某一法律共同体是可接受的。

一个法律解释要成为可接受的，该解释就应该与法律渊源以及法律共同体内普遍接受的解释方法相融贯。一个解释是否与被接受的法律渊源和解释方法相融贯，取决于一个特定法律共同体之内在出发点、规范和价值上的**共识**。

阿尔尼奥借用维特根斯坦的"生活形式"概念和佩雷尔曼的"听众"概念，说明一个解释论点的可接受性如何与某一法律共同体中的共识相联系。

8.6.1　生活形式与法律解释的可接受性

论辩总是在某一框架即一种**语言游戏**之内提出的，这种语言游戏是在无可置疑的某种基础上构造起来的。该基础由一"窝"命题生成，维特根斯坦（1953, 1969）称之为"世界的图像"（*Weltbild*）。而这个世界的图像又基于一种在共同体成员之间的交往中发生的行为所形成的**生活形式**（*form of life*）。一种生活形式由社会共同体共享

的价值和规范的完整集合所构成。属于同一生活形式的人们共享同样
的规范和价值，而属于不同生活形式的人拥有不同的规范和价值。

依阿尔尼奥的看法，一种法律解释的理性辩护只有在某一生活
形式之内才是可能的。只有受话人与解释者属于同一生活形式，解
释者才能以一种理性方式使受话人确信。假如解释者与受话人属于
同一生活形式，他们就能彼此理解，将在原则上有可能达成理性的
一致意见。倘若他们属于具有"**家族相似**"的不同生活形式，他们
可以相互理解，但不能够以理性为基础达成一致。

大体上，对一个法律规范，存在与生活形式一样多的可接受的
解释。不过，一个解释的可接受性并不是随心所欲的。在各种生活
形式之间存在一种**家族相似**的关系。不同生活形式存在交叠的部
分。假若在两个或甚至更多的生活形式之间存在足够的家族相似，
其成员就可能达成有关评估标准的共识。有这样一种共识时，讨论
的参与者就不仅彼此理解，也可能接受彼此的看法，尽管这种接受
并不基于理性考量。在这种情况下，阿尔尼奥讲到妥协。[21]

8.6.2 听众与生活形式

为了阐明一个解释论点的可接受性如何与某一法律共同体中的
共识相联系，阿尔尼奥把维特根斯坦的生活形式概念与佩雷尔曼的
听众概念联结起来。[22]

一个法律解释总是指向特定的受话人。在法律语境中，这个受
话人就是**法律共同体**。阿尔尼奥依循佩雷尔曼将法律解释的受话人
称为**听众**。这种听众由共享某一共同生活形式的人组成。

阿尔尼奥区别了两个维度，由此把佩雷尔曼的听众概念扩展为
论证可接受性的规范。在第一个维度，存在**具体的**（concrete）听众

---

〔21〕 见阿尔尼奥（1987：212–213）。

〔22〕 对佩雷尔曼听众概念的讨论，见本书第 4 章。

与**理想**的听众的区别，在第二个维度，有**普遍的**听众和**特殊的**听众的区分。

8.6.2.1 具体听众

具体听众由一定数量的个体组成。阿尔尼奥区分了两类具体听众：普遍的具体听众和特殊的具体听众。

普遍的具体听众由在 t_1 时刻生存的所有个体组成，不管他们的其他属性。阿尔尼奥认为，这类听众对论辩理论不重要，因为觉得一个论证能确实引起每一个个体的注意是不切实际的。以为解释者可以确保普遍的具体听众接受自己也是不现实的。

特殊的具体听众由一群原则上能聆听解释者的人组成。在法律语境中，比如特殊的具体听众可能由法庭成员或议会委员会成员组成。特殊的具体听众也可以由具有某些共同特征的成员组成，无论他们是不是具体案件中解释者的受话人。这样一种具有共同特征的听众的例子是芬兰律师群体。这样的听众不同于普遍的具体听众，因为一个论点可能引起特殊听众的关注而不是普遍听众的注意。

特殊听众对某一解释论点的接受不必基于理性考量。阿尔尼奥认为，它可能基于非理性因素，比如基于解释者的权威。当一个解释被一大群律师接受时，这种接受并不必然基于理性考量；它也许基于非理性考虑。因此，特殊听众并没有为理性可接受性之概念的进一步发展提供基础。

8.6.2.2 理想听众

理想听众由能够且准备遵守理性讨论规则的个体组成。这类听众是理想的，是因为在实践中并不经常发生这样的情况：一个法律共同体的所有成员对合理性条件的遵守达到了同样的程度。阿尔尼奥区分了两类理想听众：**普遍的理想听众**和**特殊的理想听众**。

普遍的理想听众由诸如佩雷尔曼所称呼的"全部理性人"构

成，或者如哈贝马斯的理想言谈情境中由所有成员是平等的、没有使用说服或操纵的一个社会所构成。按照阿尔尼奥的观点，这类听众无法利用，因为在佩雷尔曼的概念里，起初有意见分歧的两个成员可以通过引入证据而达成一致意见。不过，这并不意味着这种一致看法基于共享的规范和价值。

特殊的理想听众由共享某些共同价值因而属于同一生活形式的一群人组成。特殊的理想听众不同于特殊的具体听众，因为理想听众的成员遵守合理性的条件，而这对于具体听众却不一定为真。阿尔尼奥把特殊的理想听众看成是这样一个理念的有用细化：一个解释之辩护的合理可接受性，既依赖合理性的一般条件，也依赖某一法律共同体成员所共享的规范和价值。在构成特殊的理想听众的一群人之中，理性共识可以达成。[23]

阿尔尼奥主张，某一解释对特殊的理想听众的合理可接受性有一种社会意义。如果某一法律共同体成员的绝大多数根据 D-合理性的要求认为，接受某一论点是理性的、通情达理的，那么这个论点就在该法律共同体中比替代论点具有更大的社会相关性。不过，这种社会相关性并不基于说服、利用权力或权威，而是基于辩护的理性力量。

不应该把大多数人接受的理念作为理性可接受性的一个规范当成是意指人们应该有机会对一个规范性论点投票表决，或者假若大多数人投票赞成一个论点，该论点就在一个社会中算作是真的。[24]在这里提及的大多数人不是一个理想的概念，理想的概念是由共享

169

---

〔23〕　比较阿列克西（1989：102）在对哈贝马斯真理共识论——一个论点的可接受性与能参加一场讨论的人们的意见相关，一个言辞为真的条件之一是所有人的潜在一致意见——的讨论中所做的评论。

〔24〕　阿尔尼奥的合理可接受性理论并不涉及真/假的区别。在一个社会里，基于各种出发点，可能有更多的"真的"规范性论点。

有关某一法律问题的某些价值的理性人组成的。接受一个论点的理想听众的理性成员的数量越大，该论点的社会相关性越大。

一些学者曾批评阿尔尼奥这样的看法：不可能讨论一种生活形式的规范和价值，与属于不同生活形式的人们进行理性讨论是不可能的。魏因伯格（1983：213）评论道，一种生活形式可以用作对人们始于某些价值这一事实的外部观察的说明，但是它不能用作对某些价值被当作一个出发点这一事实的辩护。在一个法律共同体之内，在新的哲学或理论视野的基础上，对一种生活形式的不同元素展开讨论将是可能的。在阿列克西（1979）看来，一场理性讨论可以在属于不同生活形式的成员之间进行。假若属于不同生活形式的人们能够彼此理解达到了这样的程度以至于他们可以相互说服但不能使彼此确信，这将不可思议。假如人们能彼此理解，他们就应该能够在理性讨论的基础上让彼此确信。

社会中主导的基本价值应该欢迎批判。一场讨论应该在视某些价值为理所当然（惯性原则）的必要性与把某些基本价值付诸讨论的可能性之间进行。根据在同一时间将一切付诸讨论的不可能性，得不出某一价值系统的某些部分不能成为讨论的主题。某些价值作为出发点的必要性并不使它们成为神圣不可侵犯的。

当可以批判某些基本价值因而可以改变它们时，在不同生活形式成员（特殊听众）之间的一场理性讨论就有可能，让彼此确信一个论点的可接受性也有可能。[25] 因此，在不同生活形式的成员之

170

---

〔25〕 在此语境下，阿列克西引用了波普尔（Popper，1970：56）的"框架神话"论题，据此论题，在属于不同框架的人们之间有一场讨论总是可能的。我们是被我们的理论、我们的期望、我们的过往经验和我们的语言的框架困住的囚徒。但是，我们是在匹克威克意义上的囚徒：假如我们尝试，我们就能在任何时候逃脱我们的框架。我们将总是发现我们自己又在一个新框架里，但那个框架会是一个更好、更宽敞的框架，我们能在任何时候再突破它。

间就规范和价值有一场讨论也就成为可能。

8.7　结　论

在其法律解释辩护的分析-规范的理论中，阿尔尼奥提出了一个法律解释为了被当成是合理地可接受的应该满足的要求。法官或法律学者不得不在某一法律规则的若干替代解释中间选择时，他必须辩护自己的选择，以表明他在依从**法律确定性**的规范行事。阿尔尼奥试图回答的问题之一是，何时一个法律解释的辩护满足这个规范。一个辩护的正确性既依赖在辩护过程中所遵循的讨论程序的**合理性**，也依赖结果的**可接受性**。法律论辩的正确性既取决于这种合理性的要求，如一致性、融贯性、一般化和真诚性（有时规定某种具体的法律执行），也取决于某一法律共同体成员共享的规范和价值。

阿尔尼奥尝试回答的另一个问题是，法律解释辩护之合理性的形式标准与实质标准彼此相关。依循卢勃夫斯基和阿列克西，阿尔尼奥在法律解释的**内部**辩护和外部辩护之间做了区别。在内部辩护中，表明该解释从法律渊源和推论规则合乎逻辑地推出来，而外部辩护表明，法律渊源和推论规则的选择得到辩护。

在阿尔尼奥的理论中，内部辩护和外部辩护的各种组件都可以重建为演绎有效的三段论。不过，内部辩护和外部辩护各部分之间的关系却不是演绎的。按照阿尔尼奥的观点，不可能识别法律共同体普遍接受的规则，据此结论即解释可以从各种三段论演绎得推出。从一个三段论到另一个三段论的步骤建立在合理性规范和法律解释规范的基础之上。不存在可以确立法律三段论的正确性所基于的一般的、逻辑的标准。

为了能够给出一个解释者 A 的各种论证以及 A 的论证和受话

171

人 B 的论证之间联结的系统概要，阿尔尼奥创立了图解不同贡献的一个系统。

阿尔尼奥在该理论的**程序**组件中描述了法律解释辩护的讨论程序应满足的要求。一个辩护的**合理性**与论证的形式（L-合理性）和讨论程序（D-合理性）相联系。阿尔尼奥认为，有两个合理性标准：一个是适用论证**形式**的（内部辩护），另一个是适用**讨论程序**的（外部辩护）。论证形式的标准是逻辑有效性标准；讨论程序的标准是理性讨论应遵守的规则。

可是，两种合理性形式的区别没有乍看之下那么严格。L-合理性的规则最终证明是 D-合理性之规则的一部分，即一致性规则的一部分。这意味着，L-合理性的规则最终形成 D-合理性规则的一部分。[26]

阿尔尼奥把他的程序理论当作构成 D-合理性之基本原则的讨论规则系统提出来。阿尔尼奥依循阿列克西考虑了一致性、效率、真诚性、一般化和支持这些基本原则。表达这些原则的规则是理性讨论的一般规则。在法律讨论特有的证明责任的程序规则和实质规则中，也表达了 D-合理性的基本原则。

在其理论的**实质**组件中，阿尔尼奥处理何时一个法律解释的结果是**可接受的**问题。他说，一个法律解释总是相对于某一共享特定价值的共同体而言是可接受的。这样的共同体称为**听众**。

在阿尔尼奥看来，只有属于同一生活形式的人们之间（以维特根斯坦的术语来说）才可能有共识。尽管人们理性地行动，但他们只有在属于同一生活形式的情况下才可能彼此确信一个论点的可接受性。一个提出满足合理性和可接受性要求之辩护的解释者，对**特**

---

〔26〕 正如卢勃列夫斯基（1974）指出的，内部辩护和外部辩护的规范并无实质区别。除了逻辑有效性的要求，外部辩护的规范包括了其他实质性要求。

殊的理想听众论说。这种听众是特殊的，是因为与特殊的规范和价值相联系，与特殊的生活形式相联系。这种听众是理想的，因为在按照理性讨论的规则进行讨论的语境中评估解释。

在阿尔尼奥的理论中，生活形式有两个功能。其一，它是理性讨论的一个必要条件。关于价值的理性讨论仅仅在共享特定基本价值的人们中间才是可能的。其二，它规定了框架，理性讨论在这种框架之内成为可能的。在两个不同生活形式的成员之间不可能有理性讨论，因为理性讨论依赖某些通常共享的价值。属于不同听众的 172人们可以彼此说服，但不可能在理性根据的基础上彼此确信。

概括以上讨论的结果，我们可以说，阿尔尼奥的理论提供了对评估法律解释辩护的各种合理性规范的有益洞见。尤其重要的是这样一个理念：评估辩护时，程序规范和实质规范都起作用，一般的和特殊的合理性标准都应予以考虑。这个思想也是重要的：只有参与者共享若干规范和价值并准备遵守理性讨论的特定规则时，一场关于法律解释的讨论才能以理性方式进行。假如没有最低限度的共同基础，就不可能达成理性的一致意见。假若人们不准备信守理性讨论的特定规则，他们就会有被说服的机会，比如他们被论证者的权威所说服。

参考文献

Aarnio, A. (1977). *On legal reasoning.* Turku：Turun Yliopisto.

Aarnio, A. (1978). *Legal point of view. Six essays on legal philosophy.* Helsinki (translated from the Finnish by Jyrki Uusitalo).

Aarnio, A. (1979a). *Denkweisen der Rechtswissenschaft.* (Ways of thinking in legal science). Wien/New York：Springer.

Aarnio, A. (1979b). Linguistic philosophy and legal theory. Some problems of legal argumentation. In：W. Krawietz, K. Opalek, A. Peczenik & A. Schramm (Eds.),

Argumentation und Hermeneutik in der Jurisprudenz. (pp. 17–41). Berlin: Duncker & Humblot.

Aarnio, A. (1981). On truth and the acceptability of interpretative propositions in legal dogmatics. In: A. Aarnio, I. Niiniluoto, J. Uusitalo (Eds.), *Methodologie und Erkenntnistheorie der juristischen Argumentation* (pp. 33–52). Berlin: Duncker & Humblot.

Aarnio, A. (1983). Argumentation theory –and beyond. Some remarks on the rationality of legal justification. *Rechtstheorie*, 14 (4) 385–400.

Aarnio, A. (1987). *The rational as reasonable. A treatise of legal justification.* Dordrecht etc. : Reidel.

Aarnio, A. (1991). Statutory interpretation in Finland. In: N. MacCormick & R. S. Summers (Eds.), *Interpreting statutes. A comparative study* (pp. 123–170). Aldershot etc. : Dartmouth.

Aarnio, A, Alexy, R. & Peczenik, a. (1981). The foundation of legal reasoning. *Rechtstheorie*, (21) 2, 133–158, (21) 3, 257–279, (21) 4, 423–448.

Alexy, R. (1979). Aarnio, Perelman und Wittgenstein. Einige Bemerkungen zu Aulis Aarnio's Begriff der Rationalität der juristischen Argumentation (Aarnio, Perelman and Wittgenstein. Some remarks on Aulis Aarnio's conception of rationality of legal argumentation). In: A. Peczenik & J. Uusitalo (Eds.), *Reasoning on legal reasoning* (pp. 121–139). Vammala: Vammalan Kirjapaino Oy.

Alexy, R. (1989). *A theory of legal argumentation. The theory of rational discourse as theory of legal justification.* Oxford: Clarendon press. (Translation of: *Theorie der juristischen Argumentation. Die Theorie des rationalen Diskurses als Theorie der juristischen Begründung.* Frankfurt a. M. : Suhrkamp, 1978).

MacCormick, N. (1978). *Legal reasoning and legal theory.* Oxford: Oxford University Press.

Peczenik, A. (1989). *On law and reason.* Dordrecht etc. : Reidel.

Perelman, Ch. & Olbrechts-Tyteca, L. (1969). *The new rhetoric. A treatise on argumentation.* Notre Dame: University of Notre Dame Press. (English translation of *La nouvelle rhétorique*, 1958).

Popper, K. R. (1970). Normal science and its dangers. In: I. Lakathos, A. Musgrave (eds.), *Criticism and the growth of knowledge* (pp. 51–58). Cambridge etc. : Cambridge University Press.

Weinberger, O. (1983). Logische Analyse als Basis der juristischen Argumentation (Logical analysis as basis of legal argumentation). In: W. Krawietz & R. Alexy

173

(Eds.), *Metatheorie juristischer Argumentation.* (pp. 159-232). Berlin: Duncker & Humblot.

Wittgenstein, L. (1953). *Philosophical investigations.* Oxford.

Wittgenstein, L. (1969). *On certainty.* Oxford.

Wróblewski, J. (1974). Legal syllogism and rationality of judicial decision. *Rechtstheorie*, 14 (5), 33-46.

第 **9** 章　佩策尼克的法律转化和法律辩护的理论

摘　要　在其法律转化的理论中，佩策尼克试图回答如何理性地辩护一个法律裁决的问题。佩策尼克认为，要辩护一个法律裁决，就必须表明，该裁决不仅基于法律依据还要基于一般理性根据，才能得以辩护。因此，需要两种不同的辩护模式：**语境上充分的法律辩护和深度辩护**。第一个辩护模式表明，裁决可以在法律传统的语境内得到充分防卫。第二个辩护模式显示，法律的出发点和论辩规则可以援引一般道德理由加以防卫。

佩策尼克创立了法律裁决的理性辩护所需要的这两类辩护模式的理论。这两种辩护模式体现在其理论的两个组件中。第一个组件描述法律辩护必须满足的要求。要辩护论点即可以从某一特殊法律规则推出的法律裁决，必须完成哪些转化？第二个组件阐明了一个深度辩护必须满足的要求。要辩护论点即在法律实践和法理论中所用的法律裁决辩护的程序可以看作是理性的，哪些转化必须实现？

本章阐述佩策尼克的法律转化和法律辩护理论的基本思想。第 2 节考察什么是法律转化这样的问题。第 3 节描述法律辩护的过程，解决在具体案件中适用某一法律规则时所实

施的"向法"转化和"法内"转化的准确意思是什么。第 4
节论述深度辩护的概念。按佩策尼克的观点，深度辩护探究
什么构成法律论辩的合理性，定义一个法律体系的出发点也
即"法律意识形态"。第 5 节进入佩策尼克关于作为对法律
辩护之合理性要求的融贯性的理念。第 6 节评价佩策尼克关
于法律论辩的分析和评估的理论，甄别对法律论辩理论的进
一步发展有重要性的那些元素。

关键词　范畴转化；融贯性；标准转化；决定转化；深度辩 176
护；一般规范转化；基础规范；解释规范；跳跃；法律意识
形态；渊源转化；支持；法内转化；向法转化；转化规则

9.1　导　言

在其法律转化的理论中，佩策尼克试图回答如何理性地辩护一
个法律裁决的问题。在辩护一个法律裁决的过程中，必须采取哪些
步骤，而这些步骤又如何依次予以防卫？

佩策尼克认为，要辩护一个法律裁决，就必须表明，该裁决
不仅基于法律依据还要基于一般理性根据，才能得以辩护。因此，
需要两种不同的辩护模式：**语境上充分的法律辩护**（*contextually suffi-
cient legal justification*）和**深度辩护**（*deep justification*）。第一个辩护模式
表明，裁决可以在法律传统的语境内得到充分防卫。第二个辩护模
式显示，法律的出发点和论辩规则可以援引一般道德理由加以
防卫。

佩策尼克创立了法律裁决的理性辩护所需要的这两类辩护模式
的理论。这两种辩护模式体现在其理论的两个组件中。第一个组件
描述法律辩护必须满足的要求。要辩护论点即可以从某一特殊法律

规则推出的法律裁决，必须完成哪些转化？第二个组件阐明了一个深度辩护必须满足的要求。要辩护论点即在法律实践和法理论中所用的法律裁决辩护的程序可以看作是理性的，哪些转化必须实现？

佩策尼克在《法律辩护基础》(1983) 一书中创立了他的法律辩护的理论。他讨论了必须予以实现的各种各样的"向法"转化和"法内"转化，阐明了法律论辩的深度辩护可以如何进行。在与阿尔尼奥和阿列克西（1981）合著的一篇文章里，佩策尼克的法律转化理论、阿列克西的法律话语理论以及阿尔尼奥的法律解释理论被联结起来。佩策尼克的各种文章和《论法律和理由》(1989) 一书详细讨论了其理论的各部分。《法律辩护基础》和《论法律和理由》将被当成是讨论佩策尼克理论的出发点，用其他发表作品中所发展的有关诸如法律辩护中的融贯性主题的其他看法作为补充。[1]

177 　　在以导论的方式描述了佩策尼克理论的核心论题之后，以下几部分我将细致阐述这些思想是如何在其理论中具体阐明的。第 2 节考察什么是法律转化这样的问题。第 3 节描述法律辩护的过程，解决在具体案件中适用某一法律规则时所实施的"向法"转化和"法内"转化的准确意思是什么。第 4 节论述深度辩护的概念。按佩策尼克的观点，深度辩护探究什么构成法律论辩的合理性，什么构成一个法律体系的出发点也即"法律意识形态"。第 5 节进入佩策尼克关于作为对法律辩护之合理性要求的融贯性的理念。第 6 节评价佩策尼克关于法律论辩的分析和评估的理论，甄别对法律论辩理论的进一步发展有重要性的那些元素。

---

　　〔1〕 佩策尼克著述的文献目录，见宾德瑞特（Bindreiter，2006）。论佩策尼克工作的文集，见莫德尔（Modéer，2007），对佩策尼克论辩理论的讨论见菲特丽丝（2007）。

9.2　转化与法律裁决的辩护

当法官做出一个裁决时，他将一个法律规则适用于一个具体案件的事实，并从这一适用得出一个法律结论。比如，约翰未付要求的费用就停放其汽车。有一个法律规则说，某个在必需付费的停车之地停放自己的汽车而又没有付此费用的人，必须交 150 瑞典克朗的罚款。在这个案件中，法官很容易裁定，没有付费的某人必须付 150 克朗。他可以把案件事实归到一个普遍接受的法律规则之下进而得出裁决。佩策尼克认为，在这种**简单案件**里，结论 q 可以从前提 p（事实）和推论规则 p → q（法律规则）演绎地推出来，因为存在辩护从前提到结论这一步骤的普遍接受的规则。

不过，在许多案件中，事实并不能明显无疑地归到一个普遍接受的规则之下，因为不存在辩护从事实到结论这一步骤的普遍接受的规则。在许多案件里，必须解释法律规则或者创制一个新的规则。依佩策尼克之见，疑难案件中的裁决并非从前提演绎地推出，而是从事实（p）到裁决（q）的一种**跳跃**（jump）。要允许从 p 到 q 这一步，法官必须执行一种**转化**（transformation）。法官解释法律规则时，转化意味着法律规则被改变。按照佩策尼克的观点，假如仅仅增加一个并非普遍接受的前提可以使从法律规则和事实描述到结论的这一步成为演绎有效的，那么一种转化就被实施了。[2]

佩策尼克给出如下简单案件的例子。[3] 约翰未付要求的费用就停放其汽车。一个停车场管理员来了，约翰被罚 150 克朗。下述小前提辩护管理员的决定：

178

---

〔2〕 对法律中转化的进一步讨论，见佩策尼克（1979，1983，1984a）与佩策尼克和卢勃列夫斯基（1985）。

〔3〕 见佩策尼克（1989：19）。

前提 1 如果车场管理员发现一辆车停在要付停车费的地方却未付费，他就会对司机处以 150 克朗的罚款。

前提 2 车场管理员斯文森发现一辆车停在要付停车费的地方却未付费。

结 论 车场管理员斯文森会对约翰处以 150 克朗的罚款。

按照佩策尼克的看法，下述例子构成一个疑难案件：

前提 1 任何使用暴力或采取构成严重危险的恐吓行为（……）的盗窃者，以抢劫罪（……）论处（裁决做出时的《瑞典刑法典》第 8 章第 5 节）。

前提 2 约翰通过采取受害人（错误地）理解为构成严重危险的恐吓行为得到了些钱。

结 论 约翰应以抢劫罪论处。

在此例中，结论从前提 1 和 2 推不出。要得到一个逻辑有效的论证，人们必须加上一个前提 3：

前提 3 受害人（错误地）理解为构成严重危险的恐吓行为应该判断为就是实际上构成这种危险的恐吓。

前提 3 不是个普遍接受的规范。佩策尼克认为，前提 3 是合情理的，但没有被普遍接受，它不能从普遍接受的前提推出来。因此，在此案件中就有从前提 1 和 2 到结论的一种跳跃。

通过实施一种**转化**，基于一个跳跃的论证可以成为演绎有效的。改变一般前提，或者加上使论证变成完全的一个或多个前提，可以构成这种转化。转化起着搞清楚结论 q 和前提 p 之间关系的作用，使这种通常隐含的关系清晰起来。

假如下述条件得到满足，从 p 到 q 的转化就被实施：

（1）p 作为 q 的一个理由提出来；且

（2）p 并不演绎推出 q；*且

（3）添加一个微不足道的、广为知晓的（"隐含的"）前提，并不使从 p 到 q 的通道成为演绎的。[4]

佩策尼克给出下述跳跃的例子，经过实施一个转化，它可以成为演绎有效的。B 是地处军事要地的一间旅馆的所有人。1940 年，该区域对公众封闭，并在那里驻扎了军队。按照瑞典的成文法，对于因封锁该区域所造成的损失国家不予赔偿。最高法院因此驳回了赔偿请求（NJA 1945，p.231）。在 1950 年的一场新审判中，B 申索补偿，这次不是因封闭该区域引起的损失，而是因经营生意之不可能带来的损失，该损失是为军事目的未授权使用他的财产所致。最高法院认为，国家对这部分损失负有负责。大多数法官做出了如下评述：尽管事实是，封锁该区域的措施本身造成了经营生意的不可能，尽管以前的裁决拒绝补充这一损失，但是，"在该财产的军事处置（……）与该损失（……）之间存在的这样一种因果关系也许应被考虑，（……）国家变得对补偿 B 的损失负有责任"（NJA 1953，p.42）。

按照佩策尼克的看法，最高法院的论证可以重构如下：

前提 1：f

前提 2：如果 g 那么 q

---

* 原文误为"q 并不演绎推出 q"，故改。——译者注

[4]　见佩策尼克（1983：3）。

结　论：q

在这个论证里，前提 1（f）说，国家的行为即那种军事处置是关于那损失的失业原因因素。前提 2，即如果 g 那么 q，是一个成文法规范，按此规范，引起某一损失的一方有责任补偿该损失。前提 3 即如果 f 那么 g，是最高法院暗中加上的。它说，如果该国家行为是关于那损失的一个失业原因因素，那么它就是那损失的一个原因。这个前提进而用有关未经授权使用 B 之财产的不许可性的考量加以支持。最后，结论 4 即 q 说，国家有补偿那损失的责任。

这个论证基于从"f"和"如果 g 那么 q"到"q"的跳跃，因为它不是演绎有效的。通过实施添加下述前提的一种转化，该论证就可以成为演绎有效的：

前提 3：（如果 f 那么 g）

佩策尼克认为，这个论证基于一种跳跃，因为添加的前提 3 不像前提 2 基于一个来自成文法的普遍接受的法律规则，并未被普遍接受。

假如 p 和 q 均由一个命题组成，那就可以对一个转化使用下述简单公式：

p **T** q

在更复杂的情形下，p 或 q 由多个命题构成，可用下述复杂公式：

$(p_1, \cdots\cdots p_n \mathbf{T} q_1, \cdots\cdots q_n)$

一个转化从来不是"特设的"。它总是基于一个存在或必定创制出来的**转化规则**。要辩护这种跳跃，即从 p 到 q 的转化，必须阐明哪个转化规则使从前提到结论的步骤成为演绎有效的。[5]

在法律推理中，这种转化的不同形式被实施。第一种转化出现在这个时候，从一个非法律的社会事实和价值集开始，得出结论，即某一特殊的规则系统是一个应该予以遵守的法律体系。当作出这一决定时，按佩策尼克的说法，一种**向法转化**就被实施。

第二种转化发生于此时，基于这样一个法律体系的存在，做出这样的决定：某些来源必须被当作是法律渊源。首先，确定做出法律裁决时可以使用哪些规则。其次，决定这些规则的内容是什么。最后，确定某个一般规则必须怎样适用于一个具体案件。在所有这三种情况下，一个**法内转化**被完成。

各种转化阐明在辩护一个法律裁决时必须将哪些步骤明晰起来。通常，只有表层结构是看得见的：从事实到裁决的步骤，有时补以一个规则。可是，在重建该辩护的过程中，必须把包括在该辩护过程的所有那些往往是隐含的步骤明晰起来。重建必须从详述如何重建该规范系统是有效法律体系开始，随后必须确认属于这个体系的法律渊源，然后必须解释这些法律渊源的内容。

9.3 法律规则适用的辩护：法律辩护

9.3.1 向法转化

当一个规则被当成是法律规则时，该规则理应属于某一特殊法律体系，理应被遵守。因而，一个规则是法律规则的观察基于这一隐含主张：该规则所属的规范性体系可被确认为一个法律体系。这

---

[5] 佩策尼克依循图尔敏（1958：98，109）把辩护从 p 到 q 的步骤的转化规则看作是一个推论规则。

个主张预设，属于这一体系的规范必须被遵守，该体系是一个有效法律体系。在佩策尼克看来，做出这些主张时，向法转化就被实施。这种转化的两个方面是**范畴转化**（*category transformation*）和**标准转化**（*criteria transformation*）。

9.3.1.1 范畴转化

范畴转化意指，从某种标准出发，一个规范性体系被当成是有效法律规范体系，它应当被遵守。"有效法律"一语的用法预设某种标准，据此标准，一个规范性体系是一个必须被遵守的法律体系。

181
"有效法律"一语的用法预设一个推论规则，一个基础规范。佩策尼克使用凯尔森（Kelsen）的术语，将这个基础规范称作"Grundnorm"。[6] 基础规范是一个推论规则或转化规则。从法律视角看，某些规则属于某一特殊规范性体系且应该被遵守这一结论并不从存在某些社会事实和非法律价值这个断言演绎地推出来。佩策尼克把从一套社会事实和非法律价值推出法规（constitution）应被遵守这个结论的过程叫作**范畴转化**。这种转化基于一个推论规则，它说：假如某种标准被满足，从法律视角看，规范 N 就应当被遵守。

佩策尼克将范畴转化的转化规则表述如下：

鉴于根基性理由 U_1……U_n，下述规则是正确的：如果若干社会事实存在，即 F_1……F_n，如果某些评估性要求或规范性要求 W 被满足，那么，从法律视角看，法规应当被遵守。

---

[6] 佩策尼克（1989：298）对基础规范的表述是凯尔森基础规范的一种具体执行。佩策尼克的基础规范是条件句：它包括一个如果-那么公式，指定一个"法定应当"的三个条件：①某些事实或价值；②法律视角；③根基性理由。

在这个转化规则里，根基性理由与需要某一社会秩序的考量相关联。假如人们想要避免社会关系的混乱，就有必要接受调解这种社会关系的某一规范性体系。[7] 这些根基性理由辩护把基础规范用作范畴转化的一个推论规则。

转化规则中的**社会事实**关涉社会的法定组织。它们与创制、解释、遵守和强制执行成文法和其他法律规则的方式有关。

转化规则中的**评估性或规范性要求**与一个规范性体系要成为一个法律体系必须满足的最低道德条件有关。比如，在希特勒（Hitler）的德国或波尔布特（Pol Pot）的柬埔寨，就没有满足这种最低条件。[8] 这种政治体系不能保证法律的确定性，而法律的确定性是真正的法律秩序的前提条件。假如一个规范体系并不包括或生成过多极其不道德的规范和实践，它就是一个法律体系。[9]

因此，可以凭借将**基础规范**表述成一个附加前提而使范畴转化*成为演绎有效的。[10] 通过把根基性理由、社会事实和规范性要求，比如将应当遵守法规之决定背后的隐含假设予以明晰化，支持这种辩护的论证就可以成为完全的、演绎有效的。

9.3.1.2　标准转化

标准转化指的是，法律渊源，比如成文法和判例，被看作是有效法律的渊源。[11] 法规是一个有效法律的渊源的决定不能从一套

182

---

〔7〕　比较阿尔尼奥（1987：37）和麦考密克（1978：63-64）。

〔8〕　比较阿尔尼奥（1987：37-38）和哈特（1961：196）。

〔9〕　见佩策尼克（1989：287-288）。

*　此处疑原著新版和旧版均将范畴转化误为 criteria transformation，故改。——译者注

〔10〕　见佩策尼克（1989：296-297）【此处原文误为 296-197，故改。——译者注】。

〔11〕　比较哈特的"承认规则"（1961：55-56，86-88，96-100）。

社会事实（比如，法规按照议会的程序规则执行）和非法律价值演绎地推出来。该决定基于一种标准转化：一种从社会事实和非法律价值到该法规是一个有效法律的渊源这一结论的跳跃。[12]

佩策尼克将标准转化的转化规则表述如下：

> 鉴于根基性理由，如果若干社会事实存在，即 F_1……F_n，如果某些评估性要求或规范性要求 W 被满足，那么规范 N 就是一个（有效的）法律的渊源。

假如规范 N 被看成是有效法律，那就预设了，从法律视角看 N 应当被遵守。

范畴转化和标准转化是向法转化的一体两面，只是由于分析的缘故才加以区分。范畴转化强调，从（a）法律的标准到（b）该法律从法律的视角看应当被遵守的结论这一步并不是强制的。在标准转化中，法定的"应当"被搁置一边。强调的是从把一个规范确认为有效法律的标准到 N 是有效法律这一结论的非演绎步骤。范畴转化关心法定的"应当"，而标准转化关注法律的"有效性"。

向法转化通常是隐含的。在律师们的日常交流中，他们预设他们所适用的法律规范是有效法律，因而应当遵守。可是，假如在法哲学语境中的讨论出现了这样的问题：为什么法律规范是有效的，为什么必须遵守它们？此时就有必要使所有这些通常是隐含的步骤明晰起来。

9.3.2 法内转化

向法转化（仅仅基于非法律的前提）把法律有效性赋予作为整

---

〔12〕 佩策尼克（1983：注释47）提到拉兹（1970：105）的看法，一个法律体系的有效性基于立法者的权力，由此赋予第一部宪法以力量。依佩策尼克之见，确认这一基本权威必须实施标准转化。

体的规范-体系、法规，也可能赋予其他法律渊源。要把法律有效
性赋予较低的法律渊源和具体决定，就要实施法内转化。法内转化
意味着，一个法律规则被确认为有效法律的规则，或者为了推出就
某一具体案件表达"应当"的某一具体法律规则，对一个法律规则
进行解释。[13]

法内转化的简单模型可表述如下：

$pT_1q \ T_2r$

p =事实和非法律价值；

$T_1 =$ 向法转化；

q =作为一个总体的规范秩序、它的法规以及或许某些独
立的法律渊源的法律有效性；

$T_2 =$ 法律的其他渊源、非成文的（有效的）法律规则和
原则亦即表达"法定应当"的具体陈述的法律有效性。

最重要的法内转化是法律**渊源转化**、**一般规范转化**和**决定转化**
（也称为**个别规范转化**）。

9.3.2.1 渊源转化

可以确认某些法律渊源，或许称为初级渊源（primary sources）。此
外，法定的"应当"可以凭借不涉及其他渊源的推理应用于这些法
律渊源。不过，从论辩的视角看，大部分渊源是次级渊源，即它们
只有通过包括其他渊源的推理才能被确认，拥有"法定的应当"。
从初级渊源到次级渊源的这一步往往是一种转化，即所谓的**渊源
转化**。

---

〔13〕 偶尔有这样的情境，其中不需要法内转化。在简单案件里，在没有进一步解
释的情况下就完成一个涵摄之后，只需要关于初级渊源的向法转化。

每一法律体系都有特殊的法律渊源层级系统。[14] 有三类按层次排序的渊源：必须渊源（must sources）、应当渊源（should sources）和可以渊源（may sources）。

有些渊源，如大陆法系的法规和英美法系的判例，在辩护一个法律裁决时**必须**总是被使用。这些有正式拘束力的渊源构成**必须渊源**。

其他渊源，如大陆法系中的法律裁决**能**在辩护某一法律裁决时使用。假如不使用它们，该裁决甚至会变得更弱。这些渊源称为**应当渊源**。

还有另一些渊源，比如法律教科书、外国案件等，**可以**用来辩护法律裁决。忽略这些渊源无需辩护。这些渊源谓之**可以渊源**。

使用一个**必须渊源**时，律师并不需要提及另一个渊源，因而也不要求进一步的转化。当使用应当渊源或可以渊源时，律师必须总是参考其他法律渊源。使用这些渊源要求辩护。这意味着，一种转化必须实施，对从初级到次级法律渊源这一步进行辩护。这种转化阐明了，如何能按照得自法律渊源学说的某种标准将法律有效性赋予次级渊源。

184

按照佩策尼克的观点，在瑞典法律中应用了如下运用法律渊源的**渊源规范**：[15]

（S1）有可适用的法规时，所有法院和官方当局必须在其决定的辩护中运用它们。另外，劳资争议法庭必须考虑可适用的集体协议。在有关税法的某些裁决中，裁判机构必须考虑国

---

〔14〕 见阿尔尼奥、阿列克西和佩策尼克（1981：151-152）和佩策尼克（1983：35-43）。

〔15〕 见佩策尼克（1983：36-43）。

家税务局（National Tax Board）给出的适用说明。

（S2）所有法院和官方当局应当运用可适用的判例和立法准备材料来辩护其决定。在某些情形下，他们应当注意习惯。在大多数类型的有关税法的决定中，裁判机构必须考虑国家税务局给出的适用说明。

（S3）所有法院和官方当局尤其（*inter alia*）必须使用下述材料辩护他们的决定：

（a）习惯（也见 S2）。

（b）未在最重要法律报告 NJA 上报道的（因而并没有与在 NJA 上刊布的判例具有同等地位）瑞典司法和行政的裁决。

（c）并未直接触及被解释的法律文本但给出有关毗邻法律领域评估之信息的判例和立法准备材料。

（d）法规草案、撤销的法规、外国法规以及私人或半私人组织，如瑞典新闻委员会（Swedish Press Council）的决定。

（e）专业法律文献（如手册、专著等）。

（f）立法起草委员会成员、议会成员、部长等人的私人声明。

（S4）最高法院、最高行政法院、劳工法院和最高的专门法院，比如保险法院，发布的裁决构成判例。

（S5）下述文本构成立法准备材料：立法委员会的报告，包括新法规文本的建议书连同相关的理由；由内阁或中央行政部门准备的备忘录和其他沟通；受邀提交评论的机构和个人的陈述；责任大臣的宣告；立法会的公告；瑞典议会成员的议案以及相关议会委员会的意见。在瑞典国会全体辩论期间的言论一般说来并不以同样方式予以考虑，因为它可能包括为政治利益而言说之事。

（S6）对旧立法准备材料应该仅作有限程度的考虑。

（S7）通常，只有以印刷形式发表的材料才应当给予考虑。

（S8）与考虑之中的立法范围之外的问题有关的准备材料里的声明，应当只赋予有限的重要性。**例外**：某机构就若干法规进行的问询，可以与一个法规草案对另一个早先处理的草案所表达的意见关联起来。新法规的准备材料，在解释调节某一毗邻区的一个更早法规时，可能有某种重要性。

（S9）完全模糊不清的准备材料不应当考虑。

由于这些渊源-规范在评估上是开放的，因而需要一种转化来辩护它们的运用。

9.3.2.2 一般规范转化

一般规范-转化关涉得自法律渊源的一般规则的准确意思是什么的问题：实施一般规范转化可能有两种方式：第一，某些法律渊源，比如一个法规的各部分，可以通过消除不一致使之适应，因此使它们比原来更加融贯；第二，法律渊源可以顺应于某些道德价值判断。

9.3.2.3 决定转化

要决定哪个法律对策从法律视角来看是最佳的，必须做出某些选择。在佩策尼克看来，这些选择是决定转化的一种实施。一个转化是决定转化，假如：

a. 其结果是一个具体法律判断，且

b. 前提包括至少一个法律规范（采自法律渊源）且能从法律渊源演绎地推出，或者是由一般规范转化造成的，且

c. 该判断不能从业已确定的法律材料连同该案的描述演绎地推出。

佩策尼克区分了四种决定转化：

    a. 精准的解释和涵摄

    b. 缩限与排除

    c. 创制一个新规范

    d. "碰撞"的解决

a. 精准的解释。

假如规范（x）（Tx → ORx）已确立（比如，凭借一个渊源转   186
化或一个一般规范转化），然而并不清楚这个规范是否对该具体案
件是可适用的。[16] 是否某人、某行为或某情境 a 能归到 T 之下并
不一清二楚。这样一个解释的难题是由 T 的公式里所用的语词是含
混的、歧义的或在评估上是开放的这一事实引起的。[17] 在这种情
况下，必须配制具体说明 a 能否被看作是 T 的额外前提。

假若就前提（4）的事实并无意见分歧，讨论就聚焦于前提
（规则）（2）和（3）。对决定（ORa）的辩护具有下述结构：

    （1）（x）（Tx → ORx）（p$_2$）.

    （2）（x）（Mx → Tx）.

    （3）（x）（Sx → Mnx）.

    （4）Sa（p$_1$）.

    （5）ORa（q）.[18]

----

〔16〕 这种对一个法律规范的形式重建采自阿列克西（1980：187 及以后）。

〔17〕 比较阿列克西（1980：190 及以后）。

〔18〕 这一形式重建采自阿列克西（1989）。对这个辩护的描述，见本书第 7 章对阿
列克西理论的讨论。

在该辩护中，实施了从 p_1 和 p_2 到 q 的转化：p_1，p_2 **T** q。这个转化加上前提（2）和（3）使得论证成为完全的和演绎有效的。

依佩策尼克之见，下述解释规范适用于瑞典法律[19]：

（I1）每一具体的法律判断必须是从一个普遍规范前提连同深一层的前提和推论规则（转化规则）可推出的。

（I2）人们不得解释其中某些部分被证明是不必要的那种法律规范。

（I3）假如在同一法规的不同部分使用了不同的语词或表达式，人们应当假设它们涉及的是不同的情境，除非有强有力的理由假设存在相反情况。

（I4）人们不可用不同方式解释同一法规的不同部分出现的相似语词或表达式，除非对这样一种解释存在强有力的理由。

（I5）人们不得以与日常语言用法相冲突的方式解释出现在法规中的语词或表达式，除非对这样一种解释存在强有力的理由。

187

（I6）不过，假如之前业已确立一个语词或表达式有与日常语言格格不入的技术性意思，那么，人们就应当在不参照日常语言的情况下，把那个语词或表达式解释成具有那样一个特殊含义。

b. 缩限和排除。

缩限（reduction）和排除（elimination）是改变现存规范的转化，这样一来该规范就不适用于某个具体案件。

---

[19] 见佩策尼克（1983：54）。

假若对一个规范在某些案件而不是所有案件中的适用是可接受的存在共识，就应用缩限。这种限缩转化给规范（x）（Tx → ORx）添加某个特性 M，假如 M 的确如此，该规范就不适用。限缩减小了一个规范的适用范围。

假如在任何案件中适用规范（1）都是不可接受的，就应运用**排除**。排除将该规范从法律体系中去除了。

c. 创制一个更一般的新规范。

如果没有既有规范可供适用，就必须创制一个新规范。在消除了某一现有规范之后，就需要创制一个新规范。假若某一现存规范必须予以扩展，也就需要创制新规范。

创制一个更一般的新规范有三种方式：法定类推、根据相反的论证和更强者论证。法定类推意指一个法定规则被适用于这样一个案件，从日常语言视角来看，它既不处于所论法规之适用范围的核心，也不包括在其周边部分，而是在一些本质方面类似于这一法规所涵盖的案例。[20] 应用根据相反的论证意味着，决定不把一个法定规则适用于一个案件，该案件在某些方面相似于属于该规则适用范围的案件。运用更强者论证指的是，通过以一种更强的形式适用某一规则来加强一个法定类推。

根据佩策尼克的观点，下述**构建规范**（*construction norms*）适用瑞典法：

（A1）只有案例之间的本质相似才构成用类推方法得出的结论的恰当理由。

（A2）不可以构建设置各种各样的类推之限制的规定。

---

〔20〕佩策尼克认为，法定类推是一种应用可普遍化原则和平等对待原则的具体形式。

（A3）不得用类比推理排除建立某一法律规范可适用条件的法定规定。不过，可以用类比推理限制或扩大这样一个规定的范围。

（A4）对于构成更一般法律规则之例外的规定，不可用类推予以扩大，除非这样一个扩大有更强的理由。

（A5）只有极强的理由才能辩护用类比推理导出的在法规文本中存在错误的结论。

（A6）应该审慎地使用类推，要比使用法规的扩大性建构更谨慎。

（A7）在更严格地构建强加于某人的责任或限制的规定时，务必谨慎小心，除非有更强的理由要求另一个解释（*odia sunt restringenda*，即有利的应当扩大，不利的应当限制）。原则上不可以用类推得出的结论来适用这样的规定。

（A8）假如从法律视角看，某个业已确立的规范蕴含着某一给出的相似性是本质性的，那么，基于此相似性的类比推理就得到辩护，除非假设相反情况有更强的理由。

（A9）在基于判例解释规则时，应极其谨慎地利用根据相反的论证，在解释法规时甚至要更加小心谨慎。

（A10）如果法规允许人们多做，那就也允许人们少做（*argumentum a maiori ad minus*，即从较大程度的论证到较小程度的论证）；如果法规连人们做较小的都禁止，那就也禁止做较大的（*argumentum a minus ad maiori*，即从较小程度的论证到较大程度的论证）。

d. 碰撞的解决。

假若两个规则或两个原则之间存在碰撞，就是正在缺失某个具有一般形式（x）（Tx → ORx）的规则。两个原则 P_1 和 P_2 之间的冲突可以作如下解决。P_1 优先于 P_2 的条件 C 在规则中是具有如此功用的条件：如果这个条件被满足，就要求 P_1 这个法律后果：

(x)	$(Tcx → OR_{p1}x)$

要辩护决定（$OR_{p1}a$），必须辩护有条件的优先公式（P_1 **P** P_2），而且有必要的话，还必须通过增补前提来保证从给定前提到结论的推论。

解决碰撞的规则之一是，规定某一法律体系中法律渊源的层级，比如宪法—法规—法律裁决这样的层级。另一个例子如，当一个较早的规范与一个后来的规范势不两立时，就有"后法优于先法"的规则，按此类规则，人们必须适用后法。类似的规则再如，"具体法优于一般法"的规则，它只允许在一个不相容的、不太一般的规范不能覆盖的案件中才适用某个更一般的规范。在法律渊源中阐明了确定某种优先顺序的这样一些"元规范"。其他规范可以凭借一般规范转化来建立。[21]

佩策尼克认为，下述**碰撞-规范**适用于瑞典法：   189

（C1）每当人们发现法律规范的初显（*prima facie*）冲突时，应当通过重新解释这些规范或将其置于优先顺序来消除此冲突。

（C2）在解释或排列那些初显的相互冲突的规范时，人们应当确保所用的方法能反复应用于其他规范之间的相似冲突。

---

[21] 对碰撞规范的讨论，见佩策尼克（1992a）。对估量和平衡的讨论，见佩策尼克（1992b）。

人们尤其需要强有力理由以辩护一个特设（*ad hoc*）适用的（即仅适用于考虑之中的这个案件）重新解释或优先顺序。

（C3）如有可能，人们应当解释不同的法律渊源，以便一种渊源对某一既定情境的说法与另一种渊源对该情境的说法，互不冲突。法规、判例和准备材料等的解释因此应该相互影响。

（C4）假如有避开这种调适的更强理由，必须法律渊源就具有胜过应当渊源的初显的优先权，而应当渊源转而具有超过可以渊源的优先权。在一个具体案件里，假若人们放弃这个优先顺序，他就必须提出坚实的理由辩护他的这种背离。

（C5）如有可能，人们应该用不同规范未显示出不相容这样一种方式来解释不同规范。

（C6）上位法优于下位法

当某一更高地位的规范与某一更低规范相冲突时，人们必须适用更高者。

（C7）后法优先于先法

较早的规范与更后的规范不相容时，人们必须适用后者。

（C8）特别法优于一般法

只有在案件不被一个不相容的、不太一般的规范包括时，人们才可以使用一个更一般的规范。

（C9）新的一般法不能使旧的特别法失效

如果一个后来的一般规范与某一不太一般的早先规范相冲突，人们应该使用早先的不太一般的规范。

（C10）假如不可能调适不同判例，人们就应当决定哪个判例是最重要的。

（C11）人们应该在以下范围内考虑立法准备材料中的声

明：（a）并不与清晰的法规文本相冲突；（b）有助于法规文本中所表述规则的解释。

（C12）对那些与法规文本没有冲突但与习惯法中所接受的某个一般法律原则相冲突的立法准备材料中的声明，仅当有强有力理由予以考虑时才应该考虑。

（C13）与某一早先的必须渊源或应当渊源（如，与一个早先的法规或判例）不相容的某一立法准备材料中的声明，在关联性方面并不等于没有这种不相容的一个声明。

（C14）每当立法准备材料的不同部分彼此冲突时，就应该按以下初显优先顺序来使用：（a）相关议会委员会的意见；（b）主管部长的声明；（c）其他材料。满足两个条件的立法委员会报告相当重要：政府法案引用了该报告且该报告阐明了这一法案的模糊片段。

9.4　法律出发点和讨论规则的辩护：深度辩护

通常，法律论辩是在某一法律共同体心照不宣公认的出发点框架内发生的。在法律辩护里，使用被看作是普遍接受的法律渊源、构建规则、解释规则和论辩规则。要防卫辩护中的这些法律出发点，这些出发点的选择必须用**深度辩护**予以防卫。

9.4.1　法律论辩的合理性

深度辩护必须从显示该法律辩护满足合理性的一般要求开始。佩策尼克区分了三种形式的合理性：逻辑的合理性（L-合理性）、支持的合理性（S-合理性）和话语的合理性（D-合理性）。[22]

---

〔22〕　见佩策尼克（1989：56-57，206-207）【原文多出一个右括号，故改。——译者注】。比较本书第8章对阿尔尼奥区分L-合理性和D-合理性的理论的讨论。

L-合理性指的是，一个法律论证的结论从逻辑上一致的和语言上正确的前提集逻辑地推出。[23] S-合理性的意思是，一个结论从融贯前提集合乎逻辑地推出。D-合理性意味着论辩满足理性讨论的要求。D-合理性预设 S-合理性，而 S-合理性预设 L-合理性。

191

9.4.1.1 S-合理性和融贯性

假如得到一组融贯的论证的支持，一个法律裁决就是 S-合理的。融贯性是一个陈述集构成对一个论点之正确性的支持程度。[24] 一个陈述集构成一种支持的程度取决于各种标准。这些标准是：支持关系的数量、支持链的长度、得到最强支持的陈述之量、被支持链之间关系的数额、各种原则之间优选关系之量、陈述之间支持-关系之量、论据的一般性程度以及辩护中所用的概念。[25]

正确的论辩由提供**支持**且**可普遍化的**一个融贯论据集组成。如果一个决定从 p 出现于其中的一个非恣意前提集合乎逻辑地推出，一个论据（p）就构成对该决定（结论）的**支持**。[26] 一个论据 p 支持结论 q，当且仅当[27]：

    1. p 属于 q 从其中合乎逻辑地推出的前提集 S，且

    2. 如果撤掉 p 的话，q 就不能从前提集 S 合乎逻辑地推出，且

    3. S 并不包括任何武断的前提。

---

[23] 按佩策尼克的观点，逻辑只与推论有关，推论之真唯独取决于推论的形式。

[24] 见佩策尼克（1989：160）。

[25] 见佩策尼克（1989：158-179）。

[26] 在佩策尼克（1983：89），看来，假如 p 支持 q，这意味着 p 和 q 是融贯的。如果若干论据支持各种结论也相互支持，那就存在一种复杂支持结构，称之为融贯性。亦见佩策尼克（1984c：418）。

[27] 见佩策尼克（1984b：418）【原文此处所注页码有误，因为所引文献页码区间是 97-120 页。而且此处的论述也并非出自所引论文。——译者注】。

一个前提不是武断的，如果它属于被看作是法律范式之内的
"相对确实"的前提集。[28]

佩策尼克区分了前提和结论之间逻辑支持关系的三种形式：弱
支持、合情理（reasonable）支持和强支持。假若 p 属于 q 从其中合
乎逻辑地推出的前提集 S，陈述 p 就构成一个弱支持。不过，结论
从某些前提合乎逻辑地推出这一事实并不蕴涵该结论是合理的。因
此，佩策尼克确立了"合情理支持"的概念。如果一个陈述 p 属于
q 从其中合乎逻辑地推出的合情理前提集，p 就构成对 q 的一个合
情理支持。假若一个陈述不是伪造的、武断的，那它就是合情理
的。[29] 如果 p 属于具有下述特性的陈述集 S，一个陈述 p 就构成对
q 的一个强支持：

1. 所有这些前提都是合情理的；

2. 至少 S 的一个子集是这样：（a）q 合乎逻辑地从它推 192
出，且（b）该子集的所有成员对于 q 从这个子集推出均不可
或缺（就是说，假若任何属于该子集的前提被撤离该子集的
话，q 就推不出了）；

3. S 的每一成员属于至少一个这样的子集；

4. 在更强意义的推出上，p 是必不可少的：从 p 根本不属
于其中的 S 的任何子集推不出 q。

————————

〔28〕　按佩策尼克（1984c：422）的看法，法律结论不是从某种绝对意义上确实的
前提而仅仅是从法律范式之内相对意义上确实的前提推出的，意味着法律结论基于跳
跃。跳跃的意思是，一个被接受的前提是相对确实的而不是绝对确实的。

〔29〕　如果一个陈述并不从一个非常融贯的陈述集合乎逻辑地推出这一假设并没有
得到强有力的证实，那么这个陈述就不是伪造的，也不是武断的。见佩策尼克（1989：
57）。

最为重要的是，对一个法律裁决的支持依赖提到法律渊源的那些前提。对支持的这个要求在早先所论及的渊源规范和解释规范中有所表述。渊源规范 S1—S9 要求使用法规、判例等。解释规范 I1—I2 要求使用一般规范性前提。除了法律渊源，还使用道德规范。"应遵守承诺"这个道德原则支持合同法的大部分。

支持的要求也蕴含着一个法律裁决与为支持它所提出的论据必须是**可普遍化的**。在前面提到的若干渊源规范和解释规范（S1，S2—S4，I1，I3—I6，C2，A1—A10）中，也有对这个要求的表达。

逻辑一致性的要求、支持的要求和可普遍化的要求，构成对法律论辩合理性的最低要求。尽管这些要求形成了法律合理性的必要条件，但它们并不构成充分条件。按照佩策尼克的意见，充分条件随论证域而变化。[30]

9.4.1.2　D-合理性和理性共识

融贯性仅仅与法律论辩的实质性方面相关，并不保证法律推理的程序合理性。因此，法律裁决的辩护也必须满足程序合理性的要求。如果该辩护以**合情理的共识**（reasonable consensus）为目标，一个法律裁决就满足与讨论程序的合理性相关联的 **D-合理性**的要求。

要获得关于法律裁决的合情理共识，必须遵循阿列克西（1989）为一般实践讨论和法律讨论制定的规则（见本书第 7 章对这些规则的讨论）。在一场按照阿列克西规则的讨论中，裁决以融贯的论据集为基础。因此，满足 D-合理性要求的讨论也满足 S-合理性的要求。

9.4.2　法律的意识形态

一个法律裁决的深度辩护所需要的不只是满足合理性要求的论

---

〔30〕　见佩策尼克（1983：84）。

辩。裁决还必须与某一法律共同体的出发点相一致。使用维特根斯坦和阿尔尼奥的术语，佩策尼克主张，人们的**生活形式**决定他们把什么当成是可接受的。这个生活形式是法律辩护的终极依据，否则就不可能予以辩护。

佩策尼克把一套构成生活形式的公认出发点（常常心照不宣）称为**法律意识形态**。这种法律意识形态由必须渊源、应当渊源和可以渊源以及渊源规范构成，也由决定一个规则是不是有效法律的标准和基础规范即"Grundnorm"组成，这些东西从法律视角规定法规应当被遵守的条件。而且，它也由上述提到的解释规范、构建规范和碰撞规范构成。

法律意识形态包括各种各样的元素。第一部分在法规和其他法律渊源中被明晰表述。第二部分是隐含的，可能出自法官、法定权威和律师的实践。这部分可以看作是一套普遍接受的渊源规范以及在理性讨论的**理想**条件下**每个**律师都会接受的论辩规范。第三部分包括基础规范、渊源规范和在理性讨论的**非理想**条件下**某些**律师会接受的论辩规范。

法律意识形态不是一个静态的整体，而是在法律实践的影响之下发生变化。法律意识形态不是一个融贯的系统，而是人们试图融贯地组织起来的一堆规范的信念和认识的信念。各种各样的、相互不融贯的子系统构成这种意识形态。什么属于这种意识形态取决于**听众**。佩策尼克用阿尔尼奥的术语说，法律共同体的成员所属的那种生活形式决定什么被当作是这种法律意识形态的一部分。

法律意识形态是为了把法律人和门外汉的行为和内化的规范转换成一个融贯整体的一种理论构造。法律人和门外汉的行为显示他们好像已经接受了法律意识形态。可是，接受一种法律意识形态的理论概念，并不意味着接受对每个法律难题并不存在唯一正确答案的理念。与德沃金背道而驰，佩策尼克说，唯一正确答案的教条不是可接受的。

理性讨论的程序表明，疑难案件里不存在决定哪个答案是正确的固定标准。律师设法在自己的参照系之内提出最佳的可能解决办法，会主张他们的解决方案是主体间正确的。然而，该主张的可接受性取决于是否有可用的充分标准来评价该解决方案的可接受性。法律渊源、渊源规范和论辩规范的组合提供了某些标准，但这些标准并不完善。

194

不可能生成唯一正确答案的另一个缘由是，日常语言是含混的、歧义的，而且在评估上是开放的。由于这么多的非演绎跳跃必不可少，因而结论从来不是确定无疑的。况且，不存在唯一正确的政治意识形态。一场道德讨论基于以达成"反思性平衡"（reflective equilibrium）为目标的利益估量，对此而言，并没有固定的估量标准。此外，也无法定义在为道德和法律难题寻找正确答案过程中起作用的那些考量：道德考量或法律渊源都没有被清晰定义。法律史表明，"正确答案"的概念可能在不同时代有所不同。在某一时间点上被当成是正确的解答，也许在后来的时间点上却是不太可接受的。同时，可接受性是个相对概念：对一个人是可接受的并不自然而然对另一个人也是可接受的。

9.5　法律辩护中的合理性和融贯性

如前所示，在佩策尼克看来，法律辩护合理性的要求之一是，一个决定由一个融贯的论据集支持。在其各种作品（1990，1994，1998）以及与阿列克西合作的作品（阿列克西和佩策尼克 1990）里，佩策尼克详尽阐述了作为法律论辩合理性之标准的融贯性要求。

正如阿列克西和佩策尼克（1990）与佩策尼克（1994：173）指

出的，融贯性是关于一个规范陈述的正确性的理性实践话语的要求
之一。法律论辩作为实践论辩的一个特例是用对正确性的宣称实施
的，意即它得到融贯理由的支持。从实践合理性视角看，作为法律
辩护之要求的融贯性基于这样的理念，即法律辩护应该不是一种特设
的（*ad hoc*）辩护，必须参照一个规范系统以便实现正义的要求。[31]

　　阿列克西和佩策尼克（1990：131-132）以及佩策尼克（1994：
167）将融贯性的主旨表达如下[32]：

　　　　属于某一给定理论的陈述越是接近一种完善的支持结构，
　　该理论就越融贯。

　　"理论"一语是在广义上使用的，它可用于描述性理论和规范
性理论，指的是支持另一个陈述时所提出的一个陈述集。某一特殊
陈述 p_1 支持另一个陈述 p_2 的看法，按照这个融贯性的概念，意思是
在 p_1 和 p_2 之间有一种逻辑关系。照他们的看法，陈述 p_1 支持陈述
p_2，当且仅当 p_1 属于 p_2 从其中逻辑地推出的前提集 S。他们认为，　195
逻辑一致性是融贯性的必要但不充分条件。

　　依佩策尼克的见解，可以把法律辩护的融贯性看作是一种规范
性理想，一个辩护接近这一理想的方式依赖这种支持结构。一个支
持结构的完善程度取决于满足融贯性标准的程度。这些标准关涉支
持关系的数量、支持链的长度、强有力的支持、支持链之间的关联
性、理由之间的优先级顺序、互惠的辩护、一般性、概念的连通
性、案例的数量以及生活域的多样性。对这些标准的每一个，融贯

────────────

〔31〕　亦见麦考密克（1984：243）关于作为实践合理性要求之一的融贯性要求的观
点。

〔32〕　这个定义基于佩策尼克（1989）所表述的关于融贯性的思想，亦见本章之前
部分对融贯性的讨论。

性要求都可以详细规定。比如:

(1) 支持关系的数量:

(1.1) 在同等条件下,属于某一理论的陈述越多,该理论越融贯。

(2) 支持链的长度:

(2.1) 在同等条件下,属于某一理论的理由链越长,该理论越融贯。

(3) 强有力支持:

(3.1) 在同等条件下,属于某一理论的陈述得到其他陈述强有力支持越多,该理论越融贯。

(4) 支持链之间的关联性:

(4.1) 在同等条件下,属于所讨论理论的同一前提所支持的结论的数量越多,该理论越融贯。

(4.2) 在同等条件下,在所讨论的理论中独立前提集的数量越多,因而同一结论从每一个这样的前提集推出,该理论越融贯。

(5) 理由之间的优先级顺序:

(5.1) 假如所讨论的理论包括原则,那么,在同等条件下,原则之间的优先级关系数量越多,该理论越融贯。

(6) 互惠的辩护:

(6.1) 在同等条件下,属于某一理论的陈述之间的互惠经验性关系的数量越多,该理论越融贯。

(6.2) 在同等条件下,属于某一理论的陈述之间的互惠分析性关系的数量越多,该理论越融贯。

（6.3）在同等条件下，属于某一理论的陈述之间的
互惠规范性关系的数量越多，该理论越融贯。

（7）一般性：

196

（7.1）在同等条件下，一个理论所使用的没有个体
名字的陈述越多，该理论越融贯。

（7.2）在同等条件下，属于某一理论的一般概念的
数量越多，它们的一般性程度越高，该理论越融贯。

（7.3）在同等条件下，在某一理论内所使用概念之
间的相似性越多，该理论越融贯。

（8）概念的连通性：

（8.1）在同等条件下，某一给定理论 $T1$ 与另一理论
$T2$ 所共有的概念越多，这些理论越相互融贯。

（8.2）在同等条件下，某一给定理论 $T1$ 包括另一理
论 $T2$ 所用的相似概念越多，这些理论越相互融贯。

（9）案例的数量：

（9.1）在同等条件下，一个理论涵盖的案例数量越
多，该理论越融贯。

（10）生活域的多样性：

（10.1）在同等条件下，一个理论覆盖的生活域越
多，该理论越融贯。

（见阿列克西和佩策尼克 1990：132-143；佩策尼克 1990，1994：167-
168。）

阿列克西和佩策尼克指出，实施不同标准的估量和平衡的方式
决定融贯性程度。融贯原则不应孤立地遵循，它们的应用应该在彼
此关联中进行。比如，满足一个标准的程度越高，可能满足另一标

准的程度越低。再如，使用不太一般的概念时，理由的支持链可能变长，反之，使用的概念变得更一般，该链条可能更短。这意味着，评价哪些"理论"更融贯可能是复杂的。

正如阿列克西和佩策尼克（1990：145-146）所述，一个融贯系统的优势受限于某些劣势。这些劣势关涉这一事实：融贯性是个程度问题，即融贯性标准并不牵涉规范性系统的内容，而且相关规范性系统是不完全的，因而新规范-陈述和价值-陈述必不可少，必须进行创制。在他们看来，这些劣势这样予以弥补：在确立一个法律裁决之正确性的过程中，一个程序层次也是重要的。法律辩护也需要理性论辩的程序，在这个程序中必须对某一规范性陈述的正确性达成合情理的共识（reasonable consensus）。

9.6 结 论

197

佩策尼克将自己的法律转化理论表述为一种规范理论。该理论描述在得到良好辩护的法律裁决中必定发挥作用的那些规范。最终，该理论的目的是描述在评价一个法律裁决之合理性时，必须使用哪些特殊法律标准和哪些一般标准。

辩护一个法律裁决时实施各种转化。这些转化相当于在构建和解释法律规则时所做的选择。由于这些选择通常是隐而不显，因此必须将它们明白显示。按照佩策尼克的理论，使这些选择昭然若揭的行为等同于描述已被实施的那些转化。

指明了哪些转化被实施了，论辩步骤就被清晰呈现出来。通常，这些步骤在法律解释中依然看不出来。假如所有论辩步骤予以清楚呈现，就可决定它们是否符合法律的和一般的合理性规范。

佩策尼克使用"转化"的概念试图回答可以怎样辩护**疑难案件**的法律裁决的问题，在疑难案件里，裁决不能从事实描述和相关法律规则演绎地推出。在佩策尼克看来，仅当前提被普遍接受时，结论才能从前提合乎逻辑地推出。当某一法律规则的解释或某一新构建的规则不为真或未被普遍接受时，疑难案件的裁决不能从前提合乎逻辑地推出。在疑难案件中，有一种从事实描述和法律规则到最终结论的**跳跃**。在这样一种跳跃里，实施了一个转化，这意味着原来的法律规则已被改变，或某一新规则被构建出来。要表明此跳跃是正当合理的，就必须阐述使论证成为完全的且演绎有效的转化规则。

转化在法律论辩的分析和评估中究竟发挥怎样的作用呢？假如这个难题涉及的是添加一个推论规则使一个不完全论证（基于一个跳跃的论证）变成完全的，那就与评估原来的论证是否演绎有效不相干。这种评估决定一个被重建为演绎有效论证的前提是不是可接受的。

佩策尼克区分了辩护法律裁决的两种模式：**法律辩护和深度辩护**。他用这一区分试图决定哪些特殊法律出发点和论辩规则在法律裁决辩护中起重要作用，可以怎样理性地辩护这些出发点和规则的运用。

分析一个法律裁决的辩护从确定究竟什么构成法律辩护开始。因而，**向法转化和法内转化**就被重建。

向法转化的重建包括确定需要什么样的**范畴转化**和**标准转化**，二者都将规范系统确认为应当予以遵守的有效法律体系。重建要求阐明一个澄清应当被遵守的有效法律体系的规则，这规则叫基础规范（*Grundnorm*）。由于律师预设他们据以开始的法律规范是有效法律，因而在他们辩护一个法律裁决时，向法转化通常隐而不表。不过，从法律视角看，对一个法律裁决的完全重建而言，必须将向法转化明晰呈现出来。

法内转化的重建从确定需要怎样的**渊源转化**开始（主张一个特

198

殊法律规则被当作是有效法律)。该重建包括系统阐述具体说明规则所出自的渊源是**必须渊源**、**应当渊源**,还是**可以渊源**。然后,它确定从法律规则得出某一具体法律裁决时的**决定转化**是什么。通过给出一个解释,一个被重建起来的规则说,具体案件被归入该规则。比如,阐明一个特殊规则的适用条件是什么。适用限缩或排除时所构建的一个法律规则,使法律规则的适用范围缩小,或者从法律体系中撤除掉。创制一个新规范时,所构建的一个法律规则可以用来从一个现有规范导出一个新规范。解决冲突时,所构建的一个规则解决规则之间、原则之间或规则与原则之间的冲突。

评估决定法律辩护中重建的论辩是否可以给出一个**深度辩护**。因此,它探究表达法律出发点的显现的和隐含的论据是否可以理性地辩护该辩护过程所遵循的规则。

假如出发点和论辩规则满足合理性的各种要求,那它就可以得到理性地辩护。它们必须满足**逻辑合理性**要求,意即它们必须是逻辑上一致的。它们还必须满足**支持合理性**的要求;因此,辩护必须构成一种可以一般化的论证的**融贯**整体。佩策尼克阐明了一个法律辩护要成为融贯的应该满足的不同要求。除了逻辑合理性要求和支持合理性要求(融贯性),法律辩护还要满足**话语合理性**要求,这意味着提出辩护的讨论过程必须按照理性讨论规则进行。最后,出发点和论辩规则必须与法律意识形态——某一法律共同体内心照不宣接受的出发点的总和——相融贯。

佩策尼克认为,确定一个具体辩护有多大的理性程度是不可能的。只有作为一个整体的法律论辩的实践才能满足合理性要求。如此这般是因为合理性标准被嵌入某一生活形式。不可能让合理性的标准完全明晰显示出来。不过,可以说,某些被普遍接受的规范,如渊源-规范和解释-规范,构成合理性的一个标准。

　　总之，可以说，佩策尼克的法律辩护理论对法律辩护过程所需要的各种步骤提供了有益的理念。佩策尼克强调从外部法律实在到一个法律体系必须走出的一步，以及疑难案件中从某些法律规则导出一个裁决所需要的各种步骤。他对瑞典法律实践中所使用的、在适用法律规则时必须遵守的规则（其中一些也用在其他法律体系之中），做了清楚的阐述。另一个重要理念是，法律辩护的某些部分在日常法律实践的讨论中并没有提出来，但可能是在法律实践的一般道德辩护语境下辩护的主题。

　　要提高该理论分析和评估法律论辩的能力，可以从若干方面扩展该理论。为分析不同的转化，我们可以更细致地考察论辩背后的转化规则，考察应如何阐明这些规则。最后，对于评估各种转化而言，必须确定转化规则成为可接受的条件。

参考文献

Aarnio, A. (1987). *The rational as reasonable. A treatise of legal justification.* Dordrecht etc.：Reidel.

Aarnio, A, Alexy, R. & Peczenik, A. (1981). The foundation of legal reasoning. *Rechtstheorie* 21 (2), 133–158, 21 (3) 3, 257–279, 21 (4), 423–448.

Alexy, R. (1980). Die logische Analyse juristischer Entscheidungen (The logical analysis of legal decisions). In：W. Hassemer, A. Kaufmann, U. Neumann (Eds.). *Argumentation und Recht. Archiv für Rechts – und Sozialphilosophie*, Beiheft Neue Folge Nr. 14 (pp. 181–212). Wiesbaden：F. Steiner.

Alexy, R. (1989). *A theory of legal argumentation. The theory of rational discourse as theory of legal justification.* Oxford：Clarendon press. (Translation of：*Theorie der juristischen Argumentation. Die Theorie des rationalen Diskurses als Theorie der juristischen Begründung.* Frankfurt a. M.：Suhrkamp, 1978).

Alexy, R. & Peczenik, A. (1990). The concept of coherence and its significance for discursive rationality. *Ratio Juris* 3 (1), 130–147.

Bindreiter, U. (2006). Aleksander Peczenik：Bibliography 1996–2005. *Ratio Juris*

19 (4), 518-533.

Feteris, E. T. (2007). Aleksander Peczenik's theory of legal justification and legal reasoning as a theory of legal argumentation. In K. A. Modéer (Ed.). Aleksander Peczenik. *Memorial Seminar.* (pp. 76-95). Lund: Corpus Iuris Förlag.

Hart, H. L. A. (1961). *The concept of law.* Oxford: Oxford University Press.

MacCormick, N. (1978). *Legal reasoning and legal theory.* Oxford: Oxford University Press.

MacCormick, N. (1984). Coherence in legal justification. In: A. Peczenik, L. Lindahl, b. Van Roermund (Eds.). *Theory of legal science*, Proceedings of the conference on legal theory and philosophy of science, Lund, Sweden, December 11-4, 1983 (pp. 235-251). Dordrecht etc. : Reidel.

K. A. Modéer (Ed.) (2007). Aleksander Peczenik. *Memorial Seminar.* Lund: Corpus Iuris Förlag.

Peczenik, A. (1979). Non-equivalent transformations and the law. In: A. Peczenik & J. Uusitalo (Eds.), *Reasoning on legal reasoning.* Vammala: Vammalan Kirjapaino Oy. pp. 47-61.

Peczenik, A. (1983). *The basis of legal justification.* Lund.

Peczenik, A. (1984a). Creativity and transformations in legal reasoning. In: W. Krawietz et al. (eds.), Theorie der Normen. Festgabe für Ota Weinberger zum 65. Geburtstag (pp. 277-298). Berlin: Duncker & Humblot.

Peczenik, A. (1984b). Legal data. An essay about the ontology of law. In: A. Peczenik, L. Lindahl, B. van Roermund (Eds.), *Theory of legal science.* Proceedings of the conference on legal theory and philosophy of science, Lund, Sweden, December 11-14, 1983. Dordrecht etc. : Reidel. pp. 97-120.

Peczenik, A. (1984c). Legal rationality and its limits. *Rechtstheorie*, Vol. 15, pp. 415-422.

Peczenik, A. (1989). *On law and reason.* Dordrecht etc. : Reidel. (translation of "Rätten och förnuftet", 1986). (2nd. Edition 2008 with a preface by J. C. Hage)

Peczenik, A. (1990). Coherence, truth, and rightness in law. In: P. Nerhot (Ed.), *Law, interpretation, and reality,* (pp. 275-309). Dordrecht: Kluwer.

Peczenik, A. (1992a). Legal collision norms and moral considerations. In: P. W. Brouwer, T. Hol, A. Soeteman & W. G. van der Velden, A. H. de Wild (eds.) (1992). *Coherence and Conflict in Law.* Proceedings of the 3rd Benelux-Scandinavian Symposium in legal theory. Amsterdam, January 3-5, 1991 (pp. 177-200). Zwolle: Tjeenk Willink.

268

Peczenik, A. (1992b). Weighing values. *International Journal for the Semiotics of Law*, Vol. V, pp. 137–152.

Peczenik, A. (1994). Law, morality, coherence, and truth. *Ratio Juris* 7, 146–176.

Peczenik, A. (1998). A coherence theory of juristic knowledge. In: A. Aarnio, R. Alexy, A. Peczenik, W. Rabinowicz & J. Wolenski (Eds.), *On coherence theory of law* (pp. 7–15). Lund: Juristförlaget.

Peczenik, A. & Wróblewski, J. (1985). Fuzziness and transformation. Towards explaining legal reasoning. *Theoria*, 24–44.

Raz, J. (1970). *The concept of a legal system. An introduction to the theory of legal system.* Oxford: Clarendon Press.

Toulmin, S. E. (1958). *The uses of argument.* Cambridge: Cambridge University Press.

第 *10* 章 法律论辩的语用-辩证的路向

摘 要 本章概述法律论辩的语用-辩证的路向，提供语用-辩证的论辩理论的一个概要，描述该理论在法律语境中应用的进展。该理论将法律辩护描绘为一种论辩活动类型，按照法官在意见分歧解决过程中所起的作用分析其角色。本章讨论法律论辩中的不同原型论辩模式。这种模式之所以被刻画为原型的模式，是因法院辩护其简单案件和疑难案件之裁决的义务产生的结果。它详细说明哪些论证型式在辩护中发挥作用。对于这些不同的论证型式，所要探索的是，法院对不同批判性问题的回应方式怎样导致了不同的论辩模式。以法院辩护的疑难案件——在其中法院必须解释法律规则——的某些代表性例子为基础，描述了原型论辩模式的实施。最后讨论不同辩护形式的组合所构成的原型模式的估量和平衡。

关键词 根据相反的论证；类比论证；论证型式；论辩结构；论辩活动类型；论辩模式；批判性讨论；辩证目标；意见分歧；讨论阶段；理想模型；解释方法；法律辩护；法律规则；语用-辩证法；实效论辩；原型论辩模式；修辞目标；法官的角色；法治；策略机动；目的-评估性论辩；估量和平衡

10.1　导　言

　　法律论辩的语用-辩证的路向（pragma-dialectical approach）基于范爱默伦与荷罗顿道斯特的理念，他们开创了语用-辩证的论辩理论。范爱默伦与荷罗顿道斯特创立了他们的论辩观，并表明该理论如何能应用于分析和评估各种语境中的论辩。应用该理论的一个重要语境就是法律。在语用-辩证法（pragma-dialectics）的"阿姆斯特丹学派"传统里开展研究的一些学者，已经示范了语用-辩证的理论以及该理论所发展的概念如何能应用于法律论辩的分析和评估。

　　本章第 2 节描述语用-辩证理论的主要元素，勾勒语用-辩证的路向的方法论出发点——将论辩看作是分析和评估论辩性话语的一种批判性讨论（critical discussion）的一部分。第 3 节阐述法律语境中语用-辩证理论之应用的各种进展。第 4 节论述语用-辩证理论在法律语境中的实施，将法律辩护描绘成一种论辩活动类型及由法律讨论的惯例（程序和规则）生成的制度约束。第 5 节根据制度约束，探究如何能按照法官对一场批判性法律讨论中意见分歧的解决所做的贡献对法官的角色进行表征。第 6 节讨论法律辩护的基本模式，它们是法官对简单案件和疑难案件中不同类型法律意见分歧的解决做出贡献的原型的（prototypical）论辩模式（argumentative patterns）。第 7 节聚焦于解释法律规则的疑难案件的论辩模式，阐明根据在法律语境中可能提出的不同批判形式（different forms of critique）所开发的那些模式，讨论基于类比论辩和目的-评估性论辩的法律辩护中的论证型式的原型模式（的组合），依据法律语境中与这些论证型式相关的不同批判性问题的功能，阐述这些模式。第 8 节集中于法律辩护的一个特殊论辩模式，在此模式里，不同解释针对彼此予以估

202

量。阐明这个估量和平衡模式如何与法官对批判和反论证的各种形式作出的反应相关。

10.2 语用-辩证的论辩理论

语用-辩证法是范爱默伦和荷罗顿道斯特创立的一种论辩理论。范爱默伦和荷罗顿道斯特的主要英语出版物是《论辩话语的言语行为》(1984)、《论辩、交际和谬误》(1992)以及〔与萨利·杰克逊(Sally Jackson)和斯科特·雅各布斯(Scott Jacobs)合著的〕《重建论辩话语》(1993)。《论辩话语的言语行为》涵盖语用-辩证的论辩方法的理论背景与哲学的、方法论的出发点。《论辩、交际和谬误》详尽阐述了语用-辩证法的理论,集中展现了分析和评估论辩话语的理论工具。《重建论辩话语》按照批判性理想开发重建论辩话语的分析工具,以此工具探究意见分歧解决的规范模型与论辩实践的经验现实的关系。《谬误与合理性的判断》(范爱默伦等 2009)研究普通论证者在何种程度上按照与批判性讨论规则所表达的规范相匹配的那些规范来判断论辩行为的合理性(reasonableness)。

在扩展的语用-辩证理论中,范爱默伦(2010)还将一种修辞学的成分吸纳进来以说明论辩的语境依赖的特性,它影响各种制度语境和非制度语境下论辩的可能性。在《论辩话语中的策略机动》(2010)中,范爱默伦阐明规范性理想论辩话语的模型如何能应用于说明构成论辩现实的形形色色的、广泛的论辩实践的复杂性。以这种方式扩展分析和评估工具的目的是要更深刻地重建、更实事求是地评价可能提出来的论辩话语。为此,策略机动的概念被构造出来,用以说明这一事实:现实生活中的论辩话语同时追逐两个目标——论证者同时既以实效性(effectiveness)为目标,又想要保持合理性(reasonableness)。这两个目标必须保持平衡,意即论证者为了保持这两个目标的平衡在策略上灵活机动。[1]

要用扩展的语用-辩证理论恰当处理论辩现实中的交往实践，还要考虑论辩话语在其中发生的制度环境的宏观语境。为此，把不同制度语境中的论辩话语当作交往活动类型（communicative activity types）——它们已经在特殊交往领域确立，响应该领域的特定制度要求——进行研究。[2] 这样看来，交往活动类型按照制度宏观语境的需要而被惯例化。[3]

在某一交往活动类型（如法律程序）里，交往活动被设计成服务其反映该交往活动的急切需要的基本原理、制度指向。按照它们的制度指向，某一特殊领域之内的交往活动以特殊方式予以惯例化。在各种领域的研究中，为了论辩话语的实施，人们探究参与某一特殊交往活动类型的后果。为此目的，一种批判性讨论的理想模型被用作一种工具，刻画论辩在根据制度要求的特殊活动类型中被具体化的方式。按照这种对论辩特征的描述，由对应批判性讨论诸阶段的话语各部分所构成的焦点是，初始状态、出发点、论辩手段和批判以及交流的结果。按照对某一特殊交往活动类型的论辩特征描述，人们探究批判性讨论理想模型的诸阶段的经验对应物在特殊语境，比如在法律辩护中，如何表现。

对于在解决意见分歧的某一特殊制度语境中形成的策略机动和**原型论辩模式**（*prototypical argumentative patterns*），交往活动类型对它们施加某些约束条件。[4] 这些论辩模式反映实现某一特殊制度目标的某一特殊制度语境中规定和惯例化论辩活动（如法律辩护）的方

[1] 对策略机动这一概念的讨论，见范爱默伦（2010）。
[2] 对交往活动和论辩活动的概念的讨论，见范爱默伦（2010）。
[3] 见范爱默伦（2010：129-162）。
[4] 对原型论辩模式概念的介绍以及有关交往活动类型对这种模式发展之影响的讨论，见范爱默伦（2017）和范爱默伦和加森（Garssen，2014）。

式。论辩模式包括各种类型的论点、论辩结构以及具有解决某一特殊意见分歧之功能的论证型式。这种论辩模式反映某一特殊制度语境中的辩证义务（dialectical obligations），在参与者能够为解决意见分歧而消除各种形式的相关怀疑和批判的基础上，可以重建这些辩证义务。某些这样的怀疑和批判形式也许在某一特殊制度语境中总是应处理的标准"批判性问题"。比如，在法律语境中，这些怀疑和批判的形式是有关法院以官方权力必须处理的事实证明和法律适用性的问题。其他怀疑和批判的形式可能取决于推进讨论的方式以及不同参与者提出的怀疑和批判的形式，比如，法律语境的上诉程序中所提出的批判的形式。

如果论辩模式与交往活动类型涉及的制度先决条件有直接关系，那么，所形成的论辩模式就是意见分歧的**原型**类型与在某一特殊语境中予以处理的那类问题。比如，在法律语境中，一个原型的模式是法院在简单案件和疑难案件中辩护一个裁决的方式（见本书第 1 章对简单案件和疑难案件的讨论）。在语用-辩证的研究里，探讨了由程序的可能性和限制以及形成某一论辩活动类型之惯例的一个特殊制度的规则所构成的制度约束，如何影响原型论辩模式的发展与在具体情形下形成这些模式的方式。

某一具体情形下的原型模式的发展受论证者可能选择的影响，也受到某一特殊制度语境给论辩行为所施加的约束的影响。交往行为类型利用某些外在限制影响**策略机动**（strategic manoeuvring）的可能性，这意味着，制度语境影响论证者在协调用合理方式解决意见分歧的辩证目标与有效地让所针对的听众确信的修辞目标的过程中可能做出的选择。[5] 因此，在分析和评估策略机动时，有必要考虑

205

---

　　〔5〕　关于论辩活动类型对策略机动可能性之影响的讨论，见范爱默伦（2010）。

交往活动类型被惯例化的方式。交往活动类型的制度指向及其惯例化决定所谓的策略机动的**制度先决条件**。这些先决条件有两类：**初级**制度先决条件，包括规则、官方的程序、正式程序和通常程序（often procedural）；**次级**制度先决条件，包括一般非官方的、通常非正式的、经常是实质性的。按照这些先决条件，特定策略机动的模式对于实现交往活动类型的制度指向可能适合也可能不适合。[6]在一个具体论辩活动类型中，制度先决条件为论证者定义初始状态、选择程序的出发点和实质的出发点、选择论辩手段和批判以及交流结果存在的可能性，预留了空间。

10.2.1　语用-辩证的论辩理论的方法论出发点

在语用-辩证的理论中，范爱默伦和荷罗顿道斯特为论辩性讨论（argumentative discussions）的分析和评估引入了一个模型，该模型提供了在意见分歧解决过程中起重要作用的那些元素的概览。这个模型形成一种发现在该解决过程中起着建设性作用的那些元素的**启发法工具**，由此使得将那些与争议解决相关的元素挑选出来成为可能。该模型也形成一种**批判性工具**，用来决定是否讨论有助于争议的解决，是否有益于辩识讨论过程中出现的正面贡献和负面贡献。

这个论辩讨论的模型基于论辩的语用-辩证的路向。它的语用元素把论辩看作是目标导向的语言使用形式，并将批判性讨论中的讨论行为（discussion-moves）分析为在解决争议中具有建设性功能的言语行为。因此，这种语用元素为各种讨论情景中的论辩性语言的使用阐明了交往和互动的规则。该理论的辩证元素意味着，论辩被当成是讨论行为的批判性交流的一部分，目的是让观点在讨论中经

---

〔6〕 对"初级的"和"次级的"惯例之差异的讨论，见范爱默伦（2010：152，脚注48）。

206

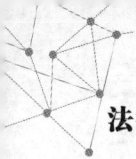

受批判性检验。在这种批判性讨论中的意见分歧解决，意味着做出这样一个决定：主角是否针对反角的批判性反应，在共享规则和出发点的基础上，成功辩护了其论点，是否反角攻击该论点取得了成功。

批判性讨论的理想模型和理性（reasonable）讨论者的行为守则构成语用–辩证理论的内核。这个**理想模型**阐明了促进争议解决必经的诸阶段以及有助于该过程的各种言语行为。在**对抗**阶段，确立争议的确切主题；在**开启**阶段，参与者就讨论规则、出发点和评估方法达成协议；在**论辩**阶段，所争论的观点针对批判性反应予以辩护，论辩受到评估；在**终决**阶段，最终结果被确定。

理性讨论者行为守则按照该理想模型阐明了争议解决的规则。比如，这些规则承认，提出或质疑一个论点的权利、用论辩的手段辩护一个论点的权利和义务、对按照共享出发点和评估方法成功得以辩护的一个论点予以坚持的权利，以及接受以这种方式得到辩护的一个论点。这种行为守则由 10 条讨论规则构成。[7]

为遵守这些讨论规则（它形成理性讨论的**一阶条件**），参与者应该像理性讨论者一样行事，这意味着，他们应该有一种理性讨论态度。实现理性讨论所要求的参与者的内在品性，是**二阶条件**，意即讨论者真正愿意按理性方式解决争议。例如，参与者必须同意，他们的观点可能被证明是错的；他们必须做好准备，当他人的观点按照公认的出发点和评估程序成功得以辩护的时候，要承认该观点是正当合理的。

可是，像理性讨论者那样表现的意愿只有在有关外在环境的某些其他条件被满足时才能促进争议的解决。例如，讨论情境必须是

---

〔7〕 见范爱默伦和荷罗顿道斯特（1992：208-209）。对语用–辩证规则的完整说明，见范爱默伦和荷罗顿道斯特（1984：151-175）。

这样的：参与者自由提出和辩护他们自己所选择的观点，质疑别人的观点。关涉讨论之外部环境的这些条件被称为**三阶条件**。

论辩的语用-辩证路向尝试把经验上充分的描述与对论辩实践的一种批判姿态相结合。实现这一整合的主要理论工具是旨在解决意见分歧的批判性讨论模型。在这一模型里，实际话语的规则和调节与目标导向的话语的规范性原则被聚合起来。批判性讨论模型是一种抽象，一种理论上激发的、以理想解决为导向的系统。它给实际论辩话语的解释和重建与论辩行为表现的评估提供了一个框架。因此，它可以充当指导改善论辩实践的一个标准。在重建不同制度背景下的论辩话语时，人们确定不同讨论阶段的经验对应物如何在特殊论辩活动中表现出来。而且，也可以确定参与者对讨论的贡献如何能重建为对意见分歧解决的贡献。这样，人们可以用一种系统方法来决定争议解决怎样在不同制度语境里被惯例化，论辩在这个解决过程中发挥怎样的作用。

语用-辩证的讨论规则的可接受性基于它们对自己欲为之事即争议解决的适宜性。由于这些规则的可接受性是以它们显得成功解决想要解决的问题的程度来判断，因而接受这些规则的基本原理可被刻画为"语用的"。[8] 该模型的有效性因而基于它的**问题-有效性**（*problem-validity*），即它适合于自己的工作，也基于**惯例有效性**（*conventional validity*），意即它对于打算为其所用的人们是可接受的。[9]

10.2.2　论辩话语的分析和评估

要确定辩护一个论点所提出的论辩是不是正确的，必须首先**分**

---

　〔8〕　见范爱默伦和荷罗顿道斯特（1988）。比较阿列克西（1989：185-186）所谓的"普遍语用学的"讨论规则的基础。

　〔9〕　对该模型的惯例有效性与"语用-辩证"规则的进一步相关研究，见范爱默伦等（2009）。

析哪些构成元素对该论辩的**评估**是重要的。在以这种分析为基础的评估中,必须找到对这一问题的答案:论证是否扛得住相关批判。**按照语用-辩证的重建**,论辩分析要将与一个理性评估相关的诸元素均表达出来。[10]

按照语用-辩证理论,重建的目的是要查明,当讨论被看作是一种被**外在化**、**功能化**、**社会化**和**辩证化**的批判性讨论时,会有什么结果。外在化意味着,只考虑那些用言词表达的或者基于语境或背景信息可被外化的元素。分析只考虑参与者明示的或隐含的承诺,以及从未用言词表达的心理状态抽象而得的承诺。功能化意指唯有那些起着解决意见分歧之作用的言语行为予以考虑。解决争议只是语言使用所服务的许多不同目标之一。社会化的意思是,这种重建与参与者在同其他参与者对话过程中试图达到的交往目标和互动目标有关。辩证化说的是,把话语重建为一种旨在批判地检验一个观点的批判性讨论。

如果要恰当评估论辩话语,就需要对意见分歧解决至关重要的那种话语的所有元素的一种分析性概览(analytic overview)。在论辩话语的分析性概览中,需要处理以下各点:

(1)各方所采取的不同意见和立场中所争议的论点。

(2)各方举出的论据和使用的论证型式。

(3)论辩结构。

首先,分析意见分歧需要辨识讨论中的争议点,识别就这些争议点所采取的立场。其次,要通过确认明示的、隐含的或间接提出

---

〔10〕 对论辩话语的分析和评估的更广泛讨论,见范爱默伦和斯诺克·汉克曼斯(2016)。

的论据来分析论证，以及鉴别论证型式。最后，需要凭借识别支持某一论点所提出的论据之间的关系。

在一个有正当理由的重建性分析的基础上完成分析性概览时，话语评估的一个合适出发点就建立起来了。关于论证型式（"征兆论辩""类比论辩"和"因果论辩"）的评估，蕴含着查明论证型式是否被正确地挑选和应用。对每一论证型式，都有一个批判性问题集，为让论辩成为可接受的必须完满地回答这些批判性问题。[11]对讨论程序的评估，分析家要确定批判性讨论的所有规则得到遵守的程度。这相当于检核某个或多个参与者是不是犯了违反讨论规则的**谬误**，以及这种违反妨碍争议解决的程度。主角和反角可能有各种违反讨论规则的方式。比如，一方可能否认某个对手提出某一论点或批判某一论点的权利。这样一种形式的行为针对对手本身，企图把作为严肃参与者的对手排除于讨论之外。也许依靠败坏对手的专业技术、公平、诚实或公信力（针对人身）来这样做，而这又违反讨论规则 1。[12]

从语用-辩证的视角分析论辩性话语，始于批判性讨论的理想模型，按照分析性概览综述与解决意见分歧相关的话语元素。这个分析是"语用的"，因为它把该话语基本上看作是一种言语行为交流；它是"辩证的"，因为它视这种交流为解决意见分歧的讲究方法的尝试。

从语用-辩证的视角评估论辩性话语，意味着这种评估总是有条件的：只要是讨论可被看作是旨在解决意见分歧的批判性讨论，

〔11〕 对基于论证型式的评估的更广泛讨论，见范爱默伦和荷罗顿道斯特（1992：94-102）。

〔12〕 对违反讨论规则谬误的更广泛处理，见范爱默伦和荷罗顿道斯特（1992：102-217）。

参与者被假设像理性讨论者一样表现，语用-辩证的评估就是有意义的。在实践中，一场讨论很少百分之百是以解决争议为导向或不以解决争议为导向。在一些不清晰的情形下，讨论可能以解决一个争议为目的，也可能不是如此，使用一种**最大限度的论辩分析**（*maximally argumentative analys*）的策略并将有关话语（的部分）解释成似乎是一个批判性讨论（的部分）是有用的。[13]

10.3　语用-辩证的法律论辩研究：作为对批判性讨论之贡献的司法裁决之辩护

　　前面几部分描述了一般语用-辩证理论的基本理念、构件和概念。本章以下各部分致力于具体说明，语用-辩证理论要适用于法律辩护的重建，就必须怎样落实为对批判性法律讨论的一种贡献，进而阐述该理论如何能应用于法律语境。在这一阐明的基础上，可以确立语用-辩证理论的理论框架能用于法律论辩的分析和评估的方法。

　　为了给人留下语用-辩证理论应用于法律语境的进展的印象，阐述此研究中的不同步骤，这一部分提供某些背景信息。首先给出某种历史背景，阐明它与法律论辩的其他研究的关系。然后描述该研究过程中构成该研究不同构件之基础的不同步骤和研究问题。

210 　　10.3.1　法律论辩的语用-辩证研究的发展

　　20 世纪 80 年代，语用-辩证家，如菲特丽丝、克鲁斯特威斯和普拉格，在开始其法律论辩研究的时候，从方法论视角考虑，必须开拓"新境界"（new ground）。范爱默伦和荷罗顿道斯特（1984）所阐述的标准语用-辩证理论是作为一种批判性讨论语境的一般论辩理论提出来的，必须搞清该理论如何能应用于像法律这样的特殊

―――――――

〔13〕　对法律语境中最大限度论辩分析的讨论，见普拉格（2002）。

制度语境。应用于法律语境是制度语境的第一个应用，因而任务是要创立一种按照语用-辩证理论的理论概念和理论区别来转换得自法律、法理学、法理论和法哲学的相关洞见的方法。

在按照语用-辩证理论发展的概念来转换这些洞见时，重视与司法裁决的辩护何种程度上可被看作是一种理性活动这一问题相关的洞见，非常重要。必须弄明白，在这样一种辩护里，论辩如何能被当作是对理性讨论的一种贡献。基于如阿尔尼奥、阿列克西、麦考密克和佩策尼克（他们的理论在本书早先的一些章节讨论过）这些法理论学者的深刻见解，研究的出发点是，可以把法律论辩看作是一种理性活动，法律论辩可以被当成是理性讨论的一部分。

以这个出发点为基础，从批判性讨论的视角看，研究的目标就是要描述和阐明，在以理性方式解决法律意见分歧的法律程序语境下，法律论辩中起作用的那些因素。研究的对象由法律语境中论辩的程序、规则和规范（可见于程序规则和实体法以及法律论辩理论和法律解释理论）以及法律论辩的形式和法律推理的形式（可在法律论辩、法律解释和法律方法论中找到）组成。

法律论辩的这些程序、规则、规范和形式必须按照语用-辩证理论予以转换。这种转换意味着，其一，必须确定法律程序的各种形式中的意见分歧如何可以用语用-辩证的术语予以刻画；其二，必须确定批判性讨论的不同阶段如何在法律程序的各种形式里表现出来；其三，必须搞清可以怎样根据以特殊方式促进争议解决的第三方来转换法官的角色。对于法官的角色，必须用语用-辩证的术语弄明白，在不同讨论阶段法官的行为活动怎样促进争议的解决，他必须怎样弥补满足二阶和三阶条件时的各种各样的"不完善"。

在这些"转换步骤"的基础上，探究在司法裁决的辩护中，法律论辩的各种复杂类型如何能用语用-辩证的术语刻画成对怀疑和

211

批判的不同形式的反应或预期。也研究法律论辩的不同类型，如作为"疑难案件"法律裁决辩护之特色的类比论辩、根据相反的论辩、后果主义者论辩、目的论的论辩，如何能用语用-辩证的术语加以刻画。必须弄清这些不同的论辩类型如何能当作复杂论辩的不同类型予以分析。此外，必须阐明不同论证型式如何构成复杂论辩，如何回应与这些论证型式相联系的相关批判性问题。

关于论证型式用法和对批判性问题回应的分析，研究如何根据对特殊法律语境中的某一特殊论证型式的妥适性做出的反应来分析辩护的不同元素，是必不可少的。另外，还必须探究，根据某一具体法律领域的规范，支持论证型式的一个正确应用的规范是什么。为此，要为法律语境落实语用-辩证理论对论证型式的深刻见解。这样做要以法理论关于不同法律解释方法之运用的洞见为基础。在法律论辩理论研究成果以及当代法理论和法哲学成就（本书前几章讨论过）的基础上，为法律论辩的各种形式详细说明关于某一特殊论证型式的规范和它的正确应用之规范的思想。在 1980—2000 年这个时期的研究成果发表于各种研究法律论辩的论文、专著、特刊以及期刊和会议录上的文章（见本章的文献目录），而且，以这些成果为基础，为法律工作者创作了一部实用手册（范爱默伦等 1996）。

在 1980—2000 年这个时期成就的基础上，接下来的 2000—2016 年期间，按照扩展的语用-辩证理论的发展，开拓了新的研究路线。以搞清制度语境影响对论辩、策略机动和论辩模式所施加的某些约束的方式为目标，进行这种研究。

此研究的第一部分以扩展的语用-辩证理论为基础，关注对法律辩护中的原型论辩模式的研究。该研究集中于早先所描述的法律论辩的形式，如类比、根据相反的论辩和目的-评估性论辩等，但现在从作为论辩活动类型的法律辩护之功能的视角，来看法律的制度语境被强加的某些约束。法律语境中的原型模式的研究，旨在用所有属于论辩义务——与执行对特殊意见分歧的某类决定相关——的元素都予以明示的形式，来重建潜在的模式。为此，就必须按照由原型论辩模式形成的制度框架，转换得自法理论和法律方法论的相关洞见。对于事实有争议的疑难案件和法律规则有争议的疑难案件里的不同论辩类型，要研究哪些与众不同的模式在辩护中发挥作用。目的是要描述所使用的原型论辩模式，以便依据具体法律领域和具体法律体系的约束来解决某类法律意见分歧。

212

研究的第二部分关涉策略机动的案例研究，探究法院如何在由法律程序和法律规则解释规范构成的制度先决条件所施加的约束之内，在策略上灵活机动。比如，有关提及立法者意图的语境与根据合情理性论证（arguments from reasonableness）的语境中目的-评估性论证不同用法的规范和论辩模式的案例研究的实施。基于构成制度约束的不同论辩形式的使用规范，阐明法院如何在具体案件中利用它们具有的策略地机动的空间，以平衡修辞目标和辩证目标。这些目标是要让某一具体法律听众确信，这些目标也分别按照法治，以理性方式解决意见分歧。[14]

10.3.2 法律论辩的语用-辩证研究中的研究问题

在法律辩护语境下，语用-辩证的论辩研究的基本研究问题可以概要如下：

1. 法律程序的交往活动类型如何能刻画为一种批判性讨论的特殊制度化实施？

1.1 各种各样的法律论点和法律意见分歧如何能用语用-辩

---

〔14〕 这种策略机动案例研究的例子，见菲特丽丝（2008c，2009b，2010，2012b）和克鲁斯特威斯（2998b，2009b，2015）。

证的术语予以刻画?

1.2 批判性讨论的不同讨论阶段在各种法律程序中是如何表现的?

2. 在法律语境中促成批判性讨论的法律辩护的功能是什么?

2.1 法律辩护如何能刻画为一种论辩活动类型?

213　　2.2 在法律语境中,什么是支配论辩活动的制度约束?

3. 法官在法律意见分歧解决中的角色如何用语用-辩证的术语予以刻画?

3.1 法官在形形色色的法律意见分歧中的角色如何用语用-辩证的术语予以刻画?

3.2 如何用语用-辩证的术语刻画法官在各种法律程序的不同讨论阶段里的角色?

4. 如何从法律程序的视角阐明存在的不同论辩模式?

4.1 如何能根据法律规则适用上的各种意见分歧阐明复杂论辩模式?

4.2 基于解决有关法律规则解释的各种意见分歧的法律辩护之功能,可以怎样阐明复杂论辩结构中的法律论证型式的组合出现?

5. 基于有关司法裁决辩护中原型论辩模式的制度约束,可以怎样阐明法律辩护中的策略机动?

5.1 在各种法律辩护的原型论辩模式中,哪些策略机动的策划发挥作用?

5.2 法院依据适用于原型论辩模式的制度约束,使其论辩适应具体案件,有哪些可能的做法?

在接下来的第 4 节,将处理研究问题 1 和 2,第 5 节探讨问题

3，第 6 节和第 7 节处理问题 4 和 5。*

10.4　作为论辩活动类型的法律辩护与法律语境中批判性讨论的制度约束

语用-辩证理论的法律部分旨在阐明作为一种论辩活动类型的法律辩护的具体特色。该研究的目的是，搞清某一法律程序参与者的策略机动的空间如何受到约束，这些约束如何影响批判性讨论程序。本节将表明，法律辩护如何能被看作是一种论辩活动类型，批判性讨论的一部分。

10.4.1　作为论辩活动类型的法律辩护

作为一种论辩活动类型的法律辩护属于法律审判领域。作为一种交往活动类型的法律审判的一般指向是法律适用的司法行政。法院必须对向法院提出的某一具体案件的法律适用给出最后的、公正的裁决。将法律适用的司法行政组织起来的方式与现代自由民主国家的基本价值——**法治**有关。法治要求有恰当发布的法和前瞻性法、法律面前人人平等以及对官方执法权的限制。[15] 依此概念，法治需要在适用现存规范的那些人与创制新规范的人之间进行分权。对法院来说，这意味着它们必须按照某一特殊法律体系中关于程序的和实质的出发点的程序法和实体法的相关规则行事。为了说明它们在解释和适用法律上的自由裁量权，法院有义务通过具体说明它们的裁决所基于的法律根据和事实根据来辩护其裁决。

从法律辩护作为一种交往和论辩活动类型的视角看，法律辩护

214

---

* 疑原文此处误写了第 4 节和第 5 节的研究对象，故改。——译者注

〔15〕 对法治和法律程序制度化的讨论，见麦考密克（2005：2-3）。亦见佩策尼克（1983）。对法治与法律论辩要求的关系的讨论，见卡纳莱和退均特（Canale and Tuzet, 2016）以及克拉特（2016）。

的制度功能是要说明法院适用和解释法律的自由裁量权。通过具体说明裁决背后的根据，法院使其裁决成为对批判敏感的。这样，裁决就可以被验证，经受它所针对的听众的理性批判。首先，裁决应该对于案件所涉及的各方是可检验的，以便他们可以决定基于什么理由进行上诉。其次，裁决应该对于上一级法院是可检验的（在国内和国际语境下皆如此），上一级法院在上诉中必须检核是否按照程序规则和实体法该裁决是可接受的。最后，该裁决应该对包括法律学者在内的整个法律共同体是可检验的，这些学者可能细致谈论该裁决在相似未来案件和进一步立法方面对法律发展的影响。

根据法律辩护的这个制度功能，可以说，法律审判制度为法院说明它们适用法律的方式创造了交往的需求。可以把法律辩护看作主要是论辩性的交往活动，因为法院有义务阐明支持其裁决的论证。法院旨在使多样化的听众，包括争议各方、上一级法院和法律共同体，确信法律应该适用于具体案件的那种方式。由此看来，法律辩护是对话的一部分，即旨在解决法院与必须让其确信的多样化听众之间的意见分歧的批判性讨论。当事人和法官对这一讨论的贡献可以看作是解决意见分歧的尝试。在他们对该讨论的贡献中，当事人对来自法院的某些批判性怀疑做出反应或预见，在其辩护中，法院对来自当事人和上一级法院的某些怀疑形式做出反应和预见。[16]

为保证解决过程获得法院按法治的公正裁决，关于某一特殊案件的法律适用的争议形成了批判性讨论的对象。这样一种讨论按照解决法律争议的特定程序和规则进行，这些程序和规则创设了法律语境下批判性讨论的制度约束。接下来，我将阐明这种争议解决的

---

〔16〕 这类受控的讨论可以在民法体系的法律程序里发现，如荷兰民事和刑事诉讼程序。菲特丽丝（1989）描述了法律诉讼过程中可以区别的各种讨论，当事人和法官可以履行的讨论角色和有助于理性解决争议的因素。

程序和规则如何能刻画成法律语境中的批判性讨论的惯例，说明影响法律批判性讨论中的冲突解决程序的若干约束。

10.4.2　法律语境中批判性讨论的制度约束：法律争议解决的程序和规则

在法律中，为了实现制度目标，按照法治要求的司法行政，交往活动在各个方面被惯例化。[17] 法律讨论的惯例形成制度约束，给当事人和法院规定他们的论辩行为的可能性，也起着策略机动的制度先决条件的作用。批判性讨论之程序被制度化的方式涉及与不同讨论阶段的焦点相关的不同类型的惯例。这些惯例关涉选择初始状态和可在对抗阶段向法院提出的意见分歧的定义，也涉及在开启阶段选择以程序规则和实体法规则形式表现的程序出发点和实质出发点，还包括论辩阶段选择以论证型式呈现的论辩手段和批判，以及在终决阶段以司法裁决形式获得的结果的选择。

关于初始状态以及可以在**对抗阶段**向法院提出的**意见分歧**之定义的选择，有某些官方程序的惯例调节对某些类型的意见分歧的管辖权。确定关于法律主张的哪类意见分歧可以向不同的法院提出，取决于主张的本质和所运用的法律规则的类型。有受理民事、刑事和行政法等等案件的不同法院，也有一审法院、上诉法院以及诸如撤销原判、合宪性审查等等各种形式的复审。

对于**开启阶段**的**程序出发点**和**实质出发点**的选择，存在某些官方的和非官方的惯例，调节用于做出法律裁决的法律程序和法律规

216

---

　　〔17〕 语用-辩证的意义上的"批判性讨论中的争议解决"这一表达式是个一般技术名词，它指称以某一受控程序中支持论点的那个论辩的可接受性的评估为基础，对该论点的可接受性做出决定的一个程序。在这样一个程序中，论点要经受依据某些共同出发点（可能是特殊制度的出发点或者是非正式语境中参与者约定的出发点）的理性批判。在这方面，没有做出不同冲突解决形式之间的术语区别。

则。有依法建立的构成讨论规则的明确的程序惯例，比如程序守则。那些程序规则涉及讨论进行方式的惯例与确定批判性讨论不同阶段之结果的方式。诸如菲特丽丝（1989，1993b）阐明的，法律程序的程序和规则可以看成是批判性讨论程序和规则的特殊执行。由于法律确定性的缘故，在法律程序中提出论点、论据、批判和决定讨论结果之方式的讨论规则均被惯例化（而且以某些法律体系被变成法典的形式）。这样，就能保证法律冲突解决有可用的程序和规则，因而当事人和法院预先知道要使用哪些程序和规则，保证类似案件应用同样的程序和规则。

还有构成法律程序中的共同实质出发点的明示的实质惯例。法律程序中的共同实质出发点是实体法规则。这种法律的规则包括在法典中，如大陆法系的民法典、刑法典和行政法典，包括在普通法系的判例以及在特殊法律体系或国际条约中明确承认的一般法律原则中。这些规则的解释和适用是法院的任务，当关于某一特定法律规则之适用的意见分歧向法院提出时，法院有责任应用这些共同出发点。

就**论辩阶段**对**论辩手段**和**批判**的选择而言，可以把事实陈述的论辩手段和有关法律的陈述的论辩手段加以区别。在不同法律文化和不同法律领域里，对于支持事实陈述的论辩，有某些法律证明程序和形式上明示的正式惯例。对于为支持有关适用法律的陈述而必须提出的论辩来说，论辩手段最重要的惯例是某一法律共同体成员心照不宣约定的。如本书第 1 章阐明的，这些出发点关涉解释方法、法律论辩的形式等。这些隐含惯例应用的方式和在法律辩护中应用的方式已在之前数章讨论过。我曾描述过简单案件和疑难案件所需要的各种辩护形式，以及可用于解决具体案件中法律适用的各种难题的论辩形式。

在法官凭借给出理由充分的裁决以确定讨论的最终结果的**终决**

阶段，对于司法裁决所获得之结果的选择，有一些法官必须呈现其最终决定所采取方式的惯例。在不同法律文化里，呈现和辩护最终决定的方式也有不同的惯例。[18] 在某些法律文化中，某些决定是陪审团做出的；一些法律文化中法院提出不同意见书；在另一些法律文化中法院提出一个裁决但并没有澄清法院的不同法官所持的立场。

不同法律体系和不同类型的法律程序对法院的角色有特殊约束，这与在法律程序的不同阶段做出决定的法官的角色有关。[19] 有适用民事程序、刑事程序和行政诉讼程序、在决定法律问题的上诉法院的庭前程序、在决定一个争议案件的法律规则/法律的合宪性的宪法法院的庭前程序、国际法院的程序等等的特殊约束。有些特殊约束，适用于大陆法系的程序，另一些特殊约束则适用于普通法系的程序，其中陪审团做出某些议题的决定。

10.5 法律语境中法官在解决意见分歧上的角色

前几节已经指明，批判性讨论如何针对意见分歧解决过程的不同讨论阶段以及支配该讨论的明示的和隐含的惯例而被制度化。法律争议解决的惯例影响进行该讨论的方式和定夺不同讨论阶段之结果的方式。本节将阐述，按照这些惯例所激发的制度先决条件，如何用语用-辩证的术语刻画法官在解决意见分歧过程中的角色。我将说明，法官可以看作是必须保证在法律约束之下批判性讨论的程

218

〔18〕 在某些法律体系中，有（法定的）具体说明对法律裁决辩护某些要求的规定。比如，荷兰宪法的第 121 条，德国民事诉讼法典（ZPO）的第 313（1）条。对各国辩护法律裁决的惯例和风格的描述，见麦考密克和萨默斯（1991）。

〔19〕 对不同法律体系，这些外部约束以不同方式执行。比如，在英美陪审团系统中，由法官做出的某些决定在大陆法系里却是由陪审团做出的，比如关于被告有罪的决定。如菲特丽丝（1987，1990，2012a）曾阐明的，在他们定夺不同讨论阶段的结果时，作为仲裁人的法院在法律诉讼中的活动可以看作是一起履行批判性讨论参与者的角色。

序和规则得到遵守的第三方。为此要阐明，按照中立的第三方，法官的角色是促动实现不同讨论阶段的目标。[20] 10.5.1 始于依据法官在按法律程序形成讨论出发点的各种意见分歧上的立场，刻画法官的辩证立场（dialectical position）。10.5.2 按照法官在达成各个讨论阶段的辩证目标（dialectical goal）方面的角色来解释法官的角色。在对法官的辩证角色（dialectical role）描述的基础上，讨论法官关于司法裁决辩护的辩证义务（dialectical obligations）。

10.5.1 法官对意见分歧的辩证立场

这部分由此开始：通过澄清法律程序必须解决的意见分歧的本质来描述法官的辩证立场的特点，并阐明他在这些意见分歧解决过程中的角色。这将显示，在法律程序里，不同参与者之间存在至少三个不同类型的意见分歧的特殊群集。对法律程序的不同形式，我阐述这些意见分歧的本质以及在各讨论阶段法官在解决这些意见分歧上的角色。

按法律程序，在各种意见分歧能予以区别的意义上，关于必须要解决的意见分歧的情境是复杂的。当事人之间存在意见分歧，从启动该程序的那一方即主角（民事诉讼程序的原告/刑事诉讼程序的公诉人）的主张开始。一个法律过程的具体特性是，除了当事人之间的讨论而外，还有当事人和法官之间的一种（隐含的）讨论。这个讨论旨在检核是否主角的主张可以抵抗法官以一个**制度性敌手**（*institutional antagonist*）的官方身份所提出的批判性反应。作为一个制度性敌手，法官必须既要检核是否该主张按照另一方的批判性反应是可接受的，也要检核是否该主张依据法律过程中评估论证时必须考虑的法律出发点和评估规则是可接受的。在该过程中，法官必定提出的制度性疑问，以及在他评估时给出的回答，被看作是法官以

219

---

〔20〕 对法律程序中实施批判性讨论的方式和法官角色的更广泛描述，见菲特丽丝（2012a）。

其官方权力提出的批判性质疑的制度形式。在辩护他们的论点时，当事人预见法官的这些可能批判性反应。[21] 这些批判性问题关涉法院必须回答的标准问题，如此才能决定某一法律主张是否可以予以兑现。这些标准问题涉及以下诸点：第一个标准问题是，为辩护该主张而提出的事实是否可被视为已得到证实。第二个标准问题是，这些事实是否可以解释成构成适用某一所引用的特殊法律规则之条件的特定法律事实。第三个标准问题是，该法律规则在这个具体案件中是否可适用。更多问题的出现取决于向法院提出的意见分歧，比如，关于事实证明的意见分歧或法律规则解释的意见分歧。

当裁决由法官提出时，它要经受其所针对的听众的批判性检验。如上指出的，这种听众由当事人、上一级法官、其他律师以及作为一个整体的法律共同体组成。因此，法官为了辩护该裁决，必须提出论证来支持他的裁决。法官必须详细说明事实、法律规则和支撑其裁决背后的进一步考量（比如，用来确立规则之解释的解释方法，用于确定各种规则之间优先性的优先级规则）。从语用-辩证的视角看，该辩护是法官与可能敌手即可能想要上诉该裁决的那一方与上诉程序中的法官之间的批判性讨论的一部分。在辩护中，法官预见可能由这些敌手提出的批判性反应。

一审程序的讨论过程中，当事人和法官的辩证立场可用图 10.1 表示。在持论点+c；？/−c 发动该程序的那一方与采取论点−c；？/+c 的另一方之间有一种混合的意见分歧（Ⅰ），在发动该程序的一方与持有论点？/+c 的法官之间有非混合意见分歧（Ⅱ），在被传唤出庭的那一方与采取论点？/−c 的法官之间有非混合的意见分歧（Ⅲ）。[22]

〔21〕　对刑事诉讼过程中法官的批判性反应的广泛描述，见菲特丽丝（1995）。
〔22〕　对混合的与非混合的意见分歧这些术语的讨论见范爱默伦和荷罗顿道斯特（1992，第 2 章）。

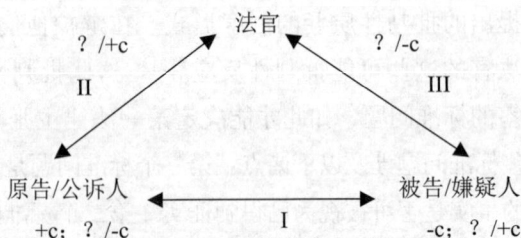

图 10.1　一审程序中的意见分歧

　　在法官给出自己的裁决之后，这个论点就可根据该主张是得到承认还是未被承认，重建为+c 或-c。结果，意见分歧 II/III 从法律角度看就得到解决，而且该裁决变成最终的裁决时，意见分歧 I 也就解决了。

　　当事人之一上诉该裁决时，上诉程序的讨论变得比一审程序的讨论更为复杂，因为某些另外的意见分歧必须予以重建。

220

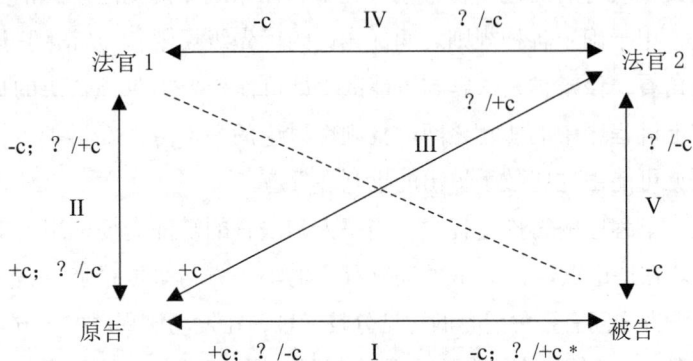

图 10.2 上诉程序中的意见分歧

　　提起上诉的那一方与另一方之间的最初意见分歧（I）依然未

---

　　* 疑原文将被告处的-c;？/+c 误写为-c;？\ +c，故改。——译者注

292

解决，还出现了上诉方与给出那个裁决的法官之间的意见分歧（Ⅱ）（可能是法官与原告之间的意见分歧，或者是法官与被告之间的意见分歧，取决于法官所给出的裁决以及哪一方上诉），上诉方与上诉法官即法官 2 之间的意见分歧（Ⅲ），一审法官即法官 1 与上诉法官即法官 2 之间的意见分歧（Ⅳ）。在上诉程序中的讨论期间，当事人和法官的辩证立场可以图示为图 10.2。

　　举例来说，法官在案件里驳回那个主张，就是采取了否定性论点-c。原告上诉该裁决并坚持他自己的论点+c。除了有当事人之间原来的混合意见分歧（Ⅰ）而外，还有三个别的意见分歧。原告与法官之间的意见分歧（Ⅱ）现在变成了混合的，因为法官采取了否定性论点-c，即采取了与那个主张相对立的论点。而在被告和法官 1 之间不再有任何意见分歧，因为他们采取了同一论点-c。现在，在上诉的原告与在上诉中必须采取中立论点？/+c（Ⅲ）*的法官之间存在一个非混合的意见分歧。而且，在采取论点-c 的一审法官与采取中立论点？/-c 上诉法官之间存在一个非混合的意见分歧。最后，在被告与上诉法官之间有一个非混合的意见分歧（Ⅴ）。对更进一步的程序（比如撤销原判的程序，提交宪法法院的程序），可能给出关于法官 2 即上诉法官之裁决的一个类似重建。上诉中的混合意见分歧可以像图 10.2 那样重建。

10.5.2　法官在取得诸讨论阶段之结果方面的辩证角色

　　如前所述，法律程序可以看作是批判性讨论的一种特殊制度性执行，旨在解决关于将某一特定法律规则适用于某一具体案件的争议。按照法律程序，为了公正和法律的确定性，不同讨论阶段的结果由法官定夺。[23] 以下将阐述法官如何促成不同讨论阶段所追求

---

　　* 疑原文此处的？/+v（Ⅲ）有误，故改。——译者注
　　〔23〕 对法官在法律程序中角色的更详细讨论，见菲特丽丝（1987，1990，2012a）。

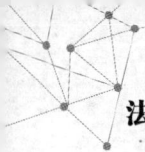

的辩证目标。图 10.3 按照法官以法律程序达成辩证目标的各个讨论阶段的对应经验，概述法官的活动。

在**对抗**阶段，辩证目标是确定争议的范围和内容。按法律程序，决定这些事项是法官的任务，因为这需要法律知识来确定是否某一特殊意见分歧与法院有关系，哪个法院"胜任"判决某一特殊事项。此外，为了公正（中立性），法官的任务是要确保提出和细致阐述一个法律主张的程序规则和实体规则得到遵守。

在**开启**阶段，辩证目标是确定共同法律出发点和讨论规则。在法律程序中，为了保证按照合理性的一般标准解决意见分歧，法律为法律主张之冲突的解决提供了程序和规则系统。规则的统一性促进诉讼的公正，保证每个人受到平等对待，知道该期待什么。每一个诉求某一主张并求助于法律程序的人，预先知道会适用哪个规则。讨论的出发点（实体法的规则）也预先铺垫好了。在关于讨论规则和出发点的存在、解释和适用的争议中，法官的任务是务必在这些问题上做出决定，以便这些规则被正确地适用。而且法官务必就案件中相关的证明责任的分配做出决定。

在**论辩**阶段，辩证目标是要按照共同出发点和评估方法确认论辩的可接受性。在法律程序中，当事人提出他们的论点和论据，对另一方的主张和论据明确表达自己的怀疑和批判。依据共同法律出发点和评估方法，确定当事人所提出的论辩的可接受性，正是法官的职责。而且，以其官方身份，法官必须通过确认事实和适用于具体案件的法律规则，按照相关法律规则，确定论证的可接受性。法官必须按照相关规则和法律证明程序做出关于事实的决定。法官必须依循相关法律规则、法律原则、解释方法等，做出关于法律规则的决定。

对抗阶段　　*辩证目标*：　确定争议的范围和内容。　　　　　　　222

　　　　　　　法官的角色：　达到辩证目标的责任：确保关于某一特殊法律
　　　　　　　　　　　　　　规则适用于某一特殊案件之争议的范围和内容
　　　　　　　　　　　　　　得到确定。

开启阶段　　*辩证目标*：　确立共同出发点、检验方法和分配证明责任。

　　　　　　　法官的角色：　达到辩证目标的责任：确保共同法律出发点
　　　　　　　　　　　　　　（实体法规则的存在和内容以及程序法）被建
　　　　　　　　　　　　　　立起来，包括确定共同法律出发点，如法律规
　　　　　　　　　　　　　　则背后的一般法律原则，以解释方法为手段确
　　　　　　　　　　　　　　定法律规则的内容。也包括共同事实出发点的
　　　　　　　　　　　　　　确定和证明责任的分配。

论辩阶段　　*辩证目标*：　按照共同出发点和评估方法确定论辩的可接受性。

　　　　　　　法官的角色：　达到辩证目标的责任：在共同出发点（事实、
　　　　　　　　　　　　　　法律规则、法律原则等）与根据当事人的各种
　　　　　　　　　　　　　　批判形式以及法官以其官方身份就事实和法律
　　　　　　　　　　　　　　提出的各种批判的评估方法的基础上，确定争
　　　　　　　　　　　　　　议中辩护不同立场之论辩的可接受性。

终决阶段　　*辩证目标*：　确定讨论的结果。

　　　　　　　法官的角色：　为达成辩证目标负责：法官确定讨论结果；根
　　　　　　　　　　　　　　据以共同的法律和事实出发点为基础的批判，
　　　　　　　　　　　　　　法官决定争议中的哪个不同立场得到了辩护。

图 10.3　法律程序中的批判性讨论各阶段的法律对应物和法官角色之概观

　　在**终决**阶段，辩证目标是确定讨论的结果。按法律程序，通过　223
做出确定哪一方在争议中对自己立场的维持得到了辩护的决定，法
官确定最终结果，这是法官的职责所在。比如，法官必须确定，是
否原告/公诉人等的主张，在法律基础上，根据案件事实，得到了

证明，或者是否被告/嫌疑人等基于法律和案件事实，证明了他所坚持的立场。按照上诉程序，终决阶段的裁决关涉的问题是：法官所做出的被上诉的裁决是否可以得到维持。

基于这种对法官在不同讨论阶段之角色的分析，可以说，法官负有达到各讨论阶段的辩证目标的责任，法官有责任保证程序规则被正确运用，保证妨碍达成各讨论阶段辩证目标的行为得以纠正。为了确保按照合理性的一般标准解决冲突，在按同样的方式适用于所有公民和公职人员的程序和规则的基础上，法律提供了解决关于主张的分歧意见的一种程序。想要行使主张之权利，求助于法律过程的每个人，都事先知道将会适用哪些规则。讨论的出发点也预先铺垫好。

为确保从一开始就对解决意见分歧的要件之一——共享规则和出发点达成一致，法律体系提供规则和出发点的制度化系统。这个规则和出发点的系统保证规则对法律意见分歧解决是有效用的。不管某一法律争议的当事人或许本质上是多么通情达理，他们中的任何一个人都可能设法规避与自己利益背道而驰的规则。假如由当事人来决定是否服从某一规则，就会阻碍依据是非曲直解决意见分歧。因此，法官的任务就是决定当事人是否遵守程序规则。

诉讼程序里的当事人通常有冲突的利益，假若让他们自己定夺的话，就不会像理性讨论者那样行事。因此，法律提供了旨在确保讨论满足理性讨论之要求的规则。从语用-辩证视角看，法律提供了确保诉讼将按照理性讨论标准进行的特别附加的讨论规则（一阶条件），即使在当事人不能或不准备遵守合理讨论态度之条件（二阶条件）的情形下。如果当事人并不自愿遵从法律程序的规则，那么，确保该规则得到遵守就是法官的任务。以语用-辩证的视角来看，法官的任务就是确保讨论按照有利于法律争议的理性解决的规则来进行。[24]

　　由于法官担当决定各讨论阶段以及整个讨论之结果的制度角色，他就不得不辩护自己的决定。法官必须说明在具体案件中适用法律时使用自由裁量权的方式（就如立法者或判例法体系中其他法官所阐明的）。辩护形成四种合法化：法官确定争议内容和范围之方式的合法化（在对抗阶段），法官确定共同事实出发点和法律出发点之方式的合法化（在开启阶段），法官按照法律证明标准和解释方法评估当事人论辩之方式的合法化（在论辩阶段），以及法官定夺最终结果之方式的合法化（在终决阶段）。

　　从语用-辩证的视角看，法官的裁决可以描绘成由一系列基本言语行为构成的复合言语行为。在严格意义上，这种裁决是法官决定是否那个主张可以被认可的言语行为（在民事诉讼中，是否原告可以主张某一特定权利；在刑事诉讼中，是否被告应被惩罚）。这种言语行为可以看作是断言的宣示。与此同时，一旦该裁决变成终局的，法官就断定法律是什么，宣告什么应当视为具体案件的法律。

　　在广义上，这种裁决不只由裁决组成，还有辩护。这种辩护由复合论辩行为构成，它以关于事实和可适用法律的决定为基础，防卫该裁决的可接受性。[25] 如本书第 1 章指出的，在所谓的疑难案件中，广义的裁决包括关于事实的陈述和关于法律如何应适用于这些事实的问题的陈述。在事实或适用法律有争议的疑难案件中，裁

---

　　〔24〕 对法律程序依据这样的一阶和二阶条件促进争议解决的方式的讨论，见菲特丽丝（1990，1993b）。对按照哈贝马斯的弥补论题，法律程序必须弥补日常道德讨论先天不足的方式的讨论，见菲特丽丝（2003）。关于哈贝马斯弥补论题的讨论，见本书第 5 章第 3 节对哈贝马斯的讨论。

　　〔25〕 对作为一种断言的和宣示的言语行为的最终裁决之本质和作为一种复合论辩言语行为之辩护的进一步讨论，见菲特丽丝（1989：50-51），克鲁斯特威斯（2006：17-25）和普拉格（2000a：33-52）。

225 决应该包括辩护决定事实和法律的更深层陈述。这意味着，裁决的辩护变得更复杂了。正如前面几章所描述的，在疑难案件中，还需要一种二阶辩护，法官必须用它来支持自己关于法律适用和解释的决定。下一部分将阐述狭义和广义的适合裁决辩护的原型论辩模式。

10.6　法律辩护中的原型论辩模式

如之前几节指出的，作为论辩活动类型的法律辩护的基本原理是：裁决可以被验证，经受所指向的听众的理性批判。法理论的核心问题是，法院的职责相当于从一种理性法律讨论视角来说明自己的裁决。以下几部分将阐明之前几章提出的洞见如何能整合到法律辩护语境下的法律论辩的制度框架之中，描述法律论辩出现于其中的制度框架，阐述法院的职责如何能用原型论辩模式加以刻画，阐明法院必须做出哪些决定，必须考虑哪些批判的形式，讨论反映在辩护中的这些决定和对批判的反应。

从把法律论辩当作旨在解决争议的批判性讨论的视角看，法官必须考虑可能由当事人、上级法院和法律共同体对他们所给出的裁决提出的相关批判。法官依据他们的制度性功能和他们有可能预见到的批判性反应，一定会考虑的相关批判性反应，首先关涉向法院提出的那个争议的本质。其次，他们可能预见的批判性反应与他们在自己的辩护中所提出的论辩相关，因为不同的论辩形式与不同的、可能的批判形式相联系。

本节集中于法律辩护独具特色的一般原型论辩模式，它构成法律辩护的制度框架。[26]　如本书第 1 章阐明的，在法理论中，对基

---

　　〔26〕　对原型论辩模式的讨论，亦见菲特丽丝（2017b）。关于不同论辩模式中的复杂论辩形式的讨论，见普拉格（2000a，2000b，2002）。【此处疑原文将 2000b 误为 200b，故改。——译者注】

于简单案件的不同意见分歧类型与疑难案件范畴中可以区分的各种
不同形式，做出了区别，这取决于要被解决的那种解释难题。10.6.1　226
将讨论简单案件和疑难案件中的原型论辩模式，10.6.2 讨论对某一
法律规则的适用性有争议的疑难案件中的论辩模式。

10.6.1　简单案件和疑难案件中的原型模式

法院的制度性任务就是要对这样问题的争议做出决定：将某一
法律规则适用于某些事实的一个特殊法律主张是否得到了证明。法
院必须决定，是否某一特殊法律规则可适用于案件事实，就如那个
主张里所指明的，适用于这些事实会有合意的法律后果。在其裁决
中，法院必须首先确定案件事实是什么，它们如何必定有资格成为
法律事实，然后必须确定哪个法律规则有适用于这些事实的法定资
格，是否适用该法律规则的条件被满足。

如第 1 章所论，可能有例行的简单案件和疑难案件。就像对阿
尔尼奥、阿列克西、麦考密克和佩策尼克这些学者的理论的讨论中
所阐明的，在例行的简单案件和疑难案件中，需要不同的论辩形
式。在一个简单案件里，事实、法定资格或事实的归类以及规则的
解释或适用性均无争议，法官提出引用案件事实和可适用的法律规
则的论辩就足够了（在法律文献中也称为**一阶论辩**）。可是，在疑
难案件里，对于法定资格、事实的归类或关于规则的解释或适用有
不同意见，因而就需要一种进一步的辩护，也就是由一些子论证构
成的所谓**二阶论辩**。当事实或法律规则遇到争议，或者从法律视角
看可以进行争议时，二阶论辩的不同形式就可能凸显出来，导致不
同的论辩模式。以下将描述简单案件和疑难案件中的各种论辩
模式。

简单案件里的裁决辩护意味着法院必须具体说明裁决的事实根

据和法律依据。而论辩模式会由以下裁决的元素构成：[27]

1 论点，具体说明这一裁决，即法律后果 Y 必须得出

1.1 论据，按照适用法律规则 R 的条件，具体说明案件事实的法定资格（比如 X1，X2，或者不是 X1，X2）

1.1′论据，具体说明对具体案件可适用的法律规则 R（"如果法律事实 X1，X2，那么后果 Y 必须得出"）

简单案件中的原型论辩模式基于单一论辩，即它是征兆论辩的某个论证型式的一种法律性实施。在论据 1.1 里，陈述了某些事实可以有资格成为法律事实。在论据 1.1′中是补充的桥梁论据，即表述了适合特定案件的法律规则，其中陈述了如果特定案件事实具有某种法定事实的特征，某一特殊法律后果 Y 就必须得出。这个原型模式可以图示为图 10.4。

227

1

法律裁决：法律后果 Y 必须得出

↑

1.1   且 1.1′

事实的法定资格   可适用法律规则 R 的表述：

事实 X1，X2   如果法律事实 X1，X2，那么法律后果 Y
                            必须得出

图 10.4 简单案件的原型论辩模式

———————

[27] 关于简单案件的论辩模式的其他术语和重建，比如见阿列克西（1989：221-230）的"内部辩护"与麦考密克和萨默斯（1991：492-495）的"简单涵摄模型"。

在法律诉讼中，各种各样的意见分歧可能涌现出来，形成不同类型的疑难案件。不同类型的疑难案件导致辩护的不同论辩模式。意见分歧可能关涉案件事实、案件事实的法定资格、法律规则 R 的解释，或者依据案件事实规则 R 的适用性。对第一类疑难案件，法院必须对关于事实的决定给出进一步辩护，而在第二类疑难案件里，法院必须对有关要被适用的法律的决定给出深层辩护。这些进一步的辩护可以重建为论辩模式的不同形式的组成部分，即在法律程序中法院必须给出的那种决定和辩护的原型类型。

意见分歧涉及案件事实的第一类疑难案件，在主论辩层次上，相同的辩护必定也在简单案件中给出。此外，作为对关于事实陈述的那个论据（1.1）的支持，需要一个由征兆论辩构成的从属二阶论辩（1.1.1），它是由对事实的证明组成的。在这样一个疑难案件中的原型论辩模式可以图示如图 10.5。

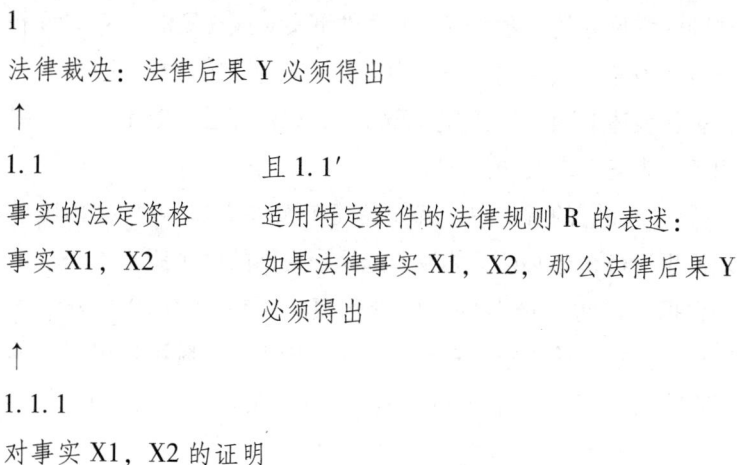

1   228
法律裁决：法律后果 Y 必须得出
↑
1.1   且 1.1′
事实的法定资格   适用特定案件的法律规则 R 的表述：
事实 X1，X2   如果法律事实 X1，X2，那么法律后果 Y
                          必须得出
↑
1.1.1
对事实 X1，X2 的证明

图 10.5　事实有争议的疑难案件中的原型论辩模式

可以把（1.1.1）里提出的从属论辩看作是对有关事实的法律依据的"制度的"批判的一种回应。[28] 争议中的当事人可以上诉裁决。在上诉中，关于事实的决定可能经受上级法院的进一步审查。随法律体系和法律领域之不同，事实"真"适用不同标准。比如，可以用来支持事实的一个论辩形式是利用书面文件、证人证言或专家报告进行证明。

可能出现的另一种意见分歧也许关涉事实的法定资格。比如，在刑事案件语境下，可能出现是否特定事实构成谋杀的问题，取决于特殊情况之环境。在这样的案件里，在某一特殊法定资格（或归类）的适用条件基础上，法院将必须辩护被用作事实的法定资格的谓词，这需要进一步辩护构成事实的法定资格的论据 1.1。

在意见分歧涉及适用法律（在大陆法体系中某一特殊法律规则的适用性）的第二类疑难案件中，法院必须决定，是否事实（1.1）可以看作是适用法律规则（1.1'）之条件的实现。关于法律规则的意见分歧，意味着依据案件事实对该规则的含义有两个（或以上）看法。法院的任务是为该具体案件确定该规则的含义（比如在替代表述 R' 和 R″ 之间进行选择），以便能够决定是否该规则可适用于手头案件事实。

法院在它的辩护中，就如在简单案件中那样（见图 10.4）必须给出论辩，还必须具体说明选择该规则的两个版本之一是基于哪些根据。如此疑难案件中的论辩模式可以用图 10.6 表示，其中 1.1'.1 形成二阶论辩。在这个二阶辩护里，法院辩护规则 R 的解释（即 R'），这个辩护转而可以是更进一步的论证链的结果。[29]

---

〔28〕 对法官以其官方身份的批判性反应的讨论，见菲特丽丝（1993a）。

〔29〕 对疑难案件的论辩模式的其他术语和重建，比如见阿列克西（1989：230 及以后）的"外部辩护"与麦考密克和萨默斯（1991：492-495）的"复杂或精细的涵摄模型"。

1

法律裁决：法律后果 Y 必须得出

↑

1.1a	且 1.1′
事实的法定资格	特定案件的法律规则 R′的表述：
X1，X2	如果法律事实 X1，X2，那么法律后果
	Y 必须得出
	↑
	1.1′.1
	法律规则之解释的辩护

图 10.6　特定案件相关规则的含义有争议的疑难案件中的原型论辩模式

可以把辩护法律规则之解释的那个论辩（1.1′.1）看作是对有关该规则适用性之法律依据的制度性批判（比如上级法院提出的）的一种反应。法院必须对自己关于用 R′的含义表达法律规则 R 的决定给出更深层的支持。随着法律体系和法律领域的不同，确定要适用的某一法律规则之含义所依据的"正确性"或"可接受性"的标准也不同。大陆法系中，必须引用诸如法律规则、法律原则等这样的法律渊源来给出支持。在普通法体系中，法院可以援引判例、法律原则等。在欧盟法和国际法里，法院可以引用法律规则、法律原则、特定目标等。

10.6.2　法律规则适用性有争议的疑难案件中的原型模式

在需要为具体情境确定某一法律规则之含义的疑难案件中，根据意见分歧的本质，必须做出不同的裁决。在这部分，我将综述与区分不同原型论辩模式相关的各种意见分歧。然后，举例来说，讨论法院给出某一法律规则之解释的那种案件中的论辩。

原则上，法官阐明某一特殊法律规则应该适用于案件事实就够了。假如法律规则适用的条件被满足，法律后果就初步得出。在简单案件中，法官不必无缘无故表明可以提供不适用该规则的理由。可是，就如本书第1章曾指出的，可能有法官面临这样一个难题的情境：适用该规则的条件已满足，但当事人之一主张，在此具体案件中有不适用该法律规则的理由。比如，这一方陈述说，有不适用该规则的理由，它的分量盖过了支持适用它的理由。在这种情况下，支持不适用该规则的理由需要进一步辩护。

当法院决定尽管适用条件已经满足但规则不适用时，这个决定发生在意见分歧的语境中。这个意见分歧关涉的问题是，是否某一法律规则 R 应该以严格的标准含义 R′（作为"如果事实 X1，X2，那么法律后果 Y 必须得出"）适用，或者应该为此具体案件创制一个例外，而且该规则应该和例外一起表达为含义 R″（作为"如果事实 X1，X2 和非 Z，那么法律后果 Y 必须得出"）。在这样一个案件中，法官决定以伴随一个例外的、调整了含义的 R″，来表述那个规则（见图 10.7）。

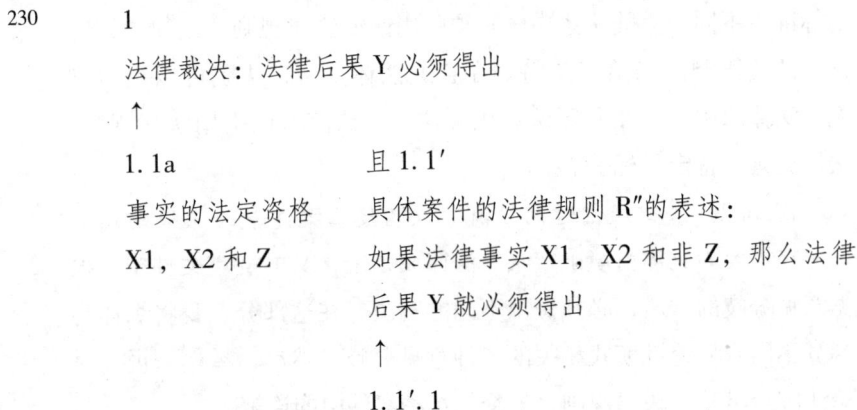

230   1

法律裁决：法律后果 Y 必须得出

↑

1.1a   且 1.1′

事实的法定资格   具体案件的法律规则 R″的表述：

X1，X2 和 Z   如果法律事实 X1，X2 和非 Z，那么法律
                       后果 Y 就必须得出

                       ↑

                       1.1′.1

> 依据事实 X1，X2 和 Z，对法律规则 R 解
> 释为 R″的辩护

图 10.7　在法院做出规则之例外的疑难案件中的原型论辩模式

对于为什么尽管适用某一法律规则的条件已满足但仍不该适用该规则，法理论和法哲学学者区分了各种考量。比如，因为必须形成对该规则的一个例外，或者因为基于对具体案件的合情理性的考量，该规则不应适用。对不适用该规则的各种考量需要不同类型的辩护。比如，辩护因一个例外而把规则表达成 R″，法官可以依据某一特殊法律目标或价值，提及该规则适用的后果。法院还必须阐明，从那种目标或价值的视角看，为什么所表述的或调整过的该规则的版本 R″，有着比标准的严格表述 R′更合意的后果。

比如，论据 1.1′可以基于适用该规则考虑一个例外的调整后版本的后果的合意性，或者基于适用不考虑那个例外的严格版本的规则之后果的不合意性。这些后果的（不）合意性必须通过引用法律体系背后的那些法律原则、目标和价值予以进一步辩护。这意味着，为了具体实施，要通过具体说明一般模式可能的论辩性扩张对原型论辩模式进行扩展。[30]

当法院给出某一法律规则的解释时，这样一个解释性决定就出现在对这样一个问题的有分歧意见的语境中：是否某一法律规则 R 应该按含义 R′（常常是标准含义）适用，或者按另一个不同含义适用。在这种情况下，法院要对按含义 R′还是 R″来表述规则做出选择。

---

〔30〕　见菲特丽丝（2015）对提出来支持裁决的复杂论辩的分析，这种复杂论辩构成实效论辩情形的一般模式的进一步扩展。对这种情形下的论辩模式的讨论，见本章 10.7.2。

对依据具体案件事实表达法律规则有分歧意见的疑难案件中的原型论辩模式，可以用图 10.8 表示。

231

1

法律裁决：法律后果 Y 必须得出

↑

1.1a	且 1.1′
事实的法定资格	具体案件的法律规则 R′ 的表述：
X1，X2	如果法律事实 X1，X2，那么法律后果 Y 就必须得出

↑

1.1′.1

依据事实 X1，X2，对法律规则 R 解释为 R′ 的辩护

图 10.8　在法院给出规则之解释的疑难案件中的原型论辩模式

法院要辩护论据 1.1′，可以用论据 1.1′.1，即引用各种考量辩护该解释。文献中区分了涉及各种考量的形形色色的解释方法，比如语法的或语言的方法（此时法官提到语词的日常语言含义）、历史方法（这时法官考虑立法者在立法准备文档中表达的所意欲的含义）、体系方法（在这里，法官提及规则在法律体系中的地位以及它与其他规则的关系）和目的论方法（此时法官援引规则的目标或用途）。

法院实施辩护法律规则 R 之表达的支持性论辩 1.1′.1 的方式，可能随它们的解释所处理的难题类型和它们在解决该难题所做出的选择的不同而有所变化。从法律的确定性和可预见性的视角看，要

优先选择基于特殊解释方法的某些论证或可能比其他论证有更大分量的论证。比如，在许多法律体系中有一种理念，即阐明在层级系统中具有最高地位的规则时，语法的/语言的解释方法将最能反映历史上立法者的意图。假如这个方法没有导向可接受的解决结果，其他方法如法律的体系、规则的目的就可以用于确定该规则的含义。不同解释方法需要使用不同类型的论辩，它们常常由不同类型论辩组合而成，形成适合不同解释方法运用的不同原型论辩模式。在接下来的第 7 节，讨论应用某一特殊解释方法所导致的执行这种模式的例子。

232

辩护疑难案件中关于法律规则之首选表述的决定，经常使用不同解释方法的组合。由于不同的解释方法在层级系统中有不同的地位，因而基于不同方法的论证也有不同的分量。[31] 按照解释方法的层级，必须把不同论证的分量转换成一种论辩的视角。这种转换的问题是，如何能按照不同原型论辩模式对基于不同解释方法之应用的论辩予以重建。第 8 节讨论不同解释方法相互作用、被估量和平衡的方式所导致的论辩模式。

10.7　基于不同解释方法的原型论辩模式的发展

二阶论辩是用某一特殊解释方法辩护一个法律规则的表述，二阶辩护中所使用的原型论辩模式的发展，是本节的重点所在。不同解释方法基于必须考虑不同批判形式的不同论辩类型。因而选择一个特殊解释方法涉及对导致不同论辩义务的各种批判性问题做出的反应。这意味着，凭借不同解释方法的运用，二阶论辩的原型模式将以不同方式展开。

---

〔31〕　对解释方法的层级的讨论，比如见麦考密克和萨默斯（1991：525）。

下面将讨论疑难案件中,对法律辩护的这些原型模式的具有代表性的实施例证,同时阐明它们如何与法院回应特殊论证型式相伴生的批判性问题相关。用语用-辩证的术语评估论辩的内容时,法官必须检核前提和结论之间的关系是不是可接受的:用语用-辩证的术语说,即是否恰当地挑选和运用了论证型式(见 10.2.1 部分)。有五花八门的论证型式被用于辩护对某一法律规则之解释的可接受性。每一种论证型式都与具体的评估性问题联系在一起,这些问题对于评估关系重大,一个成功的辩护必须予以满意地回答。在运用这些论证型式时,必须检核论证型式是不是挑选得好,是不是被正确地运用了。

依据法院回应这些批判性问题的方式,可以展开不同的论辩模式。各种解释方法独具特色的论辩模式可能是回答这些批判性问题形成的。在接下来的部分,我将举例讨论解释某一法律规则时法院可能做出的一些不同选择的代表性模式,以及法院必须在其辩护中说明这些选择的方式。我将阐述法院在回应不同形式的批判时所能做出的选择,表明回应的各种方式如何与法院旨在提出其解释和法律适用的方式相联系。

在讨论论辩模式时,我将本书第 1 章第 3 节所讨论的麦考密克和萨默斯的解释方法的层级系统将作为出发点。我用实例讨论两类论辩,它们用来对规则的标准字面解释不是可接受的进行辩护。[32] 10.7.1 描述基于类比论辩的一种辩护中出现的原型论辩模式,其中适用规则的表述基于诉诸法律体系的一个体系解释。10.7.2 描述使用目的-评估性论辩的原型论辩模式。这些模式基于提及一个法律规则适用之后果的实效论证,而实效论证又包含在依据该规则要实

---

〔32〕 对与基于解释方法之层级的解释性论证有关的策略机动的讨论,见克鲁斯特威斯(2009b)。对基于语言论辩的辩护中的原型论辩模式的讨论,见菲特丽丝(2010)。

现的目标和价值的目的论解释中。

10.7.1　基于类比论辩的原型模式

如先前几章表明的，基于法律体系的体系论辩是构成辩护法律裁决一个重要形式的一种论辩。确定一个法律规则的含义，除了虑及该规则的字面说法外（基于语言的/语法的解释），其他重要来源是，规则在该法律体系中的地位和该规则与其他相关规则的关系。可以用不同方式提出基于体系解释的论辩，这基于具体案件所运用的论证类型，比如类比、根据相反的论证和更强者论证。这些论辩类型的共同元素是，它们都诉诸法律体系（的一个方面）来辩护疑难案件的法律规则的解释和适用。

涉及法律体系的原型论辩模式，基于对伴随这类论辩的不同批判形式的回应。为能够发展这种模式建立可能途径，下文将研究某些论辩模式，其中包括在辩护基于体系解释的法律规则的表述时所运用的类比论辩。

在解决有关某一具体案件的法律规则之含义的解释问题的过程中，法官可以选择参照与该具体案件相似的一个或多个其他案件，并表明在这些案件中适用的某一特定法律规则也可适用于那个具体案件。这样做时，法官是在类推地将所表述的一个现有规则适用于不同但相似的案件。在类推地适用一个现有规则时，法官通过在该规则对相似案件的运用的基础上为该具体案件构建一个新法律规范，来对该法律"填补漏洞"。为说明其适用该法律的自由裁量权，法官必须表明，与该具体案件相比较的其他案例是法律上相关的，在相关方面相似于那个具体案件。这样一个在基于类比论辩的辩护背后起支撑作用的论辩，是由各种论据构成的一个复杂论辩形式，其中有法官对可能提出的不同批判形式的回应。为了阐明这个复杂论辩如何能根据原型论辩模式进行辨识，下文讨论重建基于类比论

234

辩之辩护的复杂结构。

在其各种作品里，克鲁斯特威斯（1995，2000，2005b，2006）为类比论辩的分析和评估开发了一个模型。如之前所描述的，对法律论辩的理性重建，这种分析必定导致与此评估相关的所有元素的一种概览。克鲁斯特威斯为使所有相关元素明晰起来的类比论辩的分析，创建了一个模型和程序。

其一，这种分析确定法律规范的精确内容，建立该法律规范所属的**法律领域**和所争议的**法律规范的类型**。其二，法律事实描述和所确认的法律后果的决定之间的条件关联。确定是否这些事实构成推出的法律后果的必要/充分条件。其三，决定该法律规范的哪个成分在此类推适用中是要害。前三个分析阶段的结果使得有可能确定第四阶段类推适用的结果：法官构建法律标准解决法律问题。在第五阶段，确认为辩护类比论辩而提出来的明示的和隐含的论据。只有将为辩护类推适用而提出的所有明示的和隐含的论据予以重建之后，才可以分析论辩的结构。这发生于第六个也即最后的阶段，在这里，必须考察不同论据之间、论据和论点之间的关系。

这种重建的结果是一个分析性概览，它阐明法官所构建的要辩护的法律规范、被类推适用的现有法律规范、被假定的相似关系，以及辩护类推适用的论证。这个分析性概览构成论辩评估的出发点，其中前述两个判断标准居于核心地位：允许法官运用类比论辩吗？如果允许，他正确运用了吗？克鲁斯特威斯（2006：95-96）表述了以下类比论辩的评估标准：

1. 类比论辩是一种合适的论辩型式吗？
（a）在该司法体系中有漏洞问题吗？如果有，
——它是个规范漏洞问题吗？

　　——它是个价值漏洞问题吗？

　　（b）该漏洞能用类比论辩填补吗？

　　——类推法律规范属于哪个司法领域？

　　——类推法律规范属于何种规范？

　　——该类推法律规范表达了何种条件关联？

　　——该类推法律规范适用于什么规范元素？

　　（c）有更好的体系论证可利用吗？

　　2. 该类比论辩被正确运用了吗？

　　（a）用类推适用的那个现有法律规范是有效的吗？

　　（b）就所关涉的相关点而言，这个特殊案件的确相似于现有法律标准里法律事实的描述吗？

　　（c）就所关涉的相关点而言，这个特殊案件本质上与现有法律标准里法律事实的描述并无不同吗？

　　（d）将这个特殊案件与其他法律标准的法律事实之描述相比较会是不明智的吗？

　　将这些批判性问题作为出发点，就可形成对类比论辩背后的原型论辩模式的系统和完整的重建。法官根据具体案件的语境和可能出现的相关批判性问题，可以提出其回应这些批判性问题的不同论证。例如，假若法官期望怀疑是否在两个案件之间有足够的相似性从而使得它们具有可比性（问题 2b 和 2c），他就可以论证存在更多相关的相同点。

　　克鲁斯特威斯（2006：97-111）用一个例子给出了基于类比论辩的复杂论辩形式的重建。这些重建可以根据基于对某些批判性问题的不同回应的各种论辩模式予以解释。关于首要的两个问题 1 和 2，即是否类比论辩是一个合适的论证型式，是否被正确地运用了，在随之而来的论辩模式中，法官对有关该论证型式的适宜性和正确运用的两个反论证的回应，可以重建为图 10.9 和图 10.10 的图示。

236

1.
具体案件中规则R的类推适用是可接受的

1.1a	1.1b
类比论辩是个适宜的论辩型式	类比论辩被正确地运用了

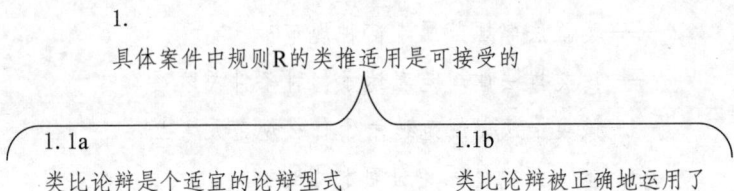

图 10.9　支持法律规则解释的类比论辩背后的论辩模式

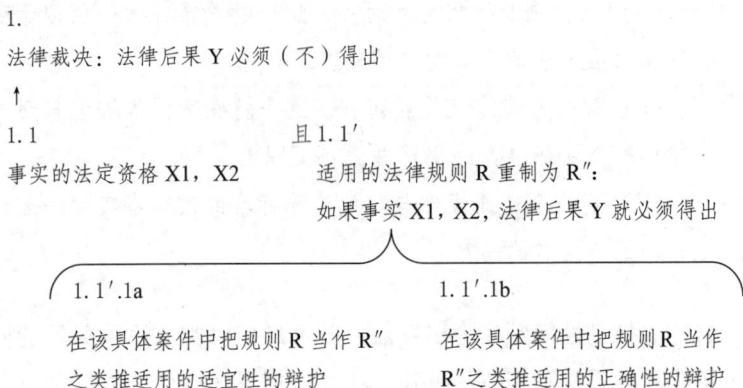

1.
法律裁决：法律后果 Y 必须（不）得出

↑

1.1
事实的法定资格 X1，X2

且 1.1′
适用的法律规则 R 重制为 R″：
如果事实 X1，X2，法律后果 Y 就必须得出

1.1′.1a	1.1′.1b
在该具体案件中把规则 R 当作 R″ 之类推适用的适宜性的辩护	在该具体案件中把规则 R 当作 R″ 之类推适用的正确性的辩护

图 10.10　疑难案件中复杂类比论辩背后的论辩模式

正如克鲁斯特威斯（2006：107-111）指出的，一般复杂论辩结构需要用从属论辩加以扩展，通过具体阐明对不同论证形式中的相关子问题的回答来支持论证 1.1′.1a 和 1.1′.1b。

像克鲁斯特威斯（2006：104-107）指出的那样，反驳类比论辩的复杂论辩也可以根据所提出的反论证重建成复杂论辩。某些情形下，针对类比论辩的一个批判可能由根据相反的论辩构成，这个根

据相反的论辩也可以重建为一个复杂论辩，它论证说，在那个规则 237
适用的案件与当下案件之间存在相关差异（克鲁斯特威斯 2006：104）。
在提出这样一个复杂的根据相反的论辩的案件中，产生了一个对用
来反驳某一类推论证类型颇具特色的论辩模式。[33]

10.7.2　基于目的-评估性论辩的原型模式

　　另一个在疑难案件的法律辩护中发挥重要作用的论辩形式是目
的-评估性论辩，在其中法院提及按照某一规则打算实现的目标和
价值而予以特定解释的某一规则的后果。在疑难案件中，提出了某
一法律规则的不同解释，法院常常提到按不同解释适用该规则的后
果。它们指明，某一解释是要首选的，因为它的适用从目标和价值
来看会有更合意的后果。论辩常常是以参考法律体系中相关法律分
支背后的某些原则和价值为基础的。有鉴于此，麦考密克和萨默斯
（1991：514 及以后）也把这类论辩称作目的-评估性论辩。这种论证
方式可以采取不同形式，取决于它所采取的形式是提到了目的论的
论辩、根据后果的论辩、归谬论证（在案件里法院只提及不可接受
的或荒谬的后果）、根据合情理的论辩，还是别的。[34]

　　鉴于某些目标和价值，运用诉诸适用某一法律规则之后果的论
辩，其基本原理可以在把法律规则当成是实现特定法律目标、社会
目标和价值之工具来思考的过程中发现。从正义或公共善的视角来
看，可以把法律规则当成促进被认为是必不可少的某些目标和价值

---

　　[33]　也可以给其他基于某一法律规则的体系解释的论辩重建类似的论辩模式。对
根据相反的论辩的复杂结构的描述，见詹森（2003，2005，2008）。对分析根据相反的
论辩的描述，亦见克鲁斯特威斯（1994）。

　　[34]　对提及后果的不同论辩形式的讨论，见布斯塔曼特（2013）、卡博内尔
（2013）、菲特丽丝（2004，2016）以及麦考密克（1978，2005）。对归谬论辩的讨论，
见克鲁斯特威斯（2007）。对提及后果的根据合情理性的论证的讨论，见菲特丽丝
（2009a）。

的一种手段。适用法律时，法官应该以其后果有利于实现这种目标和价值的方式来解释法律规则。从这一视角看，某一法律规则的适用若导致背离其目标的话，这种适用就是不可取的。

238　　下面讨论使用目的-评估性论辩的原型论辩模式的若干例子，其中法院提到后果、目标和价值。[35] 我将阐明，根据法院对伴随论证型式的批判性问题的回应方式，不同论辩模式显露出来。首先，讨论在不同层次的目的-评估性论辩基础上的论证型式的原型模式。其次，基于目的-评估性论辩可能在法律辩护的复杂结构中所起的不同作用，讨论疑难案件中可以区分的某些复杂论辩的原型模式。

基于目的-评估性论辩的原型模式与论证的不同层次

在疑难案件中，法官也许主张，依据某一规则之目的来考虑其后果，该法律规则应该按某一特定解释 R′ 适用而不是按解释 R″ 适用。在这样一个案件里，法官必须提出由两个层次构成的复杂论辩。在疑难案件中，这个复杂论辩形成论证 1.1′.1 的进一步展开，论证 1.1′.1 以二阶的一般原型论辩模式被重建为对作为 R′ 的法律规则之表述的辩护（本章 10.6.1 里的图 10.6）。这样一种辩护里的复杂论辩基于不同论证型式的组合。

首先，提及按某一特定解释适用规则之后果的论辩，基于一种语用-辩证术语所指的**实效**论辩（*pragmatic* argumentation）。在实效论辩中，人们论证说，某一特殊做法是合意的，因为它导致某些合意的后果。在法律语境中，以一种特殊方式运用这一实效论辩。[36] 实效论辩其实是一个复杂论辩的一部分，一个表述 R′ 或 R″ 之适用

---

〔35〕 对基于目的-评估性论辩的不同适用和论辩模式的更详细讨论，见菲特丽丝（2005，2007，2015，2016）。

〔36〕 见菲特丽丝（2016）对法律语境运用实效论辩的原型模式的讨论。

与后果 Y′或 Y″之间的因果关系的描述性论据，一个表达 Y′的合意性和 Y″的不合意性的规范性论据亦包含于其中。规范性论据转而需要用进一步的论辩予以支持。在法官把目的-评估性论辩作为对法律规则表述成 R′的辩护提出来的情形下，论辩的第一层次 A 可以重建为如图 10.11 所示。

1. 1′. 1a　　　按解释 R′适用规则 R 是合意的

1. 1′. 1a. 1a　　按解释 R′适用规则 R 导致结果 Y′

1. 1′. 1a. 1b　　结果 Y′是合意的

1. 1′. 1b　　　按解释 R″适用规则 R 是不合意的

1. 1′. 1b. 1a　　按解释 R″适用规则 R 导致结果 Y″

1. 1′. 1b. 1b　　结果 Y″是不合意的

图 10.11　在 A 层次上包括解释 R′之二阶辩护的
原型论辩模式，靠的是提及后果的论辩

随着实效论辩的发生，提出这种复杂论辩的法官负有回答这个论证型式所伴随的下述批判性问题的证明责任：

1. 按解释 R′/R″适用规则 R 导致 Y′/Y″吗？

2. Y′/Y″的确是（不）合意的吗（从法律视角看)？

在疑难案件的法律辩护中，对关于后果的（不）合意的问题 2 的回答成为讨论对象。法官必须回答要求辩护论据 1. 1′. 1a. 1b /
1. 1′. 1b. 1b 的问题 2。为此，他应该阐明为什么从该规则之目标的视角看，那个结果是（不）合意的。在法理论中，这类论辩常常被刻画为根据**融贯**的论辩和与某些法律目标、用途、政策或价值的一

239

致性。[37] 因此，在重建过程中，从属论辩的一个更深层次（B）
应该予以重建。这个论辩应该包括辩护相对于目标的后果（不）合
意性的支持性论辩，它是作为对批判性问题 2 的回应提出来的，如
图 10.12 所示。

> 1.1′.1a.1b　　结果 Y′是合意的（从法律视角看）
>
> > 1.1′.1a.1b.1a　结果 Y′与历史上的立法者
> > 所意欲的/有效法律秩序背
> > 后的目的或目标 P 相一致
>
> 1.1′.1b.1b　　结果 Y″是不合意的（从法律视角看）
>
> > 1.1′.1b.1b.1a　结果 Y″与历史上的立法者
> > 所意欲的/有效法律秩序背
> > 后的目的或目标 P 不相容

图 10.12　在 B 层次上所用的原型论辩模式，包括对批判性问题 2 的回答

　　在辩护中，法官必须说明该主张背后之目的的法律依据或来
源，目标或目的 P 可以辩护按某一特殊解释适用规则 R 之后果的
（不）合意性。这需要更深层的辩护，回答与论据 1.1′.1a.1b/1.
1′.1b.1b 相联系的批判性问题，即要求后果 Y′是合意的而后果 Y″
是不合意之主张的法律依据。

　　根据是否法官已经提到历史上的立法者所意欲的目的（因而是
选择该规则的一个**主观**的目的论解释），或者由有效法律秩序客观
描述的合理目的（因而是选择该规则的一个客观的目的论解释），
法官在支持性论辩中必须提及历史上的立法者或目的，以及该规则

---

〔37〕　对根据融贯的论辩的更广泛讨论，见本书论麦考密克的第 6 章以及贝尔泰亚
（2005）。

背后的原则和价值，它们构成该规则的立法理由（*ratio legis*）、基本原理和目的。这个目的论论辩可以重建为如图 10.13 所示。[38]

1.1′. 1a. 1b. 1b　目标 P 是历史上的立法者所意欲的／目标 P 是有效法律秩序客观描述的一个合理目标

  1.1″. 1.1b. 1b. 1　目标 P 可以在以下法律文档中发现（……）／目标 P 是下述规则、原则和法律秩序之价值的潜在支撑

240

图 10.13　在辩护法律规则的目的论解释时，在 C 层次上所用的目的论论辩的原型模式

  在法律实践中，这种目的-评估性论辩的原型模式的各种元素常常是隐含的。表面结构也许由根据后果的论辩（目的论的元素隐而不表）或者目的论论辩（后果论的元素隐而不表）组成。论辩模式反映可能经受批判的论辩义务，从一种完全外在化的重建视角看，必须表征所有相关的元素。

  如菲特丽丝（2005）所阐明的，在分析五花八门例子的基础上，运用目的-评估性论辩的原型模式可以由不同方式产生，但取决于法官必须解决的那类解释难题，以及在解决该难题时他所做出的选择。比如，当法官基于某一规则广泛适用的荒谬后果，对该规则的适用范围做出限制时，不同的进展是可能的。基于该规则的一种严格适用的荒谬后果，法官在此情形下鉴于该规则的目的扩展其适用范围。

241

  展开原型模式的方式和提出论据的方式，以法官在具体案件中

---

  〔38〕　对目的论论辩之重建的进一步讨论，见菲特丽丝（2008a）。对提及历史上立法者的目的论论辩的具体形式之重建的讨论，见普拉格（2005a，2005b）。

按照某一特定法律体系所强加的制度约束做出的选择为基础。比如，图 10.13 中所描述的层次 C 上的原型模式，就留给法官多种选择。例如，法官可以在目的论论辩的各种类型之间选择，也可以在可能被提到的各种法律渊源之间进行选择。菲特丽丝（2008c，2009b，2012b）讨论了法院以一种具体方式展开这个模式的各种实例。从运用目的-评估性论辩模式出发，可以阐明法院如何在其选择论据和表述技巧上策略地机动，以便使特定法律听众确信他们的裁决的可接受性。

是选择所提到的历史上立法者的实际意图，还是选择理性立法者的重建后的意图，取决于法官所采取的立场。这要看法官是采取一种解释的静态方法，还是采取更为动态的方法，即在法律体系语境下，基于该规则背后的合理目标之重建，在将某个理性目标归属于某一法律规则时所取得的某种自由度。这样的选择可以看成是策略机动的策划，即法院为了让它们的论辩适应它们想要使其确信的法律听众而选择某些论证和特殊的表达方式。

法院所做出的选择和他们表达这些选择的方式，决定了目的-评估性论辩和其他论辩形式之间的不同类型的关系。菲特丽丝（2007）描述了目的-评估性论辩和其他论辩形式的相互作用。她区分了三类可能导致不同原型论辩模式的互动类型：[39]

（1）目的-评估性论辩由根据融贯和一致性的论证予以支持（结果是由从属论辩组成的一个复杂论辩结构）。

（2）目的-评估性论辩由根据融贯和一致性的论证予以补充（形成由累积的并列论辩构成的一个复杂论辩结构）。

（3）目的-评估性论辩被用作拒斥另一个解释的反论证

---

[39] 对反映不同论辩关系的复杂论辩形式之重建的一般性讨论，见普拉格（2000a）。对冲突论证之重建的讨论，见普拉格（1996）。

（引起一个解决冲突的并列论辩）。

目的–评估性论辩中的从属论辩的第一个模式（1）由先前部分所讨论的根据融贯性和一致性的论辩予以支持。已经阐明，在层次 A 的实效论辩必须得到可能由不同层次构成的从属论辩的支持。法官借助实效论辩，通过提及后果来表明规则的解释是"到哪里都讲得通"。利用层次 B 和层次 C 的支持性目的论论辩，法官通过说明解释是融贯的，是与规则、目标以及法律体系背后的原则和价值是一致的，表明那个解释"在法律体系语境下讲得通"。[40]

在累积性论辩的第二个模式（2）中，目的–评估性论辩由根据融贯和一致性的论辩予以补充。在疑难案件中，这样一个支撑法官对某一解释之选择进行辩护的模式，基于对同一方向的所有关键点的不同考量。这种论辩结构可重建为如图 10.14 所示。

按 R′的含义适用规则 R 是合意的

1.1a 按 R′的含义适用规则 R 导致结果 Y

1.1b 按 R′的含义适用规则 R 是融贯的，与该法律体系/法律分支背后的规范、原则和价值相一致。

图 10.14　由提及后果和根据融贯性和一致性的论辩所构成的累积性论辩

在解决冲突论辩的第三个模式（3）中，目的–评估性论辩被用做拒斥另一个解释的反论证。当法官于疑难案件中辩护在某一法律规则的两个竞争解释（一个基于语言的/体系的考量，一个基于后果）

---

　　〔40〕　对辩护融贯性和与法律体系（如法律规则、原则和价值）的一致性的不同法律论证类型的用法的讨论，见克鲁斯特威斯（2008a）。关于形式的和实质的论证的运用策略，见克鲁斯特威斯（2005a），关于作为论据的法律原则的运用策略，见克鲁斯特威斯（2011）。

之间做出选择，以及基于目的-评估性考量选择时，就可以发现这个模式。在法官判定规则是一清二楚的但决定基于目的-评估性考量生成一个例外时（因而对具体案件给出该规则的一个新意义），这种情形也会出现。在这些情况下，从解释方法层级的视角来看，假如法官基于后果主义者-目的论的考量而宁愿优先考虑某一解释的适用，那么他就负有一个证明责任，即表明仅仅基于语言的和体系的考量并不提供满意解决。这个证明责任变得"越重"，论辩就因而变得越复

243 杂。这种情形下的论辩结构可能由基于估量和平衡的论辩构成，本章10.8.2部分将对此进行论述，其中讨论估量和平衡的不同模式。

在这三类论辩模式中，论辩的复杂性和结构取决于法院对辩护（在图10.11中显示）所运用的论证型式相伴生的不同批判性问题的回应。法院回应实效论辩的论证型式所伴随的批判性问题时，就如在类比论辩中那样，可能回应有关评价目的-评估性论辩的两个不同标准的那些问题。这些标准是该论辩在具体案件中的适宜性和准确运用。在模式（1）的情形下，法院提出回应正确运用之问题的论辩。在模式（2）和（3）的情况下，法院对论证型式的适宜性问题做出回答。在模式（2）情形中，法院也指明该解释是可接受的，因为它基于从解释方法层级之视角来看是相关的若干考量。在模式（3）之下，法院指出，由于基于解释方法层级中的更高方法的另一个解释不是可接受的，因而这个解释是可接受的。

在具体案件中实施复杂论辩的不同原型模式的方式，取决于法院在某一特殊法律体系中受到的制度约束。这些约束可能首先关涉法院回应或讨论当事人所提出的不同解释的义务。假若法院不得不回应当事人的陈述，那么就必须提出论辩，针对被拒斥的解释给出反论证，为首选的解释提供支持论证。如果法院还必须说明"内部讨论"的话，比如在反对意见的情况下，它就必须再提出论辩，给

出反论证和支持论证。

10.8 基于估量和平衡的原型论辩模式

前面几部分讨论了不同类型疑难案件中的原型论辩模式的若干例子，在这些案件中，某一法律规则的解释涉及不同类型的复杂论辩的重建，而这些复杂论辩又由具体的论证型式群集组成。本节集中于这样一种具体论辩模式，它们对法院在估量和平衡的基础上辩护某一裁决的方式而言是原型的。这样一种估量和平衡关涉基于不同类型考量的不同解决方法，如不同的解释方法、法律论证形式、法律原则或法律判例。这种由前面所讨论的原型论辩模式的组合所构成的论辩模式与辩护比较其他解决办法而优先选择的某一特定解决办法结合起来。在某些法律系统（如宪法）的特殊案件里，法律要求这种估量和平衡。[41] 在其他法律系统中，特殊疑难案件有时需要估量和平衡，在其中法院明确回应关于某一特殊解决办法之可接受性的批判和怀疑。

在法理论中，基于估量和平衡的论辩（如第 1 章和第 7 章所描述的阿列克西关于估量和平衡的理论）被看作是针对彼此估量某一法律规则的不同解释的一种特殊类型的复杂论辩。在具体说明为什么从法律视角看某一解决办法或解释优先于他者的特殊标准或决定规则的基础上，出现这种估量。[42] 从语用-辩证的视角看，可以把估量和平

244

---

〔41〕 对估量和平衡的讨论，亦见本书第 1 章。宪法语境下的估量和平衡的例子，见第 7 章所讨论的阿列克西（2003a，2003b）。对根据原型论辩模式转换阿列克西论估量和平衡的思想，见菲特丽丝（2017a）。

〔42〕 麦考密克和萨默斯（1991：527-528）把论证的估量定义为一个论证盖过另一个论证的情景。尽管其解释性条件被满足，其力量未被取消，它没有在优先级规则的基础上被压倒，但该论证被别的论证胜出，因为存在一个导向不同解释的反论证，而且在具体案件中视为一个分量更重的论证。

衡看作是一种特殊的原型论辩模式,它支撑一种特殊类型疑难案件的辩护。以下将陈述,什么原型论辩模式支撑包含以估量和平衡为基础的案件辩护。[43] 10.8.1 描述基于估量和平衡的一般原型论辩模式。10.8.2 部分讨论对 10.7.2 讨论过的目的-评估性论辩加以展开的这样一种模式。

10.8.1 基于估量和平衡的一般原型论辩模式

法官做出一个基于估量和平衡的决定时,他们依据某个特定的估量规则,说明针对彼此进行估量的不同考虑。估量的某些元素,如估量规则,常常是隐含的。在复杂论辩的重建过程中,以重建法院在某一特殊类型疑难案件中的论辩义务为基础,所有构成辩护组成部分的元素都被辨识,不同元素之间的关系都予澄清。以下我将限于用论辩结构形式表征的论辩义务的重建。对于一种完全的重建,该结构元素之例示的各种可能性需要用具体论证型式予以详细说明。

构成估量和平衡之特色的复杂论辩,可以在疑难案件的一般论辩模式的基础上予以重建(10.6.1 部分所描绘的图 10.6)。图 10.15 的复杂论辩形成图 10.6 的模式中的二阶论辩 1.1′.1 的一个具体执行。在图 10.15 中,法律规则 R″的表达(论据 1.1′)在估量和平衡过程的基础上予以辩护。为具体案件表达的法律规则 R″可以是任何法律领域,比如民法、刑法或宪法的任何法律规则。它可以是基于大陆法系中的某一法典的规则,或者是基于普通法系的判例或原则的规则。

---

〔43〕 估量和平衡的“语用-辩证”的方法,见菲特丽丝(2008b)。对作为解决冲突论辩的估量和平衡的例子进行语用-辩证的分析,见普拉格(2000a:193-203,215-216,2016a,2016b)。

1　　　　　　　　　　　　　　　　　　　　　　　　　245

法律制裁：法律后果Y必须（不）得出

↑

1.1　　　　　　　　　　　且1.1′

事实X1，X2的法定资格　　　　适用的法律规则R重制为R″：

　　　　　　　　　　　　　　如果事实X1，X2，法律后果Y就必须（不）得出

1.1′.1a　　　　　　1.1′.1b　　　　　　1.1′.1a′ —1.1′.1b′

在层次C1基础上　　在层次C1基础上　　决定规则：C2分量超过C1所

公式R′的辩护　　　公式R″的辩护　　　基于的标准的详述

↑　　　　　　　　↑　　　　　　　　↑

1.1′.1a.1　　　　1.1′.1b.1　　　′　　1.1′.1a′ —1.1′.1b′.1

（……）　　　　　（……）　　　　　依据更抽象原则的决定规则的辩护

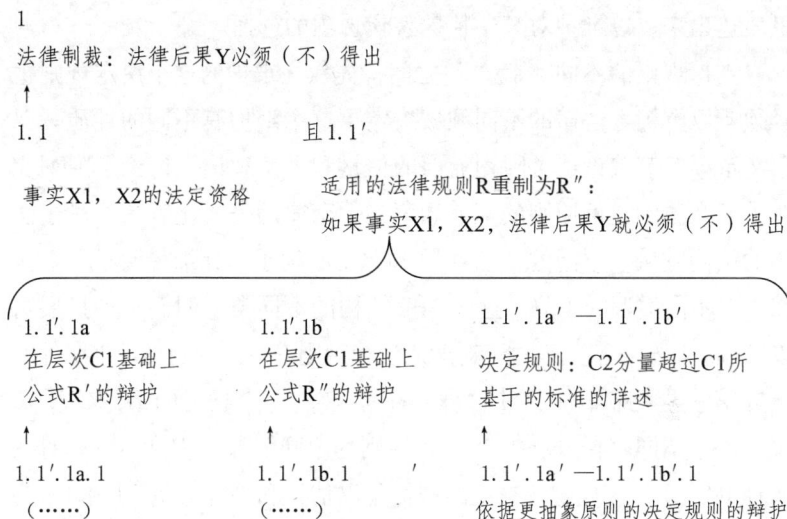

图10.15　疑难案件中基于估量和平衡的辩护

　　估量和平衡首先属于论证 1.1′.1a 和 1.1′.1b。基于考量 C1（对 R′）和 C2（对 R″）有两个冲突论证被看作是辩护规则 R（作为 R′和 R″）的候选者。这些论证必须依次进一步辩护。考量 C1 和 C2 按照基于特定标准/分量因素之应用的资格条件予以表达。这个特定标准/分量因素的应用必须通过提及这些资格条件的应用予以进一步辩护。

　　决定把适用规则表达为 R″，就是在为具体案件表达规则的不同方式之中的优先选择，而且因此一个决定规则必须提供辩护该选择的桥梁论证（1.1′.1a—1.1′.1b′）。决定规则（1.1′.1a—1.1′.1b′）是一个规则的详述，在其基础上确定适用 R″的考量 C2 比适用 R′的考量 C1 分量更大。这样一个决定规则必须阐明估量因素、估量时　246
运用的标准，以及确定考量 C1 和 C2 之中优先权的方式。从法律视角看，包括重建后的**决定规则**的"桥梁"论证必不可少，因为蕴含着相似情况相似对待的可普遍化的要求——要在所提出的一个规则

里表达出来，以辩护对某一特殊替代选项的选择。

支持规则的不同"版本"之间优先权之辩护的这个决定规则也必须予以辩护。法律的不同领域决定了这个辩护有不同的性质。[44]第 7 章第 5 节曾论述了阿列克西的估量和平衡理论，讨论了阿列克西关于宪法的比例原则的第一和第二平衡律的公式化表达，对于法律的不同领域，不同的"法律"和原则必须予以详细说明。

对不同类型的争议，这个一般结构的不同类型的例示和扩展可以实现。比如，接下来讨论对适用法律规则有争议的两类疑难案件。

第一类疑难案件关涉这样一个争议，法律规则的适用饱受争议，基于不同解释方法提出了 R 规则的不同解释（R′和 R″）。对按解释 R″适用该规则这一决定的辩护是以估量和平衡考量 C1 和 C2 为基础的（论证 1.1′.1a 和 1.1′.1b）。由此，这些解释必须通过提及该解释所依据的解释方法和法律渊源来予以辩护，如图 10.16 所示。

247   1

法律制裁：法律后果Y必须（不）得出
↑
1.1   且1.1′
事实X1，X2的法定资格   适用的法律规则R重制为R″：

如果事实X1，X2，法律后果Y就必须（不）得出

1.1′.1a	1.1′.1b	1.1′.1a′—1.1′.1b′
在解释方法I1基础上公式R′的辩护 ↑ （……）	在解释方法I2基础上公式R″的辩护 ↑ （……）	决定规则：解释方法I2分量超过I1所基于的标准的详述 ↑ 1.1′.1a′—1.1′.1b′.1 依据更抽象原则的决定规则的辩护

图 10.16 疑难案件中基于估量和平衡不同解释方法的辩护

---

〔44〕 对行政诉讼程序中冲突论证的分析，见普拉格（2016a，2016b）。

　　第二类疑难案件涉及这样的争议，法律规则的适用性受到争议，基于不同类型的考量（解释方法、法律论证形式、判例，等等）来表述具体案件规则 R 的不同方式（R′ 和 R″）被提出来。这个一般结构必定因特殊类型的考量而被具体化（substantiated），取决于所运用的各类论证的组合，比如不同解释方法、法律论证形式（类比、根据相反的论证、归谬论证）、判例，如图 10.17 所示。

　　在图 10.16 和 10.17 的论辩模式中，论证 1.1′.1a—1.1′.1b′ 是一个决定规则的规格，是确定适用 R″ 的考量 C2 在分量上盖过适用 R′ 的考量 C1 的基础。如早前指出的，这样一个决定规则必须阐明估量因素、该估量应用的标准，以及确定考量 C1 和 C2 当中的优先权的方式。这个决定规则转而必须根据某些原则和价值进行辩护。[45]

1   248

法律制裁：法律后果Y必须（不）得出
↑
1.1   且 1.1′

事实X1，X2的法定资格   适用的法律规则R重制为R″：

　　　　　　　　　　　　　　　　如果事实X1，X2，法律后果Y就必须（不）得出

1.1′.1a	1.1′.1b	1.1′.1a′—1.1′.1b′
在考量C1基础上公式R′的辩护	在考量C2基础上公式R″的辩护	决定规则：考量C2分量超过C1所基于的标准的详述
↑	↑	↑
1.1′.1a.1	1.1′.1b.1	1.1′.1a′—1.1′.1b′.1
（……）	（……）	依据更抽象原则的决定规则的辩护

图 10.17　疑难案件中基于估量和平衡不同考量的辩护

─────────────

〔45〕　比较第 7 章所讨论过的阿列克西的第一和第二平衡律中表达的比例原则。

必须对特殊法律难题和相关法律领域给出特殊类型的辩护，比如阿列克西的德国宪法中的原则估量的分量公式。这样一个规则可能基于在第1章所讨论的关于解释方法的研究计划所阐明的若干考量（麦考密克和萨默斯，1991，《解释制定法》）。在这个计划里，解释方法层级系统的一般原则和各种论证的相对分量，在这些方法的基础上予以表述。这些原则基于各种解释方法重要性的相对顺序和该计划所研究的系统内的论证类型。对于不同法律领域、与赋予分量有关的系统以及关于形成估量和平衡之一部分的不同论证类型的优先权而言，这些原则也可以用作分量规则的出发点。

10.8.2 估量和平衡目的-评估性论辩之原型论辩模式的具体化

在10.7.2部分指出，目的-评估性论辩也许是法律辩护的一种"胜出"的论证。就如麦考密克（1991：514-525）*得出的结论，某一法规的含义，用基于语言解释或体系解释的一种可接受方式无法确定的情形下，可以把目的-评估性论证用作一种辩护。为此，目的-评估性论辩常常在法律辩护中担当关键角色。因而，在如果其他理由无法提供一个满意结果，它就提供决定性理由的意义上，它起一种"终极的"论证的作用。

凭借"终极的"论证这个角色，目的-评估性论辩可能有支持某一选择之优先权的"胜出的"论证之功能。这样，假如按规则的字面意思适用会有荒谬结果的话，目的-评估性论辩就可以用来校正初看起来好像清晰的规则的含义。在这个语境中，"荒谬"的意思是所考虑的那个结果与该规则的目标不一致。麦考密克（2005：133）认为，"相对不太'清楚'或明显的语词的解释，可以借助提及由一个替代解释的意涵所引起的不公正予以支持"。如此一来，

---

* 此处疑原文将525误写为425，故改。——译者注

目的-评估性论证起着盖过语言论证这样一个论证的功能。从这一视角看，运用目的-评估性论辩的法官就有义务辩护为什么某一规则的严格字面意思的解释无法对该案件的顺利解决有所贡献。这意味着，表明基于一个语言论证的严格字面意思的解释不会导致一个顺利的结果而目的-评估性解释却能，构成这种估量。

　　图 10.17 给出的一般论辩模式，在法官辩护基于估量和平衡之决定的案件中以一种特殊方式具体化。论证 1.1′.1a 阐述了该规则的一种字面解释导向一个不可接受的结果，而论证 1.1′.1b 基于一个客观的目的论解释将导向一个可接受的结果。如先前部分指出的，论证 1.1′.1a 和 1.1′.1b 必须用层次 B 和 C 的从属论辩进一步辩护，表明解释 R″ 是融贯的，与该规则打算实现的目标和价值相一致。在论证 1.1′.1a′—1.1′.1b′ 中，阐明与该规则打算实现的目标和价值相一致的某一结果之优先权的决定规则。一般模式的具体化可以重建为如图 10.18 所示。

1　　　　　　　　　　　　　　　　　　　　　　　　　　　　249

法律制裁：法律后果Y必须得出

　↑

1.1　　　　　　　　　　　　　且1.1′

事实X1，X2的法定资格　　　　适用的法律规则R重制为R″：

　　　　　　　　　　　　　　如果事实X1，X2，法律后果Y就必须得出

1.1′.1a　　　　　　　1.1′.1b　　　　　　　1.1′.1a′ —— 1.1′.1b′
在字面解释基础上　　在该规则目的论解释　　决定规则：R″的结果分量超过
公式R′的辩护　　　　基础上公式R″的辩护　　R′所基于的标准的规格

　↑　　　　　　　　　　↑　　　　　　　　　↑

1.1′.1a.1　　　　　　1.1′.1b.1　　　　　　1.1′.1a′ —— 1.1′.1b′.1
（……）　　　　　　（……）　　　　　　依据更抽象原则的决定规则的决定规则的辩护

图 10.18 疑难案件中基于目的–评估之考量的估量和平衡的辩护

10.9　结　论

之前几部分已描述了法律辩护中的论辩如何能从语用-辩证的视角来探讨。这种理论奉献一种理论工具，为从旨在解决争议的批判性讨论的优势出发系统分析法律程序提供了理论视角。本章阐述了法律辩护之论辩活动类型的先决条件如何影响原型论辩模式，也阐明了一般论辩原型模式如何在关于法律规则适用和解释的争议语境中具体化。结合得自各理论领域，如语言学、语用学、法理论和法哲学的洞察，对法律语境中的原型论辩模式的语用-辩证重建，为法律辩护的系统解释奠定了基础。这种重建为从理性讨论视角评估论辩的质量提供了基础。

业已表明，如何能将法律过程当作旨在解决争议的批判性讨论予以分析，阐明了作为论辩活动类型的法律辩护按照制度性要求有何特色。通过依据法官在达成各讨论阶段之目标过程中发挥的作用，阐明了法官的角色。在这种讨论的基础上，借助于整合从法理论和法哲学关于法律解释的洞察，细致说明了简单案件和疑难案件中法律辩护的原型论辩模式。

此外，辩护的不同部分的功能是对不同批判形式的回应，怀疑构成法律争议解决的特性，对此也已阐明。澄清了人们作为对法律规则解释的辩护所提出的各种法律论辩类型，如类比论辩和目的-评估性论辩，可以怎样重建为复杂的论辩结构，而正是对解释可接受性的批判所做出的不同类型的回应造就了这种结构。

对估量和平衡的原型论辩模式的不同类型的相互作用也进行了讨论。阐述了法律辩护的各种复杂结构，如何能分析成对批判和反论证的不同反应方式和导致不同原型论辩模式的一种反映。而且还说明了，按照制度要求和法律解释的标准，不同原型模式的具体化

250

可能如何发生。

　　从语用-辩证视角可以重建法律辩护之方式的讨论，对法院辩护其裁决时提出论辩的方式提供了一种理论说明，可以从法院的论辩义务的角度来分析和评估这些论辩。这种讨论澄清了简单案件和不同类型疑难案件中论辩的必要构件，阐明了法院必须回应的批判的类型。一定要在适合不同法律语境的可接受性的实质标准的基础上，对不可或缺的评估论辩的方式予以详细说明。

参考文献

Alexy, R. (1989). *A theory of legal argumentation. The theory of rational discourse as theory of legal justification.* Oxford: Clarendon press. (Translation of: *Theorie der juristischen Argumentation. Die Theorie des rationalen Diskurses als Theorie der juristischen Begründung.* Frankfurt a. M.: Suhrkamp, 1978).

Alexy, R. (2003a). On Balancing and Subsumption. A structural comparison. *Ratio Juris* 16 (4), pp. 433–449.

Alexy, R. (2003b). Constitutional rights, balancing, and rationality. *Ratio Juris*, 16 (2) 131–140.

Bertea, S. (2005). Does arguing from coherence make sense? *Argumentation* 19 (4), 433–446.

Bustamante, T. (2013). On the argumentum ad absurdum in statutory interpretation: Its uses and normative significance. In: C. Dahlman & E. T. Feteris (Eds.), *Legal argumentation theory: Cross – disciplinary perspectives.* (pp. 21 – 43). Dordrecht: Springer.

Canale, D. & Tuzet, G. (2016). Judicial discretion and the Rule of Law. In: E. T. Feteris, H. Carbonell, F. (2013). Reasoning by consequences: Applying different argumentation structures to the analysis of consequentialist reasoning in judicial decisions. In: C. Dahlman & E. T. Feteris (Eds.), *Legal argumentation theory: Cross–disciplinary perspective.* (pp. 1–20) Dordrecht etc.: Springer.

Carbonell, F. (2013). Reasoning by consequences: Applying different argumentation structures to the analysis of consequentialist reasoning in judicial decisions. In C. Dahlman & E. T. Feteris (Eds.), *Legal argumentation theory: Cross–disciplinary*

251

perspectives. (pp. 1-21). Dordrecht/Heidelberg: Springer.

van Eemeren, F. H. (2010). *Strategic maneuvering in argumentative discourse. Extending the pragma-dialectical theory of argumentation*. Amsterdam/Philadelphia: John Benjamins.

van Eemeren, F. H. (Ed.). (2017). *Prototypical Argumentative Patterns. Exploring the Relationship between Argumentative Discourse and Institutional Context*. Amsterdam: John Benjamins.

van Eemeren, F. H. & Garssen, B. (2014). Argumentative patterns in discourse. In D. Mohammed and M. Lewinski (Eds.), *Virtues of argumentation. Proceedings of the 10th OSSA Conference at the University of Windsor, May* 2013. Windsor, ON: OSSA. (CD-rom).

van Eemeren, F. H. & R. Grootendorst (1984). *Speech acts in argumentative discussions*. Dordrecht: Foris.

van Eemeren, F. H. & Grootendorst, R. (1988). Rationale for a pragma-dialectical perspective. *Argumentation*, 2 (2), 271-292.

van Eemeren, F. H. & Grootendorst, R. (1992). *Argumentation, communication, and fallacies. A pragma-dialectical perspective*. Hillsdale NJ: Erlbaum.

van Eemeren, F. H. & Snoeck Henkemans, A. F. (2016). Argumentation. Analysis and Evaluation. (2nd edition). New York/London: Routledge Taylor & Francis group.

van Eemeren, F. H. , Garssen, B. J. & Meuffels, H. L. M. (2009). *Fallacies and Judgments of Reasonableness. Empirical Research Concerning the Pragma-Dialectical Discussion Rules*. Dordrecht etc. : Springer.

van Eemeren, F. H. , Grootendorst, R. , Jackson, S. & Jacobs, S. (1993). *Reconstructing argumentative discourse*. Tuscaloosa (AL): University of Alabama Press.

van Eemeren, F. H. , Feteris, E. T. , Grootendorst, R. , van Haaften, T. , Harder, W. Den, Kloosterhuis, H. & Plug, J. (1996). *Argumenteren voor juristen*. (Argumentation for lawyers). Groningen: Wolters-Noordhoff.

Feteris, E. T. (1987). The dialectical role of the judge in a Dutch legal process. In: J. W. Wenzel (ed.), *Argument and critical practices. Proceedings of the fifth SCA/ AFA conference on argumentation*. (pp. 335-339). Annandale (VA): Speech Communication Association.

Feteris, E. T. (1989). *Discussieregels in het recht. Een pragma-dialectische analyse van het burgerlijk proces en het strafproces*. Dissertation Amsterdam. Dordrecht: Foris. (Discussion rules in law. A pragma-dialectical analysis of the dutch civil and criminal process.)

Feteris, E. T. (1990) Conditions and rules for rational discussion in a legal process: A pragma – dialectical perspective. *Argumentation and Advocacy. Journal of the A-merican Forensic Association.* 26 (3), 108–117.

Feteris, E. T. (1993a) The judge as a critical antagonist in a legal process: a pragma-dialectical perspective. In R. E. McKerrow (Ed.), *Argument and the Postmodern Challenge. Proceedings of the eighth SCA/AFA Conference on argumentation.* (pp. 476–480). Annandale: Speech Communication Association.

Feteris, E. T. (1993b). Rationality in legal discussions: A pragma – dialectical perspective. *Informal Logic*, XV (3), 179–188.

Feteris, E. T. (1995). The analysis and evaluation of legal argumentation from a pragma–dialectical perspective. In: F. H. van Eemeren, R. Grootendorst, J. A. Blair, Ch. A. Willard (eds.), *Proceedings of the Third ISSA Conference on Argumentation*, Vol. IV (pp. 42–51). Amsterdam: Sic Sat.

Feteris, E. T. (2003). The rationality of legal discourse in Habermas's discourse theory. *Informal Logic* 23 (2), 139–160.

Feteris, E. T. (2004). Rational reconstruction of legal argumentation and the role of arguments from consequences. In: A. Soeteman (ed.), *Pluralism and law. Proceedings of the 20th IVR World Congress*, *Amsterdam*, 2001. Volume 4: Legal Reasoning. *Archiv für Rechts–und Sozialphilosophie*, *ARSP Beiheft Nr.* 91, 69–78.

Feteris, E. T. (2005). The rational reconstruction of argumentation referring to consequences and purposes in the application of legal rules: a pragma – dialectical perspective. *Argumentation*, 19 (4), 459–470.

Feteris, E. T. (2007). The pragma–dialectical reconstruction of teleological–evaluative argumentation in complex structures of argumentation. In H. V. Hansen et al. (Eds.), Dissensus and the search for common ground. Windsor. ON: OSSA (cd-rom, pp. 1–11).

Feteris, E. T. (2008a). The pragma–dialectical analysis and evaluation of teleological argumentation in a legal context. *Argumentation.* 22 (4), 489–506.

Feteris, E. T. (2008b). The rational reconstruction of weighing and balancing on the basis of teleological–evaluative considerations. *Ratio Juris*, 21 (4), 481–495.

Feteris, E. T. (2008c). Strategic maneuvering with the intention of the legislator in the justification of judicial decisions. *Argumentation* 22 (3), 335–353.

Feteris, E. T. (2009a). The role of arguments from reasonableness in the justification of judicial decisions. *Studies in Communication Sciences*, 9/2, 21–39.

252

Feteris, E. T. (2009b). Strategic manoeuvring in the justification of judicial decisions. In: F. H. van Eemeren (ed.), *Examining argumentation in context. Fifteen studies on strategic manoeuvering.* (pp. 93-114). Amsterdam: John Benjamins.

Feteris, E. T. (2010). Strategic manoeuvring with linguistic arguments in the justification of legal decisions. *OSSA 8. Argument Cultures. University of Windsor.* (CD-rom, p. 1-9).

Feteris, E. T. (2012a). The role of the judge in legal proceedings: A pragma-dialectical analysis. *Journal of Argumentation in Context.* 1 (2), 234-252.

Feteris, E. T. (2012b). Strategic manoeuvring in the case of the "Unworthy spouse". In: F. H. van Eemeren, B. Garssen (Eds.), *Exploring argumentative contexts.* Amsterdam: John Benjamins, pp. 149-164.

Feteris, E. T. (2015). The role of pragmatic argumentation referring to consequences, goals and values in the justification of judicial decisions. In B. Garssen, D. Godden, G. Mitchell & F. Snoeck Henkemans (Eds.), *Proceedings of the 8th ISSA conference.* Amsterdam: Rozenboom. (CD-rom).

Feteris, E. T. (2016). Prototypical argumentative patterns in a legal context: The role of pragmatic argumentation in the justification of legal decisions. *Argumentation.* Special issue on argumentative patterns in discourse. 30 (1), 61-79.

Feteris, E. T. (2017a). Argumentative patterns in the justification of judicial decisions: A translation of Robert Alexy's concept of weighing and balancing in terms of a general argumentative pattern of legal justification. *Analisi e diritto* 223-240.

Feteris, E. T. (2017b). The identification of prototypical argumentative patterns in the justification of judicial decisions. *Journal of Argumentation in Context* (6) 1, 44-58.

Jansen, H. (2003). *Van omgekeerde strekking. Een pragma-dialectische reconstructie van a contrario-argumentatie in het recht* (Inverted purpose. A pragma-dialectical reconstruction of a contrario argumentation in law). Dissertation Amsterdam. Amsterdam: Thela Thesis.

Jansen, H. (2005). E Contrario reasoning: The dilemma of the silent legislator. *Argumentation.* 19 (4), 485 496.

Jansen, H. (2008). In view of an express regulation. Considering the scope and soundness of a contrario reasoning. *Informal Logic* 28 (1), 35-46.

Klatt, M. (2016). The rule of dual-natured law. In: E. T. Feteris, H. Kloosterhuis, H. J. Plug, C. E. Smith (Eds.), *Legal argumentation and the Rule of Law* (pp. 27-46). The Hague: Eleven International Publishing.

Kloosterhuis, H. (1994). De rationele reconstructie van a contrario – argumentatie: een pragma–dialectische benadering (The rational reconstruction of a contrario–argumentation: a pragma–dialectical approach). *Tijdschrift voor Taalbeheersing*, 16 (2), 106–116.

Kloosterhuis, H. (1995). The study of analogy–argumentation in law: four pragma–dialectical starting points. In: F. H. van Eemeren et al. Proceedings of the Third ISSA Conference of Argumentation. (pp. 138–145). Amsterdam: Sic Sat.

Kloosterhuis, H. (2000). Analogy – argumentation in law: A dialectical perspective. *Artificial Intelligence and Law* 8, 173–187.

Kloosterhuis, H. (2005a). Analysing and evaluating arguments from principles of law. *Archiv für Rechts–und Sozialphilosophie* 97, 95–101.

Kloosterhuis, H. (2005b). Reconstructing complex analogy argumentation in legal decisions: A pragma–dialectical perspective. *Argumentation* 19 (4), 471–492.

Kloosterhuis, H. (2006). *Reconstructing interpretative argumentation in legal decisions. A pragma–dialectical approach.* Amsterdam: Sic Sat.

Kloosterhuis, H. (2007). Ad absurdum arguments in legal decisions. In: J. Aguiló Regla (Ed.), *Logic, argumentation and interpretation. Proceedings of the 22nd IVR World Congress Granada* 2005, *Vol. V* (pp. 68–74). ARSP Beiheft 110.

Kloosterhuis, H. (2008a). Formal and substantial justification in legal decisions: Some critical questions from an argumentative perspective. In: N. J. H. Huls, M. Adams & J. Bomhoff (Eds.), *The legitimacy of highest court's rulings. Judicial deliberations and beyond.* (pp. 111–120). Den Haag: TMC Asser Press.

Kloosterhuis, H. (2008b). The strategic use of formal argumentation in legal decisions. *Ratio Juris* 21 (4), 496–506.

Kloosterhuis, H. (2009a). Argumentatieve analyse van taalkundige argumentatie bij de interpretatie van rechtsregels (Argumentative analysis of linguistic argumentation in the interpretation of legal rules). *Rechtsgeleerd Magazijn Themis* 2, 72–79.

Kloosterhuis, H. (2009b). Reconstructing strategic manoeuvers with interpretative arguments in legal decisions. In: E. T. Feteris, H, Kloosterhuis, H. J. Plug (Eds.), *Argumentation and the application of legal rules* (pp. 41–54). Amsterdam: Sic Sat.

Kloosterhuis, H. (2011). Towards a typology of argumentation based on legal principles. *Cogency* 3 (2), 67–80.

Kloosterhuis, H. (2015). Institutional constraints of topical strategic maneuvering in legal argumentation. The case of "insulting". In: T. Bustamante & C. Dahlman (Eds.), *Argument types and fallacies in legal argumentation.* (pp. 67–75). Dor-

253

drecht: Springer.

Kloosterhuis, H. & Smith, C. (2016). Four fallacies about analogical reasoning and the Rule of Law. In: E. T. Feteris, H. Kloosterhuis, H. J. Plug & C. E. Smith (Eds.), *Legal argumentation and the Rule of Law*. (pp. 99–110). The Hague: E-leven.

MacCormick, N. (1978). *Legal reasoning and legal theory*. Oxford: Oxford University Press.

MacCormick, N. (2005). *Rhetoric and the Rule of Law. A Theory of Legal Reasoning*. Oxford: Oxford University Press.

MacCormick, N. & Summers, R. (Eds.) (1991). *Interpreting statutes. A comparative study*. Aldershot: Dartmouth.

Peczenik, A. (1983). *The basis of legal justification*. Internal publication University of Lund. Lund.

Plug, H. J. (1996). Complex argumentation in judicial decisions. Analysing conflicting arguments. In: D. M. Gabbay & H. Ohlbach (Eds.), *Practical reasoning. International Conference on formal and applied practical reasoning, FAPR '96 Bonn, Germany, June 3–7, 1996 Proceedings*. (pp. 464–480). Berlin: Springer.

Plug, H. J. (2000a). *In onderlinge samenhang bezien. De pragma–dialectische reconstructie van complexe argumentatie in rechterlijke uitspraken.* (Considered in conjunction. The pragma–dialectical reconstruction of complex argumentation in judicial decisions.) Amsterdam: Thela Thesis.

Plug, H. J. (2000b). Indicators of obiter dicta. A pragma–dialectical analysis of textual clues for the reconstruction of legal argumentation. *Artificial Intelligence and Law* 8 (2–3), 189–203.

Plug, H. J. (2002). Maximally argumentative analysis of judicial argumentation. In: F. H. van Eemeren (Ed.), *Advances in pragma–dialectics*. (pp. 261–271). Amsterdam: Sic Sat.

Plug, H. J. (2005a). Evaluating references to the intention of the leglislator. In: L. Wintgens (Ed.), *The theory and practice of legislation. Essays in legisprudence*. (pp. 318–330). Alsdershot: Ashgate.

Plug, H. J. (2005b). Reconstructing and evaluating genetic arguments in judicial decisions. Argumentation 19 (4), 447–458.

Plug, H. J. (2016a). Administrative judicial decisions as a hybrid argumentative activity type. *Informal logic*, 36 (3), 333–348.

Plug, H. J. (2016b). Argumentative contributions to the settlement of conflicts in ad-

254

ministrative judicial decisions. In: E. T. Feteris, H. Kloosterhuis, H. J. Plug & C. E. Smith (Eds.), *Legal argumentation and the Rule of Law.* (pp. 171 – 182). The Hague: Eleven.

第 *11* 章 不同法律体系和不同国家法律辩护语境中法律论辩的路向和研究之概览

摘　要　之前几章考察了若干最重要的法律论辩理论。这些理论或多或少都发展了对法律论辩的完整说明，除此而外，还有一些法律论辩研究并不以创立一种理论为目标，而是分析某一具体方面或描述法律文本的案例研究。由于一些研究团队和学者个人在这方面的贡献对法律论辩研究的发展也有重要性，所以本章将按各种法律体系和各国的不同研究方法，概览研究团队和学者个人的法律论辩研究。

在本章，我将以文献综述的形式提出对不同法律体系、不同国家的法律辩护语境中法律论辩研究的审视，查探它们更重要的相互关联。为了清晰描绘这些贡献的异同点，本章的概览以突出法律论证的方法和研究之间的区别这种方式来安排。第 2 节勾勒一个简短的研究背景之后，其余各部分综述不同法律体系和不同国家的法律论证的主要路向、研究传统和研究状况；第 3 节讨论大陆法系（欧洲和拉丁美洲）；第 4 节是关于英美法系（英国、美国和加拿大）；第 5 节探讨亚洲（中国和日本）的情况。

🔨 **关键词**　人工智能和法；根据相反的论证；更强者论证；归
谬论证；类比；论证型式；论辩理论；论辩模式；听众；平
衡；证明责任；融贯性；普通法；决定性理由；宪法；大陆
法系；刑法；批判理论；批判法律研究；可废止性；辩证
法；自由裁量权；讨论规则；欧盟法；例外；外部辩护；谬
误；基本权利；解释学；非形式逻辑；内部辩护；国际法；
解释方法；语言哲学；法律与文学；法律论辩；法律的确定
性；法律讨论；法定证据；法律解释；法律辩护；法律方法
论；法律逻辑；法律规范；法哲学；法律实证主义；法律推
理；法理论；逻辑；道德推理；规范性；实践讨论；实践推
理；判例；推定；比例原则；合理性；理性；合情理性；修
辞学；法治；目的论论辩；论题学；估量和平衡

256

11.1　导　言

　　先前数章已考察了若干最重要的法律论辩理论。这些理论或多
或少都发展了对法律论辩的完整说明，除此而外，还有一些法律论
辩研究并不以创立一种理论为目标，而是分析某一具体方面或描述
法律文本的案例研究。由于一些研究团队和学者个人在这方面的贡
献对法律论辩研究的发展也有重要性，所以本章将按各种法律体系
和各国的不同研究方法，概览研究团队和学者个人的法律论辩
研究。

　　在这一章，我将以文献综述的形式提出对不同法律体系、不同
国家的法律辩护语境中的法律论辩研究的审视，查探它们更重要的
相互关联。为了清晰描绘这些贡献的异同点，本章的概览以突出法
律论证的方法和研究之间区别的方式来安排。第 2 节先勾勒一个简

短的研究背景,[1] 之后的各部分综述不同法律体系和不同国家的法律论证的主要路向、研究传统和研究状况；第 3 节讨论大陆法系（欧洲和拉丁美洲）；第 4 节是关于英美法系的（英国、美国和加拿大）；第 5 节探讨亚洲（中国和日本）的情况。

257

11.2 不同研究传统中的法律论辩研究

在 1970 年之前，法律论辩主要在法理论（法理学）和法哲学语境下进行研究。人们认为，影响法律论证的难题是一般法律难题，比如法律决策和解释的某一部分。法律论辩被当成是法律逻辑的组成部分来处理，就是说，作为一种法律方法论或法律决策的理论，而不是独立的法律论辩的理论。[2]

在 20 世纪 70 年代，受分析哲学、语言哲学、修辞学、论辩理论和话语理论发展的影响，在法理论家、法哲学家和论辩理论家当中，对法律论辩的兴趣滋长起来。法律论证不再被当成仅仅是法律方法论和某一更广阔研究域的一部分，而是一个独立的研究对象。在法理学、论辩理论、逻辑学、人工智能和法等学者的工作中，法律裁决合理性的辩护问题变成了发展中的法律论辩理论的中心论题之一。

---

〔1〕 为了对不同研究传统给出有代表性的概述，公平对待法律论辩领域发表的丰富的、多种多样的研究，我的选择不限于用英语发表其作品的那些人的贡献。我将那些用其他语言写成的有影响的作品收纳进来。对那些用荷兰语、英语、法语、德语、意大利语、葡萄牙语和西班牙语这些语言的作品，我利用原文。对那些以汉语、波兰语和斯洛文尼亚语这些语言发表的作品，我不得不依赖该领域讲本族语专家的译文和描述。为说明该研究是如何在一些研究中心和大学组织的，我曾尝试提及完成其研究的研究者所在的大学，如果这能追踪到的话。我必须强调，当学者转到另一所大学时，要提及的大学也许就不同了。

〔2〕 比如，见美国的列维（Levi，1949）、以色列的霍洛威茨（Horovitz，1972）、纳塔尔的杰森（Jensen，1957）和澳大利亚的斯通（1947）。

　　法理论家、法哲学家和论辩理论家对法律论辩日益增长的兴趣
从许多会议、会议录、学术期刊和该主题的特刊可见一斑。20 世
纪 70 年代开始，国际法哲学和社会哲学学会（IVR）组织了以法律
论辩为中心议题的各种会议，而最近几年，法律论辩总是会议的主
题之一。[3] 在各种论辩会议上，法律论辩列入演讲程序，如在国
际论辩研究学会（ISSA）、言语交际协会（SCA）和安大略论辩研究
学会（OSSA）的会议上。同样，在 JURIX 的人工智能和法的国际会
议上，近几年法律论辩也是会议工作坊的一个主题，比如 2014 年
的"研究法律论辩的方法论"工作坊。在荷兰（鹿特丹），1993、
1996、1999、2003、2007、2011 和 2015 年组织了致力于法律论辩
的会议，2016 年在鹿特丹召开了国际法律论辩和法治的会
议。[4][5] 近来，在波兰（克拉科夫）每两年（2011，2013，2015）
都有法律方面的各种不同论辩方法的专门会议。2016 年在阿利坎
特举行的拉丁世界的首届法哲学代表大会也涵盖合理性与法律推理
的主题。

258

　　研究法律论辩的文章频现于法理论、法哲学、言语交际、论辩
理论和非形式逻辑等领域的学术期刊。[6] 其中一些期刊还推出了

---

　　〔3〕　见《法律论辩》（1972），哈斯默尔等（Hassmer，1980），克拉维茨等（Krawietz，1979），阿尔尼奥等（1981a），克拉维茨和阿列克西（1983），索特曼（2004），达尔曼（Dahlman）和菲特丽丝（2013），布斯塔曼特和达尔曼（2015）。

　　〔4〕　见菲特丽丝等（1994，1997，2000，2004，2007，2012，2016）。

　　〔5〕　涉及研究法律论辩的 ISSA 会议录，见范爱默伦等（1987，1991，1995，1999，2003，2007，2011），加森等（2015）。涉及研究法律论辩的 SCA 的会议录，比如见格朗贝克（Gronbeck，1989），温策尔（Wenzel，1987），齐格尔姆勒和罗德思（Ziegelmüller and Rhodes，1981）。涉及研究法律论辩的 OSSA 的会议录，见汉森和廷德尔（Hansen and Tindale，1988，2001，2002）和布莱尔等（Blair，2003，2007，2009）。

　　〔6〕　比如，见《法哲学和社会哲学文汇》、《论辩》、《论辩与辩护》（前身是《美国辩论研究会学报》）、《非形式逻辑》、《国际法律符号学》、《荷兰法理论研究》、《演讲季刊》和《法理论》。

法律论辩专辑。[7]

20世纪70年代发表了一些法律论证研究的综述。其中首个综述是关于逻辑路向的。霍洛威茨（Horovitz, 1972）给出了法律形式逻辑和非形式逻辑领域之研究的概览。卡利诺夫斯基（Kalinowski, 1972）讨论了法律逻辑中的各种方法。在后来的作品里，注意力转移至法律论辩理论本身。斯特鲁克（1977）考察了各种论证模型。[8]

阿蒂恩扎（Atienza, 2013）、菲特丽丝（1997）和诺依曼（1986）的专著包括对法律论辩的理论和方法的综述。帕塔罗和罗维西最近合编出版的法哲学领域的著作也有论述法律论辩的章节。菲特丽丝（1997）、拉托雷（2002）和克罗伊茨鲍尔（Kreuzbauer, 2004）发表过综述文章。

过去45年来的法律论辩研究显露了非常多样化的论题、方法和理念。学者们从各种学科视角，如法理论、法哲学、法理学、逻辑学、论辩理论、修辞学和人工智能，研究法律论证。他们研究各种语境里的法律论辩，如立法过程、法律诉讼过程和法官的法律决策过程。各种法律体系也是研究的对象：大陆法系和普通法系。法律各领域的法律论辩也得到研究：民法、刑法、宪法、欧盟法和国际法等。

可以在这些作品中区分出各种方法论路向。有些作者选择规范方法，强调法官如何能用理性方式辩护自己的裁决，或者怎样合理地完成一场法律讨论。另一些作者则偏爱对现实生活论证过程的描

---

〔7〕 比如，见《论辩》专辑［郎珀勒（Lempereur）1991，菲特丽丝和舒茨1995，菲特丽丝2005］、《论辩与辩护》专辑（马特龙1994）、《人工智能和法》专辑（菲特丽丝和普拉肯2000）、《非形式逻辑》（菲特丽丝2008；阿拉斯凯维奇和佐里克2016）【原文此处缺出版日期，经查证后补全。——译者注】和《说服力》（菲特丽丝2012）。

〔8〕 这些书的英译本在1989年面世，德文原版1978年问世。

述方法，比如探究使特定法律听众确信的行之有效的论辩技术。有
些作者专注于哲学和方法论的方面，另一些创建理论模型并尝试建
立理性辩护的规范。还有些作者注重法律实践的描述，其他人则具
体阐述了改善分析、评估和写作法律文本之实践技巧的方法。

　　在各国和各种法律体系中，可以区分不同的研究传统和理论路
向，有时集中于特殊研究机构，有时又聚集于大学或"学派"。比
如，在英国、美国和其他普通法国家，学者们专注于法律解释、考
虑判例原则的论辩和宪法解释的方法；而在欧洲和其他拉丁美洲大
陆法系国家，学者们基于制定法解释的方法，注重法律解释和论辩
的方法；在中国和日本，学者们专心于法律推理和解释的逻辑方面。

　　接下来，我将深入到不同法律体系和不同国家的研究传统和路
向，将焦点对准法律辩护语境中的法律论辩的研究，也即本书的核
心主题。

11.3　大陆法系传统中的法律论辩研究：欧洲和拉丁美洲

11.3.1　北欧的法律论辩研究

11.3.1.1　法国和讲法语地区的法律论辩研究

可以在法国和其他讲法语地区识别出不同的研究传统。第一个
传统是逻辑学路向，它从逻辑视角出发，研究作为规范推理之特殊
形式的法律推理和法律论辩的特性。第二个传统是修辞学路向，它
依据法律修辞学的不同方面，如特殊的法律出发点、法律的论辩手
段和言说者对其论说的法律听众，按照源自古典修辞学的概念，如
争点理论，分析法律论辩的特质。第三个传统是法律的-哲学的路
向，那些从法哲学视角研究法律裁决辩护中的法律论辩诸方面的学
者，代表着这个路向。

　　逻辑路向的杰出代表是卡里诺夫斯基，波兰血统的法哲学学

者，曾在里昂天主教大学（法国）工作。卡里诺夫斯基将心思集中到为法律发展一种规范逻辑上。在《法律逻辑导论》（1963）和《规范逻辑》（1972）这两本书里，他创立了自己的法律逻辑方法。在各种作品中，卡里诺夫斯基（1960, 1963, 1965, 1967, 1970, 1972）讨论了一种特殊法律逻辑的必要性，这种逻辑适合那种使用规范的推理。

修辞学路向的一个卓越代表是比利时法哲学家切姆·佩雷尔曼，也是波兰血统，曾就职于布鲁塞尔自由大学（比利时）。佩雷尔曼在其发表的多种作品里，从修辞学视角开创了论辩合理性的理念。他是明确表达用以替代法律论辩合理性之逻辑方法的新观点的开拓者之一。他的工作影响了（法律）论辩理论和法哲学界。"布鲁塞尔自由大学（比利时）佩雷尔曼法哲学中心"的学者在新修辞学的传统下开展研究。

佩雷尔曼描述了演说者可以用来使听众确信的论辩技术。他与提泰卡一同在《新修辞学：论论辩》（1958, 英文版1969）中为一般性论辩创立了新修辞学。按照佩雷尔曼的看法，法律是新修辞学的一个重要样板，因而他特别关注法律论辩的实践。在《法律逻辑：新修辞学》（1967）里，他论述了用来使法律听众确信的出发点和论辩型式。在其他论著中（佩雷尔曼 1960, 1963, 1967, 1980），佩雷尔曼讨论了法律合理性和法律论辩的诸多方面。关于佩雷尔曼的工作和理念的进一步讨论，以及其他人对其理念的深入发展，见本书论述佩雷尔曼新修辞学的第4章。

布鲁塞尔自由大学（比利时）的法哲学学者戈德堡（Goltzberg），专注于法律论辩的形式和佩雷尔曼的工作对法律论辩研究的重要性。戈德堡（2008）勾勒出法律论辩形式类型学的概要。他（2013, 2014）介绍了佩雷尔曼的"法律逻辑"理论，并论述了该理论的哲学根基。戈德堡和弗里德曼（2012）从论题学视角处理法律论辩，创立了一种二维（bi-dimensional）的法律论辩理论，该理论考虑了能够反驳论证或增强受攻击论证的不同反对意见。

圣克卢高等师范学院和巴黎第十三大学（法国）的哲学学者瓦尼尔（Vannier, 2001）介绍了佩雷尔曼的《新修辞学》。他讨论了佩雷尔曼工作的各种灵感之源，比如法理论、亚里士多德修辞学传统等，并从这些视角分析了佩雷尔曼的理念。

用修辞学方法思考法律论辩的其他学者，研究了法律、逻辑和（古典的）修辞学之间的方方面面的关系。

曾在布鲁塞尔自由大学（比利时）工作过，如今在布兰迪斯大学的法哲学学者郎珀勒（Lempereur, 1991a, b）阐述了如何能把逻辑学和修辞学看作是解决法律难题的互补工具。

巴黎第十大学（法国）的法理学学者迈克沃伊（McEvoy）把从古典修辞学理论汲取的洞见应用于法律论辩的分析。迈克沃伊（1992）讨论了法律论辩的具体议题，将古典争点理论运用到法律论辩的分析上（迈克沃伊 1991），论述了法律论辩中争点的建构（迈克沃伊 1999）。 261

还有学者从法律-哲学（legal-philosophical）的视角研究法律论辩的各方面。

就职于法国北部里尔大学的法哲学学者莎萨尼亚尔-皮内特（Chassagnard-Pinet）专心研究司法裁决辩护背后的规范性理由。在皮内特（2010）中，她对表达立法者目的或立法改革目的的法庭职权以外的动机进行了研究，阐明了何种类型的共识性概念基于这些目的和措施。皮内特（2015）还讨论了适用对立规范语境下的规范冲突，阐明了可以把规范的冲突定位于更深的价值层次，并论述了发展解决规范冲突的策略需要一种规范冲突的分类。

在布鲁塞尔自由大学（比利时）工作的法哲学学者拉沃（Lavaux, 1991），探究了不同国家（奥地利、德国、意大利、法国和美国）的宪法法院 1973—1975 年间有关禁止堕胎或取消堕胎处罚的立法是否合宪问题的论辩。

普卢旺斯大学（法国）哲学学者利韦（Livet, 2006）从认识论视角考察论辩在法律领域的地位，注重关于法律规范适用之本质的弗里森-罗奇（Frison-Roche）和弗斯曼（Pfersmann）的方法。他从规范适用的逻辑视角出发，进入到法律规范适用的可废止性和对适用这些规范之方式的辩护之中。

布鲁塞尔圣路易大学（比利时）的法哲学学者奥斯特（Ost, 1985）分析了与法哲学的不同关键概念（如融贯、履行、共识和歧见）相联系的司法话语的合法性。

巴黎第一大学（法国）的法哲学学者弗斯曼（2010）讨论了关于法律论辩的两种对立观点，他论证说，法律论辩是说明（explanation），它作为理论问题提出的难题其实是实践难题。他基于一个著名实例说明这种实践难题，并提出了一个法律论证的新分类。

巴黎第十大学的公法学者特里普尔（Troper, 1978）探讨了宪法领域的裁决辩护。

262　11.3.1.2　德国和讲德语地区的法律论辩研究

德国

对法律论辩研究日渐增长的兴趣始于 20 世纪 70 年代，当时，法律方法论的各路学者受国际上逻辑学、语言哲学和论辩理论领域之发展的影响，开始系统阐述关于法律裁决的理性辩护标准的思想。大体上说，在研究过程中，涌现出四种不同路向：**解释学的路向**——法律和法律文本解释的特性构成研究对象；**逻辑学的路向**——探究法律推理的逻辑特色；**论题-修辞学的**（*topical-rhetorical*）路向——

探索支持和反对某一法律论点的论证的类型；**分析的**路向——研究法律论辩的规则，而且把法律话语看作是理性话语的一种形式。[9]

代表德国传统中"标准"方法的法律论辩的第一种路向，是**解释学的**路向。这种路向是法律方法论的主流传统。它对法律解释方法的关注，其实在法律书籍中就铺垫好了。[10] 这一理想基于法律思想家的理念，比如萨维尼（1840）所创立的法律解释准则的理论和伽达默尔（Gadamer，1990）的解释学，影响了法律逻辑学的不同理论以及诸如阿列克西（1989）、恩吉施（Engisch，1943）、埃塞尔（Esser，1979）、科赫和鲁斯曼（1982）以及拉伦茨这些学者的论辩理论。

法律论辩的第二种路向是逻辑学路向。正如本书第 2 章指出的，**逻辑**路向的目标是确定法律推理和法律论辩的具体特点，并发展适合分析和评估法律论辩的逻辑系统。在这个逻辑传统内工作的德国学者，如恩吉施（1943）、克卢格（1951）、罗丁根（1971，1972）、塔迈罗（1978）、赫伯格和西蒙（1989），创立了一种谓词逻辑。像阿列克西（1989）和魏因伯格（1970，1983）这样的德国学者为法律论辩开发了一种道义逻辑。近来，乔登（Joerden，1998）、拉特绍夫（Ratschow，1998）和王鹏翔（Wang，2004）也对法律中的逻辑研究做出了贡献。有关德国对这一逻辑路向之贡献的进一步讨论，见本书第 2 章。

作为对逻辑路向的一种反应而发展起来的法律论辩的第三个路向以**论题–修辞学的**路向为代表。论题学方面关涉支持和反对某一 263

---

〔9〕 对当代德国法哲学关注法律论辩研究的综述，见阿列克西等（1991）、希尔根多夫（Hilgendorf，2005）和克拉特（2007）。对特别关注德国法律论辩研究的综述，见克罗伊茨鲍尔（2004）。

〔10〕 对法律解释的德国解释学传统的讨论，见克拉特（2008：33–54）。

特殊论点的不同论证，修辞学方面则聚焦于使听众确信的技术。德国论题学方法基于菲韦格（Viehweg）的《论题学和法学》（1953）所描述的理念。[11] 菲韦格认为，演绎系统的方法并不适宜法律推理，并提出了一种更适应法律推理的论题学理论，而法律推理不过是问题解决的一种形式。斯特鲁克（1977）等学者进一步以法律论题（legal topoi）目录的形式发展了菲韦格的思想。修辞学方法的代表性学者有巴尔威格（Ballweg）、哈弗特（Haft）、克罗伊茨鲍尔、罗丁根、斯查克尔伯格（Schreckenberger）、塞伯特（Seibert）和索博塔/范施利芬（Sobota/von Schlieffen）等。巴尔威格（1982，1991）在古典修辞学传统内研究法律论辩，在区分法律话语中语言的不同功能的基础上，开创了一种法律论辩的分析性修辞学（analytical rhetoric）。哈弗特（1981）创立了一种法律修辞学。克罗伊茨鲍尔（2008）讨论了法律论辩中的论题学。罗丁根（1977）创建了一种法律论辩的语用学方法。斯查克尔伯格（2008）提出了一种符号学方法，并将其应用于司法论辩的分析。塞伯特（1980，1982）开创了一种法律论辩的符号学和论题学方法。索博塔/范施利芬（1994，2006，2011）进一步推进了巴尔威格的法律论辩的修辞学方法。

　　第四种法律论辩的路向是把法律论辩看作是语言运用和理性话语的一种形式的法理学的**分析性**路向，于 20 世纪 70 年代在分析的语言哲学领域国际化发展的影响下脱颖而出。法律话语被当成是按照理性交往的规则而发生的语言运用的一种形式。依照这一路向，理性法律话语的规则被当作是分析和评估法律论辩的一个标准。此路向的代表是哈贝马斯和阿列克西，前者的理论在本书第 5 章讨论

---

〔11〕 关于菲韦格著作对法律论辩研究重要性的讨论，以及对菲韦格论题学方法的批判，见阿列克西（1989：21-24），巴尔威格和塞伯特（1982）、克罗伊茨鲍尔（2008，2016）和诺依曼（1986：54-55）。

过，后者的理论在第 7 章讨论过。[12]

对其他国家法律论辩研究发展也有影响的德国最重要的现代法律论辩理论是就职于基尔大学的阿列克西的理论。阿列克西在其《法律论辩理论》（1978，英文版 1989）一书中创立的理论，代表一种分析的法理学方法。阿列克西的理论把从不同理论路向和背景，比如语言哲学、逻辑学、修辞学、论辩理论、哈贝马斯的话语理论和法律方法论所汲取的洞见结合起来，并整合成一种理性话语的理论。该理论包含对法律论辩中心问题的各种方法的讨论，按照法律论辩的规则系统和论证形式予以转换。在后来的作品中，阿列克西（2003a，b）用一种打算在德国宪法论辩语境下估量和平衡基本权利的平衡理论，扩展了这种法律论辩理论。

阿列克西所进行的法理学的分析方法和法律论辩研究，影响了德国和其他国家的法律论辩研究。基尔大学已经变成探究法律论辩和一般分析性法哲学的研究中心。[13] 其他学者对阿列克西理论最重要的发展涉及他的平衡理论。达席尔瓦（Afonso da Silva, 2011）将这种理论应用于分析理性决策程序语境下的宪法原则的平衡。博洛夫斯基（Borowski, 1998, 2011, 2013, 2015）和西克曼（Sieckman, 2007, 2010, 2013）进一步发挥了阿列克西关于原则与估量和平衡的思想。克拉特和麦斯特（2012）应用并扩展了阿列克西关于人权平衡的比例原则的观点，克拉特和施密特（2012）讨论了阿列克西关于认识的自由裁量的平衡理论的延伸。帕夫拉科斯（2012）讨论了阿列克

〔12〕 有关法理学中对分析哲学和批判理论之反应的讨论，见希尔根多夫（1991），法律论辩理论中对分析哲学和批判理论之反应的讨论，见哈弗特和希尔根多夫（1993）。
〔13〕 对讨论阿列克西工作的著作的综述，比如见克莱里科和西克曼（2009）、克拉特（2012, 2013）、德奥里维拉等（Oliveira, 2015）、帕夫拉科斯（2007）与萨尔多（Sardo）和卡纳莱（2016）。

西关于对正确性宣称的看法和比例原则的规范性的观点（2014）。王鹏翔（2016）对阿列克西有关包含的论证（argument from inclusion）进行了讨论。对阿列克西理论进一步的讨论见本书第 7 章。

第二个有影响的理论是哈贝马斯的理性法律话语理论，它起初是作为一种话语的一般哲学理论提出来的，后来被应用到法律上。哈贝马斯的理论对德国和其他国家都有影响。哈贝马斯在其若干作品（1984/1987，1990）中创立了他的话语理论。在他的话语理论中，哈贝马斯提出了理性话语必须满足的条件。在后来作品（1988，1996）所发展的话语理论的法律部分中，他阐述了非法律话语的合理性与法律话语合理性的互补性：一方面，法律程序能够促进与理性讨论理想化要求相关的有关道德议题的法律话语的合理性；另一方面，这些理想化要求应该起着法律程序之合理性的一种标准的作用。对哈贝马斯理论的进一步讨论见本书第 5 章。

除了前面提到的有影响的理论，各种各样的作者个人也对法律论辩领域做出了实质贡献。对这些不同学者的贡献，将以其姓氏首字母为序来讨论。

就职于基尔大学的贝克尔（Bäcker, 2008）提出了对阿列克西话语理论的批判性重建。他（2009）讨论了作为法律辩护的基本结构的三段论，还探讨了规则、原则和可废止性（2010），并提出了阿列克西话语理论的一种批判性方法（2011）。

265　　在海德堡大学工作的波罗夫斯基（Borovski, 1998, 2011, 2013, 2015）专注于宪法论辩中的基本权利、原则和比例原则。波罗夫斯基（1998）论述了作为法律原则的宪法权利，从法律和道德难题的视角讨论了法律话语中的法律原则（2011），探究了评价那些原则之分量的形式原则和公式（2013），探讨了阿列克西对形式原则的重建（2015）。

克里斯坦森和库里希（Christensen and Kudlich, 2001）基于他们用来分析法律辩护的语用-语言学方法开发了一个模型。他们说明了这种分析如何澄清法律决策建立在对法律文本的不同"阅读"的讨论之上。

考夫曼（Kaufmann, 1999）讨论了演绎、归纳、回溯和类比推论等在法律决策过程中的角色。

现效力于格拉茨大学（之前就职于牛津大学和汉堡大学）的克拉特论述了法律论辩的规范性和有关主题，基于得自语言哲学（布兰顿等）的洞见，创立了一种法律论辩的规范理论，即关于法律的解释、适用和发展的理论（2008），讨论了法律论辩和法治的关系（2016）。

在法兰克福大学就职的诺依曼撰写了许多研究作品，给出了法律论辩路向和研究的一种概览。诺依曼（1979）阐述了法律论辩的法律本体论；对法律论辩的路向进行了综述和批判性分析（1986）；把法律当作影响法律论辩本质的系统进行了论述（2004）。

就职于海德堡大学的西克曼探究了原则在估量和平衡中的角色。他聚焦于法律原则与估量和平衡（2007）；讨论了规则和原则的模型（1990）；论述了关于估量之决断的辩护（1995）；探讨了作为规范性论据的原则（2005a）和宪法论辩（2005b）。西克曼（2006）专心研究了作为政治合法化的论辩；讨论了阿列克西的原则理论（2010）；把平衡当作一种理性辩护方法进行探究（2013）；论述了法律、道德和自主推理（autonomous reasoning）之间的关系（2012）。

索博塔（Sobota）即后来的范施利芬（von Schlieffen），之前曾是"迈因策尔学派"成员，现就职于哈根远程大学，他为法律论辩的分析推进了巴尔威格的修辞学方法；讨论了德国宪法法院裁决中的论证和颇具风格的说服手段（1996）；论述了使用修辞式推理的法律论辩的修辞学（2011）。

奥地利

在奥地利，就职于萨尔茨堡大学的学者克罗伊茨鲍尔发表了法律论题学、法律论辩的视觉化和论辩合理性的一系列论著。克罗伊茨鲍尔（2007a）讨论了法律论辩的视觉化；比较了道德话语和法律话语的模型（2007b）；探讨了大陆法系中法律论辩的论题学本质（2008）。

瑞士

在瑞士，苏黎世大学的法理学和国际法学者普如瑞利（Priuli）研究了国际法语境中的论辩。普如瑞利（2016）分析了不同当事人和国际法院在从论辩视角讨论有关科索沃独立宣言时所使用的论辩。他基于符号学和对话方法，分析不同当事人的贡献和法院的裁决，开发了一个论辩框架，并给出了论辩结构的概述。他识别了讨论中的不同意见，阐明法院如何对不同当事人所采取的不同立场做出反应，如何澄清论辩框架的附加价值。

11.3.1.3 荷兰和讲荷兰语地区的法律论辩研究

在荷兰，一般来说可以区分两种研究法律论辩的不同传统，这相应于研究者有所差异的两个学科背景。第一组研究者具有法理学、法理论和法哲学的背景，从这些学科中心问题的视角研究法律论辩。第二组研究者有论辩理论和言语交际的背景，往往又结合法理学的背景，从论辩理论核心问题的视角来研究法律论辩。虽然理论背景有别，但在实践中，在形成研究对象的论题上有广阔的"共同基础"和用于发展分析与评估法律论辩之模型的理论。在那些将哲学方面和理论方面的研究与发展教授法律学生和法律工作者的方法加以组合和集成的那些学者的工作中，这个共同基础也变得清晰起来。这个共同基础也在法律论辩会议录的主题上显而易见（菲特丽丝等，1994，1997，2000，2004，2007，2012，2016），在此，荷兰各学科的学者推进了法律论辩研究核心话题的讨论。

下文我将讨论这两个传统的学者对法律论辩研究的贡献，首先讨论具有法理论和法哲学背景的学者的贡献，然后讨论论辩理论背景学者的贡献。

267

法理论和法哲学中的法律论辩研究

在荷兰对法律论辩理论发展做出贡献的法律学者当中，可以基于学者们为发展分析和评估法律论辩之模型而采取的不同理论取向来区分不同的研究传统。一些学者采取逻辑方法并集中于发展模型化论辩的逻辑工具，同时利用人工智能和法领域所发展的洞见。在某些情形下，这些模型被应用于开发法律实践和法律教育的工具。其他人采纳法律-哲学的方法，从关注法律裁决和法律决策之合理性的法哲学中心问题的视角，探究法律推理和法律论辩的诸方面。

为模型化论辩开发形式逻辑工具的**逻辑**方法的代表是肯普坦（Kaptein）和索特曼。

在莱顿大学工作的法哲学学者肯普坦从法律-哲学的视角研究法律论辩，同时也整合了逻辑学的洞察。肯普坦（1993，1994，1995，1999，2006，2016）讨论了类比和根据相反的论证的不同方面。他（1998）论述了刑法中关于事实的推理方面的逻辑难题，讨论了法定证据和证明的各种问题以及其中的逻辑难题（2009）。

阿姆斯特丹自由大学的法理论学者索特曼关注逻辑对分析和评估法律论辩的角色。他（1989）探究了现代逻辑对判断和检验法律推理的意义；考察了形式逻辑对一般规范推理特别是法律推理之合理性的意义。他阐明了，逻辑的不同形式，比如谓词逻辑和道义逻辑，可以用来重建法律推理。他（1995）讨论了演绎辩护在司法推理的理想重建中的功能，论证了演绎辩护对简单案件和疑难案件是

必要条件而非充分条件。

那些在人工智能和法领域工作的学者为模型化法律论辩开发形式逻辑工具，他们是**逻辑**方法的另一群代表。在这一传统内工作的学者集中在阿姆斯特丹自由大学、格罗宁根大学、马斯特里赫特大学和乌得勒支大学的研究群体（对国际视界范围的人工智能和法之传统研究的更细致讨论，见本书第 2 章）。以下将以姓氏首字母为序讨论各位学者的贡献。

在乌得勒支大学工作的法理论家贝克斯（Bex）研究了作为一种法律证据形式的故事（stories）在法律论辩中的角色，发展了使用计算模型表征由该角色造成的论辩模式的形式方法。他（2011）创立了一种论证的混合理论，用它分析故事在刑事证据中的角色。他（2015）描述了一种因果故事和证据论证的整合理论。贝克斯等（2003）讨论了法律证据中的论辩型式和概括。贝克斯等（2007，2010）专注于犯罪侦查中故事和论证的相结合。

就职于马斯特里赫特大学的法理论家哈格探究了规则在法律推理和解释中的角色，开发了分析反映把规则用作论据的各种方式的论辩模式的方法，也与其他类型的理由结合起来。在各种发表的作品里，他还探讨了依据人工智能和法转换这些洞见的诸方面。哈格（1991）开发了一种独白式的基于理由的逻辑。他（1997）描述了用规则的法律推理，以及这种推理形式背后的逻辑；他（2000）还描述了人工智能和法中的辩证模型。2005 年他将法律逻辑的研究成果汇集成书。哈格（2012a，2012b）论述了在什么程度上法律推理是法律的构建或重建的问题。他（2015）讨论了价值判断的辩护，并区分了独白式方法和程序性方法。哈格等（1994）创立了疑难案件中法律推理的一种程序性方法。哈格等（1992）开发了一个法律推理的对话式模型。

效力于阿姆斯特丹自由大学的法理论家洛德为重建法律中的论辩开发了一个模型，并讨论了从人工智能汲取的洞察对律师的重要性。洛德（1999a）论述了信息技术语境中适合律师的争辩和推理。他（1999b）运用对话法律（DiaLaw）系统开发了分析法律论辩的对话式模型。洛德（2004）构建了一个法律论辩的程序性模型，并和维尔希基（1999）讨论了法律教育中计算机媒介的法律论证。在洛德和沃尔顿（2005）中，作者论述了理性论证在替代性纠纷解决（ADR）和在线争议解决中的角色。

在阿姆斯特丹大学工作的法理论家穆特杰维尔夫（Muntjewerff）应用得自逻辑与人工智能和法的洞见，以期创建法律教育的模型。他（2012）为学习构建和分析法官的裁决开发了一个模型。穆特杰维尔夫和范洛（van Loo, 2016）开发了一个将基本权利和法治当作支持干涉的理由进行分析的模型。

乌得勒支大学和格罗根宁大学的法理论家普拉肯专注于模型化不同应用语境尤其是人工智能和法语境中，所应用的法律论辩逻辑工具的开发。普拉肯（2008a）综述了人工智能和法对法律论辩的研究。他（2008b）探讨裁判对话的形式分析；研究了把 AI 研究应用于法领域的逻辑方面。他（1993，2001a）特别关注可废止推理、冲突论证和涉及不一致信息的推理。普拉肯（2001b，2004）集中探讨了关于证据的推理。在普拉肯（2005）和普拉肯等（2003）中，他研究了依据人工智能和法的论辩型式的分析。在与萨尔托尔合著的一些作品里，普拉肯和萨尔托尔（1996，1997，1998，2002，2004，2006，2008）关注按照形式对话模型化法律推理，探究推定和证明责任的角色。

格罗宁根大学的法理论家维尔希基从人工智能和法的视角探究了法律论辩语境下各种理由的角色。他（1996）研究了包括正反论

269

证的复杂论辩结构中的规则、理由和论证的角色。他（2003a）讨论了可废止论辩的人工论证助手；从形式辩证的视角论述了论辩型式的分析问题。(2003b) 维尔希基（2005）探索了视觉论证和援助律师的论证策划。他（2014）依据概率探究了证据推理中的论证和脚本。维尔希基等（2016）讨论了论证、脚本和概率，以期确定证据推理的三个规范性框架之间的关联；为包含叙事的法律证据开发了贝叶斯网络。

其他法律领域专业的法哲学家关注法律决策语境中的法律论辩，如咖可尔（Gaakeer）、杰勒德（Gerard）、范克林克（van Klink）、迈克科尔（Mackor）、斯密斯（Smith）、张正太（Tjong Tjin Tai）、韦斯特曼（Westerman）和维特文（Witterveen）等。

鹿特丹伊拉斯谟大学的法理论和法理学学者咖可尔运用得自法律和文学的理论，分析法律论辩。她（2007）讨论了法律决策中跳跃的辩护；从法律方法论视角，阐明了法律研究如何与文学相关联（2011）。

乌得勒支大学的法哲学家杰勒德集中研究欧盟法语境下的法律论辩，尤其是关涉人权之平衡的论辩模式。他（2009）讨论了欧洲人权法院的司法商议；论述了基本权利案例中的司法论辩（2012）。

阿姆斯特丹自由大学的法哲学家范克林克从法律决策和法律辩护之合理性的视角探讨法律推理和法律论辩。在范克林克（1996）与范克林克和罗亚克尔斯（Rooyakkers, 1999, 2000）中，他讨论了类比论辩的不同方面，如刑法中的类比和减少复杂性与类比和法律确定性。在范克林克和伊则曼斯（IJzermans, 2004）中，他关注多元文化社会里的法律辩护。他（2012, 2016a, b）讨论了法律裁决合理性的各个方面，比如法律裁决的局限、合理性的负担和包容被排除者。

格罗宁根大学的法哲学家迈克科尔从方法论视角研究了刑事案件的法律推理。她（2016）从法治视角论述了荷兰刑事案件中孤证（*unus testis* evidence）的论辩品质。

波因提尔和布尔格（2004）专注研究欧盟法语境下的法律解释，270讨论了与欧盟法院的裁决辩护相关的原则和论辩模式。

莱顿大学的法哲学家斯密斯倾心研究法律规则解释和适用的不同方面。他（2001）聚焦于法律判决的理论和实践；讨论了法律推理受案例约束的特性（2009a）。斯密斯（2009b）注意到从案件到规则的启发性过程；研究了裁判的合法性（2009c）；探讨了法律辩护的修辞学（2009d）。他与克鲁斯特威斯（2016）一道，从法治视角讨论了类比推理的谬误。

张正太（2016）讨论了在法律辩护中可当作论据使用的认识来源（epistemic sources）的运用。

格罗宁根大学和阿姆斯特丹自由大学的法哲学家韦斯特曼倾心研究行政法中的规则适用问题。她（2009）论述了与关于目标的推理相关的问题。

曾就职于蒂尔堡大学的法哲学家维特文从修辞学视角研究了法律论辩。他（1988）探索了修辞学和解释在公法和民主政治中的角色；讨论了修辞学的各方面，如修辞情景、修辞学的策略功能和交往功能，以及文本的解释；阐明了修辞学的各个方面如何影响荷兰公法的论辩文化。维特文（2007）讨论了关于法律论辩的不同观点；论述了法律和修辞学的关系（2011）。

最后，在阿姆斯特丹大学有一群国际性学者，从事国际法语境下的法律论辩研究，比如德阿斯帕拉蒙（d'Aspremont）和文兹克（Venzke）。

阿姆斯特丹大学和曼彻斯特大学的国际法理论学者德阿斯帕拉

蒙专注于国际法中的解释和论辩。他（2015）讨论了国际法论辩的技术；论述了某些论辩结构模式、权威工具／文本与使用那些结构的规则以及构成国际律师交流之基础的那些文本之间的关系。文兹克（2014）倾力研究国际法语境下有效法律论证的标准问题。他（2016a）详细论述了可以把国际法看作是基于沃尔拉普（Wohlrapp）论辩理论的一种论辩实践的理念。文兹克（2016b）讨论了司法机关的形式与推理风格之间的关系。

论辩理论中的法律论辩研究

在荷兰，从论辩理论视角致力于研究法律论辩理论发展的学者当中，可以区分两个主要研究传统。阿姆斯特丹语用-辩证法学派从一种语用-辩证的视角看待法律论辩的分析和评估模型的发展，将语言哲学、逻辑学、辩证法和修辞学的洞察整合起来。范德霍芬（Van den Hoven）探讨了法律论辩的语言的、交往的和修辞的方面。

在"阿姆斯特丹学派"语用-辩证的传统内工作的学者，把法律论辩看成是对法律领域理性批判性讨论的一种贡献。正如本书第10章所描绘的，语用-辩证的研究倾心于这样的问题：法律领域批判性讨论的实施和支配论辩活动的具体制度约束。鉴于这些制度约束，探究由为法律语境开发的各种论证型式所组成的哪些论辩模式是法律争议解决的原型模式。这些学者研究了众多主题，比如法官的制度性角色、司法裁决辩护中的论辩模式、诸如类比、根据相反的论证、起源论证、目的-评估性论证等论证型式的具体实施，以及法律论辩中的策略机动。而且，范爱默伦等（1996）在这些研究所迸发出的洞见的基础上，为法律论辩分析和评估方面的法律工作者的教育创建了方法。

菲特丽丝（1989, 1993b, 1995）把法律程序重建为批判性讨论的一种特殊制度化形式。她（1987, 1993a）讨论了法官在法律讨论中

271

的制度性角色；论述了法律过程中理性讨论的条件和规则（1990,
2012a）。在其他论著中，她研究了法律论辩的不同类型。菲特丽丝
（2004，2005，2007，2008a，2015，2016a）讨论了实效论辩、根据后果
的论辩和目的-评估性论辩的理性重建。她（2009a）论述了根据合
情理性的论辩，估量和平衡的理性重建（2008b），司法裁决辩护中
的原型论辩模式（2016b，c，2017），以及运用不同类型论辩的策略
机动（2008c，2009b，2010，2012b）。

　　詹森（Jansen）研究了根据相反的论证，讨论了这种论证形式的
不同类型的分析和评估。他（2003）探究了司法裁决辩护中不同类
型的根据相反的论证的重建。

　　詹森（2005）讨论了提及"沉默的立法者"的根据相反的论
证。他（2008）论述了根据相反的推理的范围和正确性，讨论了法
律论辩中的归谬法（2009）。

　　克鲁斯特威斯（1995，2000，2005b）探讨了类比论辩的不同类
型，阐明了法律中的类比论辩可以怎样分析和评估。他（2006）讨
论了法律裁决中解释性论辩的重建，根据相反的论证（1994）和归
谬论证（2007）。克鲁斯特威斯（2008b）从一种论辩视角描述了法律
裁决中形式辩护和实质辩护的区别。他（2008a）探究了法律裁决中
形式论辩的策略性运用；讨论了法律裁决中运用解释性论证的策略
机动（2009b）；探索了法律规则解释过程中的语言论证（2009a）；论
述了基于法律原则的法律论辩的分析（2005a，2011）。克鲁斯特威斯
（2015）探究了法律侮辱案中策略机动的论式选择（topical selection），
并与斯密斯合作论述了关于类比论辩的谬误（2016）。

　　普拉格（1996，2000a）根据不同论辩结构探究了司法意见里复
杂论辩的重建。他（2000b）讨论了荷兰最高法院辩护中附带意见的
论辩功能，阐述了司法论辩的最大限度论辩分析（2002），论述了提

272

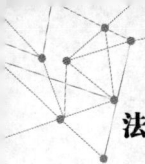

及立法者之解释的评估（2005a），讨论了司法裁决中起源论证的重建与评估（2005b）。普拉格（2012）深入到法律论辩之表述的晦暗性；探究了行政法院向复合听众论说的方式（2015）；把行政司法裁决刻画为混合的论辩活动（2016a）；确认了行政司法裁决如何反映对冲突解决的论辩性贡献（2016b）。

威格曼斯（Wagemans，2016）讨论了修辞学争点理论作为一种法律论辩之制度框架的功能。

范德霍芬自己以及与他人合作，从**语言学和修辞学的视角研究了法律论辩**。他（2008）讨论了法律和司法论辩中的记号加工；论述了语言论证作为一种法律解释的正确辩护的神话（2009）；揭示了千古不变的审判格式的难题（2011）；分析了刑事程序中视觉论辩的角色（2012）；讨论了司法论辩的模仿学习法（2016）。范德霍芬和普拉格（2008）论述了改善刑事程序裁决辩护的建议；他和亨科特（Henket）一道（1999）开发了基于细化的图尔敏方法的法律论辩分析和评估的方法。

比利时语言学家尼维尔倾力研究假设性论辩的推理模式。她（2008，2009）从语用-辩证的视角讨论了比利时民事责任案件中的因果论辩。

11.3.1.4 斯堪的纳维亚的法律论辩研究

在斯堪的纳维亚，像阿尔尼奥和佩策尼克这样的学者在20世纪70年代发展了法律论辩理论，他们关于法律裁决辩护的思想，以现代逻辑、分析（语言）哲学和法律方法论中发展起来的洞见为基础。他们将从这些学科以及诸如罗斯（Ross）和奥利维克罗那（Olivecrona）这些斯堪的纳维亚分析哲学家所汲取的洞察整合到他们的法律解释和辩护理论之中。他们对法律论辩研究的贡献也受到国际法律论辩研究发展的影响。阿尔尼奥、阿列克西和佩策尼克发表

了一系列文章,《法律推理基础》(1981) 奠定了法律论辩理论的出
发点。这些系列文章将这三位作者的思想整合成基于作为理性话语
的法律辩护概念的一种法律论辩理论。

以下将讨论斯堪的纳维亚(瑞典、芬兰和丹麦)对法律论辩研
究的主要贡献。

瑞典

瑞典最重要的法律论辩研究中心在隆德大学,在这里,林达尔
(Lindahl)、佩策尼克和后来的达尔曼(Dahlman)、瑞德哈夫(Reidhav)
等学者创作了对法律论辩理论有影响的作品。

林达尔从事规范系统、逻辑和法律推理领域的研究。他(2003)
探讨了法律论辩的运作基础和辩护根据;论述了法律概念在演绎和
法律辩护中的角色,特别讨论了在得出某一结论的法律术语之含义
的操作过程中定义的可能性(2004)。

波兰学者佩策尼克在其职业生涯的绝大部分时间里,即从 1975
年至 2005 年,效力于隆德大学,在整合波兰分析法律哲学、逻辑
学、认识论和方法论洞见的基础上,创立了一种法律论辩和法律辩
护的理论。在《法律辩护基础》(1983) 里,佩策尼克阐述了其法律
中的转化理论("向法"转化和"法内"转化),阐明了法律辩护
背后的各个层次和各种运作。他在《论法律和理由》(1989) 中细致
论述了其理论的各部分,尤其是他关于合理支持和理由之估量的法
律融贯性的理念,这一理念在《法律知识的一种融贯理论》(1998)
中得到更深入的阐发。在与阿尔尼奥等合作的论文(1981) 中,奠
定了法律推理和法律辩护理论的基础。佩策尼克有许多合作的发表
作品,曾编辑了多本法律推理和法律论辩领域的文集。对佩策尼克
理论的进一步讨论可见本书第 9 章。

最近,由达尔曼领导的隆德大学的一个研究组进行分类论辩的

研究，旨在建立司法决策推理的模式，从认识论视角评价那些推理模式的质量。达尔曼等（2012）论述了包含不准确表达式的论证，并探究了对庭审案件听众的影响。达尔曼等（2013）讨论了可能运用针对人身（*ad homonem*）的不同方式，也包括法律案例的例子。他（2015）依据贝叶斯术语研究了概率论证和重罪论证，以确定正确和不正确的运用。达尔曼和瓦尔贝格（2015）运用贝叶斯方法分析诉诸专家证言。达尔曼等（2015）为研究庭审场景中概括的说服力进行了实验。他（2016）讨论了法庭上关于法定证据的论证中概括的不同用法，并区别了概括的可接受的使用和不可接受的使用。岑克尔（Zenker）和达尔曼（2016）论述了遵循法治的要求在法律决策过程中除偏（debiasing）的技术。

瑞德哈夫（Reiclhav）研究过法律中基于类比的论证。他（2007）开发了一个分析和评估此种论证的模型。他描述了法律中根据类比论证的不同形式，将这些论证背后的原则揭示出来。而且，他还考察了评估类比论证的什么标准可以表述为法律语境中可接受的规范。

斯德哥尔摩大学的学者斯帕克（Spaak）倾力研究推理过程。他（2003）讨论了原则性的和实用性的法律推理理论，指出了这两种法律推理之概念分析理论的优势。

芬兰

赫尔辛基大学（赫尔辛基）的学者阿尔尼奥创立了一种法律解释和法律论辩的理论。在《论法律推理》（1977）中，阿尔尼奥基于维特根斯坦关于日常语言用法的理念，该理念适用于法律规则解释的语境，创建了一种法律推理理论。在《作为合情理的合理性》（1987）里，阿尔尼奥将其早先关于法律规则解释的思想与法律解释的辩护融合起来。对阿尔尼奥理论更深入的讨论见本书第8章。

　　就职于拉普兰大学（罗瓦涅米）的学者柯伊克里（Kiikeri）讨论过欧洲法中比较法律推理的话题。他（2001）探究了不同的欧洲法律秩序中和欧洲层级的机构（如欧洲法院和欧洲人权法院）的论辩、辩护和推理的形式。

　　在赫尔辛基大学（赫尔辛基）工作的学者鲍尼奥（Paunio）专注于欧洲法院的话语和推理的多语种方面。他（2013）探究了欧洲法院的推理中提及法律概念含义的那些论证的功能，从法律确定性视角讨论了语言论证的角色。他（2010）和林德罗斯－霍文赫默（Lindroos-Hovinheimo）论述了欧洲法院推理中语言论证的角色，这与一种多语言法律体系中的法律确定性和可预测性的要求相联系。

　　就职于土尔库大学（土尔库）的学者希尔塔拉（Siltala）根据真和语言的理论探究了法律论辩和法律解释。他（2011）从不同的真之理论的视角，给出了法律论辩理论的概念性分析，并汇总了一个法律解释不同方法的目录。

丹麦

275

　　在丹麦技术大学（灵比）供职的尼尔森（Nilsson）关注从计算机科学的视角应用从人工智能和法汲取的洞察。他与丹麦的其他研究者一道，合作发表了逻辑与人工智能和法之应用的多种作品。玛姆菲尔特（Mamfelt）、埃里克森（Eriksson）和尼尔森（2005）开发了一个作为包含可废止推理的博弈树的法律论辩的形式化的元逻辑。伦德斯特罗姆（Lundström）、汉姆菲尔特（Hamfelt）和尼尔森按照元逻辑框架（2007）和可接受法律论证的规则怀疑论者（rule-sceptic）的特性（2008），重建法律规则和法律论辩。

　　哥本哈根大学（哥本哈根）的学者斯皮尔曼（Spiermann）致力于国际法语境下的法律论辩研究。他（2005）探究了常设国际法院中的论辩。

11.3.2　东欧的法律论辩研究

11.3.2.1　波兰的法律论辩研究

波兰的法律论辩研究基于与法理论、法哲学与人工智能和法中的法律论辩研究的国际性发展相联系的法律方法论和逻辑学的研究传统。在 1970—1990 年这个时期，对法律论辩的现代理论发展有影响的学者是佩策尼克、沃棱斯基（Woleński）、弗鲁布莱夫斯基（Wróblewski）和泽姆宾斯基（Ziembínski）。1990—2016 这个时期，供职于亚盖沃大学（克拉科夫）的阿拉兹凯维茨、布罗泽克（Brozek）、吉博特-斯图特尼基（Gizbert-Studnicki）和茨伊尔贝克（Sz-cyrbak）做出了最有影响的工作。

如前，在 1970—1990 年这个时期，对法律论辩的现代理论发展有影响的学者是佩策尼克、沃棱斯基、弗鲁布莱夫斯基和泽姆宾斯基。他们投身于法律论辩之基础的国际讨论，并通过研究法律辩护过程的主要特性而对这些讨论做出贡献。

佩策尼克起初是克拉科夫的亚盖沃大学的法理论学者。如在斯堪的纳维亚的法律论辩那部分指出的，佩策尼克于 1975 年迁至瑞典，其职业生涯的绝大部分在伦德大学度过。由于其对法律论辩理论的贡献（比如佩策尼克 1983 和 1989 的著作）是他任伦德大学法理论教授的职位上完成的，因而对其工作的讨论放在了瑞典法律论辩研究语境的早前部分。后来在退休之后，他还是作为法律论辩和法律修辞学教授在什切青大学工作。对佩策尼克工作的进一步讨论见本书第 9 章。

276　　克拉科夫的亚盖沃大学的法理论学者沃棱斯基（1972）发展了法律解释和法律推理的逻辑方法。

曾就职于罗兹大学的法理论学者弗鲁布莱夫斯基有影响的工作是其在各种发表作品（1974，1992）中所讨论的法律辩护的模型。该模型的核心是区分两类不同的法律裁决辩护，即结合了内部辩护和外部辩护而构成一种对法律论辩的不同方面的说明。内部辩护基于法律三段论，表明裁决可以根据事实被涵摄在某一特定规则之下而推出该裁决。外部辩护说明可以怎样辩护内部辩护之前提的可接受性。阿列克西和麦考密克等也对法律论辩的这些方面做出了类似区分，他们的理论在本书前几章讨论过。弗鲁布莱夫斯基（1992）细致阐述了法律的司法适用模型，讨论了法律辩护和法律解释的不同元素。

弗鲁布莱夫斯基和佩策尼克一道（1985）讨论了作为法律推理和法律决策背后潜隐过程的法律中的转化。他们阐明了法律辩护中非演绎转化的本质。

波兹南大学的泽姆宾斯基专注于论辩和逻辑。他（1955）的教科书在逻辑方面对波兰法律学者和波兰律师有影响。他（1976）讨论了法理学之逻辑基础的若干方面。

自 1990 年起，尤其是 2000 年之后这个时期的法律论辩研究，是由克拉科夫的亚盖沃大学的学者们完成的，比如法律学者阿拉兹凯维茨、布罗泽克、吉博特-斯图特尼基和英语文献学学者茨伊尔贝克。阿拉兹凯维茨与其他大学的学者一道，组织了法律中论辩替代方法的会议（阿拉兹凯维茨，2011，2012）。

研究法理论、逻辑和人工智能和法的学者阿拉兹凯维茨，将法律论辩的洞察应用到人工智能和法这一领域，以对平衡的特殊兴趣为法律推理开发了人工智能工具。他（2010）讨论了平衡，聚焦于法律原则、价值和因素的平衡。他（2013a）论述了作为一种法律辩护理论的受限满足的融贯性理论。在他（2013b）和楚雷克（Zurek）合作以及他自己（2013）的论著中，依据人工智能和法与目的论解释语境中的适用，开发了一个法律解释的描述性模型。他（2015）聚焦于法律解释的论证结构，并为考虑平衡的法律解释开发了一个模型。

法理学学者布罗泽克倾力研究法律论辩的逻辑方面。他（2007a）为分析法律推理和法律论辩开发了一个规范性模型。他（2007b）讨论了阿列克西的分量公式和阿列克西论辩理论中的涵摄型式（subsumption scheme）。布罗泽克（2008）表明，法律话语中的类比推理的逻辑结构正被重建成类比的一般结构，主张类比的局部变成了平衡。斯特尔马赫（Stelmach）和布罗泽克（2006）讨论了法律推理的各种方法。他们研究了法律论辩方法背后的假设、其适用性的限制以及该方法在理论和实践上的用处。

法理论学者吉博特-斯图特尼基投身于研究规范性的不同方面和法律论辩语境中的规范性。他（1990）讨论了法律论辩中证明责任规则的角色，将这些规则构想为某一法律论点被当成得到证明所达到的那些条件的表述。在他看来，法律论辩的核心是，必须证明这些规则的二阶辩护。他（2012）基于区分客观性的不同说明，建立了作为法律论辩之规范的客观性的概念，探讨了是否遵守某些规则和理性讨论的要求保证一种真正共识的问题。

法理论和法哲学学者格拉博夫斯基（Grabowiski, 1999）为给司法推理提供一种复杂描述而修正了塞尔的言语行为分类。

斯默拉克（Smolak, 2003）把法律辩护当成是道德政治论辩的一种特殊形式，阐述了逻辑在重建法律论辩过程中的角色。

索博特卡（Sobotka, 2012）讨论了研究类比推理的不同视角。

英语文献学学者茨伊尔贝克从语言学和修辞学视角研究法律论辩。她（2014）从一种话语视角分析审判的语言，探究了法官的话语中实现让步的方式，也关注辩护的论辩视角。她论述了法院用来建立和增强其权威性的语言技巧，研究了影响挑选特定语言技巧的语境因素。

11.3.2.2 斯洛文尼亚的法律论辩研究

斯洛文尼亚的法律论辩研究以帕夫克尼克（Pavčnik）和诺瓦克（Novak）为代表。他们研究了法律方法论理论、法理论和法哲学对分析法律论辩的适用性。

卢布尔雅娜大学的法理论和法哲学学者帕夫克尼克，有德国解释学的法律解释传统背景，受法律解释的一般理论、法理论和法哲学的启发，20 世纪 90 年代开始法律论辩和法律解释的研究。其主要兴趣在于法律的解释、法律决策论证以及宪法语境下的这些议题。他用斯洛文尼亚语言发表的著作（1991，2013 第 3 版）及其略有修改的德语版（1993）论述了这个主题。他的工作也包括其他主题，如类比和解释的古典准则、法律三段论在人工智能和法中的角色（2016）、比例原则（2010）以及法律原则在宪法解释中的角色（2007，2015）。

就职于新戈里察大学的法理论和法哲学学者诺瓦克研究当代法律论辩理论对分析不同法律语境中论证的适切性。他（2003）专注于用作论据的判例的分析；探讨裁判的一致性（2007）；发展实践中的法律论辩的方法（2010a）；倾心于违宪审查中的平衡（2010b）；讨论了发现的语境和辩护的语境之间的区别（2013）；论述了刑法中的确定性和法治的关系（2016）。

11.3.3 南欧的法律论辩研究

11.3.3.1 意大利的法律论辩研究

在意大利，对法律推理和法律论辩日益增长的兴趣与 20 世纪 80 年代法哲学的发展相联系，当时各类学者追随思考法律、法律解释和法律推理的国际性进展，提出了法律解释的新方法。[14] 泛

---

〔14〕 关于意大利分析学派论法律、语言和解释之观点的综述，比如见平托雷和尤利（Pintore and Jori，1997），这是一本致力于法理学中语言之角色的意大利语著作，包含英文翻译，较有影响。

泛而论，这种发展里的两个主要趋向是分析的哲学方法和修辞的哲学方法。在**分析哲学传统**内工作的学者，将他们的观点建立在语言分析哲学和英美、斯堪的纳维亚传统法律的基础上。在修辞哲学传统之内工作的学者，则在古典修辞学、论题学和佩雷尔曼所创立理念的基础上，确立自己的观点。他们把法律构想成基于一种修辞程序的解释和推理的过程，律师在其中考虑打消听众的可能反对，以使此听众确信该解释的正确性。

过去 25 年里，意大利法律论辩形形色色的研究群体的研究传统可以分为各具特色的不同思想"学派"，它们是由同一所大学尤其是同一座城市工作的研究群体形成的。这些学派中最重要的代表是"博洛尼亚学派""法律方法论研究中心""热那亚学派""米兰学派"和"锡耶纳学派"。除了这些研究群体，各位个体研究者也做出了实质性贡献。以下我将首先讨论这些研究群体，然后讨论个体研究者的工作。

博洛尼亚大学"法律的历史、哲学和社会学与法律信息学跨部门研究中心"（CIRSFID）的"博洛尼亚学派"的代表人物是邦乔瓦尼（Bongiovanni）、罗托洛（Rotolo）、罗维西（Roversi）和萨尔托尔等。他们的工作基于法律解释和法律推理的分析哲学方法，研究重点是法律话语的方法论和规范性方面。一些学者，如萨尔托尔，也在逻辑传统内工作，集中于人工智能和法的形式模型。邦乔瓦尼等（2007，2009）专注于诸如法律话语中的正确性主张、推理主义与法律话语和法律论辩中的法律和道德的关联这类话题。罗托洛和罗维西（2012）讨论了法律论辩中的融贯性。罗维西（2008）研究了先验论证。罗托洛等（2015）讨论了道义逻辑和可废止推理。在各种发表的作品里，萨尔托尔（1994，2002）创立了一种基于法律的认知方法的法律推理理论，融入萨尔托尔（2005）之中。他（2010）讨论了目的论推理和比例原则。萨尔托尔等（2014）论述了制定法解释中的论辩型式的逻辑分析。

"法律方法论研究中心"（CERMEG）是一个集中于法律推理和法律方法的研究中心，其代表性研究者集中在帕多瓦［卡瓦拉（Caval-la）］、特伦托［曼奇尼（Manzin）、普波（Puppo）、托马西（Tomasi）］和维罗纳［富塞利（Fuselli）、索马基奥（Sommaggio）、扎努索（Zanu-so）］。这个研究中心的工作基于法律推理和法律论辩的修辞学方法。该中心研究的基础是卡瓦拉和曼尼奇的工作，他们二人开创了法律方法的修辞学路线。

"法律方法论研究中心"在特伦托的分支主要研究法律论辩，以曼奇尼、普波和托马西为代表。曼奇尼（2004，2012a，b，2014，2016）的工作促成了依据法律修辞学理论对法律论辩的研究。他讨论了这样一些论题：佩雷尔曼的修辞学（曼奇尼 2004 和 2012b）、法律推理的修辞学方法（曼奇尼 2012a）和法庭论辩修辞学语境中的法律论辩（曼奇尼 2014）。普波（2006a，b，2016）的工作基于一种法庭论辩修辞学，在其中他把推理过程处理成一个辩证程序。他（2006a）讨论了法律论辩中的真这个难题，以及模糊逻辑和法律论辩的关系（2006b）。托马西（2011）的工作对从修辞学视角研究刑事诉讼程序做出了贡献。曼奇尼和托马西（2015）讨论了法律论辩中的品格（ethos）和同情（pathos）。曼奇尼和索马基奥（2006）按照一种司法修辞学编辑出版了关于法律解释研究的一个文集。曼奇尼等（2015）出版了研究论辩和法哲学的文选。

"法律方法论研究中心"在帕多瓦和维罗纳的分支的代表性学者发表了各种关于法律论辩主题的作品。卡瓦拉（1983，2004，2007，2008）研究论证的修辞学。富塞利（2007）发表了有关亚里士多德和休谟著作中法律推理和真的作品。扎努索（2007）撰写了法律和

280

生物伦理学语境中的论辩的作品。

热那亚大学"热那亚学派"的代表是巴尔贝里斯（Barberis）、恰森（Chiassoni）、古斯蒂尼（Guastini）和塔雷洛。由塔雷洛发起，他们的工作将逻辑传统与分析语言传统组合起来，其核心由法律解释和法律推理的理论研究构成，某些情形下也从形式的视角进行研究。塔雷洛（1980）创立了其讨论法律解释和法律推理之不同类型的法律解释理论。巴尔贝里斯（2006）、恰森（2007，2008）和古斯蒂尼（2011）提出了他们的法律解释的理论，阐明各种各样的解释形式如何能用不同论辩形式加以辩护。最近，起初来自阿根廷的雷东多（Redondo）这样的研究者（对其工作的讨论见拉美地区研究部分）也成为热那亚大学研究群体的成员。

博科尼大学"米兰学派"的代表性学者是卡纳莱和退均特（Tuzet）。他们工作的贡献基于逻辑的、分析的法律-哲学和语言学-语用学的传统。卡纳莱（2003）研究了法律解释的局限。退均特（2013）讨论了法律论辩中真和事实的角色。在各种发表的作品中，卡纳莱和退均特（2007，2009b，2010）发展了一种法律论辩的推论主义者方法，并讨论了其分析各种法律论证形式的优势。卡纳莱和退均特（2009b）按照法律论辩的推论主义者方法将布兰顿的工作和阐述一种司法业务记录的方法关联起来。在各种文章里，他们讨论了不同的法律论证型式，比如用于辩护法律解释的根据相似的论证（2009a）、根据相反的论证、根据立法理由的论证（2009c，2010）和文内论辩（intratextual argumentation，2011）。他们（2016）还阐明了法律论辩和法治之间的关系。

"锡耶纳学派"的代表是吉安福尔马焦（Gianformaggio）和维鲁兹（Velluzzi），他们的工作从锡耶纳大学开始，后来也在其他大学工作。他们的研究基于法哲学传统，将法律论辩和法律解释当作理性话语的一种形式加以研究，也整合修辞传统的洞见。吉安福尔马焦（1973，1981）发表了基于佩雷尔曼洞见的法律论辩研究成果，讨论了宪法论辩（1985），论述了法哲学和法律推理的一系列论题（2008）。维鲁兹（2002，2012，2013）的各种研究都集中于法学实践里法律解释的各种形式，比如体系解释、教义学解释和类推解释。

戴姆勒（Damele）和马卡纽（Macagno）最早也是意大利学者，与里斯本大学论辩实验室一个国际论辩学者团队一起工作，该实验室属于葡萄牙新里斯本大学社会科学和人文学院的一个大型研究型机构——新哲学研究所的一个研究组织。戴姆勒（2008a，b，2009）讨论了佩雷尔曼的方法。他（2014）在其他作品中讨论了类比和欧洲法院的论辩实践（2013）。马卡纽（2015）论述了法律解释的论辩型式。戴姆勒和马卡纽（2012）讨论了法律省略三段论的问题，阐明可以把它用作一种基于假设来说服听众的工具，也可作为转移证明责任的策略性工具来使用。马卡纽等（2012）阐述了可废止论辩型式如何能用于制定法解释，阐明了这些论证型式可以用卡尼阿德斯模型进行建模。

除了在某些大学的研究团队开展研究的学者，还有一些独立学者对法律论辩研究做出了实质性贡献。对此，以下将以姓氏首字母为序讨论。

现就职于英国莱斯特大学的贝尔泰亚，其早期研究是在意大利完成的（以意大利文发表），也与来自意大利的研究者合作。贝尔泰亚从法哲学视角研究法律论辩，以期按照法律确定性的要求阐明法律论辩的标准。他（2002，2003，2004，2005，2008，2013a，b）基于法律确定性和法律论辩是两个密切联系的概念这一理念，提出了法律论辩理论的一种规范性观点。他阐明了这种关系如何能用法律推理的规范理论术语加以定义，说明了法律推理理论对法律的概念的

281

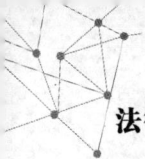

意义。而且，贝尔泰亚（2005）探讨了法律推理的合法性的标准对法律论辩的一个具体形式——根据融贯的论证的意蕴。他（2013a）论述了从一种辩证视角把判例当作论据使用的问题。贝尔泰亚（2015）和萨拉（Sarra）对司法论辩中使用外国判例给出了一个理论说明，论述了与根据话语合理性的辩证方法运用这种判例相联系的问题。

卡克泰拉（Carcaterra，1990，1994）研究了法律解释的不同方面。他注重不同解释方法和论证形式，比如根据相反的论证和类推。

迪乔蒂（Diciotti，1998）从理性话语的视角讨论了法律解释，还论述了法律规范的目的论解释（2013）。

拉托雷（1998）在其翻译的阿列克西（1978）著作的意大利版前言中讨论了阿列克西的理性话语理论。他（2002）综述了法律推理的理论和模型，指出关于法律的概念的不同理论的影响。他（2007）基于宪政主义和法律推理的关系发展了法律的概念，描述了法律推理理论和宪政国家的概念之间的关联。

皮诺（Pino，1998，2010）致力于基本权利和宪法语境中的解释和论辩，包括诸如基本权利的平衡这样的论题。

最近，维拉（Villa，2012）从重实效的视角探讨了法律解释和法律论辩，对法律解释和法律论辩理论做出了贡献。

282　11.3.3.2　西班牙和葡萄牙的法律论辩研究

西班牙和葡萄牙的法律论辩研究基于现代法律方法论、法理论和法哲学的研究传统。学者们根据不同的理论路向，吸收修辞学、辩证法和逻辑的洞察，说明分析和评估法律论辩的方式。20世纪50至60年代，西歇斯（Recasens-Siches）是首先关注法律论辩理论之特色的学者之一。20世纪80年代，与欧洲其他地区的发展同步，阿蒂恩扎开始发展法律论辩的分析和评估的理念。接下来，我将一

瞥西歇斯的早期工作，随后从西班牙法律论辩的主要研究中心（阿
利坎特、巴塞罗那和马德里）开始，讨论法律论辩的现代研究，接
着讨论西班牙学者个人的法律论辩研究，最后讨论葡萄牙的研究。

西班牙

20 世纪 50 和 60 年代，西班牙法理学和法哲学学者西歇斯（后
来移居到墨西哥）是对现代法律论辩理论和法律推理理论做出最早
贡献的学者之一。[15]

与佩雷尔曼同一时期，西歇斯（1959，1970 第 2 版，西班牙语版
本）创立了一种抗衡形式逻辑的理论，认为形式逻辑对法律论辩是
不够的，提出了一种合情理性的（reasonable）逻辑新概念（"la lógica
de lo razonable"）。西歇斯的工作讨论的主题如，作为法律解释之基础
的合情理性的逻辑（1956）、菲韦格（1963）和佩雷尔曼的新修辞学
（1974）。

西班牙法律论辩的一个重要研究中心是阿利坎特大学，在这里
阿蒂恩扎和一群法哲学家，如雷格拉（Aguiló Regla）、拉吉耶
（Gonzàlez Lagier）、利凡特（Lifante）、佩雷-拉多（Peréz-Lledó）、罗德
纳斯（Ródenas）和鲁伊斯·马利龙（Ruiz Manero），进行分类论辩、
法律解释和法律推理领域的研究。阿蒂恩扎发表了一系列法律论辩
的著作（1986，1991，1997，2006，2013）和若干论文（1990，2002）。
他（1986）从法律论辩理论的视角讨论了类比推理。在其一般性法
律论辩研究中（1990，1991，2002，2006，2007，2011），他提出了法律
论辩在其中起着中心作用的法律概念的观点，综述了包括宪法论辩
和解释方法在内的法律论辩和解释以及法律论辩评估的理论、路向
和方法。他（2013）创建了一门系统的、实践性的法律论辩课程，

---

〔15〕　对西歇斯思想的讨论，见哥普拉·阿帕拉特吉（Cabra Apalategui，2011）。

其中详细说明了分析和评估法律论辩的不同方法。阿蒂恩扎和鲁伊斯·马利龙（1998）论述了在法律推理中不同类型的法律陈述（强制性规则、原则、授权规则、定义、许可、价值等）作为行动的理由所具有的不同作用；也论述了规则和原则（2000）。阿蒂恩扎（2011）和维戈（Vigo，来自墨西哥）研究了宪法论辩的理论和实践。

雷格拉（2007）论述了推定和法律论辩，研究了风格的独立性和公正性以及给出论证的义务（2003，2008）。此外，他（2008）从法律的功能的视角出发，探讨了法律论辩的一般性质，讨论了法律推理和法律辩护的若干模型。

庞培法布拉大学的法理论和法哲学学者，如伊格莱西亚·维拉（Iglesias Vila）、莫里索（Moreso）、纳瓦罗（Navarro）和雷东多（Redordo），从不同视角研究法律辩护。维拉（2002）从自由裁量权视角讨论了法律辩护。莫里索主要从宪法解释的视角研究法律（道义）逻辑、法律解释和法律论辩。他（1993）讨论了法律裁决辩护的相关性；探究了法律论辩和法律解释的逻辑（2006）；论述了法律推理的可废止性（2012）。纳瓦罗（2001）研究了法律推理和法律的体系化。莫里索等（2001）讨论了法律论辩、逻辑和司法决策。莫里索等（2002）探讨了与决定性理由问题相关的法律漏洞。

马德里自治大学的学者，如巴伊（Bayón）和拉波尔塔（Laporta），探究了法哲学一般问题语境下的法律论辩的诸方面。巴伊研究了作为实践论辩之形式的法律论辩。他（1991，2001）讨论了法律推理的可废止性。拉波尔塔论述了法治和法律解释，倾力研究判例的逻辑角色（2009）。

卡斯蒂利亚拉曼查大学（CUCLM）的法哲学学者艾贝尔（Gascón Abellán）和普列托（Prieto）讨论了法律论辩领域的各种论题。艾贝尔（1993）论述了判例和合理论辩的技术；研究了事实在法律证明

中作为基本论据所起的作用（2010）。艾贝尔（2003）与艾贝尔
（2005）和菲格罗亚（García Figueroa）提出了一种法律论辩的方法。
普列托论述了平衡和基本权利，辩护了法律实证主义并没有法律论
辩理论这个论点。他（1992）集中研究了原则和规范；讨论了宪法
语境中的平衡（2001）。

　　巴斯克大学奥尼亚蒂法社会学国际研究所法理学和法理论学者
本格特伊（Bengoetxea）探究了欧洲法院的论辩。他（1993）对欧洲
法院的法律推理给出了系统而广泛的说明。他讨论了欧共体法律的
渊源、组织和主要特性，考察了欧洲法院解释欧共体法律的方式，
从法理论的视角辩护它的裁决。 284

　　马拉加大学的法理论和法哲学学者阿帕拉特古伊（Cabra Apalat-
egui）讨论了法律论辩的各个方面。他（2005，2010）论述法律话语
中实践论辩的本质。他（2011）阐明了西歇斯的理念对法律论辩理
论的重要性；在其早期发表作品的文选中，他（2016）讨论了法律
论辩的各个方面。

　　派斯瓦斯科大学的法理论学者埃克斯奎加（Exquiaga）专注研究
解释性论证。他（1987）讨论了西班牙宪法法院的论辩；从理性立
法者视角讨论了若干解释性论证（2005）。

　　列昂大学的法理论学者阿玛多（García Amado）倾力研究作为法
律方法的法律论辩方法。他（1986）描述了自己的法律方法和论辩
重要性的观点；论述了论辩的论题学方法（1988）；讨论了修辞学和
论辩（1999）。

　　拉里奥哈大学的法哲学学者奥利弗·拉拉纳（Oliver Lalana）倾
心于诸如法律话语这样的公共话语的合法性。他（2005）论述了平
衡和作为法律论辩之形式的议会论辩的合理性；为立法商议中的论
辩勾勒了一个模型，以实例说明了在西班牙议会举行的有关"2010

性与生殖健康法案"（调整未成年女孩堕胎途径）之条款的辩论中该模型如何运作的原理（2016）。

葡萄牙

新里斯本大学的新哲学研究所（IFILNOVA）的两位意大利学者戴姆勒（Damele）和马卡纽（Macagno）在论辩实验室这个研究机构进行实践论辩的研究，也关注法律语境中的论辩。之前关于意大利法律论辩研究的部分曾讨论过这两位学者的贡献。

11.3.4 拉丁美洲的法律论辩研究

拉丁美洲的法律论辩研究基于两大支柱。第一个支柱是由欧陆分析传统、欧洲法律解释理论和法律推理形成的。第二个支柱是北美普通法和判例传统以及属于这一传统的法律解释和法律推理理论树立起来的。[16]

由于拉美学者分别独立开展工作，不代表法律论辩研究的某一特定思想学派，接下来我将以姓氏首字母为顺讨论拉美学者的研究。那些最初来自拉美但在国外工作的学者也涵盖在这个综述里。

在圣保罗大学（巴西）工作的法理论和法哲学学者达席尔瓦专注于法律论辩中的平衡和法庭上的商议等话题。他（2011）抨击宪法原则之平衡不可通约性的观点，阐明宪法原则的平衡可以看作是理性论辩和决策的一种形式。他（2013）投身于法庭商议的质量和本质的辩论，说明了法庭的内部规则和实践影响商议的本质，因而影响法庭的正当性。

就职于布宜诺斯艾利斯大学（阿根廷）的法理论学者阿尔罗若（Alchourrón）倾力研究法律推理的逻辑方法。他在法律论辩领域的主要研究论题关涉法律推理中道义逻辑的运用、法律推理的可废止

---

[16] 对拉丁美洲的法律解释和法律推理之发展的综述，以及对影响不同国家法律解释和法律推理领域当前发展的各种思想学派的讨论，见埃斯基罗尔（Esquirol, 2011）。

性以及法律中实践推理的角色。他（1992）讨论了逻辑和法律推理的局限；发展了他自己关于法律规则可废止性的理念（1996）。

阿尔罗若与布雷金（Bulygin）共同发表了从形式的视角探讨法律推理的若干研究成果。他们（1971）开发了一个法律适用的形式化模型，出版了包括他们对法律推理形式方法的重要研究的文集（1991）。

效力于墨西哥国立自治大学（UNAM）的西班牙法理论和法哲学学者阿马亚（Amaya）已发表一些既涉及法律问题也涉及事实问题的研究融贯性和法律论辩的研究成果。她（2011）考察了融贯性的概念及其在法律推理中的角色，讨论了一种新的融贯论观点对法律推理和合理性一般理论的意涵。她（2013）专注于融贯性在证据和法律证明语境下的角色。阿马亚（2015）提出了一种基于融贯性的法律推理理论。她讨论了融贯性的本质及其在法律论证和法律辩护中的角色。在对法律中融贯性的标准理论和各种方法的批判性分析的基础上，她开发了一个基于融贯性的法律推理模型。

在智利圣地亚哥的智利大学（智利）工作的法理论家阿特里亚（Atria）关注法律推理的制度方面。他（1999）支持一种与作为一种法律理论的实证主义相配的法律推理理论。他（2002）从制度的视角讨论了法律理论和法律推理的关系以及法律推理的形式本质。

在位于贝洛哈里桑塔的米纳斯吉拉斯州立大学（巴西）就职的法理学学者巴雷托（Barreto, 2014）讨论了 16—18 世纪秘鲁摄政期的法律文化和法律论辩，阐述了这种法律文化基于学者的修辞学传统，参考对可以当作不同语境中的论题学来使用的常理（common places）之书的引证。

在悉尼（澳大利亚）麦格里法学院工作的法理论和法哲学家、哥伦比亚学者伯纳尔（Bernal）专注研究关于法律论辩的规范性和平

286

衡理论的难题。他（2003）讨论了平衡的结构和局限；论述了法律规范的规范性和法律论辩规则之间的关系（2011）；讨论了基于判例的平衡（2012）。伯纳尔和布斯塔曼特（2012）合编了法律中判例运用的一本书，也关注法律辩护中根据判例的论证的角色。

布斯塔曼特（Bustamante）是在贝洛哈里桑塔（巴西）的米纳斯吉拉斯联邦大学工作的法理论和法哲学学者。他倾心研究阿列克西的原则和平衡的理论在各种法律论辩语境中的应用。他还对论辩的不同形式，如类推、归谬论辩和反理论的（anti-theoretical）论辩感兴趣。他（2010）把包含类比的平衡与判例联系起来；批判阿列克西案例的比较（基于判例的推理）在法律论辩中是基本操作的观点，并论证了在判例应用中平衡是必不可少的（2012）。他（2011）讨论了麦考密克的后实证主义，论述了法律理论与法律论辩理论和法律推理的关联。他（2013）阐述了归谬论证可以怎样在法律解释和法律推理中运用，讨论了这个论辩形式恰当运用的标准。伯纳尔和布斯塔曼特（2012）合编了法律中判例运用的一本书，也关注法律辩护中根据判例的论证的角色。[*]

就职于智利圣地亚哥阿尔贝托乌尔塔多大学（智利）的法理学学者卡博内尔关注法律论辩中的融贯性和根据后果的论证。他（2011）讨论了麦考密克的融贯性概念与多元论的相互作用，考察了欧洲法院如何使用根据融贯的论证做出与共同体法的多元方法兼容的法律适用。他（2013）探究了法律推理中的后果主义者论证，基于对智利宪法法院的一个裁决实例的分析，比较了后果主义者论证的力量和弱点。

287　　　智利圣地亚哥的迭戈波塔莱斯大学（智利）的学者利昂（Leon,

---

[*]　此处最后一句与前段落中的表述完全重复。——译者注

2011）运用图尔敏模型表明智利最高法院如何评估凯伦阿达拉案件中下级法院自由裁量权的使用。

就职于爱丁堡大学的巴西学者米凯龙（Michelon）专注研究理由在公共辩论和法律辩论中的角色。他（2011，2012）讨论了融贯性在法律推理和法律辩护中的角色。他的英语著述在英国法律论辩研究那部分讨论。

曾在布宜诺斯艾利斯大学（阿根廷）工作过的法哲学学者尼诺（Nino）主张，在法律推理和道德推理之间存在一种必然关联。他（1984）讨论了法律的有效性，研究了法律、道德和政治的关系（1994）。

现就职于意大利热那亚大学的阿根廷学者雷东多（Redondo）注重研究法律规范的本质和结构，从法律规范之本质的视角讨论了法律推理、法律论辩和法律解释的论题。她（2005）从普遍主义和特殊主义的视角论述了法律理由。她和莫里索一同（2002），讨论了与决定性理由问题相关的法律漏洞。

在巴西利亚大学工作的法哲学学者罗斯勒（Roesler）讨论了法律论辩领域的不同话题。她的主要工作（2006，2013）是关于菲韦格的论题学。

11.4　英美法律体系中的法律论辩研究

在英美法律体系中的法律论辩研究中，可以区分不同的研究传统，它们受到普通法系中的法律适用和法律辩护特性的影响。接下来，我将讨论英美普通法系的法律论辩研究，先从英国开始，随后讨论美国和加拿大的研究情况。[17]

---

〔17〕 对英国和美国的法律推理和法律解释之特性的比较，见阿提耶（Atiyah）和萨默斯（Summers）（1987）。

11.4.1 英国的法律论辩研究

288

在英国的法律论辩研究中，最有影响的研究传统是法律的-哲学的传统和注重法律论辩研究中的人工智能和法的应用之传统。以下，我先开始讨论法律的-哲学的传统，随后讨论人工智能和法传统。最后以姓氏首字母为顺序讨论各位独立学者的贡献。

英国最重要的法律论辩研究中心是爱丁堡大学。为此，我将从讨论爱丁堡大学的研究开始。英国最重要的同时也是对其他国家法律论辩研究发展有影响的法律论辩理论，是曾在爱丁堡大学（苏格兰）工作过的法哲学学者麦考密克的理论。麦考密克从法律作为一种制度性规范秩序的视角，阐明了在法律裁决过程之合理性的更广阔语境中与疑难案件的法律裁决之辩护相关联的各种难题。在《法律推理和法律理论》（1987）里，麦考密克基于从分析法律哲学汲取的洞察，如哈特阐发的理念，创立了一种法律辩护的理论。麦考密克探究了真实的法律实践中区分理由充分的辩护和理由不充分的辩护的标准。他也从规范性视角探查了这些标准对评价法律裁决的质量是否适当。在《修辞与法治：一种法律推理的理论》（2005）一书里，麦考密克阐述了法律裁决的理性辩护标准如何与作为制度性规范秩序的法律的特性相联系。他和萨默斯一道编辑了《解释制定法》（1991），其中给出了不同法律体系和不同国家把制定法解释的方法当作法律论辩的基础加以运用的概览，而在《解释判例》（1997）中，对不同法律体系中判例的解释方法作了一次鸟瞰。对麦考密克工作和其他发表作品的更深入讨论见本书第6章。

麦考密克所完成的法理学和法律论辩的研究，也影响了英国和国外的法律论辩研究。由此，爱丁堡大学也成为法律论辩和一般分析法哲学的一个研究中心。近来，爱丁堡大学研究群体成员所做的研究是杜阿尔特（Duarte）、麦克唐纳（MacDonald）和米凯龙的贡献。

杜阿尔特（2015）讨论了法律中例外和可废止性的难题，也关注适用法律时对考虑例外的方式进行辩护之义务的后果。他特别关注控告（比如刑事审判）语境下，法律实践中适用例外的方式。他（2016）讨论了更强者论证，注意到作为该论证之组成部分的未陈述假设，运用该论证的语境以及应用此类论证的缘由。

杜阿尔特和米凯龙（2016）批判了类比论证的传统解释，提出了一个能够阐明法律中类比论证之规范性质的新说明。通过阐述类推富有特色的问题和回答，他们阐明了怎样做得到对判例在法律论证中运作之方式的理解。

最初来自巴西的法理学和法理论学者米凯龙专注于公共辩论和法律辩论中理由的角色。他（2006）聚焦于公共代理人所使用的不同理由类型，描述了现代政治哲学中的不同方法，阐述了某些类型的理由对其他类型理由的优先性。他也关注对法律的程序价值进行论证的语境下的这个难题。[18] 他（2012）讨论了法律决策语境中的实践合理性。

利物浦大学计算机科学系的学者，如本奇-卡彭、阿特金森和威奈尔，为法律推理和法律论辩的不同过程开发了人工智能模型。本奇-卡彭专注于开发对话游戏中辩证论证的模型和论辩框架。他（1998）描述了一种图尔敏对话游戏的实现；把判例法刻画成一个论辩框架（2002）。他和萨尔托尔（2003）开发了一个包括理论和价值在内的用案例推理的模型。本奇-卡彭等（2005）论述了法律论辩中的说服和价值；从人工智能和法的视角讨论了法律推理中的论辩（2009）。威奈尔等（2010）描述了一种从法律案例自动扼要描述和提取论证的文本挖掘方法。

---

〔18〕　用葡萄牙语发表的作品，见拉丁美洲法律论辩研究部分米凯龙的贡献。

剑桥大学的法理学学者贝尔（Bell）专注于法律推理。他（1983）从当代民主政府司法功能的视角，探究了法律裁决中的政策论证的运用，这与司法和立法之间的制度性功能分离有关。他提出了一种区分使用价值论证的三种司法决策模型的理论：共识模型、权利模型和填隙立法者模型。在这三个模型的基础上，贝尔分析了英国的司法决策，并得出这样的结论：在疑难案件中，法官在价值之间做出其选择，他们以这种方式指引社会，在此意义上，可以把法官看作是政治行动者。贝尔（1986）比较了欧洲和美国的不同法律论证传统，得出的结论是：在欧洲传统里，重点在于"逻辑"，而在美国传统里，重点是"法律推理的实践"。他断定，法律论辩研究应该涵盖这两个视角。

莱斯特大学的法哲学学者贝尔泰亚，最初来自意大利，研究了法律论辩和法律推理。他对这些论题的研究工作的综述，已在意大利法律论辩研究部分论述过。

伦敦经济学院的荷兰法理学学者博姆霍夫，倾力于比较法，讨论了宪法中的平衡和比例原则。他（2012）描述了比较法领域一种研究不同论证形式之比较的方法，它依据合法化的目标，考虑特殊法律体系中的法律话语的目的、惯例和假设。

圣安德鲁斯大学国际法学者鲍尔（Bower, 2015）提出了国际法在策略性论辩中的角色。他讨论了美国试图从国际刑事法院弄到豁免权的方法；阐明了赞成和反对国际刑事法院的外交手腕受到一种给追求政策目标强加约束的法律视角的影响。

斯旺西大学的法理论学者哈尔平（Halpin）主要从语言学视角来看法律推理。他（2001）讨论了菲什、拉兹、德沃金、卢卡西维茨和维特根斯坦等人的不同推理方法，阐述了法律推理研究可以从语言哲学视角得到更好理解的问题。

最初来自希腊，曾在安特卫普大学工作过，现在格拉斯哥大学的法理论和法哲学学者帕夫拉科斯的研究重心是法律中的规范性。在法律辩护领域，他（2014）撰写了论规范性和比例原则的作品。还撰写研究阿列克西论著中的理论概念，比如特例论题（1998）和正确性主张（2012）的各种作品。此外，帕夫拉科斯编辑了若干研究一般法律推理和法律论辩的书以及研究阿列克西和麦考密克工作的书和专刊（见巴夫拉科斯 2007 论阿列克西，2008 论麦考密克）。

伦敦大学的学者斯科比（Scobbie）探究国际法语境中的法律论辩。他（2006）讨论了以色列高等法院院长巴拉克（Barak）的修辞学和国际法院的隔离墙咨询意见。

伦敦大学学院的法理学学者特文宁在一系列研究中论述法律推理和法律论辩的论题，提出了其关于法律人思维、推理和做决定之方式的理念，尤其强调证据的分析。他（2006）在论证据论文集的一章里，论述了法律推理和法律论辩作为一种实践推理形式的作用。他（2007）评论了论辩、叙事和概括在刑事侦查软件程序语境中的角色。在论推理和解释的一章（1994）中，特文宁和迈尔斯讨论了法律推理和法律论辩的一些形式和结构，用实例加以说明。

剑桥大学的学者魏贝尔注重研究国际法语境的法律论辩。他（2011）讨论了国际法中的解释性论辩实践。

11.4.2　美国的法律论辩研究

291

在美国，法律论辩研究发生于普通法系中判例和制定法的法律推理和法律解释的传统之内。因此，研究所聚焦的论题如基于判例的论辩、类比论证和宪法语境下的论辩。

从历史视角看，对法律推理与有关解释和司法裁决辩护之难题的有影响的研究，是霍姆斯（1897）以及卢埃林（1930）、弗兰克（1930）等法哲学家的观点，他们辩护法律推理和法律辩护的所谓

"美国现实主义者"观点。人们认为，法律形式主义方法把裁判当成是法律原则对案件事实机械地、演绎地适用，法律现实主义者反对这种形式主义方法。霍姆斯和其他人主张，法律科学应该集中研究作为法院和公职人员之活动的法律，法律的研究不该限于研究正式给出的理由，也应探究裁决背后潜隐的道德的和政治的选择。[19]

20 世纪下半叶，法哲学领域一位有影响的现代思想家是德沃金。德沃金的思想形成法律推理、法律解释和法律辩护理论中许多讨论的基础。[20] 按照德沃金的法律作为解释实践的理论（1977, 1988），最好的解释是从作为整体的法律的视角系统阐述一个正确回答而使法律更为融贯的那种解释。在疑难案件里，作为整体的法律的理想蕴涵着，法官基于将法律重建为一个关于可适用于某一特定案件以及相似案件的权利和义务之原则的融贯集，设法找到对法律的最佳建设性解释。

阿提耶和萨默斯（1987：222-266）与布鲁尔（1998a）对美国法律推理研究的发展已做了历史综述。布鲁尔（1998b）对法律推理和道德理由之角色的研究也有综述。

在这部分，把美国法律论辩研究之概览分成两部分，讨论两个主要研究领域的不同研究传统和方法。第一部分用于概述法理学和法哲学领域的研究，第二部分综述论辩理论、言语交际和修辞学领域的研究。

292
美国法理学和法哲学领域的法律论辩研究

那些注重研究美国普通法系中的法律推理、法律解释和法律论辩之一般特性的学者，代表着美国法律推理和法律论辩研究的一个

---

〔19〕 对霍姆斯和其他美国法律现实主义者思想的讨论，比如见莱特（2002）和肖尔（2009，第 7 章）。

〔20〕 对德沃金关于法律解释和法律辩护思想的讨论，见本书第 1 章。

传统。为法科学生所写的入门法律推理的经典研究,为伯顿、卡特、戈尔丁(Golding)和列维所奉献。瓦萨斯特罗姆(Wasserstrom)从哲学视角进行法律辩护的一般研究。

肖尔和萨默斯的现代研究集中于法律推理和法律辩护的一般特性。相较于其他社会实践中规则的应用,肖尔注重法律规则适用的一般特性。萨默斯重点研究法律推理和法律解释的一般特性,比较英美法律体系和其他法律体系中的不同传统。另一些学者,如布鲁尔、孙斯坦和魏因雷布(Weinreb)研究特殊推理形式,如类比推理。像柯恩和拉瑟这样的学者比较美国法律体系中的法律解释和法律辩护的实践与欧洲的做法。诸如约翰斯通(Johnstone)和拉特纳(Ratner)等学者则研究具体法律领域语境,如国际法的法律论辩。

法律推理和法律论辩研究第二个传统的代表是那些从公职人员说明其自由裁量权之义务的视角,研究法律规则适用和法律辩护的学者。比如,科恩注重法治与法院给出其裁决理由的义务之间的关系;肖尔集中于规则在决策者当中分配权力的方式。

可以在那些属于批判法律研究运动的学者的研究中发现法律推理研究的第三个传统。按照批判法律研究的观点,一个法律文本被看成是一种社会的、文化的和政治的现象,法律文本的分析,旨在重构运用语言的和文本的技术表达(或隐藏)一种特定意识形态的方式。[21] 他们拒斥把法律看作是由一个普遍而客观的标准构成的形式系统,注重法律的批判性分析,以期澄清其背后的意识形态和原则。关于批判法律运动的讨论可见伯顿(1986)、肯尼迪(Kennedy, 2008)和昂格尔(Unger, 1983)等的著述。

以下,我将以姓氏首字母为顺序讨论各位学者的贡献,关注法

─────────────

〔21〕 对法律的一种类似的、批判的方法,亦见波斯纳(1988)。

律辩护语境中法律论辩领域研究的核心论题。

联邦上诉法院律师和匹兹堡大学学者阿尔迪塞特（Aldisert）为法科学生撰写了各种各样的实务手册。他（1992）在给法科学生所写的一本实务手册中讨论了对法律实践——普通法先例原则、苏格拉底方法、论证的检验、辨识法律论证之软肋以及赢得争论——有重要意义的法律推理的主要特性。他还阐述了法律逻辑的要素，包括非形式谬误。阿尔迪塞特等（2007）论述了逻辑的基本原则，阐明了它们如何能应用于法律教育。他讨论了演绎三段论、归纳概括以及类推的运用和滥用等论题。

匹兹堡大学的人工智能和法的学者阿什利倾力将人工智能和法的洞见应用到法律推理和法律论辩领域。他（1990）为法律论辩语境下包含案例和假设的推理开发了一个模型。

哈佛大学的法哲学学者布鲁尔专注于类比论证在普通法中的作用。他（1996）为分析和评估英美法律实践语境下理性辩护中作为类比法律论证形式的范例推理（exemplary reasoning），创建了一个模型。他阐明，类比论证可以重建为包括隐含元素的演绎论证，阐述了这些隐含元素可以按照法治的要求予以重建的方式。

爱荷华大学的法理学学者伯顿在《法律和法律推理导论》（1985）中讨论了美国法律和法律推理的特性。他讨论了案例和规则、类比推理、演绎的法律推理、类推和演绎推理的组合、基于目的的推理、简单案件和疑难案件以及法律决策的正当性。他（1986）提出了对批判法律研究运动的批判性讨论；论述了批判法律研究运动的主张，挑战各种主张，最后以评论该讨论对法律教育的意涵结束。

法理学学者卡特（Carter）在为法科学生所写的手册《法律中的推理》（1979，2016 第 9 版）是一个法律推理导论。他讨论了法律推

293

理的一般特性，研究了普通法系中推理的特殊方面，举例说明了制定法解释与美国宪法、法律和政治的解释。

　　康涅狄格大学的法理学学者科恩（Cohen），从公职人员有义务说明其所拥有的给出裁决之权力的视角，重点研究了法律论辩的功能。她（2010）阐明，在法治与决策者给出理由辩护其决定的义务之间存在必然联系。她论证说，这个义务既与法治的程序概念也与法治的实体概念相一致。她（2015）论证了，尽管在法律决策中给出理由是重要的，但由于法律程序的其他价值存在张力，因此必须针对这些竞争的价值平衡理由。基于对美国和欧洲的法官给出理由的研究，科恩（2007）主张，在不同法律体系中，存在这样一种发展，即法官倾向于以类似方式解决平衡的难题。

　　在沃尔瑟姆和海牙（荷兰）的布兰代斯大学的法理学和法哲学学者加斯金斯（Gaskins）关注公共话语如法律、政治和学术中的推理模式。她（1992）讨论了根据无知的论证，即通过分析证明责任和改变假设来组织辩论的不同方式，基于缺乏令人信服的证据，而得出某一结论。她论述了证明责任和改变假设在不同类别的法律辩论中所起的作用，区分了不同种类的哲学假设。

　　哥伦比亚大学的法哲学学者戈尔丁在其经典手册《法律推理》(1984)中，倾心研究法官辩护其裁决的方式，讨论法律论辩的不同类型（如基于判例的论辩和基于类比的论辩）。该讨论通过分析运用这些论辩类型的著名案例说明推理的不同类型。

　　在塔夫茨大学工作的国际法学者约翰斯通注重国际法语境下的法律推理。他（2003）从哈贝马斯交往行为理论的视角，探究了安理会就北约干涉举行磋商时的论辩，表明国际法通过辩护性话语而运作，取决于解释共同体的实践，基于在那种实践中什么算作是理由充分的论辩的共享理念。

294

　　就职于康奈尔大学的法理学学者拉瑟对司法审议和司法解释进行了比较研究。他（2004）发表了对美国最高法院、法国最高上诉法院*和欧洲法院的司法论辩比较研究的结果；从一种社会–政治的视角，阐述了美国的普通法和法国的大陆法系司法决策的不同，对两国宪法法院和欧洲法院的解释实践做了比较分析；他阐明了不同法院如何对自己的自由裁量权做出说明；得出的结论是，欧洲法院的实践形成一种基于三段论模型的分层的法国话语结构与反映公开说明所做选择的美国传统的更透明的论辩方法的组合。

　　芝加哥大学的法理学学者列维所发表的实务手册《法律推理导论》（1949），把根据实例的推理作为旨在解决语意模糊的法律推理方法，在此基础上描述了法律推理的过程。他描绘了案例法、制定法的构建和美国宪法解释语境中的这个过程，使用了这些领域中的法律推理的实例。

　　密歇根大学的国际法学者拉特纳（2012）讨论了法律论辩在国际法的说服和服从过程中的角色。他区分了国际法说服过程中的不同方法，为分析一个国际行为体被说服遵守国际规范的顺从过程中的论辩创立了一个框架。他把这个框架应用到国际红十字委员会，并得出这样的结论：非法律论辩也许首先是遵守法律规范的最佳方法。

295　　密歇根大学的法理学学者桑德斯（1993）研究了法律论辩的非形式谬误。在阿尔迪塞特研究的基础上，根据法院意见中所讨论的非形式谬误的实例，他考察了案例法中经典非形式谬误的例子，如人身攻击、诉诸怜悯、诉诸公众、滥用权威等。他阐述了谬误的本质，探讨了在其他领域是非形式谬误的论证是否在法律论证领域也

---

　　* 原文将其中的 Court 误为 Cour，故改。——译者注

是谬误的问题。

弗吉尼亚大学和哈佛大学的法理学和法哲学学者肖尔关注法律规则适用的一般特性。他（1991）讨论了各种社会实践尤其是法律领域中规定性规则的一般特性。他阐明了规则的本质，规则如何在各种决策实践中运作，规则如何能当成是在决策者当中分配权力的工具。肖尔（2009）基于从法律的形式性和依赖规则开始的观点，提供了法律推理的一个导论。他的这本书从这个视角讨论了规则、判例、权威、类比推理、制定法解释、法律事实和证明责任等论题。他（2013）倾力研究以根据判例的推理与根据类比的推理之间的差异为基础的那种法律推理的特性，讨论了这些差异对律师训练的意义。

斯佩尔曼（Spellman）和肖尔（2012）辨识了法律专业人士和普通人的法律推理和决策之间的异同。基于被认为是法律推理特有的某些属性，如规则、归类、类比和事实发现，他们探讨了这两种形式的推理和决策有多大程度差异的问题。

康奈尔大学的法理学和法理论学者萨默斯注重法律解释和法律辩护中起关键作用的某些论证类型。在《两类实质理由：普通法辩护理论的内核》（1978）这篇有影响的法律辩护文献里，萨默斯描述了两类实质理由，它们形成基于判例的普通法辩护理论的核心。第一类理由是目的理由，其力量源于这一事实：可以预见它所支持的裁决有服务于良好社会目标的效果。第二类理由是正当性理由（rightness reasons），它们的辩护力量源自裁决符合适用于某一具体案件的社会-道德的正当性规范。萨默斯区分了其辩护力量源自道德的、经济的、政治的、制度的或其他社会考量的实质理由与其他理由，如权威理由、事实理由、解释理由和批判性理由。

阿提耶和萨默斯（Atiyah, 1987）进行了一项比较研究，讨论了英国和美国的法律推理的一般风格的主要差异，用"形式的"和"实质的"推理风格术语刻画这些差异，论述了诸如确定法律、规则和其他各种各样的法律、制定法、法律程序的权威性标准，以及法院和法官之角色这样的论题。

萨默斯和马歇尔（1992）讨论了在英国和美国的法定解释中起着重要作用的根据日常含义的论证，证明这一论证是一种自主的论证，并不源于目的论论辩或根据终极目的的论辩。

萨默斯与麦考密克共同编辑了《解释制定法》(1991) 一书，概览了构成不同法律体系和不同国家的法律论证之基础的制定法解释方法的运用。在《解释判例》(1997) 一书中，他们综述了不同法律体系中的判例解释方法。

芝加哥大学的法理学学者孙斯坦（Sunstein, 1993）阐述了类比推理，阐明了这种推理在法律和道德问题的推理形式中的突出角色，辨识了各推理领域的异同点。他（1996）从决策过程的视角研究了法院的推理，阐明了理由充分的论证是司法方法的一个重要方面，但司法决策主要依赖从这一事实获得的一致看法：法院经常在更大程度上就特殊结果而非其背后的理由达成一致。当基于法院成员所一致同意的某一特定原则将判例适用于包括不同事实的一个新案件时，司法方法的这一特性在使用类推时就显现出来。

斯坦福大学的法哲学学者瓦萨斯特罗姆（Wasserstrom, 1961）提出了一种理性法律辩护的理论。他批判对演绎裁决程序的攻击，勾勒了一种司法裁决辩护的替代程序，这是个包括两个层次的辩护程序。该程序基于规定这样一个规则：一个裁决是可证明的，当且仅当它可以从一个法律规则推出，该法律规则导致的结果要比从另一规则推出的结果更合意，在此意义上，他将自己的这个程序刻画为受限的功利主义者。

哈佛大学的法理学学者魏因雷布（2005）讨论了法律论证中类推的运用。他拒斥类比推理终归是演绎推理的不完美形式的看法，提出了他自己对遵循法治在理性辩护中运用类推的看法。

美国论辩理论、言语交际和修辞学领域的法律论辩研究

在论辩理论、言语交际和修辞学领域，一个重要的问题是法律论证如何能描述为论证的一个特殊领域。研究集中于这样的问题：法律论辩的一般特性是什么，领域依赖的特性又有哪些。学者们探究应该适用于法律语境的正确性（soundness）的具体标准，研究用来使（特殊）听众确信的论辩技术。学者们运用得自各学科如古典修辞学和现代修辞学的洞察和法律学科的洞见，分析和评估法律话语活动的形形色色的参与者所使用的论辩技术。在非形式逻辑和批判性思维传统内研究法律论辩的学者，对作为一个交往和论辩领域的法律论辩的正确性标准的特色感兴趣。而那些运用法律论辩的修辞学方法的学者，则注重法律案件的修辞学分析，运用从古典或现代修辞学汲取的洞察，描述使法律听众确信的论辩技术。

非形式逻辑传统内的学者探究法律语境中论辩的特色和正确性标准。图尔敏（1958）的理论（本书第 3 章讨论过）是一种有影响的理论，其理念是，作为实践论辩之形式的法律论辩的可接受性，并不取决于逻辑有效性，而是由若干阶段构成的一种特殊程序决定的。在图尔敏的理论中，这些阶段转换成在不同制度语境下以不同方式执行的论辩模型的诸元素。图尔敏等（1978）论述了该模型的实践应用，包括应用于法律推理，具体说明了法律语境中作为主张、事实根据、担保、支援和反驳而提出来的各种陈述。

许多学者为法律领域而扩展图尔敏模型，将其应用到不同类型法律程序的法律案件分析中。犹他大学的交际学者里克（Rieke，1981）为作为一个特殊领域的法律论辩的研究纲领提出了一个建议，

297

讨论了其区别性特征。他（1986，1991）基于图尔敏模型扩大了这种分析，论证了法律裁决的分析必须在法律决策的更广阔过程的语境下进行。在他看来，这个过程是法官与其他人一道尝试运用辩证的和修辞的结构来构建他们的规范信念的一种对话。德拉彭那（Dellapenna，1987）和法雷尔（Farrell）按照不同论证域区分了司法话语的不同模式。霍利汉（Hollihan）和其他人（1986），赖利（Riley）和其他人（1987）描述了小额索偿法院中论辩过程的特点。马特龙（1988）阐述了图尔敏模型如何能用于构建预审阶段的法律案件。纽厄尔（Newell）和里克（1986）表明法律原则如何作为最高法院裁决实例中法律裁决的担保发挥作用。里克（1990）和斯图特曼（Stutman）运用图尔敏模型阐明，在使陪审团确信时，一个论证的哪些部分起作用。斯尼达克尔（Snedaker，1987）具体说明了图尔敏模型如何能用于分析和评价著名的 1966 年谢泼德审判中的法律论辩。

　　修辞学传统内的学者们利用从古典修辞学和现代修辞学汲取的洞见，搞清在使法律听众确信过程中起作用的论辩技术。一些著述专注于更为理论性的话题，比如修辞学的发展以及修辞学和辩证法的关系。另一些则提供了法律案件的修辞学分析，注重某些修辞技术。

298　　圣何塞大学的修辞学与言语交际学者霍曼（Hohmann）将古典修辞学的洞见应用于美国言语交际领域。他（1998）讨论了中世纪晚期的论证模式（*modi arguendi*），阐明了这些论证模式介于古代的论辩修辞学与文艺复兴的修辞化的辩证法之间，它们也在发展领域特异的修辞学的现代趋向和统一的市民修辞学的古典理念之间斡旋。霍曼（1999）讨论了推定概念从罗马法到中世纪的发展，阐述了这个罗马法相对次要部分的概念在中世纪变成了罗马法适用的核心话题，指出这些发展的某些方面与当代有关推定和证明责任的讨论相关。他（2000）勾勒了修辞学和辩证法之关系的一种历史和法律的视角。霍曼（2001）给出了古代罗马法中推定的分析，阐述了推定被用以取代传统的确定性，以便能开启讨论和为怀疑创造可能性。他指出，政策目标是个重要目标，罗马法学家曾将其公开引入。

　　位于阿尔伯克基的新墨西哥大学的交际学者舒兹（Schuetz），从现代修辞学视角研究法律论辩，对不同类型的法律案件进行修辞学分析。她（1991）表明，如何在墨西哥上诉法院运用对正义规则的援引。她（2006）给出了里程碑式法律案件中的交流和论辩技术的修辞学分析。

　　舒兹（2011）扩展了语用-辩证的策略激动方法，并将其应用于布迈丁诉布什（*Boumediene v. Bush*）一案多数派意见和少数派意见中的上诉分析。她（2015）讨论了联邦诉温莎（*United states v. Windsor*）一案中美国最高法院的片面论证（one-sided argumentation）。舒兹根据对当事人所提出的论证和法庭之友意见书（*amici curiae briefs*）的分析，表明最高法院适用某些论辩策略，强化了偏好传统的"婚姻"概念的某种特定立场的偏见和先入之见。舒兹和斯尼克尔（Sneaker, 1988）对著名审判中的交流和论辩技术进行了分析。

　　也可以在属于本节早先讨论的批判法律研究运动的研究法理学和法律论辩之法哲学的学者那里发现修辞路向的现代版本，比如，位于波士顿的东北大学的言语交际学者赫贝克（Herbeck, 1995），讨论了批判法律研究将法律论辩当作是包括冲突规则的选择以期强化既有政治秩序的创造性过程的观点。他思考了美国法律体系中的这个法理学概念对论辩理论所具有的意涵。诸如贾纳斯（Janas, 1995）、帕内塔（Panetta）和汉西安（Hasian, 1995）这样的学者，讨论了波斯纳法律论辩理念的重要性。帕克（Parker, 1987）描述了德沃金评价司法意见的批判性方法的优势。

　　另一种注重法律论辩之文本方面的现代修辞学方法是所谓的　299

"法律和文学运动",研究法律和文学的关系。学者们一方面探究文学如何描写法律和律师,另一方面研究律师如何构建反映某一特殊社会意义的法律文本,如何运用某些修辞技巧传达这些意义。加州大学洛杉矶分校法学院的交际学者斯坎棱(Scanllen,1995)讨论了法律和文学运动辩论的最新表现,探讨这些运动的代表人物如何处理法律论辩的本质和运用的问题。她追溯法律和文学学派的演化,表明这些学派如何影响了美国法律的概念发展和教学。她还揭示了美国的批判法律研究与法律和经济运动之间的关联,提出了关于法律和文学运动的若干问题。

许多学者从法律/修辞学/文学的视角进行个案研究。位于绿堡的德波大学的交际学者克林格尔(Klinger,1989)论证说,文学方法为法律裁决研究提供了一个重要的视角。他(1994)提出了一种法理学的修辞方法。奥姆斯特德(Olmsted)对法律推理中使用修辞学分析文学人物进行了分析。托戈(Twigg,1989)对最高法院的裁决进行了叙事分析,其中给出了美国宪法的解释,并揭示了这个解释背后的政治意识形态。

11.4.3 加拿大的法律论辩研究

在加拿大,各种学科里都有对法律论辩的研究,结果产生了不同方法和研究论题。法律论辩的第一个方法可以在法理论和法哲学研究里发现,注重与这个领域关于法律规则的适用和解释的核心问题相关的一些难题。法律论辩的第二个方法可在非形式逻辑和论辩理论研究中找到,集中于与这个领域关于法律领域特殊的论辩和推理模式的中心问题相关的若干难题。

法理论中第一个方法的代表是圣玛丽大学的法理学和法哲学学者安德森(Anderson)以及哈利法克斯(Halifax)和斯科舍(Nova Scotia)。安德森注重发现的语境和辩护的语境之间的区分,阐述了这一区分是否对法律辩护中的证明责任各个方面的解释起作用。他辩护这样的观点：辩护过程和发现过程是彼此影响的相互关联的过程。他（2013）探讨了司法决策过程和辩护对估量和平衡的影响。他认为，一方面，辩护的过程影响在出现平衡的决策过程中做出选择，另一方面，平衡过程中做出选择的方式影响辩护。

300

非形式逻辑和论辩理论中的第二种方法的代表是安大略温莎大学的（非形式）逻辑和论辩学者沃尔顿。他（2002）阐述了审判和其他法律语境中的证据推理。他*发展了一个涉及证据的论辩的模型，可应用于分析和评估法律论辩的具体类型。沃尔顿（2005）描述了可以开发论辩模型并使之适应人工智能和法语境下推理的方法。他讨论了来自非形式逻辑的方法，对话系统中概括的角色、可废止推理，证据的分析和评估方法。沃尔顿（2007）应用来自论辩理论与人工智能和法的分析与评估法律推理的方法，开发证言证据语境下推理的方法。他（2012）给出了运用卡尼阿德斯模型对波波夫诉林文夫（*Popov v. Hayashi*）著名案件的分析。他区分了佩雷尔曼根据公正的论证的两个版本，使用复杂版本重建波波夫诉林文夫一案所用的这种论证。洛德和沃尔顿（2005）讨论了理性论证在非诉讼纠纷解决程序（ARD）和在线争议解决中的角色。萨尔托尔等（2014b）论述了制定法解释中的论证型式的逻辑分析。马卡纽等（Macagno, 2012）对制定法解释的论辩型式给出了一个综述。马卡纽和沃尔顿（2012）探讨了法律论辩中的推定。

11.5　亚洲的法律论辩研究

11.5.1　中国的法律论辩研究

在中国，法律论辩研究以逻辑和论辩理论领域的国际发展为基

---

　*　原文将 He 误为 Het，故改。——译者注

础。就如在大多数其他国家里一样，传统上对法律论辩最有影响的方法是逻辑方法。第二个方法最近才发展起来，就是更为非形式的方法，基于来自（法律的）论辩理论的洞察。

中国法律论辩研究的发展可以分为四个时期：1970—1980年、1980—1990年、1990—2000年和2000年至今。在1970—1980年第一个时期，有逻辑学背景的学者开始将得自传统逻辑和现代逻辑的洞察应用到法律推理和法律论辩领域。在1980—1990年第二个时期，法学家也开始参与到法律论辩理论的发展进程中。在这一时期，学者们开始在逻辑洞见的基础上发展他们自己的法律论辩和法律推理的理论。在1990—2000年第三个时期，学者们以法律论辩作为语言使用形式研究的国际进展为基础，开始关注论辩的语用维度和辩证维度。在从2000年至今这个第四时期，学者们基于前几个时期的洞见，利用法律论辩领域有影响文献的汉译，开始发展利用这些理论的法律推理理论。这一部分将讨论这四个时期的不同方法和研究传统，随后简要描述中国中山大学（法律）论辩领域一个有影响的思想学派和一些个体研究者的研究成果。[22]

在1970—1980年的第一个时期，法律论辩和法律推理的研究是由逻辑学家和有逻辑学背景的学者，立足于适用法律案件的传统逻辑和现代逻辑的那些洞察进行的。吴家麟（1979），将传统逻辑的洞见应用到法律实践中。阳作洲（1980a，b）和雍琦（1980）专注于将逻辑的深刻见解应用到刑法领域，阳作洲研究了刑事侦查中的假言和选言推理，雍琦则探索了刑事侦查中的比较推理。对刑法的这种兴趣，促成了1983年中国法律逻辑学会的会议致力于刑法领域

---

[22]　在提到中国人名时，为保持一致性，我使用英美参考文献列举的传统指称，先写姓再写名。为恰当对待中国传统，我也提到姓。在正文里，我所提及的作者都是先写名再写姓。

的立法、侦查和审判的逻辑方面。

　　在 1980—1990 年的第二个时期，相关背景的研究者推进了法律论辩的不同方法。有法律背景的研究者开始将现代逻辑的洞见应用于法律学科，比如黄厚仁（1984）和陶景侃（1987，1988，1997）。从非形式视角讨论法律论辩的学者，如沈宗灵（1988），开始创立他们自己的法律论辩和推理的理论。他们在法律实践中把法律推理的叙事分析与实质推理的分析结合起来。那些开始从非形式视角发展分析和评估法律推理和法律论辩之方法的学者，整合来自逻辑学、论辩理论和其他学科的思考。他还主张，应该在分析时重视法律推理和法律论辩发生于其中的更广阔的制度语境。

　　在 20 世纪 80 年代之后教育改革影响之下，一大批法律逻辑教科书问世，其中有阳作洲等（1981）、吴家麟等（1982）、杜汝楫等（1983）和张世珊（1986）的作品。

　　从 2000 年到现在的第四个时期，法律推理和法律论辩理论发展中的一个重要因素是，研究法律论辩的法理论家和法哲学家，如阿列克西（2002）和麦考密克（2005）（本书第 6 章和第 7 章讨论过）的有影响的论著的中译本，研究法律论辩的论辩理论家，如菲特丽丝（2005）和沃尔顿（2002）论著的翻译，以及其他更久远的法律推理研究成果的翻译。

　　在这个时期，一方面，一些学者延续逻辑传统。该时期出版的有代表性的法律逻辑教科书是孔红（2001）＊、雍琦（2004）、张继成（2004）、黄伟力（2005）、张大松等（2008）、孔庆荣（2008）的作品。该时期研究法律逻辑的代表性学术著作有梁庆寅和张南宁（2005）、张晓光（2010）、张金华（2009）和张斌峰等（2010）的作品。

302

―――――――

　　＊　疑原文此处有误，参考文献对应此处所列的不是孔红的教科书，而是一篇期刊论文。——译者注

另一方面，有一些学者从非形式视角，把法律论辩当作日常语言使用的一种形式，更细致地倾力研究它的分析和评估。比如，张保生（2000）主张，法律推理的方法应该形成逻辑学、科学、哲学和经验论的一种组合，还应该包括物理环境、社会环境、法律方法论和法律教育。熊明辉（2006）论证了法律论辩是自然语言非形式论辩的一种特殊形式，因而应该运用基于非形式逻辑的方法对其进行分析和评估。他（2008）创建了审判论证的方法，阐述了两个推论规则：分离规则和证明责任的推论规则。武宏志（2006）把图尔敏论证模型当作是批判性思维和法律教育的出发点。进一步的研究集中于法律推理理论的方法论方面，如焦宝乾（2006，2010）、张保生（2000）、王洪（2002）、葛洪义（2004）、陈金钊（2005）、熊明辉（2005，2007）、张骐（2003）、梁庆寅和张南宁（2005）、罗仕国（2008）、王晓（2010）、张晓光（2008，2010）、解兴权（2000）和刘治斌（2003）。在中国，专注于研究法律论辩的研究群体是位于广州的中山大学"逻辑与认知研究所"由梁庆寅和熊明辉领导的研究团队。该研究群体尝试把当代西方法律推理和法律论辩的理论，如语用-辩证法、非形式逻辑和修辞学所提供的不同理论框架和工具整合起来。一系列法律论辩和法律逻辑的研究成果被翻译成中文。这个研究的成果如之前讨论过的梁庆寅等（2005）、梁庆寅和张南宁（2005）与熊明辉（2006，2007，2008）。此外，熊明辉和谢耘（2013）讨论了诉讼论证的逻辑应用。

11.5.2 日本的法律论辩研究

在日本，一些学者将从法理论汲取的洞察应用到人工智能和法的推理模式的建模中。东京理工学院的人工智能学者原口（1996）为使用法律规则的类比推理开发了一个序-类逻辑系统。他（1998）与位于札幌的北海道大学的人工智能学者角田，基于确定依赖给定

303

目标的相似性的所谓依赖目标的抽象（GDA）框架，创建了一个根据类比的推理的系统。角田等（1997）为根据类比的推理描述了一个依赖目标的抽象。

　　东京的明治学院大学的法理论学者吉野注重研究法律论证的逻辑分析。他（1981）讨论了司法裁决辩护中论辩的逻辑结构。吉野等（1993）从人工智能和法的视角为法律中的类比推理开发了一个系统。

参考文献

11.2　不同研究传统中的法律论辩研究

Aarnio, A., Niiniluoto, I. & Uusitalo, J. (eds.) (1981). *Methodologie und Erkenntnistheorie der juristischen Argumentation* (Methodology and epistemology of legal argumentation). Berlin: Duncker & Humblot.

Araszkiewicz, M. & Zurek, T. (Eds.) n. d. Methodologies for research on legal argumentation. Special issue of *Informal Logic*. 36 (3).

Atienza, M. (2013). Curso de argumentación jurídica (Course of legal argumentation). Madrid: Trotta.

Aguiló-Regla, J. (2007). *Logic, Argumentation and Interpretation/Lógica, Argumentación e Interpretación: Proceedings of the 22nd IVR Congress.* ARSP Beiheft. Stuttgart: F. Steiner.

Blair, J. A., Farr, D., Hansen, H. V., Johnson, R. H. & Tindale, C. W. (2003). *Informal Logic at 25: Proceedings of the Windsor Conference.* Windsor, ON: OSSA.

Blair, J. A., Hansen, H. V., Johnson, R. H., & Tindale, C. W. (2007). Dissensus & the search for common ground. Proceedings 2007. Windsor, ON: OSSA.

Blair, J. A., Hansen, H. V., Johnson, R. H., & Tindale, C. W. (2009). *Argument cultures. Proceedings of the 8th OSSA conference University of Windsor*, 2009.

Bustamante, T. & Dahlman, C. (Eds.). (2015). *Argument types and fallacies in legal argumentation.* Dordrecht etc.: Springer.

Dahlman, C. & Krawietz, W. (Eds.) (2005). *Values, rights and duties in legal and* philosophical discourse. *IVR Law and politics. In search of balance.* 21st *World Congress*, *Lund*, *Sweden.* Rechtstheorie, Beiheft 21. Berlin: Duncker & Humblot.

Dahlman, C. & Feteris, E. T. (2013). *Legal argumentation theory: Cross-disciplinary perspectives.* Dordrecht etc. : Springer.

van Eemeren, F. H. , Grootendorst, R. , Blair, J. A. & Willard, C. A. (Eds.) (1987). *Argumentation: Analysis and practices. Proceedings of the conference on argumentation* 1986. Dordrecht: Foris.

van Eemeren, F. H. , Grootendorst, R. , Blair, J. A. & Willard, C. A. (Eds.) (1991). *Proceedings of the Second International Conference on Argumentation*, Amsterdam: Sic Sat.

van Eemeren, F. H. , Grootendorst, R. , Blair, J. A. & Willard, C. A. (Eds.) (1995). *Proceedings of the Third International Conference on Argumentation.* Volume IV, Special fields and cases. Amsterdam: Sic Sat.

van Eemeren, F. H. , Grootendorst, R. , Blair, J. A. & Willard, C. A. (Eds.) (1999). *Proceedings of the Fourth International Conference on Argumentation.* Amsterdam: Sic Sat.

Eemeren, F. H. , Blair, J. A. , Willard, C. A. & Snoeck Henkemans, A. F. (Eds.) (2003). *Proceedings of the Fifth International Conference on Argumentation.* Amsterdam: Sic Sat.

van Eemeren, F. H. , J. A. Blair, C. A. Willard & Garssen, B. J. (Eds.) (2007). *Proceedings of the Sixth International Conference on Argumentation.* Amsterdam: Sic Sat.

van Eemeren, F. H. , Garssen, B. J. , Godden, D. & Mitchell, G. (Eds.) (2011). *Proceedings of the Seventh International Conference on Argumentation.* Amsterdam: Sic Sat.

Garssen, B. J. , Snoeck Henkemans, A. F. , Godden, D. & Mitchell, G. (Eds.) (2015). *Proceedings of the Eighth International Conference on Argumentation.* Amsterdam: Sicsat.

Feteris, E. T. (1997). A Survey of 25 Years of Research on Legal Argumentation. *Argumentation*, Vol. 11, No. 3, p. 355-376.

Feteris, E. T. (1999). *Fundamentals of legal argumentation. A survey of theories on the justification of judicial decisions.* Dordrecht etc. : Kluwer.

Feteris, E. T. (Ed). (2005). *Schemes and structures of legal argumentation.* Special issue of *Argumentation* 19 (4).

Feteris, E. T. (Ed.). (2008). *Models for the analysis and evaluation of legal argu-*

304

mentation. Special issue of *Informal Logic* 28 (1).

Feteris, E. T. (Ed.) (2012). *The study of legal argumentation in argumentation the-ory and legal theory: approaches and developments.* Special issue of *Cogency*, 3 (2).

Feteris, E. T. & Kloosterhuis, H. (2011) Law and argumentation theory. Theoretical Approaches to Legal Justification. In: B. Van Klink & H. S. Taekema (Eds.) *Law and Method. Interdisciplinary Research into Law* (pp. , 253–273). Mohr Siebeck: Tübingen.

Feteris, E. T. & Prakken, H. (Eds.) (2000). *Dialectical Legal Argument: Formal and Informal Models.* Special issue of *Artificial Intelligence and Law* 8 (2–3).

Feteris, E. T. & Schuetz, J. (Eds.). (2005). *Faces of North American and European legal argument.* Special issue of *Argumentation* 9 (5).

Feteris, E. T. , Kloosterhuis, H. , Plug, H. J. & Pontier, J. A. (Eds.) (1994). *Met redenen omkleed. Bijdragen aan het symposium juridische argumentatie, Rotterdam 11 juni* 1993. (Supported by reasons. Contributions to the symposium on legal argu-mentation, Rotterdam, June 11, 1993). Nijmegen: Ars Aequi.

Feteris, E. T. , Kloosterhuis, H. , Plug, H. J. & Pontier, J. A. (Eds.) (1997). *Op goede gronden. Bijdragen aan het tweede symposium juridische argumentatie, Rotter-dam 14 juni* 1996 (On good grounds. Contributions to the second symposium on le-gal argumentation, Rotterdam, June 14, 1996) Nijmegen: Ars Aequi.

Feteris, E. T. , Kloosterhuis, H. , Plug, H. J. & Pontier, J. A. (Eds.) (2000). *Met recht en reden. Bijdragen aan het derde symposium juridische argumentatie, Rotter-dam 14 juni* 1999 (With legal reasons. Contributions to the third symposium on legal argumentation, Rotterdam, June 14, 1999). Nijmegen: Ars Aequi.

Feteris, E. T. , Kloosterhuis, H. , Plug, H. J. & Pontier, J. A. (Eds.) (2004). *In het licht van deze overwegingen. Bijdragen aan het vierde symposium juridische argu-mentatie, Rotterdam 27 juni* 2003 (In light of these considerations. Contributions to the fourth symposium on legal argumentation, Rotterdam, June 27, 2003). Ni-jmegen: Ars Aequi.

Feteris, E. T. , Kloosterhuis, H. , Plug, H. J. & Pontier, J. A. (Eds.) (2007). *Alles afwegende…Bijdragen aan het vijfde symposium juridische argumentatie, Rot-terdam 22 juni* 2007. (All things considered. Contributions to the fifth symposium on legal argumentation, Rotterdam, June 22, 2007). Nijmegen: Ars Aequi.

Feteris, E. T. , Kloosterhuis, H. & Plug, H. J. (Eds.). (2009). *Argumentation and the application of legal rules.* Amsterdam: Sic Sat.

Feteris, E. T. , Kloosterhuis, H. , Plug, H. J. , Pontier, J. A. & Smith, C. E. (Eds.) (2012). *Gewogen oordelen. Essays over argumentatie en recht.* (Weighed opinions. Essays on argumentation and law). Den Haag: Boom.

Feteris, E. T. , Kloosterhuis, H. , Plug, J. & Smith, C. (Eds.) (2016). *Legal argumentation and the Rule of law.* The Hague: Eleven.

305 Gronbeck, B. E. (ed.) (1989). *Spheres of argument. Proceedings of the sixth SCA/ AFA conference on argumentation.* Annandale (VA): SCA.

Hansen, H. & Tindale, C. (Eds.) (1998). *Proceedings of the OSSA conference on argumentation and rhetoric.* (CD rom).

Hansen, H. & Tindale, C. (Eds.) (2001). *Argumentation at the Century's Turn.* Proceedings of the Third OSSA conference on Argumentation. (CD-rom).

Hansen, H. & Tindale, C. (Eds.) (2002). *Argumentation and its applications.* Windsor, ON: OSSA (CD-rom).

Hassemer, W. , Kaufmann, A. & Neumann, U. (Eds.) (1980). *Argumentation und Recht. Archiv für Rechts-und Sozialphilosophie,* Beiheft Neue Folge Nr. 14. Wiesbaden: F. Steiner.

Horovitz, J. (1972). *Law and logic. A critical account of legal argument.* Wien etc. : Springer.

Jensen, J. C. (1957). *The nature of legal argument.* Oxford: Blackwell.

Die juristische Argumentation: Vorträge des Weltkongresses für Rechts-und Sozialphilosophie Brüssel, 29. VIII. -3. IX. 1971. (1972). International Association for Philosophy of Law and Social Philosophy. Wiesbaden: F. Steiner.

Kalinowski, G. (1972). *La logique des normes* (The logic of norms). Paris: Presses Universitaires de France.

Krawietz, W. & Alexy, R. (Eds.) (1983). *Metatheorie juristischer Argumentation* (Meta-theory of legal argumentation). Berlin: Duncker & Humblot.

Krawietz, W. , Opalek, K. , Peczenik, A. & Schramm, A. (Eds.) (1979). *Argumentation und Hermeneutik in der Jurisprudenz.* Berlin: Duncker & Humblot.

Kreuzbauer, G. (2004). Kleine Einführung in die Forschungsgeschichte der juristischen Argumentationstheorie (Small introduction to the history of research of legal argumentation). In: G. Kreuzbauer & S. Augeneder (Eds.), *Der juristische Streit. Recht zwischen Rhetorik, Argumentation und Dogmatik.* Archiv für Rechts-und Sozialphilosophie (ARSP), Beiheft 99. (pp. 9-25). Stuttgart: F. Steiner.

La Torre, M. (2002). Theories of legal argumentation and concepts of law. An approximation. *Ratio Juris,* 15 (4), 377-402.

Lempereur, A. (Ed.) (1991). Legal argument. Special issue of *Argumentation*, 5 (3).

Levi, E. H. (1949). *An introduction to legal reasoning.* Chicago: Chicago University Press.

McEvoy, S. & Cheng, L. (Eds.) (2012). *Law and linguistic multiplicities. International Journal of Law, Language & Discourse.* , 1 (2).

Matlon, R. (1994). Legal communication, special issue of *Argumentation and Advocacy* 30 (4).

Neumann, U. (1986). *Juristische Argumentationslehre.* (Legal argumentation theory). Darmstadt: Wissenschaftliche Buchgesellschaft.

Pattaro, E. & Roversi, C. (Eds.) (2016) *Legal philosophy in the twentieth century: The civil law world. Tome 2: Main orientations and topics.* Dordrecht etc. : Springer.

Soeteman, A. (Ed.) (2004). *Pluralism and law. Proceedings of the 20th IVR World Congress Amsterdam*, 2001. ARSP Beiheft Nr. 91. Stuttgart: F. Steiner.

Stone, J. (1947). *Legal system and lawyers' reasonings.* London: Stevens.

Struck, G. (1977). *Zur Theorie juristischer Argumentation* (On a theory of legal argumentation). Berlin: Duncker & Humblot.

Wenzel, J. (1987). *Argument and critical practices.* Proceedings of the fifth summer conference on argumentation. Annandale VA: Speech Communication Association.

Ziegelmüller, G. & Rodes, J. (Eds.). (1981). *Dimensions of argument. Proceedings of the second summer conference on argumentation.* Annandale VA: Speech Communication Association.

11.3.1　北欧的法律论辩研究

306

11.3.1.1　法国和讲法语地区的法律论辩研究

Chassagnard-Pinet, S. (2010). Argumentation and legitimation of judicial decisions. In: D. Gabbay, P. Canivez, S. Rahman & A. Thiercelin (Eds.), *Approaches to legal rationality*, pp. 145-162. Dordrecht: Springer.

Chassagnard-Pinet, S. (2015). Conflict of norms and conflict of values in law. In: M. Armgardt, P. Canivez & S. Chassagnard-Pinet (Eds.), *Past and present interactions in legal reasoning and logic* (pp. 235-248). Dordrecht: Springer.

Goltzberg, S. (2008). Esquisse de typologie de l'argumentation juridique (Sketch of a typology of legal argumentation). International Journal for the Semiotics of Law, 21, 363-375.

Goltzberg, S. (2013). *Chaïm Perelman. l'argumentation juridique* (Chaïm Perelman. Legal argumentation). Paris: Michalon.

Goltzberg, S. (2014). *l'argumentation juridique*. Paris: Dalloz.

Goltzberg, S. & Frydman, B. (2012). *Théorie bidimensionelle de l'argumentation juridique. Présomption et argument a fortiori* (Two-dimensional theory of legal argumentation. Presumption and the argument *a fortiori*). Bruxelles: Bruylant.

Kalinowski, G. (1960). Y a-t-il une logique juridique? (Does a legal logic exixt?). *Journal of Symbolic Logic* 25 (1), 91.

Kalinowski, G. (1963). *Introduction à la logique juridique* (Introduction to legal logic). Paris: LGDJ.

Kalinowki, G. (1965). Logique déontique et logique juridique (Deontic logic and legal logic). *Les Études Philosophiques* 20 (2), 157-165.

Kalinowski, G. (1967). Introduction à la logique juridique (Introduction to legal logic). *Journal of Symbolic Logic* 32 (2), 242-243.

Kalinowski, G. (1970). Le raisonnement juridique et la logique juridique (Legal reasoning and legal logic). *Logique et Analyse* 13 (49), 3.

Kalinowski, G. (1972). *La logique des normes* (The logic of norms). Paris: Presses Universitaires de France.

Lavaux, P. (1991). Argumentation et droit constitutionnel: Le juge constitutionnel et la dépénalisation de l'avortement (Argumentation and constitutional law: The constitutional judge and the depenalization of abortion). *Argumentation*, 5 (3), 311-332.

Lempereur, A. (1991). Law-from foundation to argumentation. *Communication and Cognition: An Interdisciplinary Quarterly Journal* 24 (1), 97-110.

Lempereur, A. (1991). Logic or rhetoric in law? *Argumentation*, 5 (3), 281-298.

Livet, P. (2006). Argumentation et révision dans l'espace juridique (Argumentation and revision in the legal domain). *Revue Européenne des Sciences Sociales*, XLIV (133), 109-130.

McEvoy, S. (1991). Issues in common law pleading and ancient rhetoric. *Argumentation*. 5 (3), 245-262.

McEvoy, S. (1992). La question de l'arrêt: le cas de l'argumentation en droit (The question of the legal decision: the case of argumentation in the law). In: D. Bourcier & P. MacKay (Eds.), *Lire le droit*. Paris: LGDJ, pp. 173-196.

McEvoy, S. (1999). The construction of issues: Pleading theory and practice, relevance in pragmatics, and the confrontation stage in the pragma-dialectical theory of argumentation. *Argumentation*, 13 (1), 43–52.

Ost, F. (1985). La légimité dans le discours juridique: cohérence, performance, consensus ou dissensus? (The legitimacy in judicial discourse: coherence, performance, consensus or dissensus?). *Archiv für Rechts–und Sozialphilosophie*, 25, 191 ff.

Perelman, Ch. (1960). Logique formelle, logique juridique (Formal logic, legal logic). *Logique et Analyse* 11 (11), 226–230.

Perelman, Ch. (1963). *The idea of justice and the problem of argument*. London: Routledge and Keagan Paul.

Perelman, Ch. (1967). *Justice*. New York: Random House.

Perelman, Ch. (1976). *Logique juridique. Nouvelle rhétorique* (Legal logic. New rhetoric). Paris: Dalloz.

Perelman, Ch. (1980). *Justice, law and argument. Essays on moral and legal reasoning*. Dordrecht etc. : Reidel.

Perelman, Ch. & Bruylant, E. (1972). Études de logique juridique (Studies of legal logic). *Revue de Métaphysique et de Morale* 77 (3): 380–381.

Perelman, Ch. , L. Olbrechts – Tyteca (1958). *La nouvelle rhétorique. Traité de l'argumentation* (The new rhetoric. Treatise of argumentation). Brussels: l'Université de Bruxelles.

Perelman, Ch. , L. Olbrechts–Tyteca (1969). *The new rhetoric. A treatise on argumentation*. Notre Dame: University of Notre Dame Press. (English translation of *La nouvelle rhétorique*, 1958).

Pfersmann, O. (2010). Explanation and production: Two ways of using and constructing legal argumentation. In: D. Gabbay, P. Canivez, S. Rahman & A. Thiercelin (Eds.), *Approaches to legal rationality*, pp. 281–293. Dordrecht: Springer.

Troper, M. (1978). La motivation des décisions constitutionnelles. In: P. Foriers & Ch. Perelman (Eds.), *La motivation des décisions de justice: Etudes*. Bruxelles: Bruylant.

Vannier, G. (2001). *Argumentation et droit. Introduction a la Nouvelle Rhétorique de Perelman*. (Argumentation and law. Introduction to the New Rhetoric of Perelman). Paris: Presses Universitaires de France.

11. 3. 1. 2　德国和讲德语地区的法律论辩研究

Afonso da Silva, V. (2011). Comparing the incommensurable: Constitutional principles, balancing and rational decision. *Oxford Journal of Legal Studies* 31 (2), 273–301.

Alexy, R. (1978). *Theorie der juristischen Argumentation. Die Theorie des rationalen Diskurses als Theorie der juristischen Begründung* (A theory of legal argumentation. The theory of rational discourse as theory of legal justification). Frankfurt a. M. : Suhrkamp. (Second edition 1991 with a reaction to critics)

Alexy, R. (1989). *A theory of legal argumentation. The theory of rational discourse as theory of legal justification.* Oxford: Clarendon press. (Translation of: *Theorie der juristischen Argumentation. Die Theorie des rationalen Diskurses als Theorie der juristischen Begründung.* Frankfurt a. M. : Suhrkamp, 1978).

Alexy, R. (2003a). On Balancing and Subsumption. A structural comparison. *Ratio Juris* 16 (4), pp. 433–449.

Alexy, R. (2003b). Constitutional rights, balancing, and rationality. *Ratio Juris*, Vol. 16, No. 2, pp. 131–140.

Alexy, R. , Dreier, R. & Neumann, U. (Eds.). (1991). Rechts–und Sozialphilosophie in Deutschland heute: Beiträge zur Standortbestimmung (Legal and social philosophy in Germany today: Contributions to a determination of the position). Stuttgart: F. Steiner.

Bäcker, K. (2008). *Begründen und Entscheiden. Kritik und Rekonstruktion der Alexyschen Diskurstheorie des Rechts* (Justification and decision. Criticism and reconstruction of Alexy's discourse theory of the law). Baden–Baden: Nomos.

Bäcker, K. (2009). Der Syllogismus als Grundstruktur des juristischen Begründens? (The syllogism as basic structure of legal justification?). *Rechtstheorie* 40, 404–424.

Bäcker, K. (2010). Rules, principles, and defeasibility. In: *M. Borowski* (*Ed.*). *On the nature of legal priciples. ARSP*–Beiheft 119, 79–91.

308 Bäcker, K. (2011). Recht als institutionalisierte Vernunft? Zu Robert Aleyx's diskurstheoretischer Konzeption des Rechts (Law as institutionalized reason? On Robert Alexy's discourse–theoretical conception of the law). *ARSP* 97, 346–359.

Ballweg, O. (1982). Phronetik, Semiotik und Rhetorik. Rhetorische Rechtstheorie: zum 75. Geburtstag von Theodor Viehweg (Phronetics, semiotics, rhetoric. Rhetorical legal theory: at the 75th birthday of Theodor Viehweg). In: O. Ballweg & T. Seibert (Eds.), *Rhetorische Rechtstheorie. Zum 75. Geburtstag von Theodor Viehweg* (pp. 27–71). Freiburg/München: Alber.

Ballweg, O. (1991). Analytische Rhetorik als juristische Grundlagenforschung (Analytical rhetoric as research of the foundations of the law). In: R. Alexy, R. Dreier & U. Neumann (Eds.), *Rechts–und Sozialphilosophie heute: Beiträge zur Standortbestimmung. ARSP* 44, 45–67.

Ballweg, O. & Seibert, T. M. (Eds.), (n. d. 2012) *Rhetorische Rechtstheorie. Zum 75. Geburtstag von Theodor Viehweg*. (Rhetorical legal theory: at the 75th birthday of Theodor Viehweg). Freiburg/München: Alber.

Borowski, M. (1998). *Grundrechte als Prinzipien* (Constitutional right as principles). Baden-Baden: Nomos.

Borowski, M. (2011). Discourse, principles, and the problem of law and morality. *Jurisprudence* 2 (2), 575-595.

Borowski, M. (2013). Formelle Prinzipien und Gewichtsformel (Formal principles and weighing formulas). In: M. Klatt (Ed.). Prinzipientheorie und Theorie der Abwägung. (pp. 151-199). Tübingen: Mohr Siebeck.

Borowski, M. (2015). Robert Alexy's reconstruction of formal principles. In: J. A. de Oliveira, S. L. Paulson & A. T. G. Trivisonno (Eds.) (2015). *Alexy's theory of law. Proceedings of the Special Workshop 'Alexy's theory of law' held at the 26th World Congress of the International Association for Philosophy of Law and Social Philosophy in Belo Horizonte*, 2013. *Archiv für Rechts - und Sozialphilosophie*. (pp. 95-110) Stuttgart: F. Steiner.

Christensen, R. & Kudlich, H. (2001). Theorie richterlichen Begründens (Theory of judicial justification). Berlin: Duncker & Humblot.

Clérico, L. & Sieckmann, J. (Eds.). (2009). *Grundrechte, Prinzipien, Argumentation. Studien zur Rechtstheorie Robert Alexy's* (Constitutional rights, principles, argumentation. Studies on the legal philosophy of Robert Alexy). Baden-Baden: Nomos.

Engisch, K. (1943). *Logische Studien zur Gesetzesanwendung* (Logical studies of the application of the law). Heidelberg: Winter.

Esser, J. (1979). *Juristisches Argumentieren im Wandel des Rechtsfindungskonzeptes unseres Jahrhunderts* (Legal argumentation and the process of the development of the concept of law-finding in our century). Heidelberg: Winter.

Gadamer, H. G. (1990). *Wahrheit und Methode. Grundzüge einer philosophischen Hermeneutik* (Truth and method. Basic characteristics of a philosophical hermeneutics). 6th. ed. (First edition 1960). Tübingen: Mohr.

Habermas, J. (1984). *The Theory of Communicative Action*. (Translation of: Theorie des kommunikativen Handelns, 1981). 2 vols. Boston: Beacon.

Habermas, J. (1987). *The theory of communicative action. Vol. 2: Lifeworld and system: A critique of functionalist reason*. (Trans. Th. McCarthy). Boston: Beacon.

Habermas, J. (1988). *Law and Morality*. (Translation of *Recht und Moral*, 1988)

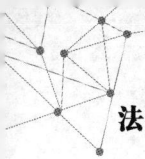

(Trans. K. Baynes).

In: S. M. McMurrin (Ed.), *The Tanner lectures on human values*, Vol. 8 (pp. 217–279). Salt Lake City: University of Utah Press.

Habermas, J. (1990). *Moral consciousness and communicative action.* (Translation of: *Moralbewusstsein und kommunikatives Handeln*, 1983) Cambridge, MA: The MIT Press.

Habermas, J. (1996). *Between Facts and Norms. Contributions to a discourse theory of law and democracy.* (Translation of: Faktizität und Geltung. Beiträge zur Diskurstheorie des Rechts und des demokratischen Rechtsstaats, 1992). Cambridge, MA: MIT Press.

309 Haft, F. (1981). *Juristische Rhetorik.* (Legal rhetoric). (Second and third edition 1990, 2000). Freiburg/München: Alber.

Haft, F. & Hilgendorf, E. (1993). Juristische Argumentation und Dialektik: Ein Streifzug durch die Geschichte der juristischen Argumentationsmethoden. (Legal argumentation and dialectic: A change in the history of methods of legal argumentation). In: F. Haft, W. Hassemer, U. Neumann, W. Schild & U. Schroth (Eds.), *Strafgerechtigkeit: Festschrift für Arthur Kaufmann zum 70. Geburtstag.* (Criminal justice: Festschrift volume for Arthur Kaufmann at his 70th birthday). (pp. 93–109). Heidelberg: C. F. Müller.

Herberger, M. & Simon, D. (1989). *Wissenschaftstheorie für Juristen.* (Theory of science for lawyers). Frankfurt a. M. : Metzner.

Hilgendorf, E. (1991). Argumentation in der Jurisprudenz: Zur Rezeption von analytischer Philosophie und kritischer Theorie in der Grundlagenforschung der Jurisprudenz. (Argumentation in jurisprudence: The reception of analytical philosophy and critical theory in research of the foundations of jurisprudence). Berlin: Duncker & Humblot.

Hilgendorf, E. (2005). *Die Renaissance der Rechtstheorie zwischen* 1965 *und* 1985 (The renaissance of legal theory between 1965 and 1985). Würzburg: Ergon.

Joerden, J. C. (1998). *Logik im Recht. Grundlagen und Anwendungsbeispiele* (Logic in the law. The foundations of examples of application). Berlin: Springer.

Kaufmann, A. (1999). *Das Verfahren der Rechtsgewinnung −eine rationale Analyse. Deduktion, Abduktion, Analogie, Erkenntnis, Dezision, Macht.* (The process of law−finding −a rational analysis. Deduction, abduction, analogy, knowledge, decision, power). München: Beck.

Klatt, M. (2007). Contemporary legal philosophy inGermany. *Archiv für Rechts−und*

Sozialphilosophie (*ARSP*), 93 (4), 519–539.

Klatt, M. (2008). *Making the law explicit. The normativity of legal argumentation.* (Translation of *Theorie der Wortlautgrenze. Semantische Normativität in der juristischen Argumentation.* Baden–Baden, 2004). Oxford: Hart.

Klatt, M. (Ed.). (2012). *Institutionalized reason. The jurisprudence of Robert Alexy.* Oxford: Oxford University Press.

Klatt, M. (Ed.). (2013). *Zu Robert Alexy's Prinzipientheorie. Gemeinsamkeiten und Differenzen* (On Robert Alexy's theory of principles. Similarities and differences). Tübingen: Mohr.

Klatt, M. (2016). The Rule of dual–natured law. In: Feteris, E. T., Kloosterhuis, H., Plug, J. & Smith, C. (Eds.). *Legal argumentation and the Rule of law* (pp. 27–46). Den Haag: Eleven.

Klatt, M. & Meister, M. (2012). Proportionality–A benefit to human rights? Remarks on the I. CON controversy. *Journal of Constitutional Law* 10 (3), 687–708.

Klatt, M. & Schmidt, J. (2012). Epistemic discretion in constitutional Law. *Journal of Constitutional Law*, Vol. 10, No. 1, pp. 69–105. German version: Klatt, M., Schmidt, J. (2013). Abwägung unter Unsicherheit. In: Klatt, M. (Ed.), *Prinzipientheorie und Theorie der Abwägung* (pp. 105–150). Tübingen: Mohr.

Klug, U. (1951). *Juristische Logik* (Legal logic) (7th revised edition 2015). Berlin: Springer.

Koch, H. J. & Rüssmann, H. (1982). *Juristische Begründungslehre. Eine Einführung in die Grundprobleme der Rechtswissenschaft* (Theory of the foundations of the law. An introduction to the basic problems of legal science). München: Beck.

Kreuzbauer, G. (2004). Kleine Einführung in die Forschungsgeschichte der juristischen Argumentationstheorie (Small introduction to the history of research of legal argumentation).

In: G. Kreuzbauer & S. Augeneder (Eds.), *Der juristische Streit. Recht zwischen Rhetorik, Argumentation und Dogmatik. Archiv für Rechts – und Sozialphilosophie* (*ARSP*), Beiheft 99. (pp. 9–25). Stuttgart: F. Steiner.

Kreuzbauer, G. (2007a). Visualization of legal argumentation. In: J. Aguiló – Regla (Ed.), *Logic, Argumentation and interpretation/Lógica, argumentación e interpretación: Proceedings of the 22nd Ivr World Congress, Granada* 2005 (*Volume V*), (pp. 75–92). Stuttgart etc. : F. Steiner/Nomos, 2007.

Kreuzbauer, G. (2007b). Modelling Argumentation in Moral and Legal Discourse. In: F. H. van Eemeren, A. Blair, Ch. A. Willard & B. Garssen (Eds.), *Proceedings of*

310   *the Sixth Conference of the International Society for the Study of Argumentation*, (pp. 827–34). Amsterdam: Sic Sat & International Center for the Study of Argumentation.

Kreuzbauer, G. (2008). Topics in contemporary legal argumentation: Some remarks on the topical nature of legal argumentation in the continental law tradition. *Informal Logic*, 28 (1), 71–85.

Kreuzbauer, H. M. (2016). Arguing by topics. In: E. Pattaro & C. Roversi (Eds.), *A treatise oo legal philosophy and general jurisprudence. Volume 12. Legal philosophy in the twentieth century: The civil law world* (pp. 630 – 634). Dordrecht etc. : Springer.

Larenz, K. (1975). *Methodenlehre der Rechtswissenschaft* (Theory of the methods of legal science). Berlin etc. : Springer.

Neumann, U. (1979). *Rechtsontologie und juristische Argumentation* (Legal ontology and legal argumentation). Heidelberg: Decker's Verlag.

Neumann, U. (1986). *Juristische Argumentationslehre* (Theory of legal argumentation). Darmstadt: Wissenschaftliche Buchgesellschaft.

Neumann, U. (2004). *Recht als Struktur und Argumentation* (Law as structure and argumentation). Baden–Baden: Nomos.

Oliveira, J. A. de, Paulson, S. & Trivisonno, T. G. (Eds.) (2015). *Alexy's theory of law. Proceedings of the Special Workshop 'Alexy's theory of law' held at the 26th World Congress of the International Association for Philosophy of Law and Social Philosophy in Belo Horizonte*, 2013. ARSP. Stuttgart: Steiner.

Pavlakos, G. (2007). Law, rights and discourse. The legal philosophy of Robert Alexy. Oxford etc. : Hart.

Pavlakos, G. (2012). Correctness and cognitivism. Remarks on Robert Alexy's argument from the claim to correctness. *Ratio Juris*, 25 (1), 15–30.

Pavlakos, G. (2014). Between reason and strategy: Some reflections on the normativity of proportionality. In: Huscroft et al. (Eds.), *Proportionality and the Rule of Law. Rights, justification, reasoning*. Cambridge: Cambridge University Press.

Priuli, V. (2016). *Das Kosovo–Verfahren des Internationalen Gerichtshofs. Eine argumentationstheoretische Untersuchung* (The Kosovo process. An argumentation–theoretical investigation). Berlin: Duncker & Humblot.

Ratschow, E. (1998). *Rechtswissenschaft und formale Logik* (Legal science and formal logic). Baden–Baden: Nomos.

Rodingen, H. (1977). *Pragmatik der juristischen Argumentation: Was Gesetze anrichten und was rechtens is*（Pragmatics of legal argumentation：What laws do and what should be done from the perspective of the law）. Freiburg：K. Alber.

Rödig, J. （1971）. Kritik des normlogischen Schliessens（Criticism of a logic of norms）. *Theory and Decision*（2）, 79–93.

Rödig, J. （1972）. Über die Notwendigkeit einer besonderen Logik der Normen（On the necessity of a specific logic of norms）. In：H. Albert, N. Luhmann, W. Maihofer & O. Weinberger（Eds.）, *Rechtstheorie als Grundlagenwissenschaft der Rechtswissschenschaft*（Legal theory as theory of the foundation of legal science）（pp. 163–185）. Düsseldorf：Bertelsmann.

Sardo, A. & Canale, D.（Eds.）（2016）. A conference on institutional rights. *Analisi e diritto*, 197–270.

Savigny, F. C. von（1840）. *System des heutigen Römischen Rechts*（System of actual Roman law）. vol. I. Berlin.

Schlieffen, K. von（2011）. Das Entymem. Zur Rhetorik des juristischen Begründens（The enthymeme. The rhetoric of legal justification）. *Rechtstheorie*, 42（4）.

Schreckenberger, W.（1978）. *Rhetorische Semiotik：Analyse von Texten des Grundgesetzes und von rhetorischen Grundstrukturen der Argumentation des Bundesverfassungsgerichtes*（Legal semiotics：The analysis of texts of the Constitution and rhetorical basic structures of the argumentation of the German Constitutional Court）. Freiburg：K. Alber.

Seibert, T. M.（1980）. Juristische Topik. Ein Beispiel für die argumentative Wechselbeziehung zwischen Situation und Fall, Regel und Ausnahme. Argumentation（Legal topics. An example for the argumentative mutual influence of situation and case, rule and exception. Argumentation）. *Zeitschrift für Literaturwissenschaft und Linguistik*, 169–177.

Seibert, T. M.（1982）. Fall, Regel und Topos. In：O. Ballweg & T. Seibert（Eds.）, *Rhetorische Rechtstheorie. Zum 75. Geburtstag von Theodor Viehweg*（Rhetorical legal theory. At the 75th birthday of Theodor Viehweg）.（pp. 321–335）. Freiburg/München：Alber.

Sieckmann, J.（1990）. *Regelmodelle und Prinzipienmodelle des Rechtssystems*（Models of rules and models of principles of the legal system）. Baden–Baden：Nomos.

Sieckmann, J.（1995）. Zur Begründung von Abwägungsurteilen（On the justification of decisions based on balancing）. *Rechtstheorie* 26, 45–69.

Sieckmann, J.（2005a）. Principles as normative arguments. In：C. Dahlman & W. Krawietz（Eds.）, *Values, rights and duties in legal and philosophical*

311

discourse. *Rechtstheorie.* (pp. 197–210). Berlin: Duncker & Humblot.

Sieckmann, J. (2005b). *Verfassung und Argumentation* (Constitution and argumentation). Baden–Baden: Nomos.

Sieckmann, J. (2006). *Argumentation und politische Legitimation.* (Argumentation and political legitimation). Baden–Baden: Nomos.

Sieckmann, J. (2007). *Die Prinzipientheorie der Grundrechte. Studien zur Grundrechtstheorie Robert Alexy's* (The theory of principles of constitutional rights. Studies of the theory of constitutional rights of Robert Alexy). Baden–Baden: Nomos.

Sieckmann, J. (Ed.). (2010). *Legal reasoning. The methods of balancing. Proceedings of the Special Workshop held at the 24th World Congress of the International Association for Philosophy of Law and Social Philosophy (IVR), Beijing, 2009. ARSP,* Beiheft. Wiesbaden: F. Steiner.

Sieckmann, J. (2012). *The Logic of Autonomy. Law, Morality and Autonomous Reasoning.* Oxford: Hart.

Sieckmann, J. (2013). Is balancing a method of rational justification *sui generis*? On the structure of autonomous balancing. In: C. Dahlman & E. T. Feteris (Eds.). *Legal argumentation theory: Cross–disciplinary perspectives.* (pp. 189–206). Dordrecht etc. : Springer.

Sobota, K. (1994). Logos, ethos, pathos: A quantitative analysis on arguments and emotions of law. In: M. Mellqvist & M. Persson (Eds.), *Rhetorik & Rätt.* (pp. 155–171). Uppsala.

Sobota, K. (1996). Argumente und stilistische Überzeugungsmittel in Entscheidungen des Bundesverfassungsgerichts (Arguments and stilistic methods of persuasion in decisions of the German Constitutional Court). In: J. Dyck, W. Jens & G. Ueding (Eds.), Rhetorik. Ein internationales Jahrbuch. (pp. 115–136). Tübingen: Mohr.

Struck, G. (1977). *Zur Theorie juristischer Argumentation.* (On the theory of legal argumentation). Berlin: Duncker & Humblot.

Tammelo, I. (1978). *Modern logic in the service of law.* Wien etc. : Springer.

Viehweg, T. (1953). *Topik und Jurisprudenz* (Topics and jurisprudence). München: Beck.

Wang, P. H. (2004). Defeasibility in der juristischen Begründung. Baden–Baden: Nomos.

Wang, P. H. (2016). On Alexy's argument from inclusion. *Ratio Juris* 29 (2), 288–305.

Weinberger, O. (1970). *Rechtslogik: Versuch einer Anwendung der modernen Logik auf das juristische Denken.* (Legal logic: An attempt to the application of modern logic in legal thinking). 2nd edition 1989. Wien etc.: Springer.

Weinberger, O. (1983). Logische Analyse als Basis der juristischen Argumentation (Logical analysis as basis of legal argumentation). In: W. Krawietz & R. Alexy (Eds.), *Metatheorie juristischer Argumentation.* (pp. 159-232). Berlin: Duncker & Humblot.

11. 3. 1. 3　荷兰和讲荷兰语地区的法律论辩研究

D'Aspremont, J. (2015). *Epistemic Forces in International Law. Foundational Doctrines and Techniques of International Legal Argumentation.* Cheltenham: Elgar Publications.

Bex, F. (2011). *Arguments, stories and criminal evidence: A formal hybrid theory.* Dordrecht: Springer.

Bex, F. (2015). An integrated theory of causal stories and evidential arguments. *Proceedings of the 15th International Conference on Artificial Intelligence and Law* (pp. 13-22). ACM Press.

Bex, F., Braak, S. van de, Oostendorp, H. van, Prakken, H., Verheij, B. & Vreeswijk, G. (2007). Sense-making software for crime investigation: how to combine stories and arguments? *Law, Probability and Risk*, 6, pp. 145-168.

Bex, F., Prakken, H., Reed, C. & Walton, D. (2003). Towards a formal account of reasoning about evidence: argumentation schemes and generalisations. *Artificial Intelligence and Law* 12, 125-165.

Bex, F. J., & Verheij, B. (2012). Solving a Murder Case by Asking Critical Questions: An Approach to Fact-Finding in Terms of Argumentation and Story Schemes. *Argumentation* 26 (3), 325-353.

Bex, F. J., van Koppen, P. J., Prakken, H., & Verheij, B. (2010). A Hybrid Formal Theory of Arguments, Stories and Criminal Evidence. *Artificial Intelligence and Law* 18 (2), 123-152.

Eemeren, F. H. van, Feteris, E. T., Grootendorst, R., Haaften, T. van, Harder, W. Den, Kloosterhuis, H. & Plug, J. (1996). *Argumenteren voor juristen.* (Argumentation for lawyers). Groningen: Wolters-Noordhoff.

Feteris, E. T. (1987). The dialectical role of the judge in a Dutch legal process. In: J. W. Wenzel (ed.), *Argument and critical practices. Proceedings of the fifth SCA/ AFA conference on argumentation* (pp. 335-339). Annandale (VA): Speech Com-

312

munication Association.

Feteris, E. T. (1989). *Discussieregels in het recht. Een pragma–dialectische analyse van het burgerlijk proces en het strafproces*. Dissertation Amsterdam. Dordrecht: Foris. (Discussion rules in law. A pragma–dialectical analysis of the dutch civil and criminal process.)

Feteris, E. T. (1990) Conditions and rules for rational discussion in a legal process: A pragma–dialectical perspective. *Argumentation and Advocacy. Journal of the American Forensic Association.* 26 (3), 108-117.

Feteris, E. T. (1993a) The judge as a critical antagonist in a legal process: a pragma–dialectical perspective. In R. E. McKerrow (Ed.), *Argument and the Postmodern Challenge. Proceedings of the eighth SCA/AFA Conference on argumentation.* Annandale: Speech Communication Association, pp. 476-480.

Feteris, E. T. (1993b). Rationality in legal discussions: A pragma–dialectical perspective. *Informal Logic*, Vol. XV (3), 179-188.

Feteris, E. T. (1995). The analysis and evaluation of legal argumentation from a pragma–dialectical perspective. In: F. H. van Eemeren, R. Grootendorst, J. A. Blair, Ch. A. Willard (eds.), *Proceedings of the Third ISSA Conference on Argumentation*, Vol. IV (pp. 42-51). Amsterdam: Sic Sat.

Feteris, E. T. (2004). Rational reconstruction of legal argumentation and the role of arguments from consequences. In: A. Soeteman (ed.), *Pluralism and law. Proceedings of the 20th IVR World Congress, Amsterdam*, 2001. Volume 4: Legal Reasoning. *Archiv für Rechts–und Sozialphilosophie*, *ARSP Beiheft Nr.* 91, 69-78.

Feteris, E. T. (2005). The rational reconstruction of argumentation referring to consequences and purposes in the application of legal rules: a pragma–dialectical perspective. *Argumentation* 19 (4), 459-470.

Feteris, E. T. (2007). The pragma–dialectical reconstruction of teleological – evaluative argumentation in complex structures of argumentation. In: J. A. Blair, H. V. Hansen, R. H. Johnson & C. W. Tindale (Eds.), *Dissensus & the search for common ground. Proceedings* 2007 (pp. 1-11). Windsor ON: OSSA (cd-rom).

Feteris, E. T. (2008a). The pragma–dialectical analysis and evaluation of teleological argumentation in a legal context. *Argumentation* 22 (4), 489-506.

Feteris, E. T. (2008b). The rational reconstruction of weighing and balancing on the basis of teleological–evaluative considerations. *Ratio Juris* 21 (4), 481-495.

313   Feteris, E. T. (2008c). Strategic maneuvering with the intention of the legislator in the justification of judicial decisions'. *Argumentation* 22 (3), 335-353.

Feteris, E. T. (2009a). The role of arguments from reasonableness in the justification of judicial decisions. *Studies in Communication Sciences*, 9/2, 21–39.

Feteris, E. T. (2009b). Strategic manoeuvring in the justification of judicial decisions. In: F. H. van Eemeren (ed.), *Examining argumentation in context. Fifteen studies on strategic manoeuvering*. Amsterdam: John Benjamins, pp. 93–114.

Feteris, E. T. (2010). Strategic manoeuvring with linguistic arguments in the justification of legal decisions. *OSSA 8. Argument Cultures. University of Windsor*. (CD-rom, pp. 1–9).

Feteris, E. T. (2012a). The role of the judge in legal proceedings: A pragma–dialectical analysis. *Journal of Argumentation in Context*, Vol. 1, nr. 2, pp. 234–252.

Feteris, E. T. (2012b). Strategic manoeuvring in the case of the 'Unworthy spouse'. In: F. H. van Eemeren, B. Garssen (Eds.), *Exploring argumentative contexts* (pp. 149–164). Amsterdam: John Benjamins.

Feteris, E. T. (2015). The role of pragmatic argumentation referring to consequences, goals and values in the justification of judicial decisions. In B. Garssen, D. Godden, G. Mitchell & F. Snoeck Henkemans (Eds.), *Proceedings of the 8th ISSA conference*. Amsterdam: Rozenboom. (CD-rom).

Feteris, E. T (2016a). Prototypical argumentative patterns in a legal context: The role of pragmatic argumentation in the justification of legal decisions. *Argumentation*. Special issue on argumentative patterns in discourse. 30 (1), 61–79.

Feteris, E. T. (2016b). Prototypical argumentative patterns in the justification of judicial decisions–a pragma–dialectical perspective. In: E. T. Feteris, H. Kloosterhuis, H. J. Plug & C. E. Smith (Eds.), *Legal argumentation and the Rule of Law* (pp. 47–58). The Hague: Eleven.

Feteris, E. T. (2016). Argumentative patterns in the justification of judicial decisions: A translation of Robert Alexy's concept of weighing and balancing in terms of a general argumentative pattern of legal justification. In: A. Sardo & D. Canale (Eds.), *A conference on constitutional rights. Analisi e diritto*, 223–240.

Feteris, E. T. (2017). The identification of prototypical argumentative patterns in the justification of judicial decisions. *Journal of Argumentation in Context* (6) 1, 44–58.

Gaakeer, A. M. P. (2007). Het motiveren van de hink–stap–sprong. (The justification of jumps). In: E. T. Feteris, H. Kloosterhuis, H. J. Plug, J. A. Pontier (Eds.). *Alles afwegende. Bijdragen aan het vijfde Symposium Juridische Argumentatie, Rotterdam 22 juni 2007*. pp. 17–25. Nijmegen: Ars Aequi.

Feteris, E. T. , Kloosterhuis, H. , Plug, H. J. & Pontier, J. A. (Eds.) (1994). *Met redenen omkleed. Bijdragen aan het symposium juridische argumentatie, Rotterdam 11 juni* 1993. (Supported by reasons. Contributions to the symposium on legal argumentation, Rotterdam, June 11, 1993). Nijmegen: Ars Aequi.

Feteris, E. T. , Kloosterhuis, H. , Plug, H. J. & Pontier, J. A. (Eds.) (1997). *Op goede gronden. Bijdragen aan het tweede symposium juridische argumentatie, Rotterdam 14 juni* 1996 (On good grounds. Contributions to the second symposium on legal argumentation, Rotterdam, June 14, 1996) Nijmegen: Ars Aequi.

Feteris, E. T. , Kloosterhuis, H. , Plug, H. J. & Pontier, J. A. (Eds.) (2000). *Met recht en reden. Bijdragen aan het derde symposium juridische argumentatie, Rotterdam 14 juni* 1999 (With legal reasons. Contributions to the third symposium on legal argumentation, Rotterdam, June 14, 1999). Nijmegen: Ars Aequi.

Feteris, E. T. , Kloosterhuis, H. , Plug, H. J. & Pontier, J. A. (Eds.) (2004). *In het licht van deze overwegingen. Bijdragen aan het vierde symposium juridische argumentatie, Rotterdam 27 juni* 2003 (In light of these considerations. Contributions to the fourth symposium on legal argumentation, Rotterdam, June 27, 2003). Nijmegen: Ars Aequi.

Feteris, E. T. , Kloosterhuis, H. , Plug, H. J. & Pontier, J. A. (Eds.) (2007). *Alles afwegende···Bijdragen aan het vijfde symposium juridische argumentatie, Rotterdam 22 juni* 2007.(All things considered. Contributions to the fifth symposium on legal argumentation, Rotterdam, June 22, 2007). Nijmegen: Ars Aequi.

Feteris, E. T. , Kloosterhuis, H. & Plug, H. J. (Eds.). (2009). *Argumentation and the application of legal rules.* Amsterdam: Sic Sat.

E. T. Feteris, H. Kloosterhuis, H. J. Plug, J. A. Pontier, C. E. Smith (Eds.) (2012). *Gewogen oordelen. Essays over argumentatie en recht.* (Weighed opinions. Essays on argumentation and law). Den Haag: Boom.

Feteris, E. T. , Kloosterhuis, H. , Plug, J. & Smith, C. (Eds.) (2016). *Legal argumentation and the Rule of law.* The Hague: Eleven.

Gaakeer, J. (2011). Law, Language and Literature: Their interrelations in law and literature In: B. Van Klink & S. Taekema (Eds.), *Law and Method. Interdisciplinary Research into Law*, pp. 215-237. Tübingen: Mohr Siebeck.

Gerards, J. (2009). Judicial deliberations in the European Court of Human Rights. In: N. Huls, M. Adams & J. Bomhoff (Eds.), *The legitimacy of higheswt courts' rulings. Judicial deliberations and beyond* (pp. 407–436). The Hague: Asser Press.

314

Gerards, J. (2012). Judicial argumentation in fundamental rights cases. The EU courts'
challenge. In: U. Neergaard, & R. Nielsen (Eds.), European legal method in a
multi-level legal order (pp. 27-69). Kopenhagen: Jurist-Økonomforbundets For-
lag.

Hage, J. C. (1991). Monological reason based logic. In: J. A. Breuker (ed.), *Legal
knowledge based systems, model based reasoning* (pp. 77-91). Lelystad: Koninklijke
Vermande.

Hage, J. (1997). *Reasoning with rules. An essay on legal reasoning and its underlying
logic.* Dordrecht etc.: Kluwer.

Hage, J. C. (2000). Dialectical models in Artificial Intelligence and Law. *Artificial
Intelligence and Law*, 8, 137-172.

Hage, J. C. (2005). *Studies in legal logic.* Dordrecht: Springer.

Hage, J. C. (2012a). Construction or reconstruction? In: C. Dahlman & E. T. Feteris
(Eds.), *Legal argumentation theory: Cross-disciplinary perspectives* (pp. 125-
144). Dordrecht: Springer.

Hage, J. C. (2012b). Legal reasoning and the construction of law. *i-Lex*, 7 (16),
81-105.

Hage, J. C. (2015). The Justification of Value Judgments. Theoretical Foundations for
Arguments about the Best Level to Regulate European Private Law. In:
B. Akkermans, J. Hage, N. Kornet, & J. Smits (Eds.), *Who Does What? On the
allocation of regulatory competences in European Private Law*, 15-56. Cambridge:
Intersentia.

Hage, J. C., Leenes, R. E. & Lodder, A. R. (1994). Hard cases: a procedural ap-
proach. *Artificial intelligence and law*, 2, 113-166.

Hage, J. C., Span, G. P. J. & Lodder, A. R. (1992). A dialogical model of legal
reasoning. In: C. A. F. M. Grütters et al. (Eds.), *Legal knowledge based systems,
information technology and law. JURIX' 92* (pp. 135-146). Lelystad: Koninklijke
Vermande.

Henket, M. M. & Hoven, P. J. van den (1999). *Juridische vaardigheden in argument-
atief verband* (Legal skills from an argumentative perspective). Groningen: Wolters-
Noordhoff.

Hoven, P. J. van den (2008). Sign Processes in theLaw Court and the Functions of
Judicial Argumentation in the West. In T. Suzuki, & T. Kato (Eds.), *Argumenta-
tion, the Law and justice. Proceedings of the 3rd Tokyo Conference on Argumentation.*
(pp. 82-86). Tokyo: The Japan Debate Association.

Hoven, P. J. van den (2009). *De mythe van het taalkundige argument* (The myth of the linguistic argument). *Rechtsgeleerd Magazijn Themis*, (2), 86-90.

Hoven, P. J. van den (2011). The unchangeable judicial formats. *Argumentation*, 25 (4), 499-511. DOI: 10. 1007/s10503-011-9229-4.

Hoven, P. J. van den (2012). Visuele argumentatie in het strafproces (Visual argumentation in criminal procedure). In E. Feteris, H. Kloosterhuis, H. J. Plug, J. A. Pontier, & C. E. Smith (Eds.), Gewogen oordelen. Essays over argumentatie en recht. (pp. 227-238). Den Haag: Boom Juridische Uitgevers.

Hoven, P. J. van den (2014). Mimetics in judicial argumentation: A theoretical exploration. In: D. Mohammed, & M. Lewinski (Eds.), *Virtues of Argumentation. Proceedings of the 10th International Conference of the Ontario Society for the Study of Argumentation (OSSA). 22-26 May* 2013. (pp. 1-8). Windsor, Ontario: OSSA.

Hoven, P. J. van den (2016). The Facebook judge? How transparency in social media conflicts with the Rule of Law. In E. T. Feteris, H. Kloosterhuis, H. J. Plug, & C. E. Smith (Eds.), *Legal Argumentation and the Rule of Law*. (pp. 69-77). The Hague: Eleven international publishing.

Hoven, P. J. van den & Plug, J. (2008). Naar een verbetering van strafmotiveringen. Een onderzoek naar de effectiviteit van het PROMIS model (To an improvement of the justification of decisions in criminal procedure. An investigation into the effectiveness of the PROMIS model). *Tijdschrift voor Taalbeheersing*, 30 (3), 249-267.

Jansen, H. (2003). *Van omgekeerde strekking. Een pragma-dialectische reconstructie van a contrario-argumentatie in het recht* (Inverted purpose. A pragma-dialectical reconstruction of a contrario argumentation in law). Dissertation Amsterdam. Amsterdam: Thela Thesis.

Jansen, H. (2005). E Contrario reasoning: The dilemma of the silent legislator. Argumentation. 19 (4), 485-496.

Jansen, H. (2008). In view of an express regulation. Considering the scope and soundness of a contrario reasoning. Informal Logic 28 (1), 35-46.

Jansen, H. (2009). Arguing about plausible facts: why a reductio ad absurdum presentation may be more convincing. In: E. T. Feteris, H, Kloosterhuis, H. J. Plug (Eds.), *Argumentation and the application of legal rules* (pp. 140-159). Amsterdam: Sic Sat.

Kaptein, H. (1993). *E Contrario* Arguments in Law: From interpretation to implicit

premisses: A reply to Henket, with some addenda. *International Journal for the Se-
miotics of Law.* VI (18), 315-324.

Kaptein, H. (1994). *E contrario* arguments in law: From interpretation to implicit
premisses. *International Journal for the Semiotics of Law* VI (18), 315-324.

Kaptein, H. (1995). The redundancy of precedent and analogy. In: van Eemeren et
al. , Vol. IV, pp. 122-137. *Special fields and cases: Proceedings of the Third ISSA
Congress on Argumentation, Volume IV* (pp. 122-137). Amsterdam: Sic Sat.

Kaptein, H. (1998). Jumping to conclusions in criminal law: Facts, offenses and the
logic of loose ends in between. In: E. Bulygin, B. M. Leiser & M. van Hoecke
(Eds.) *Changing Structures in Modern Legal Systems and the Legal State Ideology.
Rechtstheorie, Beiheft* 18, 385-394.

Kaptein, H. (1999). Abductive limits to artificial intelligence in adjudication: Perva-
sive problems of analogy, e contrario and circumstantial evidence. In: F. H. van
Eemeren, R. Grootendorst, J. A. Blair & C. A. Willard (Eds.) *Proceedings of the
Fourth International Conference of the International Society for the Study of Argu-
mentation* (pp. 428-433). Amsterdam: Sic Sat.

Kaptein, H. (2006). Legal progress through pragma-dialectics? Prospects beyond a-
nalogy and e contrario. *Argumentation* 19 (4), 497-507.

Kaptein, H. J. R. , Prakken, H. & Verheij, B. (Eds.) (2009). *Legal evidence and
proof: statistics, stories, logic.* Ashgate Publishing Limited, Farnham & Burling-
ton.

Kaptein, H. (2016). Analogy and e contrario: The facts -Pet issues of perpetration,
damage and damages. In: E. T. Feteris, H. Kloosterhuis, H. J. Plug & C. E. Smith
(Eds.), *Legal argumentation and the Rule of Law.* The Hague: Eleven, pp. 79-
88.

van Klink, Bart (1996). Analogy Comprehension as Complexity Reduction. *Acta Lin-
guistica Hungarica*, pp. 189-207.

Klink, B. M. J. van (2012). De finaliteit van het rechterlijk oordeel. Naar een motiv-
ering van het genoeg (The finality of legal decisions. To a sufficient legal justifica-
tion). In E. T. Feteris (Eds.), *Gewogen oordelen. Essays over argumentatie en
recht* (pp. 159-169). Den Haag: Boom Juridische uitgevers.

Klink, B. van (2016a). Adjudication and Justification. To What Extent Should the
Excluded be Included? In: D. Mohammed & Marcin Lewinski (Eds.), *Argumen-
tation and Reasoned Action: Proceedings of the First European Conference on Argu-
mentation, Lisbon*, 9-12 *June* 2015. Volume II (pp. 543-656). Lisbon: College

Publications.

316　Klink, B. van. (2016b). The Burden of Rationality. Why and How Should the Judge Justify Her Decision? E. T. Feteris, H. Kloosterhuis, H. J. Plug & C. E. Smith (Eds.) *Legal Argumentation and the Rule of Law.* (pp. 89-98). The Hague: Eleven.

Klink, B. van, & Royakkers, L. (1999). Analogie en rechtszekerheid in het strafrecht (Analogy and legal certainty in criminal law). *Delikt & Delinkwent*, 977-997.

Klink, B. van & Royakkers, L. (2000). Van fictie naar werkelijkheid. Analogie in het strafrecht (From fiction to reality. Analogy in criminal law). In: E. T. Feteris, H. Kloosterhuis, H. J. Plug & J. A. Pontier (Eds.), *Met recht en reden. Bijdragen aan het derde symposium Juridische argumentatie, Rotterdam* 18 *juni* 1999 (pp. 155-162). Nijmegen: Ars Aequi.

Klink, B. van & IJzermans, M. (2004), De rechterlijke motivering in een multiculturele samenleving (Judicial justification in a multicultural society). In: E. T. Feteris, H. Kloosterhuis, H. J. Plug & J. A. Pontier (Eds). *In het licht van deze overwegingen. Bijdragen aan het Vierde Symposium Juridische Argumentatie* 27 *juni* 2003 *te Rotterdam* (pp. 99-113). Nijmegen: Ars Aequi.

Kloosterhuis, H. (1994). De rationele reconstructie van a contrario-argumentatie: een pragma-dialectische benadering (The rational reconstruction of a contrario-argumentation: a pragma-dialectical approach). *Tijdschrift voor Taalbeheersing*, 16 (2), 106-116.

Kloosterhuis, H. (1995). The study of analogy-argumentation in law: four pragma-dialectical starting points. In: F. H. van Eemeren et al. *Proceedings of the Third ISSA Conference of Argumentation.* (pp. 138-145). Amsterdam: Sic Sat.

Kloosterhuis, H. (2000). Analogy-argumentation in law: A dialectical perspective. *Artificial Intelligence and Law* 8, 173-187.

Kloosterhuis, H. (2005a). Analysing and evaluating arguments from principles of law. *Archiv für Rechts-und Sozialphilosophie* 97, 95-101.

Kloosterhuis, H. (2005b). Reconstructing complex analogy argumentation in legal decisions: A pragma-dialectical perspective. *Argumentation* 19 (4), 471-492.

Kloosterhuis, H. (2006). *Reconstructing interpretative argumentation in legal decisions. A pragma-dialectical approach.* Amsterdam: Sic Sat.

Kloosterhuis, H. (2007). Ad absurdum arguments in legal decisions. In: J. Aguiló Regla (Ed.), *Logic, argumentation and interpretation. Proceedings of the 22nd*

IVR World Congress Granada 2005, *Vol. V*（pp. 68–74）. ARSP Beiheft 110.

Kloosterhuis, H.（2008a）. Formal and substantial justification in legal decisions: Some critical questions from an argumentative perspective. In: N. J. H. Huls, M. Adams & J. Bomhoff（Eds.）, *The legitimacy of highest court's rulings. Judicial deliberations and beyond.*（pp. 111–120）. Den Haag: TMC Asser Press.

Kloosterhuis, H.（2008b）. The strategic use of formal argumentation in legal decisions. *Ratio Juris* 21（4）, 496–506.

Kloosterhuis, H.（2009a）. Argumentatieve analyse van taalkundige argumentatie bij de interpretatie van rechtsregels（Argumentative analysis of linguistic argumentation in the interpretation of legal rules）. *Rechtsgeleerd Magazijn Themis* 2, 72–79.

Kloosterhuis, H.（2009b）. Reconstructing strategic manoeuvers with interpretative arguments in legal decisions. In: E. T. Feteris, H, Kloosterhuis, H. J. Plug（Eds.）, *Argumentation and the application of legal rules*（pp. 41–54）. Amsterdam: Sic Sat.

Kloosterhuis, H.（2011）. Towards a typology of argumentation based on legal principles. *Cogency* 3（2）, 67–80.

Kloosterhuis, H.（2015）. Institutional constraints of topical strategic maneuvering in legal argumentation. The case of 'insulting'. In: T. Bustamante & C. Dahlman（Eds.）, *Argument types and fallacies in legal argumentation.*（pp. 67–75）. Dordrecht: Springer.

Kloosterhuis, H. & Smith, C.（2016）. Four fallacies about analogical reasoning and the Rule of Law. In: E. T. Feteris, H. Kloosterhuis, H. J. Plug & C. E. Smith（Eds.）, *Legal argumentation and the Rule of Law*（pp. 99–110）. The Hague: Eleven.

Lodder, A. R.（1999a）. Argumenteren en redeneren（Arguing and reasoning）. In A. Oskamp & A. R. Lodder（Eds.）, *Informatietechnologie voor Juristen–Handboek voor de jurist in de 21ste eeuw*（Informatica en Recht, 20）. Deventer: Kluwer.

Lodder, A. R.（1999b）. *DiaLaw. On legal justification and dialogical models of argumentation.* Dordrecht: Kluwer.

Lodder, A. R.（2004）. Law, Logic, Rhetoric: a Procedural Model of Legal Argumentation. In: S. Rahman & J. Symons（Eds.）, *Logic, Epistemology and the Unity of Science*（pp. 569–588）. Dordrecht/Boston/London: Kluwer Academic Publishers.

Lodder, A. R. & Verheij, B（1999）. Computer–mediated legal argument: towards new opportunities in education. *Journal of Information, Law and Technology*, 1–20.

317

Lodder, A. R. & Walton, D. N. (2005). What role can Rational Argument Play in ADR and Online Dispute Resolution? In: *Proceedings 2nd International ODR workshop* (odrworkshop. info).

Mackor, A. R. (2016). Improving judicial argumentation about evidence in dutch unus testis cases. In: E. T. Feteris, H. Kloosterhuis, H. J. Plug & C. E. Smith (Eds.), *Legal argumentation and the Rule of Law* (pp. 111–122). The Hague: Eleven.

Muntjewerff, A. J. (2012). An explicit model for learning to structure and analyze decisions by judges. In: 25*th IVR World Congress: Law, Science and Technology*: Frankurt am Main, 15–20 August 2011: paper series. (pp. 114). Frankfurt am Main: Goethe – Universität. DOI: urn: nbn: de: hebis: 30: 3 – 249726 [details].

Muntjewerff, A. & Loo, K. van (2016). Fundamental rights and the Rule of Law–Rule of Law as argument for interference. In: E. T. Feteris, H. Kloosterhuis, H. J. Plug & C. E. Smith (Eds.), *Legal argumentation and the Rule of Law* (pp. 133–146). The Hague: Eleven.

Nivelle, N. (2008). *Tegenfeitelijke voorwaardelijke zinnen in argumentatieve juridische teksten* (Counterfactuals in argumentative legal texts). Dissertation Universiteit Leuven.

Nivelle, N. (2009). Cause – effect argumentation in Belgian civil liability cases: A pragma – dialectical argumentation model. In: E. T. Feteris, H, Kloosterhuis, H. J. Plug (Eds.), *Argumentation and the application of legal rules* (pp. 160 – 181). Amsterdam: Sic Sat.

Plug, H. J. (1996). Complex argumentation in judicial decisions. Analysing conflicting arguments. In: D. M. Gabbay & H. Ohlbach (Eds.), *Practical reasoning. International Conference on formal and applied practical reasoning*, *FAPR* ' 96 *Bonn, Germany, June* 3–7, 1996 *Proceedings*. (pp. 464–480). Berlin: Springer.

Plug, H. J. (2000a). *In onderlinge samenhang bezien. De pragma–dialectische reconstructie van complexe argumentatie in rechterlijke uitspraken.* (Considered in conjunction. The pragma – dialectical reconstruction of complex argumentation in judicial decisions.) Amsterdam: Thela Thesis.

Plug, H. J. (2000b). Indicators of obiter dicta. A pragma – dialectical analysis of textual clues for the reconstruction of legal argumentation. *Artificial Intelligence and Law* 8 (2–3), 189–203.

Plug, H. J. (2002). Maximally argumentative analysis of judicial argumentation. In: F. H. van Eemeren (Ed.), *Advances in pragma-dialectics*. (pp. 261-271). Amsterdam: Sic Sat.

Plug, H. J. (2005a). Evaluating references to the intention of the leglislator. In: L. Wintgens (Ed.), *The theory and practice of legislation. Essays in legisprudence.* (pp. 318-330). Alsdershot: Ashgate.

Plug, H. J. (2005b). Reconstructing and evaluating genetic arguments in judicial decisions. *Argumentation* 19 (4), 447-458.

Plug, H. J. (2012). Obscurities in the formulation of legal argumentation. *International Journal of Law, Language & Discourse.* 2 (1), 126-142.

Plug, H. J. (2015). Transparency in legal argumentation: adapting to a composite audience in administrative judicial decisions. In: F. H. van Eemeren & B. Garssen (Eds.), *Scrutinizing argumentation in practice.* (pp. 121-132). Amsterdam: John Benjamins.

Plug, H. J. (2016a). Administrative judicial decisions as a hybrid argumentative activity type. *Informal Logic* 36 (3), 333-348.

Plug, H. J. (2016b). Argumentative contributions to the settlement of conflicts in administrative judicial decisions. In: E. T. Feteris, H. Kloosterhuis, H. J. Plug & C. E. Smith (Eds.), *Legal argumentation and the Rule of Law* (pp. 171-182). The Hague: Eleven.

Pontier, J. A. & Burg, E. (2004). *EU Principles on Jurisdiction and Recognition and Enforcement of Judgments in Civil and Commercial Matters according to the case law of the European Court of Justice.* Den Haag: Asser Institute.

Prakken, H. (1993). *Logical tools for modelling legal argument.* Amsterdam: Vrije Universiteit Amsterdam.

Prakken, H. (2001a). Modelling defeasibility in law: logic or procedure? *Fundmenta Informaticae*, 48, 253-271.

Prakken, H. (2001b) Modelling reasoning about evidence in legal procedure. In: *Proceedings of the eighth international conference on Artificial Intelligence and Law* (pp. 119-128). New York, NY: ACM Press.

Prakken, H. (2004). Analysing reasoning about evidence with formal models of argumentation. *Law, Probability & Risk*, 3, 33-50.

Prakken, H. (2005). AI & Law, logic and argument schemes. *Argumentation* 19 (3), 303-320.

Prakken, H. (2008a). AI & Law on legal argument: Research trends and application prospects. *Scripted* 5 (3), 450-454.

Prakken, H. (2008b). A formal model of adjudication dialogues. *Artificial Intelligence and Law*, 16, 1-12.

Prakken, H. and G. Sartor (1996). A dialectical model of assessing conflicting arguments in legal reasoning. *Artificial Intelligence and Law*, 4, 331-368.

Prakken, H. and G. Sartor (Eds.) (1997). *Logical models of legal argumentation*. Dordrecht: Kluwer.

Prakken, H. and G. Sartor (1998) Modelling reasoning with precedents in a formal dialogue game. *Artificial Intelligence and Law*, 6, 231-287.

Prakken, H. And G. Sartor (2002). The role of logic in computational models of legal argument: A critical survey. In: A. Kakas and F. Sadri, *Computational logic: Logic of programming and beyond. Essays in hounour of Robert A. Kowalski - Part II* (pp. 342-380). Berlin: Springer.

Prakken, H. and G. Sartor (2004). The three faces of defeasibility in the law. *Ratio Juris*, 17 (1), 118-139.

Prakken, H. and G. Sartor (2006). Presumptions and burdens of proof. In: *Legal Knowledge and Information Systems: JURIX 2006: The nineteenth annual conference*, Amsterdam etc. : IOS Press, pp. 21-30.

Prakken, H. and G. Sartor (2008). More on Presumptions and Burdens of Proof. In: G. Sartor (Eds.), *Legal knowledge and information systems. JURIX 2008: The twentieth conference*. Amsterdam: IOS Press.

Prakken, H. , C. Reed and D. N. Walton (2003). Argumentation schemes and generalisations in reasoning about evidence. In: *Proceedings of the Ninth International Conference of Artificial Intelligence and Law* (pp. 32-41). New York: ACM Press.

Smith, C. E. (2001). Theorie en praktijk van het casusoplossen (Theory and Practice of Legal Adjudication), Maastricht: Shaker Publishing.

Smith, C. E. (2009a). The case-bound character of legal reasoning. In: E. T. Feteris, H, Kloosterhuis, H. J. Plug (Eds.), *Argumentation and the application of legal rules* (pp. 119-130). Amsterdam: Sic Sat.

Smith, C. E. (2009b). Heuristiek en legitimatie van het rechtsoordeel: van geval naar regel (Heuristics and justification of the judicial decision: from case to rule), *Trema* 2009, 420-425.

Smith, C. E. (2009c). Legitimacy of the ruling. In: N. Huls, M. Adams & J. Bomhoff (Eds.), *The legitimacy of the highest court's rulings. Judicial deliberations and beyond* (pp. 257-267). The Hague: T. M. C. Asser Press.

Smith, C. E. (2009d). The rhetoric of justification. In: E. Van Alphen, M. G. Bal & C. E. Smith (Eds.), *The rhetoric of sincerity* (pp. 78-90). Stanford CA: Stanford University Press.

Soeteman, A. (1989). *Logic in law. Remarks on logic and rationality in normative reasoning, especially in law.* Dordrecht etc. : Kluwer.

Soeteman, A. (1995). Formal aspects of legal reasoning. *Argumentation*, 9 (5), 731-746.

Tjong Tjin Tai, T. F. (2016). Rule of law and legal epistemology. In: E. T. Feteris, H. Kloosterhuis, H. J. Plug & C. E. Smith (Eds.), *Legal argumentation and the Rule of Law* (pp. 193-204). The Hague: Eleven.

Venzke, I. (2014). What makes for a valid legal argument? *Leiden Journal of International Law*, 27 (4), 811-816.

Venzke, I. (2016a). International Law as an Argumentative Practice: On Wohlrapp's Concept of Argument. *Transnational Legal Theory*, 7 (1), 9-19.

Venzke, I. (2016b). Judicial Authority and Styles of Reasoning: Self-Presentation between Legalism and Deliberation. In J. Jemielniak, L. Nielsen, & H. Palmer Olsen (Eds.), *Establishing judicial authority in international economic law.* (pp. 240-262). Cambridge: Cambridge University Press

Verheij, B. (1996). *Rules, reasons, arguments. Formal studies of argumentation and defeat.* Doctoral dissertation University of Maastricht.

Verheij, B. (2003a). Artificial argument assistants for defeasible argumentation. *Artificial Intelligence* 150 (1-2), 291-324.

Verheij, B. (2003b). Dialectical Argumentation with Argumentation Schemes: An Approach to Legal Logic. *Artificial Intelligence and Law* 11 (1-2), 167-195.

Verheij, B. (2005). *Virtual arguments. On the design of argument assistants for lawyers and other arguers.* The Hague: TMC Asser Press.

Verheij, B. (2014). To Catch a Thief With and Without Numbers: Arguments, Scenarios and Probabilities in Evidential Reasoning. *Law, Probability & Risk* 13, 307-325.

Verheij, B., Bex, F. J., Timmer, S., Vlek, C., Meyer, J. J., Renooij, S., & Prakken, H. (2016). Arguments, scenarios and probabilities: Connections between three normative frameworks for evidential reasoning. *Law, Probability & Risk* 15, 35-70.

Wagemans, J. H. M. (2016). Rhetorical status theory as an institutional framework for legal discussions. In: E. T. Feteris, H. Kloosterhuis, H. J. Plug & C. E. Smith

319

(Eds.), *Legal argumentation and the Rule of Law* (pp. 205-216). The Hague: Eleven.

Westerman, P. (2009). Legal or non-legal reasoning: The problems of arguing about goals. In: E. T. Feteris, H. Kloosterhuis, H. J. Plug (Eds.), *Argumentation and the application of legal rules* (pp. 85-103). Amsterdam: Rozenberg.

Witteveen, W. J. (1988). *De retoriek in het recht. Over retorica en interpretatie, staatsrecht en democratie* (Rhetoric in law. On rhetoric, interpretation, administrative law and democracy). Zwolle: Tjeenk Willink.

Witteveen, W. J. (2007). Recht als systeem, recht in fragmenten: twee visies op juridische argumentatie (The law as system, law in fragments: Two views on legal argumentation). In: E. T. Feteris, H. Kloosterhuis, H. J. Plug, J. A. Pontier (Eds.). *Alles afwegende. Bijdragen aan het vijfde Symposium Juridische Argumentatie, Rotterdam 22 juni* 2007 (pp. 9-16). Nijmegen: Ars Aequi.

Witteveen, W. J. (2011). Law and Rhetoric: A Misunderstood relation. In: B. Van Klink & S. Taekema (Eds.), *Law and Method. Interdisciplinary Research into Law* (pp. 237-253). Tübingen: Mohr Siebeck.

11.3.1.4 斯堪的纳维亚的法律论辩研究

瑞典

Aarnio, A, Alexy, R. & Peczenik, A. (1981). The foundation of legal reasoning. *Rechtstheorie*, 21 (2), 133-158, 21 (3), 257-279, 21 (4) 423-448.

Dahlman, C. (2015). The felony fallacy. *Law, Probability and Risk Advance Access*, 14, 229-241.

Dahlman, C. (2016). Unacceptable generalizations in arguments on legal evidence. *Argumentation*, 31 (1), 83-99.

Dahlman, C. & Wahlberg, L. (2015). Appeal to expert testimony: A Bayesian approach. In: T. Bustamante & C. Dahlman (Eds.), Argument types and fallacies in legal argumentation. (pp. 3-18). Dordrecht etc.: Springer.

Zenker, F. & Dahlman, C. (2016). Debiasing and Rule of Law. In: E. T. Feteris, H. Kloosterhuis, H. J. Plug & C. E. Smith (Eds.), *Legal argumentation and the Rule of Law*. (pp. 205-216). Den Haag: Eleven.

Dahlman, C., Reidhav, D. & Wahlberg, L. (2013). Fallacies in *ad hominem* arguments. In: C. Dahlman & E. T. Feteris (Eds.), *Legal argumentation theory: Cross-disciplinary perspectives*. (pp. 57-70). Dordrecht etc.: Springer.

Dahlman, C., Sarwar, F., Baath, R., Wahlberg, L. & Sikström, S. (2012). The effect of imprecise expressions in argumentation – theory and experimental results. In: *Argumentation 2012. International conference on alternative methods of argumentation in law.* (pp. 15–30). Brono: Masaryk University.

Dahlman, C. , Sarwar, F. , Baath, R. , Wahlberg, L. & Sikström, S. (2015). Prototype effect and the persuasiveness of generalizations. *The Review of Philosophy and Psychology*, 163–180.

Lindahl, L. (2003). Operative and justificatory grounds in legal argumentation. *Associations* 7 (1), 185–200.

Lindahl, L. (2004), Deduction and justification in the law. The role of legal terms and concepts. *Ratio Juris* 17 (2), 182–202.

Peczenik, A. (1983). *The basis of legal justification.* Lund.

Peczenik, A. (1989). *On law and reason.* Dordrecht etc. : Reidel. (translation of 'Rätten och förnuftet', 1986). (2nd. Edition 2008 with a preface by J. C. Hage)

Peczenik, A. (1998). *A coherence theory of juristic knowledge.* In: A. Aarnio, R. Alexy, A. Peczenik, W. Rabinowicz & J. Wolenski (Eds.), *On coherence theory of law* (pp. 7–15). Lund: Juristförlaget.

Reidhav, D. (2007). *Reasoning by analogy –A study on analogy–based arguments in law.* Lund: Lund University, Faculty of Law.

Spaak, T. (2003). Principled and pragmatic theories of legal reasoning. In: A. Fogelklou & T. Spaak (Eds.), *Festskrift till Ake Frandberg.* (pp. 235–262). Uppsala: Iustus Forlag.

芬兰

Aarnio, A. (1977). *On legal reasoning.* Turku: Turun Yliopisto.

Aarnio, A. (1987). *The rational as reasonable. A treatise of legal justification.* Dordrecht etc. : Reidel.

Kiikeri, M. (2001). *Comparative legal reasoning and European law.* Dordrecht: Kluwer.

Paunio, E. (2013). *Legal certainty in multilingual EU law: Language, discourse and reasoning at the European Court of Justice.* Farnham: Ashgate.

Paunio, E. & Lindroos–Hovinheimo, S. (2010). Taking language seriously: An analysis of linguistic reasoning and its implications in EU law. European Law Journal, 16 (4), 395–416.

Siltala, R. (2011). *Law, truth and reason. A treatise on legal argumentation.* Dordrecht: Springer.

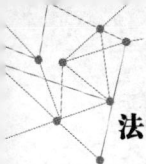

丹麦

Lundström, J. E. , Hamfelt, A. , Nilsson, J. F. (2007). Legal rules and argumentation in a metalogic framework. In: A. R. Lodder & L. Mommers (Eds.), *Legal knowledge and information systems*, JURIX 2007: The 20th Anniversary International Conference. IOS Press, pp. 39-48.

321　Lundström, J. E. , Hamfelt, A. , Nilsson, J. F. (2008). A rule-sceptic characterization of acceptable legal arguments. In: *The eleventh international conference on artificial intelligence and law*, Proceedings of the Conference, June 4-8, 2007b, Stanford Law School, Stanford University, California, USA, pp. 283-284.

Mamfelt, A. , Eriksson, J. , Nilsson, J. F. (2005). A metalogic formalization of legal argumentation as game trees with defeasible reasoning. In: *Proceedings of ICAIL '05 Proceedings of the 10th international conference on Artificial intelligence and law*, pp. 250-251.

Spiermann, O. (2005). *International legal argument in the Permanent Court of International Justice*. The rise of the international judiciary. Cambridge: Cambridge University Press.

11.3.2　东欧的法律论辩研究

11.3.2.1　波兰的法律论辩研究

Araszkiewicz, M. (2010). Balancing of legal principles and constraint satisfaction. JURIX 2010, 7-16.

Araszkiewicz, M. (2013a). Limits of constraint satisfaction theory of coherence as a theory of (legal) justification. In: M. Araszkiewicz & J. Savelka (Eds.), *Coherence: Insights from philosophy, jurisprudence and artificial intelligence*. (pp. 217-242). Dordrecht: Springer.

Araszkiewicz, M. (2013b). Towards a systematic research on statutory interpretation in AI and law. In: K. Ashley (Ed.), *Legal knowledge and information systems*, JURIX 2013: The twenty-sixth annual conference. (pp. 15-24).

Araszkiewicz, M. (2015). Argument structures in legal interpretation: Balancing and thresholds. In: T. Bustamante & C. Dahlman (Eds.), *Argument types and fallacies in legal argumentation*. (pp. 129-150). Dordrecht etc. : Springer.

Araszkiewicz, M. , Myska, M. , Smejkalová, T. , Savelka, J. & Skop, M. (Eds.) (2011), *Argumentation 2011. International Conference on Alternative Methods of Argumentation in Law*. Brno: Masaryk University.

Araszkiewicz, M. , Myska, M. , Smejkalová, T. , Savelka, J. & M. Skop (Eds.)

（2012）, *Argumentation* 2012. *International Conference on Alternative Methods of Argumentation in Law.* Brno: Masaryk University.

Brozek, B. (2007a). *Rationality and discourse. Towards a normative model of applying law.* Warszawa: Wolters Kluwer.

Brozek, B. (2007b). The weight formula and argumentation. In: G. Pavlakos (Ed.), *Law, rights and discourse. The legal philosophy of Robert Alexy.* (pp. 319 – 333). Oxford etc. : Hart.

Brozek, B. (2008). Analogy in legal discourse. *Archiv für Rechts – und Sozialphilosophie* 94 (2), 188-201.

Gizbert–Studnicki, T. (1990). The burden of argumentation in legal disputes. *Ratio Juris* 3 (1), 118-129.

Gizbert–Studnicki, T. (2012). Consensus and objectivity of legal argumentation. In: M. Araszkiewicz, M. Myska, T. Smejkalová, J. Savelka & M. Skop (Eds.), *Argumentation* 2012. *International Conference on Alternative Methods of Argumentation in Law.* (pp. 1–14). Brno: Masaryk University.

Grabowski, A. (1999). *Judicial argumentation and pragmatics. A study on the extension of the theory of legal argumentation.* Kraków: Ksiegarnia Akademicka.

Peczenik, A. (1983). *The basis of legal justification.* Lund: Lund University Press.

Peczenik, A. (1989). *On law and reason.* Dordrecht etc. : Reidel. (translation of "Rätten och förnuftet", 1986).

Peczenik, A. & Wróblewski, J. (1985). Fuzziness and transformations: Towards explaining legal reasoning. *Theoria*, 24-44.

Smolak, M. (2003). *Uzasadnianie sadowe jako argumentacja z moralnosci politicycznej. O legitymizacji wladzy sedziowskiej* (Judicial justification as a moral – political argumentation). Krakow: Zakamycze.

Sobotka, M. (2012). Perspectives of analogical reasoning. In: M. Araszkiewicz, M. Myska, T. Smejkalová, J. Savelka, J. & Skop, M. (Eds.), *Argumentation* 2012. *International Conference on Alternative Methods of Argumentation in Law.* (pp. 135–141). Brno: Masaryk University.

Stelmach, J. & Brozek, B. (2006). *Methods of legal reasoning.* Dordrecht etc. : Springer.

Szczyrbak, M. (2014). *The realisation of concession in the discourse of judges. A genre perspective.* Kraków: Jagellonian University Press.

Stelmach, J. & Brozek, B. (2006). *Methods of legal reasoning.* Dordrecht etc. : Springer.

322

Wolénski, J. (1972). *Logiczne problemy wykladni prawa* (Logical problems of legal interpretation). Kraków: Uniwersystet Jagiellónski.

Wróblewski, J. (1974). Legal syllogism and rationality of judicial decision. *Rechtstheorie*, Band 14, Nr. 5, pp. 33–46.

Wróblewski, J. (1992). *The judicial application of law*. (Edited by Z. Bankowski and N. MacCormick). Dordrecht etc. : Kluwer.

Ziembínski, Z. (1955). *Logika praktyczna* (Practical logic). Warsaw: PWN.

Ziembínski, Z. (1966). *Logiczne podstawy prawoznawstwa: wybrane zagadnienia.* (The logical foundations of justisprudence: Selected issues). Warszawa: Wydawnictwo Prawnicze.

Ziembínski, Z. (1976). *Practical logic.* (Translation of Logiczne podstawy prawoznawstwa: wybrane zagadnienia. Warszawa: Wydawnictwo Prawnicze). Dordrecht: Reidel.

Zurek, T. & Araszkiewicz, M. (2013). Modelling teleological interpretation. In: B. Verheij, E. Francesconi & A. von der Leith Gardner (Eds.), *ICAIL 2013: Proceedings of the fourteenth conference on artificial intelligence and law* (pp. 160–168). New York: ACM.

11.3.2.2 斯洛文尼亚的法律论辩研究

Novak, M. (2003). The promising gift of precedents: Changes in culture and techniques of judicial decision–making in Slovenia. In: J. Priban, P. I. Roberts & J. Young (Eds.), *Systems of justice in transition: Central European experiences since* 1989 (pp. 94–108). Ashgate: Dartmouth.

Novak, M. (2007). Limiting courts: Towards greater consistency of adjudication in the civil law system. In: J. Aguiló–Regla (Ed.), *Proceedings of the 22nd IVR World Congress Granada* 2005. *Vol.* 5, *Logic, argumentation and interpretation. Archiv für Rechts – und Sozialphilosophie,* 110 (pp. 95 – 106). Stuttgart: F. Steiner.

Novak, M. (2010a). *Pravna argumentacija v praksi.* (Legal argumentation in practice). Ljubljana: Planet GV.

Novak, M. (2010b). Three models of balancing (in constitutional review). *Ratio Juris,* 23 (1), 101–112.

Novak, M. (2013). The argument from psychological typology for a mild separation between the context of discovery and the context of justification. In: C. Dahlman & E. T. Feteris (Eds.), *Legal argumentation theory: cross–disciplinary perspectives* （pp. 145-162）. Dordrecht：Springer.

Novak, M. (2016). Arguing for certainty in criminal law and the Rule of Law. In：E.
T. Feteris, H. Kloosterhuis, H. J. Plug & C. E. Smith (Eds.). *Legal argumentation
and the Rule of Law. Proceedings of the International Conference on Legal Argumen-
tation and the Rule of Law*, Rotterdam 2015. (pp. 147-158). The Hague：Elev-
en.

Pavčnik, M. (1991). *Argumentacija v pravu：od življenjskega primera do pravne odloc-
itve (Argumentation in Law：From a specific case to a legal decision)*. (3rd edition
2013). Ljubljana：Ljubljana：GV Založba.

Pavčnik, M. (1993). *Juristisches Verstehen und Entscheiden* (Legal understanding and
decision). New York：Springer.

Pavčnik, M. (2007). Constitutional interpretation. In：J. Aguiló – Regla (Ed.),
*Logic, argumentation and interpretation. Proceedings of the 22nd IVR World
Congress Granada* 2005. *Archiv für Rechts-und Sozialphilosophie*, 110, 175-189.

Pavčnik, M. (2010). The principle of proportionality. In：J. Sieckmann (Ed.), *Legal
Reasoning：The models of balancing. Archiv für Rechts – und Sozialphilosophie
(ARSP)* (pp. 161-167). Stuttgart：Steiner Verlag.

Pavčnik, M. (2015). Interpretative importance of legal principles for the understanding
of legal texts. *Archiv für Rechts-und Sozialphilosophie*, 101 (1), 52-59.

Pavčnik, M. (2016). Der 'juristische Syllogismus' als rationaler Rahmen der Entsc-
heidung und seine Anwendung im elektronischen Formularverfahren (The legal syl-
logism as rational framework for legal decision-making and its application in elec-
tronic forms). In：E. Schweighofer (Ed.), *Netzwerke = Networks：Tagungsband des
19. Internationalen Rechtsinformatik Symposions RIS* 2016, 25. *bis* 27. *Februar* 2016,
*Universität Salzburg = Proceedings of the 19th International Legal Informatics Sympo-
sium* (pp. 319-328). Wien：Österreichische Computer Gesellschaft.

11. 3. 3　南欧的法律论辩研究

11. 3. 3. 1　意大利的法律论辩研究

Barberis, M. (2006). Pluralismo argomentativo. Sull'argomentazione dell'interpretazione
(Argumentative pluralism. On the argumentation of interpretation). *Etica & Politi-
ca*, 1, 1-21.

Bertea, S. (2002). *Certezza del diritto e argomentazione giuridica.* (Legal certainty
and legal argumentation). Soveria Mannelli：Rubettino.

Bertea, S. (2003). Legal argumentation theory and the concept of law. In：F. H. van

Eemeren, J. A. Blair, C. A. Willard & A. F. Snoeck Henkemans (Eds.), *Anyone who has a view. Theoretical contributions to the study of argumentation* (pp. 213-226). Dordrecht: Kluwer.

Bertea, S. (2004). Certainty and reasonableness in law. *Argumentation*, 18 (4), 465-478.

Bertea, S. (2005). The arguments from coherence. *Oxford Journal of Legal Studies*, 25, 369-391.

Bertea, S. (2008). Law and legal reasoning. *Northern Ireland Legal Quarterly* 59, 4-19.

Bertea, S. (2013a). Sull'uso dialettico del precedente giudiziario (On the use of dialectics in legal precedent). In: M. Bianchetti & G. Gioia (Eds.), *Dialogo tra corti e principio di proporzionalità* (pp. 503-516). Padova: Cedam.

Bertea, S. (2013b). Ragionamento giudiziale e positivitàdel diritto (Legal reasoning and legal positivism). In: C. Sarra & D. Velo dal Brenta (Eds.), *Diritto e positività* (pp. 16-32). Padova: Padova University Press.

Bertea, S. & Sarra, C. (2015). Foreign precedents in judicial argument: A theoretical account. *European Journal of Legal Studies* 7, 140-179.

Bongiovanni, G., Rotolo, N. & C. Roversi (2007). The claim to correctness and inferentialism: Alexy's theory of practical reason reconsidered. In: G. Pavlakos (Ed.), *Law, rights and discourse* (pp. 275-300). Oxford: Hart.

Bongiovanni, G., Rotolo, A. & Roversi, C. (2009). Inferentialism, social practices, and the connection between law and morality. In: D. Canale & G. Tuzet (Eds.), *The rules of inference. Inferentialism in law and philosophy* (pp. 45-72). Milano: Egea.

Canale, D. (2003). *Forme del limite nell'interpretazione giudiziale* (Forms of the limits of legal interpretation). Padova: Cedam.

Canale, D & Tuzet, G. (2007). On legal inferentialism. Toward a pragmatics of semantic content in legal interpretation? *Ratio Juris*, 20 (1), 32-44.

Canale, D. & Tuzet, G. (2009a). The a simili argument: An inferentialist setting. *Ratio Juris*, 22 (4), 499-509.

Canale, D. & Tuzet, G. (2009b). Judicial scorekeeping. In: D. Canale & G. Tuzet (Eds.), *The rules of inference. Inferentialism in law and philosophy* (pp. 73-92). Milano: Egea.

Canale, D. & Tuzet, G. (2009c). Inferring the ratio: commitments and constraints. In: E. T. Feteris, H. Kloosterhuis & H. J. Plug (Eds.), *Argumentation and the applica-*

324

tion of legal rules (pp. 15-34). Amsterdam: Sic Sat.

Canale, D. & Tuzet, G. (2010) What is the reason for this rule? An inferential account of the *ratio legis. Argumentation*, 24 (2), 197-210.

Canale, D. & Tuzet, G. (2011). Use and abuse of intratextual argumentation in law. *Cogency*, 3, 33-52.

Canale, D. & Tuzet, G. (2016). Judicial discretion and the Rule of Law. In E. T. Feteris, H. Kloosterhuis, H. J. Plug & C. E. Smith (Eds.). *Legal argumentation and the Rule of Law.* (pp. 17-26). The Hague: Eleven.

Carcaterra, G. (1990). Analogia. *Enciclopedia giuridica* (Analogy. Legal Encyclopedia) Roma: Treccani.

Carcaterra, G. (1994). L'argomento a contrario (The a contrario argument). In S. Cassese, G. Carcaterra, M. D'Alberti & A. Bixio (Eds.), *L'unità del diritto. Massimo Severo Giannini e la teoria del diritto* (The unity of law. Massimo Severo Giannini and legal theory). (pp. 177-272). Bologna: Il Mulino.

Cavalla, F. (1983). Della possibilità di fondare la logica giudiziaria sulla struttura del principio di non contraddizione. Saggio introduttivo (On the possibility of founding legal logic on the structure of the principle of non-contradiction). *Verifiche*, 1, 5-38.

Cavalla, F. (2004). Dalla 'retorica della persuasione' alla 'retorica degli argomenti'. Per una fondazione logica rigorosa della topica giudiziale (From the rhetoric of persuasion to the rhetoric of arguments). In G. Ferrari & M. Manzin (Eds.), *La retorica fra scienza e professione legale. Questioni di metodo.* (pp. 25-82). Milano: Giuffrè.

Cavalla, F. (2007) Retorica giudiziale, logica e verità (Legal rhetoric, logic and truth). In F. Cavalla (Ed.), *Retorica, processo, veritá. Principî di filosofia forense* (pp. 17-84). Milano: FrancoAngeli.

Cavalla, F. (2008). *Retorica, processo, verità* (Rhetoric, procedure, truth). Milano: Franco Angeli.

Chiassoni, P. (2007). *Tecnica dell'interpretazione giuridica* (The technics of legal interpretation). Bologna: Il Mulino.

Chiassoni, P. (2008). La defettibilità nel diritto (Defeasibility in the law). In: *Materiali per una storia della cultura del diritto* (pp. 471-506).

Damele, G. (2008a). Aristotele e Perelman: retorica antica e 'nuova retorica' (Aristotle and Perelman: classical rhetoric and 'new rhetoric'). *Rivista di filosofia*, 99 (1), 105-114.

Damele, G. (2008b). *Retorica e persuasione nelle teorie dell'argomentazione giuridica*

(Rhetoric and persuasion in the theory of legal argumentation). Genova: Ecig.

Damele, G. (2009). Chaïm Perelman. *Archivio di storia e diritto costituzionali* (pp. 1–21). http://dircost. unito. it/dizionario/pdf/ Damele–Perelma. pdf.

Damele, G. (2013). Legal certainty inEurope. Legal pluralism and argumentative practices of the European Court of Justice. In G. De Angelis & P. Barcelos (Eds.), *The Charter of Fundamental Rights: Its implementation and political meaning, ten years later* (pp. 157–172). Frankfurt: Peter Lang.

Damele, G. (2014). *Analogia legis* and *analogia iuris*: An overview from a rhetorical perspective. In: H. J. Ribeiro (Ed.), *Systematic approaches to argument by analogy* (pp. 243–256). Dordrecht/Heidelberg: Springer.

Damele, G. & Macagno, F. (2012). The dialogical force of implicit premises. Presumptions in legal enthymemes. In: In: M. Araskiewicz, M. Myska, T. Smejkalová, J. Savelka & M. Skop (Eds.), *Argumentation 2012: International conference on alternative methods of argumentation in law.* (pp. 31–44). Brno: Masaryk University.

Diciotti, E. (1999). *Intepretazione della legge e discorso razionale* (Statutory interpretation and rational discourse). Torino: Giappichelli.

Diciotti, E. (2013). l'individuazione di norme espresse e inespresse tramite l'interpretazioneteleological della legge (The identification of expressed an non-expressed norms by means of teleological interpretation of statutes). *Analisi e diritto*, 249–273.

Fuselli, S. (2007). Verità ed opinione nel ragionamento giudiziale. A partire da un confronto con Aristotele e Hume (Truth and opinion in legal reasoning. On the basis of a comparison between Aristotle and Hume). In F. Cavalla (Ed.), *Retorica processo, verità. Principî di filosofia forense* (pp. 255–297). Milano: FrancoAngeli.

Gianformaggio, L. (1973). *Gli argomenti di Perelman: dalla neutralità dello scienzato all'imparzialità del giudice* (The arguments of Perelman. From the neutrality of scientist the to the impartiality of the judge). Milano: Edizioni di Comunità.

Gianformaggio, L. (1981). La nuova retorica di Perelman (The new rhetoric of Perelman). In C. Pontecorvo (Ed.), *Discorso e retorica.* (pp. 110–186). Torino: Loescher.

Gianformaggio, L. (1985). L'interpretazione della Costituzione tra applicazione di regole e argomentazione basata su principli (The interpretation of the Constitution between the application of rules and argumentation based on principles). In E. Diciotti & V. Velluzzi (Eds.), *Filosofia del diritto e ragionamento giuridico*

325

（pp. 173–204）. Torino：Giappichelli.

Gianformaggio, L. （2008）. Modelli di ragionamento giuridico. Modello deduttivo, modello induttivo, modello retorico（Models of legal reasoning. The deductive model, the inductive model and the rhetorical model）. In E. Diciotti & V. Belluzzi （Eds.）, *Filosofia del diritto e ragionamento giuridico.*（pp. 89–107）. Torino：Giappichelli.

Guastini, R. （2011）. *Interpretare e argomentare*（Interpreting and arguing）. Milano：Giuffrè.

La Torre, M. （1998）. *Teoria dell'argomentazione giuridica：la teoria del discorso razionale come teoria della motivazione giuridica.*（Theory of legal argumentation. The theory of rational discourse as theory of legal justification）. Translation of and preface to R. Alexy, Theorie der juristischen Argumentation（1978）. Milano：Giuffrè.

La Torre, M. （2002）. Theories of legal argumentation and concepts of law. An approximation. *Ratio Juris,* 15（4）, 377–402.

La Torre, M. （2007）. *Constitutionalism and legal reasoning. A new paradigm for the concept of law.* Dordrecht：Kluwer.

Macagno, F. （2015）. Arguments of interpretation and argumentation schemes. In M. Manzin, F. Puppo & S. Tomasi（Eds.）, *Studies on Argumentation and Legal Philosophy. Further Steps Towards a Pluralistic Approach*（pp. 51–80）. Napoli：Editoriale Scientifica.

Macagno, F. , Walton, D. & Sartor, G. （2012）. Argumentation schemes for statutory interpretation. In：M. Araskiewicz, M. Myska, T. Smejkalová, J. Savelka & M. Skop（Eds.）, *Argumentation* 2012：*International conference on alternative methods of argumentation in law.*（pp. 61–76）. Brno：Masaryk University.

Macagno, F. & Walton, D. （2012）. Presumptions in Legal Argumentation. *Ratio Juris,* 5（3）, 271–300.

Manzin, M. （2004）. Ricordando Perelman. Dopo ed oltre la 'nouvelle rhétorique' （Remembering Perelman. After and beyond the New Rhetoric of Perelman）. In G. Ferrari & M. Manzin（Eds.）, *La retorica fra scienza e professione legale. Questioni di metodo*（pp. 17–22）. Milano：Giuffrè.

Manzin, M. （2012a）. A rhetorical approach to legal reasoning. The Italian experience of CERMEG. In：F. H. van Eemeren & B. Garssen（Eds.）, *Exploring argumentative contexts*（pp. 135–148）. Amsterdam：John Benjamins.

Manzin, M. （2012b）. Vérité et logos dans la perspective de la rhétorique judiciaire. Contributions perlmaniennes à la culture juridique du troisi' me millénaire.

(Truth and logos from the perspective of legal rhetoric. Perelmanian contributions to the legal culture of the third millenium). In B. Frydman & M. Meyer (Eds.), *Chaïm Perelman. De la nouvelle rhetorique à la logique juridique.* (pp. 261–288). Paris: Presses universitaires de France.

326 Manzin, M. (2014). *Argomentazione giuridica e retorica forense. Dieci riletture sul raggionamento processuale.* (Legal argumentation and forensic rhetoric. Ten re-interpretations of procedural reasoning). Torino: Giappichelli.

Manzin, M. (2016). Legal argumentation between monologue and dialogue. From the absolute ruler to the Rule of Law. In E. T. Feteris, H. Kloosterhuis, H. J. Plug & C. E. Smith (Eds.), *Legal argumentation and the Rule of Law* (pp. 123–132). Den Haag: Eleven.

Manzin, M. & Sommaggio, P. (2006). *Interpretazione giuridica e retorica forense.* (Legal interpretation and forensic rhetoric). Milano: Giuffrè.

Manzin, M. & Tomasi, S. (2015). Ethos and pathos in legal argumentation. The case of proceedings relating to children. In B. J. Garssen, D. Godden, A. G. Mitchell & A. F. Snoeck Henkemans (Eds.), *Proceedings of the 8th International Conference of the International Society for the Study of Argumentation* (July 1 –July 4, 2014) (pp. 930–941). Amsterdam: Sic Sat.

Manzin, M. ; Puppo, F. & Tomasi, S. (Eds.). (2015). *Studies on Argumentation and Legal Philosophy. Further Steps Towards a Pluralistic Approach.* Napoli: Editoriale Scientifica.

Manzin, M. & Sommaggio P. (Eds.). (2006b). *Interpretazione giuridica e retorica forense.* Milano: Giuffré.

Pino, G. (1998). Coerenza e verità nell'argomentazione giuridica. Alcune riflessioni (Coherence and truth in legal argumentation. Some reflexions). *Rivista Internazionale di Filosofia del Diritto,* 1, 711–751.

Pino, G. (2010). *Diritti e interpretazione. Il ragionamento giuridico nello stato costituzionale* (Rights and interpretation. Legal reasoning in the constitutional state). Bologna: Il Mulino.

Pintore, A. & Jori, M. (Eds.). (1997). *Law and language: The Italian analytical school.* Legal semiotics mongraphs, Vol. VII. Liverpool: Deborah Charles.

Puppo, F. (2006a). The problem of truth in judicial argumentation. In: J. Aguilo-Regla (Ed.), *Logic, argumentation and interpretation. Proceedings of the 22nd IVR World Congress Granada* 2005 (pp. 40–47). *Archiv für Rechts-und Sozialphilosophie* Nr. 110, Stuttgart: Franz Steiner.

Puppo, F. (2006b). Per un possibile confronto fra logica fuzzy e teorie dell'argomentazione (For a possible comparision between fuzzy logic and theories of argumentation). *Rivista Internazionale di Filosofia del Diritto*, 2, 221–271.

Puppo, F. (2016). Due process and the Rule of Law: The role of argumentation in the defence of a fair trial. In: E. T. Feteris, H. Kloosterhuis, H. J. Plug & C. E. Smith (Eds.), *Legal argumentation and the Rule of Law.* (pp. 183–192). Den Haag: Eleven.

Rotolo, A. Governatori, G. & Sartor, G. (2015). Deontic defeasible reasoning in legal interpretation: Two options for modelling interpretative arguments. In *Proceedings of the 15th International Conference on Artificial Intelligence and Law* (*ICAIl'05*) (pp. 99–108).

Rotolo, A. & Roversi, C. (2012). Constitutive rules and coherence in legal argumentation: The case of extensive and restrictive interpretation. In C. Dahlman & E. T. Feteris (Eds.), *Legal argumentation theory: Cross – disciplinary perspectives* (pp. 163–188). Berlin: Springer.

Roversi, C. (2008). Constitutionalism and transcendental arguments. *Northern Ireland Legal Quarterly*, 59, 109–124.

Sartor, G. (1994). A formal model of legal argumentation. *Ratio Juris*, 7 (2), 177–211.

Sartor, G. (2002). Teleological arguments and theory–based dialectics. *Artificial Intelligence and Law*, 10, 95–112.

Sartor, G. (2005). *Legal Reasoning. A Cognitive Approach to the Law.* Dordrecht: Springer.

Sartor, G. (2010). Doing justice to rights and values: teleological reasoning and proportionality. *Artificial Intelligence and Law*, 18, 175–215.

Sartor, G., Walton, D. Macagno, F. & Rotolo, A. (2014). Argumentation schemes for statutory interpretation: A logical analysis. In: *Legal knowledge and information systems: Jurix–2014*, IOS (pp. 11–20).

Tarello, G. (1980). *L' interpretazione della legge* (The interpretation of the law). Milano: Giuffrè.

Tomasi, S. (2011). Adversarial principle and argumentation. An outline of Italian criminal trial. In F. H. van Eemeren, B. Garssen, D. Godden & G. Mitchell (Eds.), *Proceedings of the seventh international conference of the International Society for the Study of Argumentation* (pp. 1870–1879). Amsterdam: Sic Sat.

Tuzet, G. (2013). Arguing on the facts: Truth, trials and adversary procedures. In

327

C. Dahlman & E. T. Feteris (Eds.), *Legal argumentation theory: Cross - disciplinary perspectives* (pp. 207-224). Dordrecht/Heidelberg: Springer.

Velluzzi, V. (2002). *Interpretazione sistematica e prassi giurisprudenziale.* (Systematic interpretation and jurisprudential practice). Torino: Giappichelli.

Velluzzi, V. (2012). *Tra teoria e dogmatica. Sei studi intorno all'interpretazione.* (Between theory and dogmatics. Six studies on interpretation). Pisa: ETS.

Velluzzi, V. (2013). *Le Preleggi e l'interpretazione. Un' introduzione critica.* (Proposals of legislation and interpretation. A critical introduction). Pisa: ETS.

Villa, V. (2012). *Una teoria pragmaticamente orientata dell'interpretationze giuridica.* (A theory oriented pragmatically towards legal interpretation). Torino: Giappichelli.

Zanuso, F. (2007). Laicità e lacicismo nell'argomentazione biogiuridica. (Secularization in bio - legal argumentation). In F. Cavalla (Ed.), *Retorica e processo verità. Principî di filosofia forense* (pp. 227-254). Milano: FrancoAngeli.

11.3.3.2 西班牙和葡萄牙的法律论辩研究

Aguiló Regla, J. (2003). De nuevo sobre 'independencia e imparcialidad de los jueces y argumentación jurídica' (Again on the independency and impartiality of judges and legal argumentation). *Jueces para la Democracia*, 46.

Aguiló Regla, J. (2007). On presumptions and legal argumentation. *Archiv für Rechts- und Sozialphilosophie*, ARSP Beiheft No. 110, 167-174.

Aguiló Regla, J. (2008). *Sobre Derecho y argumentacion* (On law and argumentation). Palma de Mallorca: Lleonard Muntaner.

Atienza, M. (1986). *Sobre la analogía en el Derecho. Teorías de la argumentación jurídica.* (On analogy in the law. Theories of legal argumentation). Madrid: CEC.

Manuel Atienza (1990). For a Theory of Legal Argumentation. *Rechtstheorie*, 21, 393-414.

Atienza, M. (1991). *Las razones del Derecho. Teorías de la argumentación jurídica* (The reasons of the law. Theories of legal argumentation). Madrid: CEC.

Atienza, M. (1997). *Derecho y argumentación* (Law and argumentation). Bogota: Universidad Externado de Colombia.

Atienza, M. (2002). Legal reasoning and theConstitutional State. *Associations*, 6, 293-300.

Atienza, M. (2006). *El Derecho como argumentación. Concepciones de la argumentación* (The law as argumentation. Conceptions of argumentation). Barcelona: Ariel.

Atienza, M. (2007). Constitución y argumentación (Constitution and argumentation). In: J. M. Aguiló Regla, M. Atienza & R. Manero (Eds.), *Fragmentos para una teoria de la Constitución*. (13 ff.). Madrid: Iustel.

Atienza, M. (2011). Cómo evaluar las argumentaciones judiciales (How to evaluate judicial argumentation). *Dianoia: Anuario de Filosofia* 67, 113–134.

Atienza, M. (2013). *Curso de argumentación jurídica* (Course of legal argumentation). Madrid: Trotta.

Atienza, M. & Ruiz Manero, J. (1998). *A theory of legal sentences*. Dordrecht etc.: Springer.

Atienza, M. & Ruiz Manero, J. (2000). Rules and principles revisited, *Associations* 4, 147–156.

Atienza, M. & Vigo, R. L. (Eds.) (2011). *Argumentación constitucional. Teoría y práctica* (Constitutional argumentation. Theory and practice). Mexico: Porrúa.

Bayón, J. C. (1991). Razones y reglas: Sobre el concepto de razón excluyente' de Joseph Raz (Reasons and rules: On the concept of exclusionary reason). *Doxa* 22, 25–66.

Bayón, J. C. (2001). Why is legal reasoning defeasible? In: A. Soeteman (Ed.), *Pluralism and law* (pp. 327–346). Dordrecht: Kluwer.

Bengoetxea, J. (1993). *The legal reasoning of the European Court of Justice*. Oxford: Clarendon Press.

Cabra Apalategui, J. M. (2005). *El concepto de derecho y el argumento de la relevancia prática* (The concept of law and the argument of practical relevance). Alicante: Universidad de Alicante.

Cabra Apalategui, J. M. (2010). La unidad de razonamiento prático en la teoríadel discurso jurídico (The unity of practical reasoning and the theory of legal discourse). *Doxa*, 33, 109–128.

Cabra Apalategui, J. M. (2011). Claves de la argumentación jurídica en Luis Recaséns Siches: Estimativa jurídica y logos de lo razonable (Key concepts of legal argumentation and Luis Recaséns Siches: Legal insight and the *logos* of the reasonable). *Anuario de filosofía del derecho*, 37–62.

Cabra Apalategui, J. M. (2016). *Sobre derecho y argumentación: Estudios de teoria de la argumentación jurídica* (On law and argumentatoin. Theoretical studies of legal argumentation). Albolote: Comares.

Ezquiaga, J. (1987): *La argumentación en la justicia constitucional española* (Argumentation in constitutional law in Spain). HAAE/IVAP: Oñati.

328

Ezquiaga, J. (2005). *Argumentos interpretativos y postulado del legislador racional* (Interpretative arguments and the concept of the rational legislator). Alicante: Biblioteca Vitual Miguel de Cervantes.

García Amado, J. A. (1986). Del método jurídico a las teorías de la argumentación (From legal method to theories of legal argumentation). *Anuario de Filosofía del Derecho* III, 151–182.

García Amado, J. A. (1988). *Teorías de la Tópica jurídica* (Theories of legal topics). Madrid: Civitas.

García Amado, J. A. (1999). Retórica, argumentación y derecho (Rhetoric, argumentation and law). *Isegoría*, 133–147.

Gascón Abellán, M. (1993). *La técnica del precedente y la argumentación* (The technique of precedent and argumentation). Madrid: Tecnos.

Gascón Abellán, M. (2003). *La argumentación en el derecho: cuestiones fundamentals* (Argumentation in the law: fundamental questions). Lima: Palestra.

Gascón Abellán, M. (2010). *Los hechos en el derecho: Bases argumentales de la prueba* (Facts in the law. The argumentative basis of proof). Madrid: Pons.

Gascón Abellán, M. & García Figueroa, A. J. (2005). *La argumentación en el derecho* (Argumentation in the law). Lima: Palestra.

Iglesias Vila, M. (2002). *Facing judicial discretion*. Dordrecht: Kluwer.

Laporta, F. (2009). La fuerza vinculante de la jurisprudencia y la lógicadel precedente (The binding force of jurisprudence and the logic of precedent). In: V. Ferreres & J. A. Xiol (Eds.) *El carácter vinculante de la jurisprudencia*. Madrid: Fundación Coloquio Jurídico Europeo.

Moreso, J. J. (1993). On relevance and justification of legal decisions. *Erkenntnis. An International Journal of Jurisprudence and Philosophy of Law*, 6, 48–63.

Moreso, J. J. (2006). *Lógica, argumentación e interpretación en el derecho.* (Logic, argumentation and interpretation in the law). UOC.

Moreso, J. J. (2012). Legal defeasibility and the connection between law and morality. In J. Ferrer Beltrán & G. Battista Ratti (Eds.), *The Logic of Legal Requirements: Essays on Defeasibility*. Oxford: Oxford University Press.

Moreso, J. J., Navarro, P. E. & Redondo, M. C. (2001). *Argumentación jurídica, lógica y decisión judicial.* (Legal argumentation, logic and legal decision). Alicante: Biblioteca Virtual Miguel de Cervantes.

Moreso, J. J., P. E. Navarro, M. C. Redondo (2002). Legal gaps and conclusive reasons. *Theoria. A Swedish Journal of Philosophy*, 51–65.

Navarro, P. E. (2001). Legal reasoning and systematization of law. In: A. Soeteman (Ed.), *Pluralism and law* (pp. 251-279). Dordrecht: Springer.　329

Oliver Lalana, A. D. (2005). Ponderación y racionalidad legislativa: la argumentación parlamentaria como argumentación jurídica (Balancing and legislative rationality: parliamentary argumentation as legal argumentation). *Anuario. Area socio-jurídica: Facultad de Derecho -Universidad de la República*, 2, 105-120.

Oliver Lalana, A. D. (2016). Legislative argumentation and the Rule of Law. In: E. T. Feteris, H. Kloosterhuis, H. J. Plug, C. E. Smith (Eds.), *Legal argumentation and the Rule of Law* (pp. 159-170). Den Haag: Eleven.

Prieto, L. (1992). *Principios y normas. Problemas del razonamiento jurídico* (Principles and norms. Problems of legal reasoning). Madrid: Centro de estudios constitucionales.

Prieto, L. (2001). Neoconstitucionalismo y juicio de ponderación (Neoconstitutionalism and balancing). *Annuario de la Facultad de Derecho de la Universidad Autónoma de Madrid* 5, 201-228.

Recaséns-Siches, L. (1959). *Tratado general de filosofía del derecho* (General treatise of legal philosophy). (2nd edition 1970). Porrúa: Mexico.

Recaséns - Siches, L. (1956). El logos de 'lo razonable' como base para la interpretación jurídical (The *logos* of the reasonable as basis for legal interpretation). *Dianoia: Anuario de Filosofía* 2, 24-54.

Recaséns-Siches, L. (1963). La 'Topica y Jurisprudencia' de Theodor Viehweg (The 'Topics and jurisprudence' of Theodor Viehweg). *Dianoia: Anuario de Filosofía* 9, 291-311.

Recaséns - Siches, L. (1974). La nueva retórica (The new rhetoric). *Dianoia: Anuario de Filosofía* 20, 202-224.

11.3.4　拉丁美洲的法律论辩研究

Afonso da Silva, V. (2011). Comparing the incommensurable: Constitutional principles, balancing and rational decision. *Oxford Journal of Legal Studies*, 31 (2), 273-301.

Afonso da Silva, V. (2013). Deciding without deliberating. *ICON*, 11 (3), 557-584.

Alchourrón, C. E. (1992). Limits of Logic and Legal Reasoning. In: E. Bulygin, C. Bernal, C. Huerta, T. Mazzarese, J. J. Moreso, P. E. Navarro & S. L. Paulson (Eds.) (2015), *Essays in legal reasoning*. Oxford Scholarship Online.

Alchourrón, C. (1996). On law and logic. *Ratio Juris* 9, 331–348.

Alchourrón, C. & Buygin, E. (1971). *Normative systems*. Wien: Springer.

Alchourrón, C. E. & Bulygin, E. (1991). *Análisis lógico y derecho*. (Logical analysis and law). Centro de estudios constitucionales.

Amaya, A. (2011). Legal justification by optimal coherence. *Ratio Juris*, 24 (3), 304–329.

Amaya, A. (2013). Coherence, Evidence, and Legal Proof. *Legal Theory*, 19 (1), 1–43.

Amaya, A. (2015). *The tapestry of reason. An inquiry into the nature of coherence and its role in legal argument*. Oxford: Hart.

Atria, F. (1999). Legal reasoning and legal theory revisited. *Law and Philosophy*, 18 (5), 537–577.

Atria, F. (2002). *On law and legal reasoning*. Oxford: Hart.

Bareto, H. N. (2014). Legal culture and argumentation in the vice-reign of Peru from the 16th to the 18th centuries. http://cliothemis.com.

Bernal, C. (2003). Estructura y limites de la ponderación (Structure and limits of balancing). *Doxa*, 26, 225–238.

Bernal, C. (2011). Legal argumentation and the normativity of legal norms. *Cogency*, Vol. 3 (2), pp. 53–66.

Bernal, C. (2012). Precedents and Balancing. In C. Bernal & T. Bustamante (Eds.), *On the philosophy of precedent*. (pp. 51–58). Stuttgart: Franz Steiner Verlag.

Bernal, C. & Bustamante, T. (Eds.) (2012). *On the philosophy of precedent. Proceedings of the 24th World Congress of the International Association for Philosophy of Law and Social Philosophy, Beijing, 2009. Volume III. ARSP Beiheft –Vol.* 133. Baden-Baden: Nomos.

Bustamante, T. (2010). Principles, precedents and their interplay in legal argumentation: how to justify analogies between cases. In M. Borowski (Ed.), *On the nature of principles. Proceedings of the special workshp "The principles theory" held at the 23rd World Congress of the International Association for Philosophy of Law and Social Philosophy*. (pp. 63–78). Stuttgart: F. Steiner.

Bustamante, T. (2011). On MacCormick's post-positivism. *German Law Journal* 12, 693–728.

Bustamante, T. (2012). Finding analogies between cases: On Robert Alexy's third basic operation in the application of law. In: T. Bustamante & C. Bernal (Eds.),

330

On the philosophy of precedent −*Proceedings of the 24th World Congress of the International Association for Philosophy of Law and Social Philosophy*, Vol. 3 −Archiv für Rechts − und Sozialphilosophie, Beifheft 133. (pp. 59 − 71). Stuttgart: F. Steiner.

Bustamante, T. (2013). On the argumentum ad absurdum in statutory interpretation: Its uses and normative significance. In: C. Dahlman & E. T. Feteris (Eds.), *Legal argumentation theory: Cross − disciplinary perspectives.* (pp. 21 − 43). Dordrecht: Springer.

Carbonell, F. (2011). Coherence and post − sovereign legal argumentation. In: A. J. Menéndez & J. E. Fossum (Eds.), *Law and democracy in Neil MacCormick's legal and political theory.* (pp. 159−182). Dordrecht/Heidelberg: Springer.

Carbonell, F. (2013). Reasoning by consequences: Applying different argumentation structures to the analysis of consequentialist reasoning in judicial decisions. In C. Dahlman & E. T. Feteris (Eds.), *Legal argumentation theory: Cross − disciplinary perspectives.* (pp. 1−21). Dordrecht/Heidelberg: Springer.

Esquirol, J. L. (2011). The turn of legal interpretation inLatin America. *American University International Law Review*, 16 (4), 1031−1072.

León, J. J. (2011). Justice, prejudice and the basis for reasonable legal argument: The Karen Atala case. *Cogency*, 3 (2), 125−146.

Michelon, C. (2011). Princípios e coerência na argumentação jurídica (Principles and coherence in legal argumentation). In: R. Porto Macedo Jr. & C. H. Cortada Barbieri (Eds.), *Direito e interpretação: Racionalidade e instituições* (pp. 261 − 285). Saraiva.

Michelon, C. (2012). Las razones de la coherencia (The reasons of coherence). *Discusiones* 10, 139−153.

Moreso, J. J. , P. E. Navarro, M. C. Redondo (2002). Legal gaps and conclusive reasons. *Theoria. A Swedish Journal of Philosophy*, 51−65.

Nino, C. (1984). *La validez del derecho* (The validity of the law). Buenos Aires: Astrea.

Nino, C. (1994). *Derecho, moral y politica* (Law, morality and politics). Barcelona: Ariel.

Redondo, C. (2005). Legal Reasons: Between Universalism and Particularism. *Journal of Moral Philosophy*, Vol. 2, No. 1, pp. 47−68.

Roesler, C. R. (2006). Theodor Viehweg: un constitucionalista adelantado a su tiempo (Theodor Viehweg: A constitutionalist in advance of his time). *Doxa* 29,

295-318.

Roesler, C. R. (2013). *Theodor Viehweg a a ciência do direito: tópica, discurso, racionalidade.* (Theodor Viehweg from science to the law: topics, rational discourse). Belo Horizonte: Arraes Editores.

331
11.4 英美体系的法律论辩研究

Atiyah, P. S., R. S. Summers (1987). *Form and substance in Anglo-American law. A comparative study of legal reasoning, legal theory and legal institutions.* Oxford: Clarendon Press.

11.4.1 英国的法律论辩研究

Bell, J. (1983). *Policy arguments in judicial decisions.* Oxford: Clarendon Press.

Bell, J. (1986). The acceptability of legal argument. In: N. D. MacCormick & P. Birks (Eds.), The legal mind. Essays for Tony Honoré. Oxford: Clarendon Press.

Bench – Capon, T. J. M. (1998). Specification and implementation of Toulmin dialogue game. In: *Legal knowledge-based systems. JURIX: The eleventh conference* (pp. 5-19). Nijmegen: Gerard Noodt Instituut.

Bench-Capon, T. (2002). Representation of case law as an argumentation framework. In: *Legal knowledgde and information systems. JURIX* 2002: *The fifteenth annual conference* (pp. 53-62). Amsterdam: IOS Press.

Bench-Capon, T. & Sartor, G. (2003). A model of reasoning with cases incorporating theories and values. *Artificial Intelligence & Law*, 97-143.

Bench-Capon, T., Atkinson, K. & Chorley, A. (2005). Persuasion and value in legal argument. *Journal of Logic and Computation*, 15, 1075-1097.

Bench-Capon, T., H. Prakken, G. Sartor (2009). Argumentation in legal reasoning. In: I. Rahwan and G. Simari (Eds.), *Argumentation in artificial intelligence* (pp. 363-382). Dordrecht etc.: Springer.

Bomhoff, J. (2012). Comparing legal argument. In: M. Adams & J. Bomhoff (Eds.), *Practice and theory in comparative law.* Cambridge: Cambridge University Press.

Bower, A. (2015). Arguing with law: Strategic legal argumentation, US diplomacy, and debates over the International Criminal Court. *Review of International Studies* 41 (2), 337-360.

Duarte d'Almeida, L. (2015). *Allowing for Exceptions: A Theory of Defences and Defeasibility in Law.* Oxford: Oxford University Press.

Duarte d'Almeida, L. (2016). Arguing *a fortiori*. *The Modern Law Review* 80 (2),
173–377.

Duarte d'Almeida, L. & Michelon, C. (2016). The structure of arguments by analogy
in law. *Argumentation* 31 (1), 1–35.

Halpin, A. (2001). *Reasoning with law*. Oxford: Hart.

MacCormick, N. (1978). *Legal reasoning and legal theory*. Oxford: Oxford University
Press. (New edition with a Foreword MacCormick (1994). *Legal reasoning and le-
gal theory*.)

MacCormick, N. (2005). *Rhetoric and the rule of law. A theory of legal reasoning*. Oxford:
Oxford University Press.

MacCormick, D. N. & Summers, R. S. (Eds.) (1991). *Interpreting statutes. A com-
parative study*. Aldershot etc.: Dartmouth.

MacCormick, D. N. & Summers, R. S. (Eds.) (1997). *Interpreting precedents. A
comparative study*. Aldershot etc.: Dartmouth. Michelon, C. (2006). *Being Apart
from Reasons: The Role of Reasons in Public and Private Moral Decision – Mak-
ing*. Dordrecht etc.: Kluwer.

Michelon, C. (2012). Practical wisdom in legal decision – making. In: A. Amaya &
H. L. Ho (Eds.), Law, virtue, and justice (pp. 29–51). Oxford: Hart.

Pavlakos, G. (1998). The Special Case Thesis. An assessment of Robert Alexy's di-
cursive theory of law. *Ratio Juris*, 11 (2), 126–154.

Pavlakos, G. (Ed.). (2007). *Law, rights and discourse. The legal philosophy of
Robert Alexy*. Oxford etc.: Hart.

Pavlakos, G. (Ed.). (2008). Rhetoric and the Rule of Law: An author's day with
Neil MacCormick. *Northern Ireland Legal Quarterly* 59 (1), 1–3.

Pavlakos, G. (2012). Correctness and cognitivism: Remarks on Robert Alexy's argu-
ment from the claim to correctness. *Ratio Juris* 25 (1), 15–30.

Pavlakos, G. (2014). Between reason and strategy: Some reflections on the
normativity of proportionality. In: G. Huscroft, B. W. Miller & G. Webber (Eds.),
Proportionality and the Rule of law: Rights, justification, reasoning (pp. 90 ff.).
Cambridge: Cambridge University Press.

Scobbie, I. (2006). Regarding/disregarding: The judicial rhetoric of President Barak
and the International Court of Justice's Wall Advisory Opinion. *Chinese Journal of
International Law*, 5 (2), 269–300.

Twining, W. (2006). *Rethinking evidence. Exploratory essays*. Cambridge: Cambridge
University Press.

332

Twining, W. (2007). Argumentation, stories and generalizations: A comment. *Law, Probability & Risk*, 6 (1-4), 169-185.

Twining, W. & Miers, D. (1994) (Third and fully revised edition, first edition 1991). *How to do things with rules. A primer of interpretation.* London: Butterworths.

Waibel, M. (2011). Demystifying the art of interpretation. *European Journal of International Law*, 22 (2), 571 ff.

Wyner, A., Mochales-Paulau, R. Moens, M. F. & Milward, D. (2010). Approaches to text mining arguments from legal cases. *Semantic processing of legal texts*, pp. 60-79. Berlin-Heidelberg: Springer.

11.4.2 美国的法律论辩研究

美国法理学和法哲学领域的法律论辩研究

Aldisert, R. J. (1992, 2d ed.). *Logic for lawyers: A guide to clear legal thinking.* National Institute for Trial Advocacy.

Aldisert, R. J., Clowney, S. & Peterson, J. (2007). Logic for law students: How to think like a lawyer. *University of Pittsburgh Law Review*, 69 (1), 100-121.

Ashley, K. D. (1990). *Modeling legal argument: Reasoning with cases and hypotheticals.* Cambridge, MA: MIT Press.

Atiyah, P. S., R. S. Summers (1987). *Form and substance in Anglo-American law. A comparative study of legal reasoning, legal theory and legal institutions.* Oxford: Clarendon Press.

Brewer, S. (1996) Exemplary reasoning: Semantics, pragmatics, and the rational force of legal argument by analogy. *Harvard Law Review* 109, 923-1028.

Brewer, S. (Ed.) (1998a). *Evolution and revolution in theories of legal reasoning: Nineteenth century through the present.* Taylor & Francis.

Brewer, S. (Ed.). (1998b). *Moral theory and legal reasoning.* Garland: Routledge.

Burton, S. J. (1985). *An introduction to law and legal reasoning.* Boston: Boston: Little, Brown & Co. (Fourth edition 2016).

Burton, S. J. (1986). Reaffirming legal reasoning: The challenge from the left. *Journal of Legal Education*, 36, 358-370.

Carter, L. H. (1979). *Reason in law.* Boston: Little, Brown. (Ninth edition 2016, by L. H. Carter & T. F. Burke. Chicago: University of Chicago Press)

Cohen, M. (2007). Reasons for reasons. In: D. M. Gabbay et al. (Eds.), *Approaches to legal rationality, logic, epistemology, and the unity of science series*, Vol. 20.

333

Dordrecht etc. : Springer.

Cohen, M. (2010). The rule of law as the rule of reasons. *Archiv für Rechts-und Sozialphilosophie* 96 (1), 1-16.

Cohen, M. (2015). When judges have reasons not to give reasons: A comparative law approach. *Washington and Lee Law Review*, 72.

Dworkin, R. (1977). Taking rights seriously. Cambridge (Mass.): Harvard University Press.

Dworkin, R. (1986). *Law's empire*. London: Fontana.

Gaskins, R. (1992). *Burdens of proof in modern discourse*. New Haven and London: Yale University Press.

Frank, J. (1930). *Law and the modern mind*. New York: Brentano's.

Golding, M. P. (1984). *Legal reasoning*. New York: Knopf.

Holmes, O. W. (1897). *The path of the law*. Harvard Law Review, 10, 457 ff.

Johnstone, I. (2003). Security Council deliberations: The power of the better argument. *European Journal of International Law*, 14 (3), 437 ff.

Kennedy, D. (2008). *Legal reasoning. Collected essays*. Aurora CO: The Davies Book Publishers.

Lasser M. (2004). *Judicial deliberations. A comparative analysis of transparence and legitimacy*. Oxford: Oxford University Press.

Leiter., B. (2002) American legal realism. In: M. Golding & W. Edmundson (Eds.). *The Blackwell guide to philosophy of law and legal theory*.

Levi, E. H. (1949). *An introduction to legal reasoning*. Chicago: The University of Chicago Press.

Llewellyn, K. (1930). *The bramble bush*. New York: Oceana.

MacCormick, D. N. & Summers, R. S. (Eds.) (1991). *Interpreting statues: A comparative study*. Aldershot: Dartmouth.

MacCormick, D. N. & Summers, R. S. (Eds.) (1997). *Interpreting precedents: A comparative study*. Aldershot: Dartmouth.

Posner, R. (1988). *Law and literature: A misunderstood relation*. Cambridge: Harvard University Press.

Ratner, S. R. (2012). *Persuading to comply: On the deployment and avoidance of legal argumentation*. Michigan Law. University of Michigan Law School, Public Law and Legal Theory Working Paper Series, 271.

Saunders, K. W. (1993). Informal fallacies in legal argumentation. *South Carolina Law Review* 44, 343-382.

Schauer, F. (1991). *Playing by the rules*: *A philosophical examination of rule-based decision-making in law and in life*. Oxford: Clarendon Press.

Schauer, F. (2009). *Thinking like a lawyer. A new introduction to legal reasoning*. Cambridge: Harvard University Press.

Schauer, F. (2013). Why precedent in law (and elsewhere) is not totally (or even substantially) about analogy. In: C. Dahlman & E. T. Feteris (Eds.), *Legal argumentation theory*: *Cross-disciplinary perspectives* (pp. 45 – 56). Dordrecht etc. : Springer.

Spellman, B. & Schauer, F. (2012). Legal reasoning. In: K. J. Holyoak & R. G. Morrison (Eds.). The Oxford handbook of thinking and reasoning. New York: Oxford University Press.

Summers, R. S. (1978). Two types of substantive reasons: The core of a theory of common-law justification. *Cornell Law Review*, 63 (5), 707-788.

Summers, R. S. & Marshall, G. (1992). *The argument from ordinary meaning in statutory interpretation*. Cornell Law Faculty Publications.

Sunstein, C. R. (1993). On analogical reasoning. *Harvard Law Review* 106 (3), 741-791.

Sunstein, C. R. (1996). *Legal reasoning and political conflict*. New York: Oxford University Press.

Unger, R. M. (1986). *The critical legal studies movement*: *Another time, a greater task*. Cambridge Mass. : Harvard University Press.

Wasserstrom, R. (1961). *The judicial decision*: *Toward a theory of legal justification*. Stanford: Stanford University Press.

Weinreb, L. L. (2005). *Legal reason. The use of analogy in legal argument*. Cambridge: Cambridge University Press.

美国论辩理论、言语交际和修辞学领域的法律论辩研究

Dellapenna, J. W. , K. M. Farrell (1987). Modes of judicial discourse: the search for argument fields. In: van Eemeren et al. (Eds.), *Argumentation*: *Analysis and practices. Proceedings of the conference on argumentation* (pp. 94-101). Dordrecht: Foris.

Herbeck, D. A. (1995). Critical legal studies and argumentation theory. *Argumentation* 9 (5).

Hohmann, H. (1998). Logic and rhetoric in legal argumentation: Some medieval perspectives. *Argumentation* 12 (1), 39-55.

Hohmann, H. (1999). Presumption in legal argumentation: From antiquity to the

334

middle ages. *Proceedings of the 3rd OSSA Conference on Argumentation.* Windsor：
University of Windsor Scholarship at Windsor.

Hohmann, H. (2000). Rhetoric and dialectic：Some historical and legal perspectives. *Argumentation* 14, 223-234.

Hohmann, H. (2001). Presumptions in Roman legal argumentation. *Proceedings of the 4th OSSA Conference on Argumentation.* Windsor：University of Windsor Scholarship at Windsor.

Hollihan, T. A., P. Riley, K. Freadhoff (1986). Arguing for justice：an analysis of arguing in small claims court '. *Journal of the American Forensic Association*, Vol. 22, No. 4, pp. 187-195.

Janas, M. (1995). Structure, aestehetics, rhetoric and Posner's theory of justice. In：F. H. van Eemeren et al. (Eds.), *Proceedings of the Second International Conference on Argumentation*, Vol. IV, (pp. 97-110). Amsterdam：Sic Sat.

Klinger, G. D. (1989). Rhetoric's wide-angle lense：How legal vision can be enhanced with rhetorical glasses. In：D. W. Parson (Ed.), *Argument in controversy*：*Proceedings of the seventh SCA/AFA conference on argumentation.* (pp. 359-363). Annandale VA：SCA.

Klinger, G. D. (1994). Law as "communicative practice". Toward a rhetorical jurisprudence. *Argumentation & Advocacy* 30, 236-247.

Matlon, R. J. (1988). *Communication in the legal process.* New York etc. ：Holt, Rinehart and Winston.

Newell, S. E., R. D. Rieke (1986). A practical reasoning approach to legal doctrine. *Journal of the American Forensic Association* 22 (4), 212-222.

Panetta, E., M. Hasian Jr. (1995). Sex, reason and economics：The judicial discourse of Richard A. Posner. In：Eemeren, F. H. van , Grootendorst, R. , Blair, J. A. & Willard, C. A. (Eds.) (1995). *Proceedings of the Third International Conference on Argumentation.* Volume IV, Special fields and cases (pp. 111-121). Amsterdam：Sic Sat.

Parker, R. A. (1987). Assessing judicial opinions：Ronald Dworkin's critical method. In：J. Wenzel (Ed.). *Argument and critical practices. Proceedings of the fifth summer conference on argumentation* (pp. 325-334). Annandale VA：Speech Communication Association.

Raudenbusch Olmsted, W. (1991). The uses of rhetoric：indeterminacy in legal reasoning, practical thinking and the interpretation of literary figures. *Philosophy and Rhetoric* 24 (1), 1-24.

Rieke, R. D. (1981). Investigating legal argument as a field. In: G. Ziegelmueller & J. Rhodes (Eds.), *Dimensions of argument. Proceedings of the second summer conference on argumentation* (pp. 152-159). Annandale (VA): Speech Communication Association.

335 Rieke, R. D. (1986). The evolution of judicial justification: Perelman's concept of the rational and the reasonable. In: J. L. Golden & J. J. Pilotta (Eds.) *Practical reasoning in human affairs. Studies in honor of Chaim Perelman* (pp. 227-244.). Dordrecht: Reidel.

Rieke, R. D. (1991). The judicial dialogue. In: *Argumentation* 5 (1), 39-56.

Rieke, R. D., R. K. Stutman (1990). *Communication in legal ddvocacy.* Columbia S. C.: University of South Carolina Press.

Riley, P., T. A. Hollihan, K. D. Freadhoff (1987). Argument in the law: the special case of the small claims court. In: van Eemeren et al. (Eds.), *Argumentation: Analysis and practices. Proceedings of the conference on argumentation* 1986 (pp. 142-151). Dordrecht: Foris.

Scallen, E. (1995). American legal argumentation: The law and literature/rhetoric movement. *Argumentation* 9 (5), 705-717.

Schuetz, J. (1991). Perelman's rule of justice in Mexican appellate courts. In: F. H. van Eemeren et al. (Eds.), *Proceedings of the second international conference on argumentation* (pp. 804-812). Amsterdam: SicSat.

Schuetz, J. (2006). *Communicating the law: Lessons from landmark legal cases.* Long Grove (Ill): Waveland Press.

Schuetz, J. (2011). Strategic maneuvering and appellate argumentation in Boumediene v. Bush. *Cogency* 3 (2), 147-166.

Schuetz, J. (2015). One-sided argumentation in the Defense of Marriage Act. In: T. Bustamante & C. Dahlman (Eds.), *Argument types and fallacies in legal argumentation* (pp. 77-94). Dordrecht etc.: Springer.

Schuetz, J. & Snedaker, K. (1988). *Communication and litigation: Case studies of famous trials.* Carbondale, IL: Southern Illinois University Press.

Snedaker, K. (1987). The content and structure of appellate arugment: Rhetorical analysis of brief writing strategies in the Sam Sheppard appeal. In: J. Wenzel (Ed.). *Argument and critical practices. Proceedings of the fifth summer conference on argumentation* (pp. 315-324). Annandale VA: Speech Communication Association.

Toulmin, S. E. (1958). *The uses of argument.* Cambridge: Cambridge University Press.

Toulmin, S. , Rieke, R. & Janik, A. (1978). *An introduction to reasoning*. New York: MacMillan.

Twigg, R. (1989). Narrative justice. An analysis of selcted Supreme Court decisions. In: B. Gronbeck (Ed.) , *Spheres of argument. Proceedings of the sixth SCA/AFA conference on argumentation* (pp. 86–93). Annandale (VA): SCA.

11. 4. 3 加拿大的法律论辩研究

Anderson, B. (2013). Weighing and balancing in the light of deliberation and expression. In: C. Dahlman & E. T. Feteris (Eds.) , *Legal argumentation theory: Cross-disciplinary perspectives* (pp. 113–124). Dordrecht etc. : Springer.

Lodder, A. R. & Walton, D. N. (2005). What role can Rational Argument Play in ADR and Online Dispute Resolution? In: *Proceedings 2nd International ODR workshop* (odrworkshop. info).

Macagno, F. , Walton, D. & Sartor, G. (2012). Argumentation schemes for statutory interpretation. In: M. Araskiewicz, M. Myska, T. Smejkalová, J. Savelka & M. Skop (Eds.) , *Argumentation 2012: International conference on alternative methods of argumentation in law.* (pp. 61–76). Brno: Masaryk University.

Macagno, F. & Walton, D. (2012). Presumptions in Legal Argumentation. *Ratio Juris,* 5 (3), 271–300.

Sartor, G. , Walton, D. Macagno, F. & Rotolo, A. (2014). Argumentation schemes for statutory interpretation: A logical analysis. In: *Legal knowledge and information systems: Jurix*–2014, IOS (pp. 11–20).

Walton, D. (2002). *Legal argumentation and evidence*. Pennsylvania State University Press.

Walton, D. (2005). *Argumentation methods for artificial intelligence in law*. Dordrecht etc. : Springer.

Walton, D. (2007). *Witness testimony evidence: Argumentation and the law*. Cambridge: Cambridge University Press.

Walton, D. (2012). Argument from fairness in judicial reasoning. In: M. Araszkiewicz, M. Myska, T. Smejkalová, J. Savelka M. & Skop (Eds.) , *Argumentation* 2012. *International Conference on Alternative Methods of Argumentation in Law*. Acta Universitatis Brunensis Iuridica No. 423. (pp. 103 – 119). Brno: Masaryk University (Masarykova univerzita).

336

11.5　亚洲的法律论辩研究

11.5.1　中国的法律论辩研究

Alexy, R. (2002). *A theory of legal argumentation. The theory of rational discourse as theory of legal justification.* (Chinese translation by Guoying Shu.) Beijing: China Legal Publishing House.

Chen, Jinzhao (2005). A theory of legal argument. *Donyue Tribune*, 26 (1), 85-92.

Feteris, E. T. (2005). *Fundamentals of legal argumentation. A survey of theories on the justification of judicial decisions.* (Chinese translation of E. T. Feteris (1999), Fundamentals of legal argumentation. A survey of theories on the justification of judicial decisions. Dordrecht: Springer, by Qishan, Z. et al.). Beijing: The Commercial Press.

Du, Ruji et al. (1983). *Formal logic for law students.* Beijing: Qunzhong Press.

Ge, Hongyi (2004). The concept, function and methodology of legal argument. *Zhejiang Sociale Sciences*, 2, 58-64.

Huang, Houren (1984). The application of deontic logic in legal practice. *Journal of CUFL*, 1, 65-69.

Jiao, Baoquian (2006). *An introduction to legal argumentation.* Jinan: Shandong people publishing house.

Jiao, Baoquian (2010). *Legal argumentation: Theory and methodology.* Beijing: Peking University Press.

Kong, Hong (2001). The research tools and objects of legal logic. *Journal of Sun Yat-Sen University* (Social Science Edition).

Kong, Qingrong (2008). *The basic theory of legal logic.* Beijing: China Legal Publishing House.

Li, Yang. & Wu, Hongzhi (2015). On idea prerequisite for constructing the new system of legal logic-Based on the concept of "natural logic". *Legal Forum* 4, 53-62.

Liu, Zhibin (2003). Interpretation of legal argument. *Journal of LanZhou University of Arts and Science* (Social Sciences Edition) 19 (3), 78-81.

Liang, Qingyin et al (2005). *Legal logic research.* Volume 1. Beijing: Law Press.

Liang, Qingyin & Zhang, Nanning (2005). The validity of legal argumentation. *Legal method and legal thinking.*

Luo, Shiguo (2008). *Science and value. An introduction to legal reasoning as practical rationality*. Beijing: China Social Sciences Press.

Zhang, Shishan (1986). *Litigation logic*. Nanning: Guangxi People Press.

MacCormick, N. (2005). *Legal reasoning and legal theory*. (Chinese translation by Jiang Feng) Beijing: Law Press.

Shen, Zongling (1988). Legal reasoning and legal application. *Law Science* 5, 1–5.

Tao, Jingkan (1987). The system and practical meaning of legal proposition. *Journal of Lanzhou University (Social Sciences)*, 4, 1–9.

Tao, Jinkan (1988). The metalogic of legal proposition logic. *Journal of Lanzhou University (Social Sciences)*, 3, 41–48.

Tao, Jinkan (1997). How does law evaluate modern deontic logic? *Lanzhou Academic Journal*, 3, 20–23.

Walton, D. (2002). *Legal argumentation and evidence*. (Chinese translation by L. Quingyin & Minghui Xiong). Beijing: China University of Political Science and Law Press.

Huang, Weili (2005). New theory of legal logic. Shanghai: Shanghai Jiao Tong Universtity Press.

Wang, Xiao (2010). The causality of legal argument. *Northern Legal Science* 4 (2), 68–71.

Wu, Jialin (1979). *The Logic in Cases*. Yinchuan: Ningxia People Press.

Wu, Jialin et al. (1982). *Legal logic*. Beijing: Qunzhong Press.

Xiong, Minghui (2005). Legal argumentation and its evaluation. In: Qinyin & Minghui, X. (Eds.), *Studies in legal logic*. Bejing: Law Press.

Xiong, Minghui (2006). Legal logic and critical thinking. *Modern Philosophy*, 2.

Xiong, Minghui (2007). From the legal argument to legal argumentation. *Journal of Seeking Truth*, 34 (6), 23–27.

Xiong, Minghui (2008). On inference rule set in legal logic. *Journal of Social Science in China*, 172 (4), 26–35.

Xiong, Minghui & Xie, Yun (2013). Logics for litigation argumentation. In: J. van Benthem & F. Liu (Eds.) (2013). *Logic across the university: Foundations and applications. Proceedings of the Tsinghua Logic Conference, Bejing*, 2013 (pp. 483–493). College Publications.

Yong, Qi (1980). The application of comparative reasoning in criminal investigation. *Modern Law Science*, 3, 54–57.

Yong, Qi (2004). *Legal logic*. Beijing: Law Press.

Zhang, Jicheng (2004). *Practical legal logic course*. Beijing: China University of Po-

337

litical Science and Law Press.

Zhang, Jicheng (2008). A small case, a great impact. *Journal of CUFL*, 2, 103–116.

Zhang, Jicheng (2014). A study on standards of the quotation of the guiding cases. *Studies in Law and Business*, 4, 33–43.

Zhang, Jinghuan (2009). *Legal logic methods and case evaluation.* Changchun: Jilin University Press.

Zhang, Qi (2003). *Legal reasoning and legal system.* Jinan: Shandong People Press.

Zhang, Xiaoguang (2008). The logic of legal argument. *Journal of Political Science and Law* 3, 68–71.

Xie, Xingquan (2000). *Road to justice. A study on methodology of legal reasoning.* Beijing: China University of Political Science and Law Press.

Wang, Hong (2002). *Judicial judgments and legal reasoning.* Beijing: Current Affairs Press.

Wu, Hongzhi (2006). The interaction of legal logic and argumentative logic. *Studies in Law and Business*, 5, 153–160.

Yang, Zuozhou (1980a). The application of hypothetical reasoning in criminal investigation, *Modern Law Science* 2, 48–52.

Yang, Zuozhou (1980b). How to apply disjunctive judgments and hypothetical judgments in criminal investigation. *Modern Law Science* 1, 58–61.

Yang, Zuozhou et al. (1981). *Logic for law students.* Chengdu: Sichuan People Press.

Zhang, Baosheng (2000). *The Theory and Methodology of Legal Reasoning.* Beijing: China University of Political Science and Law Press.

Zhang, Binfeng et al (2010). *An introduction to legal logic.* Wuhan: Wuhan University Press.

Zhang, Dasong et al (2008). *Handbook of legal logic.* Beijing: Higher Education Press.

Zhang, Xiaoguang (2010). *The Theory and Practice of Legal Logic.* Shanghai: Xuelin Press.

338 ## 11.5.2　日本的法律论辩研究

Haraguchi, M. (1996). A reasoning system for legal analogy. *Machine Intelligence* 14, 323–346.

Kakuta, T, Haraguchi, M. & Okubo, Y. (1997). A goal–dependent abstraction for legal reasoning by analogy. *Artificial Intelligence and Law*, 5 (10, 97-118).

Kakuta, T. & Haraguchi, M. (1998). An actual application of an analogical legal reasoning system dependent on legal purposes. *JURIX'98*, pp. 31-44.

Yoshino, H. (1981). Die logische Struktur der Argumentation bei der juristischen Entscheidung. In: Aarnio, A. , I. Niiniluoto, J. Uusitalo (Eds.) (1981). *Methodologie und Erkenntnistheorie der juristischen Argumentation*. Berlin: Duncker & Humblot, pp. 235-255.

Yoshino, H. , Haraguchi, M. , Sakurai, S. & Kagayama, S. (1993). Towards a legal analogical reasoning system. *Proceedings of the 4th ICAIL*, pp. 110-116.

第 *12* 章　结语：法律论辩研究的主要趋向

12.1　导　言

法律论辩研究集中于司法裁决的辩护。核心问题是，如何能用一种理性的方式辩护法律裁决，这样一种理性辩护应该满足怎样的正确性条件。各学科本着依据这种正确性条件对此类论辩进行评估的目的，发展了对法律论辩分析非常重要的法律论辩理论。

本书给出了 1970—2015 年这一时期法律论辩研究的概览。我讨论了有影响的理论和方法，指明了作为研究对象的那些论题。按此概览，存在有关核心研究问题和中心课题的某些趋同理念已变得昭然若揭。同样显而易见的是，依旧有某些关键争议点和辩论的新见解。在本结语中，我将勾勒该领域发展的主要趋向，集中于主要路线而不提及具体理论、方法或作者。这一概述可以充任法律论辩进一步研究的基础。

在 1970—2015 年这一时期，法律论辩研究发展成了一个具有**跨学科和国际化**特点的**独立研究领域**。这一研究的共同出发点是，法律论辩是促成**理性实践讨论**的交往和社会活动。如此的讨论被看作是法律语境中实践合理性之理想的一种**制度化**。按照这一法律论辩的概念，法律论辩研究注重在法律争议解决中发挥作用的**法律讨论规则**。依据这些规则，为确定是否可将论辩看作是可接受的，对这种讨论有所贡献，创建了理性重建的模型，具体阐明了理论概念和区分，以便用恰当的方式分析和评估法律论辩。

在这一背景下，不同国家的学者开始讨论法律论辩理论的基础，作为道德论辩一种特殊形式的法律论辩的规范以及从这些规范来看有重大关系的法律论辩的类型。在这些讨论的基础上，学者仍开始应用彼此的理念。

此前若干章节，是从对各种理论、方法和发表作品的讨论开始的，本章我将指明该领域发展的主要趋向。第 2 节以简介的方式，探讨该研究作为一个具有跨学科和国际化特点的独立研究领域的发展。第 3 节论述作为理性实践讨论之制度化形式的法律讨论的理念。第 4 节概述这种法律讨论的各种规则。第 5 节讨论法律论辩之理性重建的模型，并阐明用于分析和评估法律论辩的那些理论概念和区分。第 6 节以概述法律论辩理论的研究纲领，整合法律论辩研究的各种趋势和各个方面结束本章。

12.2 作为具有跨学科和国际化特点的独立研究领域的法律论辩研究

1970—2015 年这一时期，法律论辩研究发展成了一个具有跨学科和国际化特点的独立研究领域。本节作为随后将讨论的各种趋向的一个引言，通过解释所发生的变化来勾勒这种发展。

在 1970 年之前，法律论辩研究在法律科学内进行，集中于法律规则解释语境中法律推理的方法论和法律解释的方法。受其他研究领域的影响，从 20 世纪 70 年代发端，学者们开始将来自分析语言哲学、现代逻辑、非形式逻辑（图尔敏）、现代修辞学（佩雷尔曼）的理念与得自关于实践讨论合理性之伦理学的理论，整合到他们的法律论辩研究中。

当法律学者开始通过整合来自其他学科的思想来敞开他们的领域时，其他学科的学者也转而对法律论辩产生兴趣。比如，来自论辩理论、非形式逻辑和人工智能领域的学者，开始对法律语境中论辩的特殊形式和代表讨论之特色的论辩模式进行研究。

与不同研究领域思想的国际交流一样，法律论辩研究也变得更为国际化。1970年之前，在不同国家和法律文化中的法理论和哲学讨论背景下进行这种研究。这种研究关注独立传统，发表的作品用本国语写就。自20世纪70年代，不同国家的研究者和研究群体之间的接触开始热络起来。出版了有影响著作的译本，组织了国际会议，学者们开始在国际期刊上发表论文。

法律论辩研究的这一发展，成为一个具有跨学科和国际化特点的独立研究领域，其中来自不同学科的洞察被集成起来，引起了本章所要讨论的代表主要趋势的那些思想的聚合。第一个趋向关涉可以把法律裁决辩护看成是一种交往和社会活动、一种实践讨论之特殊形式的理念。第二个趋向是，此种讨论必须依照某些一般的和特殊的法律讨论规则来进行。第三个趋向是，应该在论辩的理性重建的基础上，借助于详细说明对这种重建不可或缺的理论概念和区分，分析和评估法律论辩。

12.3 作为理性实践讨论之制度化形式的法律讨论

法律论辩研究的出发点是，可以把司法裁决辩护看作是一种交往和社会活动。这种辩护的目的是要使某一特定裁决对听众是可接受的。这一裁决发生于其中的过程，支持和反对该裁决的论证之交换的过程，可以看作是**理性实践讨论**的一种特殊形式。该特殊性质意味着，法律语境中讨论的制度化在特殊环境中发生。

以下，我将首先讨论作为交往和社会活动的法律论辩的特征描述，然后说明这种活动如何能被当成是一种发生于特殊条件之下的实践讨论的特殊的、制度化的形式。与此相联系，也会阐明实践合理性的理想如何在法律语境下实现，以确保讨论依照实践合理性的一般要求和用讨论规则表述的特殊法律要求来进行。

12.3.1　作为交往和社会活动的法律论辩

在文献中，司法裁决辩护被看作是一种以对话形式出现的**交往活动**和**社会活动**。**交往**方面意味着这种辩护是一种言语互动形式。该辩护由可设想为言语行为群的陈述/命题群组成。此种言语行为构成对旨在解决有关法律规则的解释和适用的某一特殊法律意见分歧的言语互动的贡献。

作为言语互动形式的法律论辩是一种**社会活动**。这种社会活动包括，以做出对目标听众是可接受的决定为目的而提出论证。按照这个作为交往和社会活动的法律论辩的概念，论辩就不单单是一种逻辑推论，也是在某一特定制度语境下遵循特定交往规则和社会规则的言语行为的一种形式。此类交往规则和社会规则具有将该推论制度化的功能，并依循某些法律要求（如法治）来调节这种讨论。

这种言语活动被当成是提出支持论证或反对论证的主角/支持者与反角/反对者之间的一场对话或**讨论**。在此讨论里，参与者对彼此的论证作出批判性反应，以期让这些论证经受一种批判性检验，并依照某种评估标准评价其可接受性。讨论中相关的评估标准基于适用某一特定法律文化和特定法律领域的**正确性标准**（*soundness crite-ria*）。这些正确性标准关涉（道德）论辩的一般正确性标准，比如相干性、逻辑有效性、一致性和可普遍化等。特殊的法律标准涉及许多要求，比如法治、法律确定性、平等以及适用某一特定法律文化和特定法律领域（如适用宪法领域的特定法律文化的比例原则）的正确性标准。

12.3.2　作为理性实践讨论之制度化形式的法律辩护

法律辩护形成对一种讨论——可被看作是**实践讨论**的具体形式——的贡献。在实践讨论中，讨论的目标是某一特定行动方针。法律讨论的具体性质是，该行动关涉一个法律裁决，当该裁决变成最终裁定时，就对具体案件的涉事各方和相似的未来案件有某些法律后果。为此，做出法律裁决以及经受批判性检验的程序，都靠着规定某些程序以一种特殊方式予以制度化，这些程序必须依照往往在法典里制定好了的一些规则来执行。

法律讨论的**制度化**本质与这一事实有关：法律是一种制度的规范秩序，它将创立法律规则的那些人（立法者）和应用法律规则的那些人（法院的法官）分开来。由立法者创制了讨论规则和共同出发点的法律讨论，不同于参与者自己自由决定相关讨论规则和共同出发点的非制度化讨论。法律讨论里的这种制度化是确保讨论满足诸如法治、法律确定性和平等这些要求的一种手段。规则预先就制定就绪，而且必须以相似方式适用于相似案件。凭着制度化讨论程序和讨论规则，法律秩序为依据实践合理性的一般标准和具体法律要求解决意见分歧提供了手段。

因此，制度化意味着这种讨论在特定条件和约束之下进行。这些条件和约束牵涉可以成为讨论对象的那些主张，也涉及讨论程序、讨论规则、角色分配、共同出发点、论辩的正确性标准以及讨论的最终结果。各种法律论辩理论探究了作为制度化实践讨论之具体形式的法律讨论必须怎样实施以满足实践合理性的一般要求以及与法律制度化本质相关的具体法律要求。

12.3.3　实践合理性的理想和法律讨论的规则

在法律语境中，实践合理性的一般条件基于所谓的"理想言谈情景"。此种条件是，参与者不受权势或强力诸如此类的外部因素影响，参与者彼此平等对待，以及他们并不相互阻碍提出论点、论证和批判。他们被期望具有合理的讨论态度，意即在经不起一场依照共同讨论规则和共同出发点的理性讨论的检验时，他们必定乐意收回或检讨自己的论点。

各种法律论辩理论阐述了这样一个理念：法律论辩是实践（道德）论辩的一种具体的、制度化的形式。在语言哲学、逻辑学、论辩理论和伦理学中发展起来的理性交往和理性实践讨论的一般规则，为了法律讨论而被改变和详细说明。依据不同的理论路向和合理性概念，这些规则的提法获得了特殊样式和特殊实现。**实践合理性的一般原则**，如可普遍化、一致性（逻辑一致性、术语用法的一致性、法律适用的一致性等）、相干性、效率、可检验性、融贯性、一般化和真诚性，都作为理性法律辩护的要求得到了阐明。

在对理性实践讨论规则的阐述中，在人们所认为的对法律论辩合理性具有重要性的正确性标准上，出现了一种趋同性。传统上，在法律论辩研究中，逻辑方法、修辞方法和辩证方法之间存在严格区分。在 1970—2015 年这个时期，业已出现的一种发展显示了一些理念的某种聚合，结果导致被认为是具有互补性的逻辑的、修辞的和辩证的方面结合起来。当然，每种理论都有其表征和阐明不同正确性标准的方式。

在大多数法律论辩理论里，逻辑有效性（按照特定的逻辑系统）要求被视为法律辩护语境中法律论辩之可接受性的一个必要条件。人们常常从法律判断的可普遍化（必定基于可适用于相似情况的某个一般规则）的视角来看待这个要求。从现代逻辑、非形式逻辑与人工智能和法汲取的洞见被用来阐述法律论证之正确性标准的规则。除了逻辑有效性要求外，还有适用于讨论参与者之行为的某些程序规则。为此，如上指出的，为法律讨论着想，对在伦理学和

344

论辩理论中发展起来的理性交往和讨论的一般规则予以详细说明。从非形式逻辑、修辞学和辩证法汲取的洞见,被表述成法律论辩——法院必须说明其自由裁量空间的那种讨论的组成部分——的规则。法院必须针对自己向其论说并想要使其确信的听众,论证自己的裁决;必须让自己的论辩技术适应法律听众和法律文化的出发点和价值层级。

理性讨论之理想的概念是一种理论构建,充任一种调节原则,评价实际讨论的质量,具体阐明实际做法的哪些方面偏离了这个理想。出发点是,只能逼近这样的理想讨论。该理想阐明了,主张特定法律裁决是可接受的某个人,预设了在一场理性法律讨论中满足了司法裁决辩护的特定条件。

可以在多大程度上接近这个理想取决于各种因素,比如程序规则和实体法规则所提供的空间以及法院解释法律并将其适用于手头具体案件所拥有的空间。可以认为,实践合理性的理想与作为制度秩序的法律的要求是相互关联的。法律领域实践讨论的制度化必须保证有关法律适用的分歧意见按照实践理性的理想要求来解决。实践合理性的理想起着评估标准的作用,这种标准的制度化必须确保意见分歧能依循法治得到解决。

12.4 法律讨论的各种规则

在各种各样的法律论辩理论中,法律讨论的实践合理性理想根据法律讨论的规则得到进一步发展,而据此理想,法律讨论发挥一种重要作用。关于论辩不同方面的规则蕴涵着可以区分不同类别的规则。其一,有一些规则调节参与者的程序性权利和义务。其二,有关涉共同出发点的一些规则。其三,有些规则具体阐明在辩护中发挥作用的论证型式和论辩模式。其四,还有些规则涉及针对法律

听众的那种讨论的结果。对于各种规则，各种理论和方法探究了如
何阐述它们，如何考量它们在不同法律文化的各种法律程序中应用
的条件和约束。以下我将论述不同类型的规则。

12.4.1 关于程序性权利和义务的规则

第一类规则关涉依循理性讨论和实践理性的一般要求，参与者
拥有的**程序性权利和义务**。这些规则基于逻辑学、论辩理论和伦理
学所发展的理性实践讨论之一般规则的洞见，设定了参与者的权利
和义务。其一，这些规则规定了提出论点和批判他人所表达论点的
权利和义务，目的是把意见分歧外在化，使参与者解决意见分歧成
为可能。其二，它们规定了参与者承诺遵守共同讨论规则和出发
点，以及恪守这些承诺来表现自己的意愿。其三，它们关注按照这
些规则和出发点，针对相关批判，对所提出的论点和论据进行辩护
的义务。其四，它们关涉遵照相关批判的某种标准批判论点和论据
的权利，以及依据相关批判的某种标准辩护遭到批判的论点和论据
的权利。其五，它涉及依循这些规则，接受得到辩护的某一论点的
义务，以及按照这些规则撤回受到攻击的论点的义务。

12.4.2 关于共同出发点的规则

第二类规则关涉**共同出发点**，它在作为制度化论辩实践的法律
讨论中有重要作用。共同出发点是由实体法规则、某一特殊法律体
系和法律领域的一般法律原则以及辨识和解释那些规则和原则的方
法构成的。

法律规则和一般法律原则存在于某一特定法律体系所承认的**法
律渊源**。这种法律渊源编成了法律规则和国际条约。在某些法律体
系中，被当成是判例的法律裁决也被认可为法律渊源。比如，其他
法律渊源有：法律教义学和法律科学中的讨论以及关于某一特殊法
律规则的议会讨论。除了这些法律渊源，还有在某一特殊法律文化

346

中可被当成是普遍接受的道德原则，它们可以担当共同出发点的角色。

如前指出，共同法律出发点的具体形式关涉法律规则和一般法律原则的辨识和解释的方法。在法理论和法哲学中，**法律渊源的辨识**与所谓决定什么可被看作是某一特殊法律体系中的有效法律的"承认规则"相关。**法律渊源的解释**的发生，基于某一特殊法律体系里所接受的解释方法。在法理论中，还创立了对基于解释方法的层级和论证的估量有重要意蕴的解释方法的层级。

法律论辩研究的一个重要部分集中于法院必须说明其解释法律的自由裁量权的方式。该研究的目的是要辨识用来以理性方式辩护法律解释的那些论辩的类型。法律体系和法律领域决定不同方法和相关论证类型所起的作用。大陆法系的法律论辩研究专注于制定法规则解释语境下的论辩；而在英美法系中，法律论辩研究聚焦于判例解释语境下的论辩；在宪法解释语境下的论辩研究中，宪法解释语境里所使用的原则形成了研究对象；在国际法语境下的论辩研究里，国际条约解释中所应用的原则和策略构成了研究对象。

347　　### 12.4.3　关于论证型式和论辩模式的规则

第三类规则是关于可用于法律论辩的论证型式和论辩模式的。对于形形色色的论证型式和论辩模式，要探究可以区分哪些类别，它们在何种语境下的裁决辩护中起作用。

法律**论证型式**的区分基于所提出论证的内容与论证和裁决之间的关系类型。泛泛而论，在此研究中，可以根据三种不同学科背景区别三类论证型式的方法。

第一个方法基于得自法律论题学和法律方法的洞察，这两个学科做出的区分是，基于特殊**解释方法**（文法的、体系的、目的论的等）的型式与基于特殊**法律推理形式**（如类推、根据相反的论证、更强者论证）的型式。第二个方法基于将来自伦理学的洞见应用到法律论辩语境中。学者们区分了反映实践合理性一般原则之应用的型式，如基于一致性和融贯性的论辩与基于对相似未来案件之后果的论辩。第三个方法基于汲取论辩理论的深刻见解，区分了在**论证和裁决的具体关系**方面有所不同的论证型式。这些型式基于因果关系、比较关系、征兆关系，并阐明了作为应用这些型式的评估标准，哪些批判性问题是相关的。

不同的方法有时关注同类的论证型式，但其区分不同型式及其子类的方式却有所不同。比如，基于类比的论辩就是不同方法所研究的一个论证型式，但所依据的标准不一样。各种方法都在探究不同法律程序中的法律辩护正确运用这些型式的规则。

论辩模式依据不同类型复杂论辩中的论证型式群的各种可能性进行区分。辨识、归类和重建论辩模式的方式取决于理论取向和看待模式的视角。据某些方法，在法律解释方面的简单案件和疑难案件的区别被当作出发点。按另一些方法，意见分歧的类型，即关于事实的意见分歧和关于法律的意见分歧，被作为出发点。还有别的方法，将要解决的问题的类型，如"可废止性"，用作出发点。

在各种方法中，复杂论辩的不同类型可以按所导致的不同论辩模式加以区分。首先，在某一特定解释形成讨论对象的案件里，不同层次的辩护导致代表不同类型法律解释的不同论辩模式，必须予以重建。其次，在某一法律规则的不同适用成为讨论对象的案件中（比如有例外和没有例外），必须基于不同替代选择的估量和平衡把辩护重建为一个复杂论辩。这些替代选择转而又要用不同层次构成的复杂论辩进行辩护。（以下将讨论重建这些模式的模型）对于这种模式的结构和内容，关涉探究论辩规则的运用，考虑不同法律体系和文化中支配论辩活动的条件和约束。

348

12.4.4 关于讨论结果的规则

第四类规则关涉形成讨论结果的法律裁决的要求。其中一些要求涉及裁决的内容，另一些要求牵涉形式。这些要求被视为道德判断可普遍化原则之应用的具体法律实现。

作为法律讨论之结果的法律裁决的可接受性，取决于这个裁决对其所针对的**听众**的可接受性。那些阐述对该结果之要求的学者，利用从古典和现代修辞学汲取的洞察，阐明了法律语境中听众的本质和角色。一般而言，听众的理论概念的功能是帮助澄清，一个法律裁决对于法院用论辩向其论说的听众的可接受性。一个法律裁决可能向普遍听众传达，这意味着，它自称根据普遍接受的共同出发点是可接受的。一个裁决也可能向特殊听众论说，这意味着，它宣称基于与特殊听众（比如某一特定法律共同体）共享的共同出发点，该裁决是可接受的。

那些阐明讨论结果之要求的学者，依据作为一般实践道德讨论之特殊形式的法律讨论的规则，详细说明了那些要求。从对普遍听众的可接受性的视角看，一个重要的要求是，按照可普遍化原则，道德讨论结果的可预测后果可能被每个不受暴力影响的人所接受。这个要求被视为除合理性的法律要求而外澄清合理性的道德要求之补充性质的要求。对讨论结果的特殊法律要求必定是与某一特定法律共同体的规范、原则和价值相融贯的结果。有些学者将这些规范、原则和价值当成是一种意识形态，它由法律渊源、解释规范、讨论结果的规范和基础规范生成。

12.5 法律论辩理性重建的模型

之前所讨论的实践合理性的条件和法律讨论的规则，用法律论辩理性重建的模型予以进一步详细阐明。这意味着，所开发的模型

349

可以当作理论工具来使用，以确定从某一特定理论视角来看，依据某一特定的合理性概念，论辩是否符合某些相关的可接受性标准。

法律论辩理论已经开发出一些模型，用于区分辩护的不同层次，以澄清在对法律解释和法律适用一定要做出说明的过程中做出了哪些选择。对于不同的层次，人们具体阐明了法院可以怎样利用不同论辩类型对这些选择予以说明，这取决于它们必须解决的意见分歧的类型。

重建模型的功能是要给法律论辩的分析和评估提供一种工具。出发点是，该模型使辩护不同层次背后推理过程的不同步骤明晰起来。该模型阐明了如何能使隐含步骤昭然若揭，这种显性化的要求是什么。使这些步骤明示出来的目的是要澄清法院可以付诸批判的承诺。在各种理论中，所提出的一些用于重建的理论概念和区分，能够适当地分析和评估辩护的不同部分。

以下，我将讨论所区分的各个论辩层次，然后论述构成法律辩护之特色的论辩模式。

12.5.1　论辩的不同层次

在法律论辩理论中，一般说来可以区分**两个辩护层次**，它们反映必定由依据不同标准予以评估的不同类型论证组成的辩护的不同类型。

在"内部辩护"或"一阶辩护"即**第一个层次**，用详细说明 350 法律规则和构成适用该法律规则之事实的论辩来辩护裁决。这个第一层次的辩护是一种对所谓的"法律三段论"的阐述。该辩护可以重建为裁决从法律规则和事实合乎逻辑地推出的一个逻辑有效推论（按照特殊的逻辑系统，如谓词逻辑或道义逻辑）。

理性重建过程要确定第一层次论辩的组件是什么，它们必定要在第二层次上加以辩护。第一层次论辩之重建的出发点是这样一个

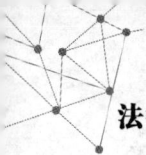

要求：按照法律判断可普遍化要求，第一层次的辩护背后的推论必须是逻辑有效的。一个法律裁决必须基于同样适用相似案件的某个普遍规则。

在"外部辩护"或"二阶辩护"即**第二个层次**，用从属论辩来辩护需要获得进一步支持的第一层次的论证。在对具体案件的法律规则的选择或表述有意见分歧的"疑难案件"中，这样一种支持也可能必不可少。假如事实有争议，需要进一步证明，一种支持也就可能有必要。在法律裁决辩护的文献里，学者们注重疑难案件中给出的第一类辩护，其中法律规则的选择或表述必须予以辩护。在辩护中，法院可以使用基于法律解释方法的解释性论证型式、法律推理形式和之前所讨论的论证型式。

这个第二层次辩护由也许相对简单也许复杂的论辩组成，这要看法院必须解决的问题的类型、必须考虑的制度性批判以及必须予以回应的当事人的论证。基于这些考量，法院必须确定与解决意见分歧相关的那类论证，这些论证彼此关联的方式，以及可以表达它们的方式。辩护中所用的论证可能由基于共同出发点（如一般法律原则、来自法律教义学以及特定法律共同体所认可的道德价值）的那些论证构成。

12.5.2 论辩模式

在各种法律论辩理论中，这个阐明不同辩护层次的本质的一般框架按照论辩模式进一步予以详尽阐述，这些模式构成法律辩护的特色。学者们区分了各种各样的论辩模式，它们依循实践合理性的一般要求和诸如法治等的特殊法律要求，在法律裁决的辩护过程中发挥重要作用。根据学科背景和理论取向的不同，学者们关注这种论辩模式的不同方面。

那些把法律论辩看作是实践道德论辩的一种特殊形式的学者，

集中于构成法律辩护诸方面之特色的那些论辩模式，它们根据道德
讨论的实践合理性的要求，使承诺明示出来。对于第一层次的论
辩，从道德判断可普遍化视角阐明如何能重建论辩。第二层次的论
辩，从辩护裁决对相似未来案件之后果的视角，依据相关论证进行
重建。按照具体法律规范和价值评估那些后果，以确保裁决与有效
法律秩序背后的规范相一致和融贯。

在法律方法论、论辩理论和人工智能和法传统内的学者，通过
专注于构成法律论辩之特色的论证型式和论辩结构来研究论辩模
式。一些作者依据辩护中使用的论证型式（反映法院对不同批判形
式做出回应的方式）的论辩模式，详细阐述了不同论辩层次的一般
框架。所探究的模式是那些在辩护中运用的基于可废止推理的模式、
基于估量和平衡的模式以及基于诉诸合情理性（reasonableness）的模
式。对于不同的法律领域，探究哪些模式对该领域的法律辩护是富
有特色的。细致阐明何种论证型式在论辩中发挥作用，作为这些型
式的评估标准，哪些批判性问题是相关的。此外，探究哪些论辩结
构对法律中某些类型的意见分歧解决独具特色。

在更细致研究具体论证型式方面，阐明哪些子类可以区分，它
们如何在不同语境中运用，以及一种正确运用的标准为何。在这种
论证型式的案例研究中，也从一种修辞视角探究法院做出的哪些策
略选择使特殊听众确信法院裁决的可接受性。

12.6 结 论

法律论辩的不同理论方法都同意有关作为理性实践讨论一种特
殊形式的法律讨论的理念，有关某些正确性标准和解决法律意见分
歧所必需的讨论规则的理念，在此意义上，已经表明这些不同理论
方法有所"趋同"。有一种共识，即逻辑的、修辞的和辩证的洞察

对这种正确性标准和讨论规则的发展都是重要的。

对有关研究问题和研究主题的不同处理已经澄清。比如,法哲学的研究从法治要求的视角出发,集中于法律论辩的正确性标准和讨论规则。法理论的研究注重应用于不同法律文化、不同法律领域的解释方法和论辩方法。论辩理论的研究关注由论证型式的特殊法律类型组成的论辩模式,它们构成不同法律领域中不同类型的法律争议解决的特色。注重逻辑分析的那些理论,探究对重建论据和论点之逻辑关系重要的那些法律论辩的特点。聚焦于修辞分析的那些理论,研究与特殊法律听众的确信相关的那些方面。此外,倾力于辩证分析的那些理论,研究与法院处理和预见必须予以消除的某些批判形式的方式相关的诸方面。

在各种方法和研究中,已经解决了法律论辩理论的不同方面。我以作结论的方式,依据法律论辩研究纲领的不同构件,说明那些方面之间的关系。

在**哲学**构件方面,学者们按照用法律语境下理性讨论的理想模型中表述的一种特殊的合理性概念,阐明了法律论辩的合理性标准。本章所描述的主要趋向是,法律论辩构成对按照某些合理性标准实施的实践法律讨论的一种贡献。要阐明法律讨论如何应该按照合理性的一般标准和具体标准实施,就要依据理性实践法律讨论的各种规则,规定和阐明实践合理性的一般标准。

在**理论**构件方面,创建法律论辩理性重建的模型。对一场法律讨论的各种贡献,依据代表满足实践法律讨论合理性标准的法律裁决的必要构件加以刻画。以法院必须解决的难题为基础,区分不同类型的论辩模式,各种论证型式与其正确运用的具体标准一道在其中发挥作用。

在**重建**构件方面,探究理性重建的模型如何能用于以合适的方式分析和评估法律论辩。确定法律辩护的元素如何能根据该理论模型予以转换，哪些解释步骤是必不可少的。运用得自分析语言哲学、（非形式）逻辑学、修辞学、论辩理论和人工智能和法等学科的洞察，研究如何实施重建。阐明哪些理论概念和区分对于恰当转换法律辩护的元素是必要的，按照它们对理性法律讨论的贡献，澄清那些元素的功能。

353

在**经验**构件方面，研究论辩模式如何在真实的法律实践中产生，法院表达其论辩所运用的何种策略使特殊法律听众确信。探索什么论辩模式对特定法律文化和特定法律领域是原型的，什么策略对法院让特殊听众确信而提出其论辩的方式而言是原型的。

在**实践**构件方面，探究哲学的、理论的重建和经验洞察如何能组合起来，发展改善法律教育之技能的方法。确定从其他构件得来的洞见，如何能促进开发分析和评估法律论辩之实践的工具，也推动为起草符合法律论辩理论中所阐明的要求的法律论辩文本开发工具。

要完成这样一个研究纲领，需要来自各个学科、各种研究传统和理论背景的不同学者做出贡献。要恰当处理法律论辩分析和评估的复杂难题，需要法理论家、法哲学家、论辩理论家、（非形式）逻辑学家、修辞学家和人工智能和法领域的学者开展研究。通过结合来自各种研究传统的理念，法律论辩研究将取得理论价值和实践价值，这对于研究的进步和把这些理论概念实际应用到法律实践和法律教育是必需的。

索 引

---

* 与上重复。——译者注

U

Universal audience, 普遍听众, 64-66, 70, 73, 168, 348. 亦见 Audience

Universal rule, 普遍规则, 86, 96, 108, 113, 131, 133, 350

Universalizability, 可普遍化, 80, 81, 89, 98 - 102, 105, 112, 124, 131, 145, 192, 246, 342-344, 348, 350. 亦见 Generalizability

Universalizability principle, 可普遍化原则, 80

V

Validity. 有效性, 亦见 Formal validity,

logical validity

problem validity, 问题有效性, 207

Value hierarchy, 价值层级, 71

Value judgement, 价值判断, 25, 32, 64, 122, 164, 185

W

Warrant, 担保, 正当理由, 35, 40, 51-57, 59, 105, 160, 297

Weak discretion, 弱自由裁量权, 4

Weighing and balancing, 估量和平衡, 7-8, 14, 35, 119, 139, 143-152, 188, 196, 202, 242-250, 264, 265, 271, 299, 348, 351

图书在版编目（ＣＩＰ）数据

法律论辩导论/(荷)伊芙琳·T.菲特丽丝著；武宏志，武晓蓓译.—北京：
中国政法大学出版社，2018.8
ISBN 978-7-5620-8481-5

Ⅰ.①法…　Ⅱ.①伊…　②武…　③武…　Ⅲ.①律师—辩论
Ⅳ.①D916.5

中国版本图书馆CIP数据核字(2018)第194717号

出　版　者　中国政法大学出版社

地　　　址　北京市海淀区西土城路25号

邮寄地址　北京 100088 信箱 8034 分箱　邮编 100088

网　　　址　http://www.cuplpress.com（网络实名：中国政法大学出版社）

电　　　话　010-58908289（编辑部）58908334（邮购部）

承　　　印　固安华明印业有限公司

开　　　本　880mm×1230mm　1/32

印　　　张　16

字　　　数　390 千字

版　　　次　2018 年 8 月第 1 版

印　　　次　2018 年 8 月第 1 次印刷

定　　　价　59.00 元